国家出版基金项目
NATIONAL PUBLICATION FOUNDATION

教育部人文社会科学研究重点研究基地重大项目资助
（《新疆文化发展与安全战略研究》，项目批准号：07JJD630020）

欧亚历史文化文库

总策划　张余胜

兰州大学出版社

新疆文化的现代化转向

丛书主编　余太山

牛汝极　等著

图书在版编目（CIP）数据

新疆文化的现代化转向/牛汝极等著 . —兰州：
兰州大学出版社,2012.7
（欧亚历史文化文库/余太山主编）
ISBN 978-7-311-03938-7

Ⅰ.①新… Ⅱ.①牛… Ⅲ.①文化发展—现代化—研
究—新疆 Ⅳ.①G127.45

中国版本图书馆 CIP 数据核字（2012）第 166799 号

总　策　划　张余胜

书　　　名　**新疆文化的现代化转向**
丛书主编　余太山
作　　者　牛汝极　等著
出版发行　兰州大学出版社　（地址:兰州市天水南路 222 号　730000）
电　　话　0931 -8912613（总编办公室）　0931 -8617156（营销中心）
　　　　　0931 -8914298（读者服务部）
网　　址　http://www.onbook.com.cn
电子信箱　press@lzu.edu.cn
印　　刷　兰州人民印刷厂
开　　本　700 mm×1000 mm　1/16
印　　张　25.25　（插页1）
字　　数　350 千
版　　次　2012 年 7 月第 1 版
印　　次　2012 年 7 月第 1 次印刷
书　　号　ISBN 978-7-311-03938-7
定　　价　76.00 元

出 版 说 明

　　随着 20 世纪以来联系地、整体地看待世界和事物的系统科学理念的深入人心，人文社会学科也出现了整合的趋势，熔东北亚、北亚、中亚和中、东欧历史文化研究于一炉的内陆欧亚学于是应运而生。时至今日，内陆欧亚学研究取得的成果已成为人类不可多得的宝贵财富。

　　当下，日益高涨的全球化和区域化呼声，既要求世界范围内的广泛合作，也强调区域内的协调发展。我国作为内陆欧亚的大国之一，加之 20 世纪末欧亚大陆桥再度开通，深入开展内陆欧亚历史文化的研究已是责无旁贷；而为改革开放的深入和中国特色社会主义建设创造有利周边环境的需要，亦使得内陆欧亚历史文化研究的现实意义更为突出和迫切。因此，将针对古代活动于内陆欧亚这一广泛区域的诸民族的历史文化研究成果呈现给广大的读者，不仅是实现当今该地区各国共赢的历史基础，也是这一地区各族人民共同进步与发展的需求。

　　甘肃作为古代西北丝绸之路的必经之地与重要组

成部分,历史上曾经是草原文明与农耕文明交汇的锋面,是多民族历史文化交融的历史舞台,世界几大文明(希腊—罗马文明、阿拉伯—波斯文明、印度文明和中华文明)在此交汇、碰撞,域内多民族文化在此融合。同时,甘肃也是现代欧亚大陆桥的必经之地与重要组成部分,是现代内陆欧亚商贸流通、文化交流的主要通道。

基于上述考虑,甘肃省新闻出版局将这套《欧亚历史文化文库》确定为2009—2012年重点出版项目,依此展开甘版图书的品牌建设,确实是既有眼光,亦有气魄的。

丛书主编余太山先生出于对自己耕耘了大半辈子的学科的热爱与执著,联络、组织这个领域国内外的知名专家和学者,把他们的研究成果呈现给了各位读者,其兢兢业业、如临如履的工作态度,令人感动。谨在此表示我们的谢意。

出版《欧亚历史文化文库》这样一套书,对于我们这样一个立足学术与教育出版的出版社来说,既是机遇,也是挑战。我们本着重点图书重点做的原则,严格于每一个环节和过程,力争不负作者、对得起读者。

我们更希望通过这套丛书的出版,使我们的学术出版在这个领域里与学界的发展相偕相伴,这是我们的理想,是我们的不懈追求。当然,我们最根本的目的,是向读者提交一份出色的答卷。

我们期待着读者的回声。

总　序

　　本文库所称"欧亚"(Eurasia)是指内陆欧亚,这是一个地理概念。其范围大致东起黑龙江、松花江流域,西抵多瑙河、伏尔加河流域,具体而言除中欧和东欧外,主要包括我国东三省、内蒙古自治区、新疆维吾尔自治区,以及蒙古高原、西伯利亚、哈萨克斯坦、乌兹别克斯坦、吉尔吉斯斯坦、土库曼斯坦、塔吉克斯坦、阿富汗斯坦、巴基斯坦和西北印度。其核心地带即所谓欧亚草原(Eurasian Steppes)。

　　内陆欧亚历史文化研究的对象主要是历史上活动于欧亚草原及其周邻地区(我国甘肃、宁夏、青海、西藏,以及小亚、伊朗、阿拉伯、印度、日本、朝鲜乃至西欧、北非等地)的诸民族本身,及其与世界其他地区在经济、政治、文化各方面的交流和交涉。由于内陆欧亚自然地理环境的特殊性,其历史文化呈现出鲜明的特色。

　　内陆欧亚历史文化研究是世界历史文化研究中不可或缺的组成部分,东亚、西亚、南亚以及欧洲、美洲历史文化上的许多疑难问题,都必须通过加强内陆欧亚历史文化的研究,特别是将内陆欧亚历史文化视做一个整体加以研究,才能获得确解。

中国作为内陆欧亚的大国,其历史进程从一开始就和内陆欧亚有千丝万缕的联系。我们只要注意到历代王朝的创建者中有一半以上有内陆欧亚渊源就不难理解这一点了。可以说,今后中国史研究要有大的突破,在很大程度上有待于内陆欧亚史研究的进展。

古代内陆欧亚对于古代中外关系史的发展具有不同寻常的意义。古代中国与位于它东北、西北和北方,乃至西北次大陆的国家和地区的关系,无疑是古代中外关系史最主要的篇章,而只有通过研究内陆欧亚史,才能真正把握之。

内陆欧亚历史文化研究既饶有学术趣味,也是加深睦邻关系,为改革开放和建设有中国特色的社会主义创造有利周边环境的需要,因而亦具有重要的现实政治意义。由此可见,我国深入开展内陆欧亚历史文化的研究责无旁贷。

为了联合全国内陆欧亚学的研究力量,更好地建设和发展内陆欧亚学这一新学科,繁荣社会主义文化,适应打造学术精品的战略要求,在深思熟虑和广泛征求意见后,我们决定编辑出版这套《欧亚历史文化文库》。

本文库所收大别为三类:一,研究专著;二,译著;三,知识性丛书。其中,研究专著旨在收辑有关诸课题的各种研究成果;译著旨在介绍国外学术界高质量的研究专著;知识性丛书收辑有关的通俗读物。不言而喻,这三类著作对于一个学科的发展都是不可或缺的。

构建和发展中国的内陆欧亚学,任重道远。衷心希望全国各族学者共同努力,一起推进内陆欧亚研究的发展。愿本文库有蓬勃的生命力,拥有越来越多的作者和读者。

最后,甘肃省新闻出版局支持这一文库编辑出版,确实需要眼光和魄力,特此致敬、致谢。

余太山

2010 年 6 月 30 日

目录

绪言　现代文化的基本特征 / 1

第一部分　新疆文化方略论

1　"现代文化"战略的提出及其内涵 / 9

2　论现代文化的架构 / 18

　2.1　现代价值 / 18

　2.2　现代认同 / 21

　2.3　现代精神 / 24

3　文化现代化是现代文化建设的总目标 / 28

　3.1　文化现代化的内涵 / 28

　3.2　交往交融是实现文化现代转型的
　　　　有效方法 / 31

　3.3　"五阶梯"是实现文化现代化的
　　　　主要途径 / 34

　3.4　建设信仰共同体是实现文化现代化的
　　　　核心目标 / 36

　3.5　论新疆"疆魂" / 37

第二部分　新疆文化特征论

4　新疆文化安全面临的挑战 / 43

4.1　认同危机与文化安全 / 43

4.2　新疆文化领域面临的挑战与分析 / 48

4.3　新疆新闻出版领域面临的挑战与思考 / 55

5　多元与交融

　　——新疆文化的恒久符号 / 59

5.1　千姿百态的文化个性 / 59

5.2　"你中有我,我中有你"的文化融汇 / 70

6　新疆高校大学生"四个认同"

　　教育的现状分析 / 76

6.1　现状调查 / 76

6.2　问题分析 / 79

6.3　建设路径 / 81

第三部分　新疆文化资源论

7　新疆文化资源开发的战略思考 / 89

7.1　合理挖掘整合龟兹文化资源 / 89

7.2　从资源优势向产业优势转变战略,

　　推动文化产业大发展 / 91

7.3　实施文化精品带动战略,实现

　　文化富边 / 93

7.4 实施文化环境优化战略,促进
文化大繁荣 / 94

7.5 实施文化项目规划战略,提升
文化竞争软实力 / 96

7.6 加快新疆文化产业发展的对策 / 97

8 新疆绿洲农业文化及其资源战略 / 99

8.1 新疆绿洲农业文化的基本特征 / 100

8.2 新疆绿洲农业文化资源 / 102

8.3 新疆绿洲农业文化资源战略 / 117

9 丝绸之路商业文化及其资源战略 / 127

9.1 丝绸之路与商业管理 / 129

9.2 中原商业文化对西域绿洲民族文化
演化变迁的影响 / 132

9.3 中亚商业文化对西域绿洲
民族文化的影响 / 133

9.4 丝绸之路商业文化与其他文化
并存 / 134

9.5 丝路商业与西域绿洲民族文化
形成规律的启示 / 137

10　巴扎:从文化的空间到空间的文化 / 141

　　10.1　巴扎与文化空间的产生 / 142

　　10.2　巴扎与文化空间的生产 / 146

第四部分　新疆文化发展论

11　以体制机制创新为动力提高新疆文化

　　软实力 / 153

　　11.1　文化软实力的内涵 / 153

　　11.2　文化软实力在新疆发展与稳定中的

　　　　　作用 / 154

　　11.3　文化软实力在新疆的发展状况 / 155

　　11.4　提高新疆文化软实力的出路与对策 / 158

　　11.5　积极借鉴各地区经验,以体制机制创新

　　　　　为动力提高文化软实力 / 167

　　11.6　结语 / 170

12　以文化管理为手段增强新疆文化

　　可持续发展 / 172

　　12.1　国家文化管理政策与措施 / 172

　　12.2　新疆文化管理状况 / 180

12.3 加强新疆文化管理,促进文化

可持续发展 / 186

13 以文化产业发展为重点增强文化

软实力 / 194

13.1 文化产业的概念、内容及特点 / 194

13.2 新疆文化产业发展的总体概况 / 198

13.3 以新疆文化产业的发展推动

文化软实力提升 / 207

14 以文化传播为途径提高文化凝聚力和

影响力 / 212

14.1 文化传播与文化安全 / 212

14.2 新疆文化特点与大众传播现状 / 222

14.3 新疆文化传播的原则与途径 / 235

第五部分 新疆文化安全论

15 认同视域下的国家文化安全 / 245

15.1 全球化时代与认同焦虑 / 245

15.2 认同危机与国家安全 / 249

15.3 认同理论与利益诉求 / 253

15.4　身份识别对国家认同的消解 / 257

16　以文化认同为目标提升文化综合实力 / 266

16.1　民族意识与多民族国家的文化认同 / 266

16.2　文化认同与中华民族的凝聚力 / 268

16.3　文化认同与社会和谐 / 271

16.4　文化认同与文化自觉 / 274

16.5　加强文化建设,提高国家的
文化综合实力 / 277

17　以文化执法为保障加快文化健康发展 / 281

17.1　文化执法的概念和基本原则 / 281

17.2　新疆文化执法队伍的发展 / 289

17.3　提高文化执法人员管理素质,
保障文化健康发展 / 292

第六部分　新疆文化实践论

18　以文化立法为保障提升新疆文化
竞争力 / 303

18.1　文化立法的概念与内涵 / 303

18.2　文化立法的现状及存在的问题 / 304

18.3　新疆文化立法的发展历程与现状 / 307

18.4 文化立法对发展新疆文化的

重要意义 / 310

18.5 新疆文化立法取得的成绩与

存在的问题 / 312

18.6 加快新疆文化立法的

对策建议 / 316

19 新疆城乡一体化文化建设面临的

问题与出路 / 323

19.1 农村文化建设取得的成绩 / 323

19.2 农村文化建设中存在的问题 / 325

19.3 城乡文化一体化的建设 / 327

20 新疆民语广播电视对外宣传

策略研究 / 331

20.1 新疆对外宣传的区域特点 / 331

20.2 新疆民语广播电视对外宣传的

现状 / 332

20.3 新疆民语广播电视对外宣传的

传播策略 / 334

20.4 新疆民语广播电视对外宣传的

政策建议 / 336

21 新疆传统地毯文化传承保护与
　　创新研究 / 340
　　21.1 新疆传统地毯发展的历史轨迹 / 340
　　21.2 新疆传统地毯的文化艺术价值与
　　　　 经济价值 / 343
　　21.3 新疆传统地毯文化保护的重要性与
　　　　 必要性 / 347
　　21.4 新疆传统地毯的产业化发展 / 351

参考文献 / 356
后　记 / 371
索　引 / 373

绪言 现代文化的基本特征

任何一个国家和民族的成长和强盛,主要靠两个重要的因素:其一是资源环境和物质财富,其二是民族的内在精神、创造性思想及其文化;前者给予生存和繁荣的物质基础,后者为其提供生命的创造活力和生存的精神动力。由人类历史发展的经验总结出来的基本教训是:尽管前者与后者是紧密相连的统一体,但与前者相比,后者更为重要;因为只有后者,才从根本上体现了该民族作为人类的一个组成部分而异于动物及其他自然生命体的优越性,也才能为其提供民族国家统一和发展的无限力量,并在世界民族之林中确立其应有的地位。

马克思指出:"历史活动是群众的事业,随着历史活动的深入,必将是群众队伍的扩大。"当前在我国边疆民族地区,以现代文化为引领方略的提出具有很强的现实针对性,是共同信仰建设的有机组成部分。历史与现实反复证明,文化的力量决定了经济社会发展的本质。新疆维吾尔自治区党委"以现代文化为引领"方略的提出主要是基于:一,现代文化是现代人的主导性生活方式和要求,二,现代化是现代文化发展的重要尺度。"以现代文化为引领"不仅是实现新疆跨越式发展和长治久安的重大战略,也是推动新疆跨越式发展和长治久安的根本途径和实现过程,还是完成新疆跨越式发展和长治久安的实现目标。"以现代文化为引领"是战略,是途径,是目标,其功能可谓"三位一体"。"以现代文化为引领"不是简单地用文化引领文化,而是用现代文化去引领跨越发展和长治久安,用现代文化去引领人和整个社会的健康发展,用现代文化引领文化反思、文化自觉和文化现代化。

一、现代文化就是人们适应现代化
本质要求的文化

文化是社会的灵魂,价值观是文化的核心。中国特色社会主义的现代文化体现并反映中国特色社会主义价值观体系的主要方面。在这个价值观体系中,主要包含有社会主义核心价值观与普通价值观,二者有区别也有联系,是辩证的统一。现代文化反映社会主义价值观体系的基本内容,其内涵和外延应该大体相当。现代文化就是人们适应现代化本质要求的文化。现代文化的任务就是实现文化的现代化。文化的先进性体现在对文化的"去其糟粕,取其精华"的历史运动之中,腐朽的、落后的、不利于人的自由和全面发展的思想都是先进文化所欲批判和否定的。文化先进性在价值层面上总是以"真善美"为表现形式和核心内涵。可以说,现代文化就是先进文化。否定现代文化就是拒斥先进文化。现代文化构成了先进文化最主要的内涵。因此说,现代文化是先进文化发展过程中的一个环节。

现代文化由现代性和现代化两个层面构成。现代性是一种价值观念与文化精神、思维方式与行为方式,属于"质"的范畴;现代化则是社会从传统向现代的转变过程,是现代性观念在经济、政治、社会和文化方面的运作,属于"量"的范畴。不过,现代化与现代性虽然是不同的范畴,但两者却是相辅相成的,就像是一个钱币的两面。现代性观念为现代化提供着目的论、价值论与方法论,现代化则使这样的观念成为现实。

文化的本质是适应,是人化和化人的过程。文化既要适应人类所面临的自然环境的变化,也要适应人类所面临的社会环境的变化,同时还要适应人类自身生理心理以及精神世界的变化。文化的适应本质上是一个文化创新的过程、文化转型的过程。

二、现代文化的基本内涵

文化是社会的灵魂,价值观是文化的核心。经济发展其实是一个文化过程。中国特色社会主义现代文化体现并反映中国特色社会主义价值观体系的主要方面。现代文化主要包含有社会主义核心价值观与普通价值观,二者有区别也有联系,是辩证的统一。核心价值观是包含在社会主义核心价值观体系之中的、体现社会主义根本价值导向的主导价值观。核心价值观是居于主导地位的、起决定作用的价值观,并引导着社会的价值方向。普通价值观是相对于社会主义核心价值观而言的,是指在社会主义价值观体系中居于次要地位或从属地位,不起主导作用的价值观。主导与非主导、支配地位与从属地位,这就是社会主义核心价值观与普通价值观的主要区别。它们相互补充、相互包容、相互支撑,共同构成了社会主义社会价值观体系的整体。核心价值观至少要考虑两个维度,一是着眼于国家的“安邦固边”,如正义、富强、文明、和谐等主导价值观;二是着眼于公民的“安身立命”,如爱国、法治、科学、理性等共同价值观。普通价值观是相对于社会主义核心价值观而言的,是指在社会主义价值观体系中居从属地位的价值观,其主要作用在于维护社会生活的基本秩序,保障人际交往和社会的正常运转。没有社会主义核心价值观,人们的价值追求就会失去根本方向;没有普通价值观,社会主义核心价值观的落实就会失去基础和土壤,或成为空中楼阁。在当代中国,社会主义核心价值观代表着先进价值观的发展方向,体现着社会主义价值观的先进性特征。而社会主义普通价值观则与日常生活息息相关,紧密相连,更多地体现着价值观的历史延续性和广泛性。现代文化反映社会主义价值观体系的主要内容,但又具有更大的包容性和开放性。可以说,现代文化是由先进文化的主要内涵构成,是先进文化发展过程中的一个环节。文化先进性在价值层面上总是以“真善美”为表现形式和核心内涵。

三、新疆精神体现了现代文化的区域特点和时代特征

现代化的浪潮席卷全球,世界越来越呈现出无边界、多主体、图像化、不对称的特征。现阶段的我国,尤其是地处西部边陲的新疆,社会成员的思想活动呈现出多样性、多变性、选择性和趋利性的新特点和趋势,社会成员对改革开放的疑虑,对国家和法律认同的疑惑,对社会公平的期待,对自身利益的关注,这些都迫切地要求我们树立新疆各族人民的共同价值理念来引领社会思潮。一个地区一个时代需要一种精神。因为精神是信仰、是价值、是软实力、是凝聚力、还是生产力。新疆精神应作为新疆人的共同价值和共同信仰去建构和建设。

"新疆精神",即"爱国爱疆、团结奉献、勤劳互助、开放进取"。"爱国爱疆"的着力点是树立政治共识和公民意识。在多元中立主导,在尊重差异中扩大认同,在包容多样中增进共识。"团结奉献"的着力点是恪守社会道德的基本规范。团结是平安、是和谐、是力量、是 GDP;奉献是还愿、是感恩,也是人生的价值所在。"勤劳互助"的着力点是对经济发展的伦理诉求。我们需要外援和帮助,但决不能失去自强、自立的品德,我们倡导自强,同时也鼓励团结互助、携手共进。"开放进取"的着力点是对文化建设的心理要求,是民族精神和时代精神的当代回应。

"新疆精神"体现了现代文化的区域特点和时代特征,现代文化的本质特征可以简约地用 5 个词表达,即:法治、变革、自主、效率、交融。

法治:良序社会的制度保障,是政治层面的要求;我们身处法治国家和法治社会中,法治是现代社会对每个现代人的基本要求,其中包含了公民、法律、秩序、民主、正义、平等等内涵。

变革:现代人类的生存法则,是社会层面的要求;现代化浪潮席卷地球每一个角落,不变革开放就落后、就死亡,变革包含了学习、反思、适应、转型、创新、超越等内涵。

自主:人的主体性的原动力,是伦理层面的要求;其中既包括独立自主、自力更生、自尊自强的价值取向,也包含作为独立人格摆脱宗教迷信的"神本"束缚,让人更像人。自主就是人的主体性的张扬,主体性是当代世界的潮流。

效率:竞争时代的价值追求,是经济层面的要求;今天的世界是各种竞争日趋激烈的时代,人人都在追求效率,不讲效率就无法在社会中立足,其中包含了赶超、跨越、优质、效能、争先等内涵。

交融:和谐生活的行为模式,是文化层面的要求;交往、交流、交融是世界的潮流。各民族要通过交往促进交流,通过交流促进交融,其目的就是促进国内各民族更加主动交往、更加深入交流、更加自觉交融,成为交融一体的中华民族,"交融"一词包含了团结、互助、包容、友爱、一体、共荣等内涵。

现代文化的这几个本质特征,其逻辑关系是:效率是基础,自主是途径,变革是动力,法治是保障,交融是目标,如此就构成了现代文化的核心内涵,这也正是现代化的本质要求,适应了这些本质要求也就实现了现代化的目标,抓住这几点也就抓住了现代文化的核心。

新疆精神包含了新疆效率和新疆能力的主要方面,体现了现代文化的区域特征和时代要求,张扬了现代文化的核心内涵。新疆精神一旦确立之后,就不宜再提各地州、各县市的精神口号,新疆精神要成为新疆各族各界的共同价值观追求。

四、新疆文化的十字路口

本书第一部分"新疆文化方略论"以现代文化为引领的方略是新疆实现跨越发展和长治久安的根本途径。实现新疆文化的现代化转向并认识新疆文化的本质,离不开对文化资源、文化特征、文化发展、文化安全和文化实践的分析和反思。本书第二部分"新疆文化特征论"试图通过我们的梳理使人们对新疆文化的特征及其意识形态属性有一个明晰的认识。第三部分"新疆文化资源论"主要从草原畜牧业、绿洲农

·欧·亚·历·史·文·化·文·库·

业、丝绸之路商业等视角对新疆文化的资源及其优势进行深入的分析和了解。第四部分"新疆文化发展论"主要对新疆文化事业和文化产业的发展展开讨论,力图通过体制机制创新、手段和途径创新等促进新疆文化的大发展。第五部分"新疆文化安全论"从认同视域和文化执法的方面提高新疆文化安全水平。第六部分"新疆文化实践论"从文化立法、城乡文化一体化建设和文化传播保护等方面发表了意见和建议。这六部分的逻辑关系是:方略是核心,特征是骨架,资源是基础,发展是动力,安全是保障,实践是途径。

新疆文化走到了十字路口,该如何转向和前行是摆在我们面前的无法逃避的选择,我们认为,文化现代化就是我们的必然选择,别无他途。文化现代化关键是文化生活的现代化。在文化事业方面关键是体制机制的创新,要与市场经济相衔接。在文化产业方面关键是培育大批骨干文化企业,没有文化企业就没有文化产业。本书主要从学术的角度展开论述。

第一部分　新疆文化方略论

2010 年 5 月，中央召开了新疆工作座谈会，制定了新疆跨越式发展和长治久安的战略目标。同年 7 月，在贯彻落实中央新疆工作座谈会精神的自治区党委七届九次全委（扩大）会议上，张春贤书记在报告中提出了新疆的具体战略选择：「以现代文化为引领，以科技、教育为支撑，加速新型工业化、农牧业现代化、新型城镇化进程，加快改革开放，打造中国西部区域经济的增长极和向西开放的桥头堡，建设繁荣富裕和谐稳定的美好新疆」。这在新疆历史上，是第一次提出文化来引领发展，以文化力引导经济力的战略。

推进新疆实现跨越式发展，这将文化提高到前所未有的高度，也为新疆的发展建设指明了方向。以现代文化为引领，就是要坚持马克思主义在意识形态领域的指导地位，用社会主义核心价值体系引领多样化的社会思潮，用以爱国主义为核心的民族精神和以改革创新为核心的时代精神鼓舞斗志，大力发展先进文化，凝聚各族人民的智慧和力量。

长期以来，我们在稳定工作中一直强调「标本兼治」，但是，在什么是「本」，如何「治本」，怎样检验「治本」成效等方面并不清晰，所以，很多地方很难在「治本」上有大的突破，重打轻防、重打轻管、重打轻建的现象时有发生。

那么，自治区党委提出的以现代文化为引领的战略选择，无疑是从观念上、思路上明确了稳定工作的努力方向和指导方针。

以先进文化为引领，以防、管、建三位一体来保民生、促稳定、强基础、建和谐的新的稳定观，使我们深刻认识到，文化是一个民族的精神和灵魂，是人类社会在各个发展阶段的文化心理、法制规则、道德意识、价值取向的黏合剂。只有以现代文化为引领，才能在民族关系、法治观念、社会道德、价值体系等各方面，建立起自觉抵制侵蚀、合理调解纠纷、有效解决矛盾的和谐基础，使社会运转的各个环节进入良性运作，从整体上提升社会对不稳定、不和谐因素的抵制力、免疫力，最终实现社会和谐稳定、长治久安的目标。

列宁曾指出：『没有革命的理论，就不会有革命的行动』，因而也就不会有行动的成功实现，因为理论高于实践并指导实践，理论是建设和发展的出发点并对实践起决定作用。新疆提出的『以现代文化为引领』的战略选择就是为推进和实现新疆的跨越式发展和长治久安这个伟大行动所做的高瞻远瞩的思想理论准备。以现代文化为引领，必须坚持马克思主义在意识形态领域的指导地位，用社会主义核心价值体系引领多样化的社会思潮，大力发展社会主义先进文化，提升文明素质，凝聚民心民智，加快现代化进程。

强化新疆人的现代文化意识，强化以现代文化为引领，应该是全体公民，特别是广大党员干部和知识分子的共同责任。坚持现代文化建设是为发展与稳定服务的方向不动摇，坚决摒弃在文化建设中出现的彻底商业化、市场化、物质化的问题。坚持继续大力推进社会主义精神文明建设，努力优化科学发展的文化条件。深入推进社会主义核心价值体系建设，坚定中国特色社会主义理想信念，大力弘扬爱国主义、集体主义、社会主义思想，深入开展中华民族传统美德教育和民主法治教育，加强社会公德、职业道德、家庭美德、个人品德建设，高度重视青少年思想道德教育，培育文明的社会风尚。

1 "现代文化"战略的提出
及其内涵

现代文化不是一个时间概念,而是一个性质判断。文化,简单地说,是一种架构,这种架构是思维模式与行为模式的总和。文化是一个关涉精神的范畴,表征的是人类社会中的意义、价值、观念等象征性层面。现代性即现代之为现代的根本规定,是对种种现代现象、现代事件、现代过程以及整个现代社会的特性的高度概括。现代文化体现现代性的文化内涵。现代文化的提出是相对于传统文化而言的。随着中国从传统社会转向现代社会,传统文化也不得不转向现代文化。中国文化转型的实质是,一方面主要是从文化前现代性走向文化现代性,另一方面又要规避文化现代性带来的负面影响,同时还要响应文化"后现代性"对文化现代性的某些合理批判。文化反映世界观,世界观决定人生观和价值观,三者是有机统一的。

我们认为,**现代文化就是指人们适应现代化本质要求的文化**。换句话说,就是符合当前社会现代性基本精神和特征的文化,又可称为文化现代性。通俗地说,**现代文化就是指实现文化的现代转型并建设现代价值、形成现代认同、张扬现代精神并进而建设共同信仰的文化**。所谓现代化是指传统社会的现代转型。从传统社会向现代社会的转变过程,包括经济领域的工业化、政治领域的民主化、社会领域的城市化以及价值观念领域的理性化等的互动过程。[1] 现代化就是要确立一种新的文明,在这个过程中,传统经过改造被合理地融合进来,成为现代文明的营养和组成部分。

---

〔1〕C.E.布莱克编,杨豫等译:《比较现代化·译者前言》,上海译文出版社 1996 年版,第 7 页。

现代性与现代化各有侧重。现代性是一种价值观念与文化精神、思维方式与行为方式，属于"质"的范畴；现代化则是社会从传统向现代的转变过程，是现代性观念在经济、政治、社会和文化方面的运作，属于"量"的范畴。不过，现代化与现代性虽然是不同的范畴，但两者却是相辅相成的，就像是一个钱币的两面。现代性观念为现代化提供着目的论、价值论与方法论，现代化则使这样的观念成为现实。此时现代性体现为现代化的结果，即一种广义上的文化心理与形态。[1] 现代化可以有不同的道路，不同的现代化路径可以表现为相同的现代性，它展现为一种"性一路殊"的状况，亦即不同的现代化表现中有其共同性。

文化的根本在于人本身，现代性的根本在于具备现代品质的人本身，现代文化的根本在于具备现代文化品质的人本身。现代文化的本质规定性就是文化的现代性。文化现代性的主体规定性，实现了从人为自然立法向人为自身立法的迈进，由此确立了现代文化形态，就是说，用人的尺度来衡量人、发展人、完善人是现代文化的追求。文化现代性的理性规定性，强调交往理解，通过包容、对话、纠错、行动等途径达到知与行的统一、理性思想与科学精神的统一。文化现代性的价值规定性为一定社会规划了基本价值谱系，如："仁爱、富裕、和谐"，或"真、善、美、利"等价值，其最高理想境地是实现人人幸福的目标。

现代性和传统性是现代文化的两个重要维度。现代文化是在现代性与传统性的矛盾中产生和发展的。任何一个时代的文化及其建设，都包含着现代元素和传统元素。现代性和传统性的关系一直是贯穿现代文化建设中的基本关系之一。把握现代文化建设中的现代性与传统性的关系是认识文化发展规律必不可少的视角和环节。不同时代、不同形态的文化的价值取向既有一致，又有殊异。一致性表现在，特定社会的主流文化都力图追求某种社会认同或者构建某种思想基础，提供某种精神信仰或者精神寄托。殊异性表现在由于文化的制度性基础不

---

〔1〕陈嘉明：《中国现代性研究的解释框架问题》，载《华东师范大学学报》2006年第3期，第1页。

同或者时代内容不同,一定文化的价值取向的具体内容也不同。这里所说的现代性,是与传统性相对应的概念,主要指现时代的特征、条件、精神、问题等。这里的传统性,主要是指一定形态的文化中反映或包含以往时代的内容特别是包含旧时代的思想因素等。在现时代,作为先进文化代表的中国特色社会主义文化,依然具有科学性、民族性、大众性等基本特征,但这些基本特征又被赋予新的时代内涵。中国特色社会主义现代文化不可能割断与传统文化的关系,它的传统性表现在两个方面:一是它本身要自觉吸收传统文化中的有价值的成分或优秀成果,一是它不可避免地还要受到旧文化的影响,就像马克思说的那样,"死人抓住活人"。在文化建设中,首先要从文化的价值取向上来考虑是否选择和建构一种新文化。其实,在传统文化中有优劣之分,在现代文化中也有良莠之别。关键在于,要把积极向上、科学健康、有益于人民和社会的文化作为我们共同的思想基础,努力弘扬优秀传统,吸纳现代文明,彰显时代精神,建设精神家园。[1]

现代文化体现并反映社会主义价值观体系的主要方面。文化是社会的灵魂,价值观是文化的核心。中国特色社会主义的现代文化体现并反映中国特色社会主义价值观体系的主要方面。在这个价值观体系中,主要包含有社会主义核心价值观与普通价值观,二者有区别也有联系,是辩证统一的关系。核心价值观是居于主导地位的、起决定作用的价值观,并引导着社会的价值方向。普通价值观是相对于社会主义核心价值观而言的,是指在社会主义价值观体系中居于次要地位或从属地位,不起主导作用的价值观。主导与非主导、支配地位与从属地位,这就是社会主义核心价值观与普通价值观的主要区别。它们相互补充、相互包容、相互支撑,共同构成了社会主义社会价值观体系的整体。没有社会主义核心价值观,人们的价值追求就会失去根本方向;没有普通的价值观,社会主义核心价值观的落实就会失去基础和土壤,甚至会

---

〔1〕北京市中国特色社会主义理论体系研究中心:《文化建设中的现代性与传统性关系》,《光明日报》2011年3月16日理论-政治版。

变成不切实际的空中楼阁。在当代中国,社会主义核心价值观代表着先进价值观的发展方向,体现着社会主义价值观的先进性特征,更多地显示着社会主义价值观与其他社会价值观的区别。而社会主义社会的普通价值观则与日常生活息息相关,紧密相连,更多地体现着价值观的历史延续性和广泛性,更多地体现着社会主义价值观与其他社会价值观之间的共性特征。[1] 现代文化反映社会主义价值观体系的基本内容,其内涵和外延应该大体相当。社会主义价值观体系凝练概括了现代文化的本质,制约和规范现代文化的作用和功能,具有提升现代文化发挥作用的功能,也增强了对现代文化的吸引力、感召力、凝聚力和征服力。现代文化是社会主义价值观体系的知识基础和价值基础,可以向社会主义价值观体系和核心价值观提供价值资源。现代文化的提出有利于团结引领更广大的各族各界、不同团体和信教群众适应现代化发展要求并积极投身现代化建设。马克思指出:"历史活动是群众的事业,随着历史活动的深入,必将是群众队伍的扩大。"[2] 当前在我国边疆民族地区,以现代文化为引领战略的提出具有很强的现实针对性,是共同信仰建设的有机组成部分。

社会主义核心价值观与社会主义核心价值体系是两个既有内在联系,又彼此区别,都是现代文化的组成部分并居于现代文化的核心。而现代文化的内涵和外延更广更宽,包含的内容更多。从根本上来说,社会主义核心价值观与社会主义核心价值体系在本质上是一致的、统一的,它们都体现了社会主义的核心价值追求,是建设中国特色社会主义不可或缺的重要组成部分。但从严格的意义上来说,它们又是相互区别的。社会主义核心价值体系指的是社会主义意识形态中那些反映社会主义经济、政治和文化制度要求,体现社会主义发展趋势的核心思想意识、价值观念的总体框架;而社会主义核心价值观则是对社会主义核

---

〔1〕卫建国等:《社会主义核心价值观与一般价值观的区别在哪》,载《光明日报》2011年2月14日理论－核心价值版。

〔2〕马克思、恩格斯:《神圣家族》(1844年9月—1846年2月),载《马克思恩格斯全集》第2卷,人民出版社1957年版,第104页。

心价值体系核心内容和精神实质的高度凝练及抽象概括。从具体内容来看,社会主义核心价值体系是一个由马克思主义指导思想、中国特色社会主义共同理想、以爱国主义为核心的民族精神和以改革创新为核心的时代精神、社会主义荣辱观等4个方面内容所构成的反映理论、理想、精神、道德等方面的一个相互贯通的科学价值体系,而社会主义核心价值观则是这种核心价值体系的根本目标和要求的集中体现,[1]如"仁爱、富强、正义、文明、和谐、自主"等社会共同价值追求。社会主义核心价值体系的功能主要在于确立社会主义核心价值观的灵魂、原则与依据。这4方面内容并不直接成为社会主义核心价值观的具体内涵,但社会主义核心价值观必须要符合这4条要求。这4方面内容的阐述让我们明确了在提炼社会主义核心价值观时必须坚持的几个原则:一是体现社会主义的本质,二是着眼于中国发展主题,三是反映中华文化的传承,四是具有广泛的实践基础等。[2]

社会主义核心价值体系、社会主义价值观体系、社会主义现代文化系统之间的关系可图示,如图1-1:

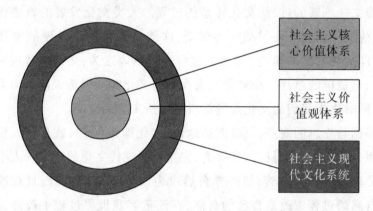

图1-1　社会主义核心价值体系、社会主义价值观体系、
社会主义现代文化系统之间关系示意图

〔1〕韩振峰等:《社会主义核心价值体系与核心价值观是一回事吗?》,载《光明日报》2011年1月24日理论-核心价值版。

〔2〕辛鸣:《社会主义核心价值观的构建》,载《学习时报》2010年5月5日。

·欧·亚·历·史·文·化·文·库·

现代文化是先进文化发展过程中的一个环节。文化的现代性,是指反映现代问题、体现现代精神、顺应现代要求、符合现代潮流等文化特性,是对现代文化本质规定性的抽象。文化的先进性体现在对文化的"去其糟粕,取其精华"的历史运动之中,腐朽的、落后的、不利于人的自由和全面发展的思想都是先进文化所欲批判和否定的,这里所说的"先进"是建立在马克思主义进步历史观的基础上,"以人类活动为出发点,以必然与自由的矛盾运动为基本线索,以人的解放与发展为理论核心"[1]。文化先进性在价值层面上总是以"真善美"为表现形式和核心内涵。可以说,先进文化就是现代文化。否定现代文化就是拒斥先进文化。现代文化构成了先进文化最主要的内涵。接受和改造现代文化是先进文化建设的重要任务。[2] 现代文化是先进文化发展过程中的一个环节。

文化的本质是适应,是人化和化人的过程。文化既要适应人类所面临的自然环境的变化,也要适应人类所面临的社会环境的变化,同时还要适应人类自身生理心理以及精神世界的变化。文化的适应本质上是一个文化创新的过程、文化转型的过程。人类文化发展的轨迹告诉我们,挑战—创新—再挑战—再创新,这就是人类文化发展的本质过程,亦即文化发展的模式,[3]这个过程也可以表述为:变化—适应—再变化—再适应的过程。全球化既为我们的文化和发展造成前所未有的挑战,同时也为我们的文化发展提供了前所未有的空间。

根据马克思的观点,可以概括地说,文化即人化[4],就是让人更像人。用人的尺度来衡量人、发展人、完善人是现代文化的追求。人不仅通过劳动改造外界自然,使外界自然成为"人化的自然",而且在改造外界自然的过程中改造自己的自然,在改造客观世界过程中改造主观世界,改造人类自身,促使自身的"自然的人化"。文化是"人化自然"

〔1〕郝永平:《社会进步观念的当代重建》,湖北教育出版社1995年版,第317页。

〔2〕邓永芳:《文化现代性引论》,中共中央党校博士学位论文,2007年,第204页。

〔3〕贾旭东:《新世纪中国文化建设面临的挑战论纲》,收入北京师范大学价值与文化研究中心:《价值与文华》,第2辑,北京师范大学出版社2004年版,第213-219页。

〔4〕参阅马克思的《1844年经济学哲学手稿》等论著。

的过程,也是"自然人化"的过程,改造客观世界和改造主观世界是同步的,互相联系、互相促进的。社会的现代化与人的现代化也是同步的,相互制约和相互促进的。没有人的现代化不可能实现社会的现代化,反过来,离开社会的现代化,人的现代化也是不可能的。

现代性境遇中,应对文化危机和文化冲突,必须倡导文化自觉,真正处理好文化先进性与文化现代性之关系,并在此基础上建设中国特色社会主义的先进文化。

开展现代文化建设必须坚持的 3 条原则:一是与社会主义制度的根本性质相统一,二是与社会主义市场经济的发展规律相吻合,三是与社会主义法律体系相配套。[1] 其具体体现在"四信"上,即坚定对马克思主义的信仰,坚定对社会主义的信念,增强对改革开放和现代化建设的信心,增强对党和政府的信任。

哲学范畴的价值、价值观与现代文化。价值观是文化的灵魂。现代文化建设的核心是建立共同的现代价值、达成现代认同、张扬现代精神,最终建构信仰共同体。价值表示客体对于主体所具有的积极的或消极的意义。价值不在主体,也不在客体;价值离不开主体,也离不开客体;价值存在于主客体相互作用之中,价值是关系范畴而不是实体范畴,价值同时还是属性范畴。无论价值的多样性还是价值的历史性,都不能改变和影响价值的客观性。人类的活动,无论是认识还是实践,都是追求价值、实现价值的过程。马克思认为:"人们奋斗所争取的一切,都同他们的利益有关。"[2] 人有什么样的价值目标,就有什么样的行动方式;价值目标直接决定着人们的思想、行动的方向和成败。只有正确的价值目标,才能使对事物发展趋势的预见和对价值成果的积极追求有机统一起来,才能使活动既沿着事物发展的方向发展,又沿着主体自身需要和利益的方向发展,从而才能具有成功的保障。价值以需要和利益为根据,需要表现为主体对自己生存和发展的客观条件的需

---

〔1〕袁贵仁:《坚持先进文化方向,树立正确的价值观》,收入北京师范大学价值与文化研究中心编:《价值与文华》,第 1 辑,北京师范大学出版社 2002 年版,第 1—6 页。

〔2〕马克思,恩格斯:《马克思恩格斯全集》,第 1 卷,人民出版社 1956 年版,第 82 页。

要;社会主体一旦对自己的客观需要有了认识,就会把它变成个人、阶级和社会的利益;利益的出现就是诱发行动的动因,引起旨在满足需要的决策、态度和行动。中国共产党长期坚持的从客观实际出发,从群众需要出发,体现了科学观和价值观的统一,体现了事实认识和价值认识的统一。人是主客体的统一,既是价值的客体,也是价值的主体。价值即主体客体化和客体主体化、主体的外化和客体的内化的动态统一。人的价值就是人的劳动创造。价值的客体价值是"人生价值",价值的主体价值是"人格价值";人格价值是目的价值,人生价值是手段价值。人格价值是人生价值的前提,反之亦然;人生价值和人格价值是不可分的。[1] 人的价值在于贡献,人的贡献在于能力,人的能力在于素质。

个人价值观念的形成是一个复杂的过程,可以通过各种方式进行。人的价值观念不是先天就有的,而是后天在一定的社会环境、社会活动中形成的。需要和自我意识是价值观念形成的两个直接前提条件,教育在人的价值观念形成中具有举足轻重的作用。一般地讲,一方面通过法律手段、社会舆论和学校教育等方式有目的地把某种价值观灌输给每个社会成员,不断培养、调整或矫正他们的价值观念,由此使个人价值观念和社会价值观念协调一致起来,维护社会的稳定;另一方面,则通过文化传统、风俗习惯、社会心理等形式把社会的价值观念在潜移默化中传递给社会成员,促进他们价值观念的形成和发展。[2]

现代社会的现代价值、现代认同和现代精神组成了现代文化的基本架构。现代价值是现代文化的基础,关注的主要是观念和伦理层面;现代认同是现代文化的支撑,关注的主要是知识和制度层面;现代精神是现代文化的动力,关注的主要是情感和理想层面。建设现代文化的目标就是建设信仰共同体。现代文化的主要内核与社会主义核心价值体系和社会主义价值观体系存在着一致性和耦合性。现代社会的现代

---

〔1〕袁贵仁:《价值观的理论与实践》,北京师范大学出版社 2009 年版,第 3 - 52 页。

〔2〕袁贵仁:《价值观的理论与实践》,第 131 - 132 页。我们要通过多种形式加强和树立马克思主义的人权观、功利观、效益观、民主观、平等观、正义观、幸福观、和谐观、诚信观、国家观、民族观、宗教观等的培养,调整教育体系结构,转变教育观念,改革教育制度,尊重学生主体地位,加强心理健康教育和教师队伍建设,为青少年健康成长营造良好的环境和制度保障。

价值、现代认同、现代精神和文化的现代转型是现代文化及其建设的核心内容和主要任务。文化现代转型是现代文化建设的途径,建设现代文化的目标就是建设共同信仰或信仰共同体。现代文化的这四个要素相互依存,相互补充,相互作用,紧密联系,其关系可图解,如图1-2:

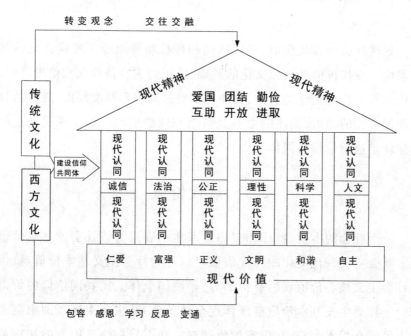

图1-2　现代文化的四要素关系示意图

　　由现代价值作基础,现代认同作支撑,现代精神作动力并通过文化的现代转型建设信仰共同体,即现代文化。

· 欧 · 亚 · 历 · 史 · 文 · 化 · 文 · 库 ·

2　论现代文化的架构

现代社会的现代价值、现代认同和现代精神组成了现代文化的基本架构。现代价值是现代文化的基础,关注的主要是观念和伦理层面;现代认同是现代文化的支撑,关注的主要是知识和制度层面;现代精神是现代文化的动力,关注的主要是情感和理想层面。建设现代文化的目标就是建设信仰共同体。

2.1　现代价值

一个社会的本质、特征和理想追求集中表现为该社会的基本价值观。社会主义现代文化的现代价值可以称为社会主义基本价值观,也是社会主义核心价值观的有机部分,是我国全体人民共同信仰的价值理念。社会主义基本价值观既体现个体价值观,也集中体现国家意志和人民群众根本利益,是国家的价值观。在引导社会价值方向和规范社会关系时既突出强调了社会整体利益、集体利益和人民群众的根本利益,又重视和关注对个体权利和个人正当利益的充分肯定,尤其强调对广大人民群众个人积极性、创造性的维护与激发。基于人类文明史和现代社会发展的成果,考虑到文字的简约和易懂特点,我们提出现代文化的现代价值理念是:"仁爱、富强、正义、文明、和谐、自主"这 6 个价值范畴。

仁爱:社会主义社会的共同伦理诉求

仁爱既是人之所以为人的本质所在,又是社会之所以能够存在的基本规范,而天地也以其不断创造、发育、培护出新的生机与活力而表现了仁爱的最高形态——生生之德。仁爱是人类社会最崇高、最宝贵的情感。仁爱能超越一切宗教,超越一切宗教的是信仰本身,仁爱就是真正的宗教。所谓"轴心",就是爱的围绕。我们的心灵需要围屏,需要垂幔,需要厚厚的地毯。手拉手不会跳舞也成了舞蹈。如果没有爱,人是长不大的,如果没有爱,人早就消失了,重新找回爱,就是最大的信仰,爱是我们人生的圆心,是我们共同的语言。

富强:社会主义社会的经济基础指向

唯有民富国强,才能为社会主义奠定坚实的物质基础,才能解决前进中的各种问题,从容应对国家主权和国家安全所面临的各种挑战和风险,才能促进社会全面进步和保障民生。富强表征的是中国特色社会主义物质基础的要求,是中国共产党坚持的以经济建设为中心,把发展作为执政兴国的第一要务的充分体现。富强的核心是自强,就是通过自力更生合法合理可持续地增强国家、区域、集体和个体的实力,达到国强民富的状态。因而,富强还包含有勤劳、奋进、自立、变革、强盛等内涵。

正义:社会主义社会的政治伦理取向

正义是现代文化的基础,正义感是正义实践的基础。中国特色社会主义的正义是我国社会主义制度的政治合法性和正当性的重要依据,是国家得以健康发展、社会主义优越性得以具体体现的重要前提和条件。罗尔斯说:"正义是社会制度的首要价值。"[1]亚当·斯密说:"正义是支持整个大厦的主要支柱。"[2]。正义是超越所有社会主体自发利益而又普照所有社会主体根本利益的价值判断,既有厚重的思想导引性,又有强烈的现实针对性。正义包含了公平、平等等内涵,如对生命的平等关怀、对公民自主的平等尊重,对利益的公平分配等。正义应利益矛盾的调节而生,不仅是伦理原则、道德理想、价值目标,也是社会成员合作体系和利益分配体系的实践原则;不仅是人类社会发展的目标,更是人类社会发展的内在要求和基本动力。[3] 正义要合规律、

---

〔1〕罗尔斯:《正义论》,中国社会科学出版社 2010 年重印版,第 3 页。

〔2〕Adam Smith, *The Theory of Moral Sentiments*(《道德情操论》), Liberty Press, 1981, p.86.

〔3〕我们认为,构建现代和谐社会的正义观,要体现社会主义社会的正义本质。首先,从社会合作体系看,机会平等至关重要;其次,从社会利益分配体系看,按贡献进行分配是核心,权利制约是关键;第三,利益的再分配应该体现使最不有利者受惠的差别原则,最大限度地维护弱势群体的利益,从而维护社会利益分配体系的正义。

合人性,保障每个人的正当权利,其形式正义要与实质正义相统一。

文明:社会主义社会的文化品质要求

文明是文化发展积极成果的总和,是良好的生活方式和精神风尚,表明物质文明、精神文明和政治文明达到较高的水平,文明是人类社会的进步状态和理性社会体系。文明是具有内在结构的有机整体。从内容上看,人类文明发展的内在动力是主客体矛盾;从空间上看,分布在不同区域的人类群体,文化内容和生活方式不同,从而产生不同文明类型;从发展过程看,人类走出蒙昧状态的"自在期"后,进入以工业文明为标志的"自为期",随着信息文明的发展尤其是阶级社会的终结必将步入"自主期"。其中的物质文明表现为人类物质生产的进步和物质生活的改善。政治文明是人类在政治实践活动中形成的文明成果,包括政治思想、政治文化、政治传统、政治结构、政治活动和政治制度等方面的有益成果。精神文明是指人类在改造自然和社会过程中所取得的精神成果的总和,体现了人类精神生产和精神生活的发展水平。

和谐:社会主义社会人与人、人与自然关系的本质

和谐表征的是中国特色社会主义关于人与人、人与社会、人与自然关系的要求,是社会顺利发展的重要前提条件。只有实现和谐,经济、政治、社会、文化和生态才能协调发展,才能实现和满足中国特色社会主义和谐社会的本质要求和本质内涵。和谐观强调平等,提倡包容,鼓励交融,倡导有序,是对自由和平等的超越。坚持和谐观,对于正确处理现代化建设过程中各种矛盾和冲突,协调各种利益关系,团结社会各方力量,调动一切积极因素,发挥整个社会的创造力,实现社会公平正义,促进社会文明和生态文明进步,具有重要意义。

自主:社会主义社会人的终极目标追求

自主是与现代社会的主体性原则密切关联的,代表了个人的权利和义务的统一,包含了自由、独立、自立等的精神内涵,没有自主性,正义、和谐、文明都无从谈起。自主性既强调个人的权利,也强调个人的义务,突出权利与义务的统一,在现阶段对于确立人民群众的主体地位和独立性、自主性、自主化,对于实现社会主义的民主和人权,调动一切积极因素,加速社会主义现代化建设,对于促进社会和谐以及最终促进人的自由全面发展,具有至高的和终极的作用。自主的价值观不仅集中体现了马克思关于人的自由全面发展的价值目标、人类社会发展的趋势,而且是构建社会主义和谐社会的必然要求。**自主性也是公民教育的重要概念和重要理论问题。**自主(个人正当权利)是现代价值的核心。

仁爱是富强、正义、文明、和谐、自主的前提,富强是仁爱、正义、文明、和谐、自主的基础,正义是仁爱、富强、文明、和谐、自主的保障,文明是仁爱、富强、正义、和谐、自主的关键,和谐是仁爱、富强、正义、文明、自主的本质,自主是仁爱、富强、正义、文明、和谐的核心。仁爱、富强、正义、文明、和谐、自主六位一体,彼此依赖、互为前提,构成了中国特色社会主义的基本价值观,即现代价值。由此,规定了中国特色社会主义的本质和发展趋向,是中国特色社会主义现代化建设共同遵循的基本价值理念、原则和目标。[1]

2.2 现代认同

现代认同是现代社会整体稳定的核心。现代认同的本质在于规定政治组织的规模,是将个人凝聚成具有主权的契约共同体(国家)的力量,是实现现代价值和社会制度耦合的前提。现代认同为政治经济制度提供正当性,同时,政治结构为经济系统和现代认同提供保护,另一方面,经济系统则为政治系统和现代认同的实现提供物质支持。通过现代认同形成的政治结构是促成耦合整体稳定的关键。我们认为,诚信、法治、公正、理性、科学、人文构成了现代认同的主要方面。

诚信:现代社会的"通行证"

诚信是规范个人与个人、个人与社会之间相互关系的道德品质和

---

〔1〕侯才、栾亚丽、邓永芳:《中国特色社会主义的基本价值观论析》,载《中共中央党校学报》2006 年第 4 期,第 10 - 16 页。该文提出了"民主、富强、公正、和谐、自由"的社会主义基本价值观,我们提出的观点与其有所不同。

行为准则,是和谐社会的基本特征。诚实守信,就个人而言是高尚的人格力量,就集体而言是宝贵的无形资产,就社会而言是秩序运行的基石,就国家而言是良好的国际形象。诚信是中华民族的传统美德,很早就被作为"仁义礼智信"五常之一。只有诚实劳动、扬善除恶,社会各方利益关系才能得到妥善协调;只有养成诚实守信的道德品质,才能真正忠诚党和人民,忠诚国家和事业,对马克思主义真学、真懂、真信、真用。诚信是每个人全面发展的前提,是进入现代社会的"通行证"。

法治:良序社会的制度保障

法治所体现的一种依法办事的良序社会状态至少应包括这样一些内容:一是这个国家要具备完善而良好的法;二是这种法要得以普遍而自觉的遵守;三是已建立健全完备的使这种法得以正确适用与遵守的国家权力机构体系,而且这种权力体系是以权力的互相制约、监督为前提条件的。法治就是在法及其司法体制健全的情况下,在完全地服从于和体现了社会的整体利益与群体意志的前提条件下,能充分地发挥个人的意志与行为的自由的一种社会状态。我国现在所提倡和努力建立健全的是现代意义上的依法治国和法治国家。

公正:社会和谐稳定的基石

公正是社会的基本价值观念和准则。尽管不同时代、不同国家、不同阶层和群体具有时代性、阶级性特征,但其超时代性、超阶级性也是公认的,即其一,公共利益的互利是公正的基础,因为利益是道德的基础,公共利益是公正的道德基础;其二,平等是公正的本质特征,公正本身包含了平等的要求,首先是权利的平等,包括独立人格受尊重的平等和机会与规则的平等,其次是义务的平等,包括义务与权力相对应的平等和彼此双向履行义务的平等。只讲权利不讲义务,只要索取不要奉献,只要别人尊重自己的习惯风俗不愿自己尊重别人的行为习俗等等都是不公正的表现。公正作为为人处世的基本美德与追求的社会道德理想,它在人类社会历史上对于调节和维系人际关系,维护和稳定社会秩序有其特殊的道德价值。社会公正的缺失是产生一切矛盾和纠纷、影响人际族际关系和谐与稳定的根源和土壤,所谓"人平不语,水平不流",人受到公平的对待就没有怨言,水平静了就不会有波涛。

理性:客观中立、知行统一的能力

人因为享有精神性的存在——理性,才成为真理的发现者。理性指处理问题按照事物发展的规律和自然进化原则来考虑的态度。考虑问题、处理事情不冲动,不仅仅凭感觉感性做事情。所谓理性就是能够识别、判断、评估实际理由以及使人的行为符合特定目的等方面的智能。理性通过论点与具有说服力的论据发现真理,通过符合逻辑的推理而非依靠表象获得结论、意见和行动的理由。理性的主要特征如:冷静的态度,全面的认识,详细的分析,后果的预知,心理素质的要求,多种方案的选择等。理性不仅以其理论的普遍性而且以其实践的普遍性成为对人类生活所有领域都起作用的共同目标。人类需要用科学理性祛除上帝的神圣性,也需要借助人文理性以呵护世俗的精神家园。理性认识包括概念、判断、推理三种形式,其特点是它的概括性和间接性。理性是认识的不断深化,是抽象思维,是对事物本质的、整体的和内部联系的概括和反映。认识的真正任务在于经过感性认识而上升到理性认识。而理性认识之所以重要,就在于它能够指导我们的实践活动。理性能让人客观、中立地评判事物,不以自己的利益和情感为出发点。认知理性关乎"知",价值理性关乎"行",理性就是知与行的统一。理性是适应现代社会的必备条件和能力。

科学:科学知识、科学技能和科学精神三者的统一

科学是科学知识、科学技能和科学精神三者的统一。科学知识主要指数学、物理、化学、生物、地理、天文、经济等的知识和养成。现代化是以工业化和信息化为主导的社会变革,因此,科学知识和科学技能就是现代人必须具备的本领和要求,没有科学知识和技能,在现代社会几乎无以立足,无法生存,为此,现代教育的主要功能就是要给青少年传输科学文化知识和生存的基本技能。我国在科学知识、科学技能、科学精神方面与发达国家还有差距。我国边疆的一些地区的民众缺乏科学的传统,科学意识淡薄,科学知识贫乏,从而影响了融入主流社会和适应现代化发展的步伐。科学精神由科学性质所决定并贯穿于科学活动之中的基本精神状态和思维方式,是体现在科学知识中的思想或理念。科学精神就是实事求是、勇于探索真理和捍卫真理的精神,具体包括求实精神、创新精神、怀疑精神、宽容精神等几个方面。其中最主要的是求实与创新。不求实就不是科学,不创新科学就不会发展。怀疑精神与宽容精神是派生出来的,而且两者不可偏废。

人文:以人为本的知识和精神的世界

人文是人类实践的一种文化形态,是人类所坚持的以人为本的知识、价值和意义,以及从中发展出来的人类世界的法则和秩序,它包括人文知识和人文精神。人文知识包括语言、文学、历史、哲学、政治、艺术等的知识和养成。人文精神是一种哲学理论和一种世界观,提倡人与人之间的容忍、无暴力和思想自由是人与人之间相处最重要的原则。人文也叫人本,本意是人类世界的法则和秩序,其引申义是人类社会的普遍道理。人文思想相信人的本性有巨大的潜力,而不相信宗教的超验的价值,不依靠宗教来回答道德问题。真正的人文主义,唯有开"道德主体"之门,而成为领导文化生命的最高原则。就"物本"来说,心思全在把握外物之理上,则主体方面最注重的机能便是"理智"。就"神本"来说,这是要拉空甚至撤销人的主体性,把一切都交付于至高无上的神。所以,在宗教上越虔诚,便越是要消解掉自己的主体性。真正的人文主义是以人为"本"来建构人自身的文化。通过人格的修养工夫而呈现的道德主体(心体或性体),才是真正的人之"本",人文世界即是由这个"本"所开启。正因为人文世界系由道德主体所开启,故它并不是一种义理系统,而是一种精神境界,乃至强健的生活态度。

2.3　现代精神

一个时代必有一个时代的精神力量。精神力量包括思想、文化、信念、志向、气魄等诸要素,它与物质力量既紧密联系,又互相区别。精神力量为现代社会的健康和谐发展和现代人的自由全面发展提供强大的动力支持,并力求克服和矫正现代社会条件下,重物质、轻精神,重功利、轻意义,重工具理性、轻价值理性等的偏向,必须对精神动力现代价值进行认定。精神动力是人类的特有现象,是推动人类实践活动和社会发展的强大动力。精神可以转化为物质,精神力量影响社会合力,时代精神集中表现于社会的意识形态中,但并不是任何意识形态中的现象都表现着时代精神,只有那些代表时代发展潮流,标志一个时代的精神文明,对社会生产的发展产生积极影响的思想才是时代精神的体现。现代精神就是处于现代社会的中心,决定现代社会主要内容、主要方向和主要特点的思想。精神动力的基本价值在于精神动力能满足个人和社会对于发展动力的基本需要。现代科技的进步,知识经济的兴起,经济全球化进程的加速,进一步强化、提升和拓展了精神动力的价值。我们认为,爱国、团结、勤俭、互助、开放、进取的精神就是我们的现代精神。[1] 现代精神是一种精神风貌和优良品格,是激励各族人民奋发图强、振兴祖国的强大精神动力。

爱国:公民社会的共同责任和信仰

国家是信仰的共同体。祖国就是我们的信仰。国人爱国家,国家爱国人。国家是信仰者的家园,信仰带来爱的国度,因为信仰,国家与国人融为一体,国家、国人、信仰是一个词,一个意思。不爱国就是道德有缺陷,是心理有残疾、心智不健全。中国是各族人民信仰的共同体。当初是信仰创造了国家,现在是国家创造了信仰和信仰者。一国的公民必须爱国,在"公民"的两端,一个是国家,另一个就是这个国家的法律。统一的多民族国家内部,永远都不能让单一民族意识或地域意识高于公民意识和国家意识,否则就十分危险。

团结:同舟共济的精神合力

所谓团结,就是要形成社会合力。一个国家和社会提倡团结的目的,不仅是为了把精神力量转化成物质力量,而且是为了把分散的、分化的精神力量转化成共同的、整体的精神力量,把个人的、团体的精神

---

〔1〕本文完成于 2011 年 5 月,即新疆第八次党代会确立的新疆精神之前。

力量转化成社会的精神力量,把社会的精神力量转化成社会的物质力量,自觉影响和促进社会合力的形成,推动社会实践的发展。毛泽东同志说过:"国家的统一,人民的团结,国内各民族的团结,这是我们的事业必定要胜利的保证。"[1]当前我们要解决的突出问题是族际间的团结问题。过强的民族身份、过重的民族意识以及功利的因素等,都不同程度消减、消解了公民身份和公民意识,影响了族际团结。族际团结需要价值、利益和精神的互动协作。团结是精神力和凝聚力,是软实力和硬实力,是同舟共济的精神合力。

勤俭:传统基因的现代特征

自强不息、艰苦奋斗、勤俭节约是中华民族的一种传统美德,"克勤于邦,克俭于家","民生在勤,勤则不匮"是中华民族的性格特征,这些都是新形势下鼓励广大公民激发能动性、主动性、创造性去实现美好富裕新生活的热情的有效途径,也是加强领导干部廉洁奉公、勤政为民作风建设的重要方面。要在全社会大力倡导"勤劳致富"、"勤政廉洁"、"精行俭德"的思想情操和良好社会风气,大兴勤俭节约的社会风气,进而不断提升公民自身的道德文化素养,这是进一步推进节约型社会建设的基础与保障。勤俭是传统文化的现代基因,应该在现代化进程中广泛而持久地传承。

互助:共同利益和人际关系的契合点

社会互助所体现出的相互依存感是人类社会共同利益蕴含的人与人之间互助精神的必然契合点。随着全球经济一体化、经济市场化的发展,使社会互助的中华美德也受到负面影响。社会互助不是金钱、利益驱动的行为,而是人类文明进程中无条件的自发行为,是构建和谐社会不可或缺的精神食粮,更是人们共享发展繁荣成果所彰显出的一种精神追求。互助无限,大爱无疆正是新世纪现代人应有的精神品格修养,是人性善的有力彰显和正面昭示,也是社会主义制度的本质体现。对别人友善一点,就是对自己友善很多。

---

〔1〕毛泽东:《毛泽东选集》,第 5 卷,第 363 页。

开放:社会前进的必由之路

社会的大发展与大变革,必然以大开放为先导。开放意识是一个国家和民族崇尚文明和高度的自省、自觉与自强精神的集中体现。文化的发展只有摒弃封闭保守观念,才能充满生机与活力。在全球化、多元化背景下,只有不断开放,文化的发展才具备存活的空间。在开放中既要传承优秀的文化传统,又要适应现代社会的发展,并不断调适和创新。开放的前提是解放思想,转变观念。一个地方的相对落后其实质是观念落后,思想僵化,心胸狭小,思维封闭,排他性强,落后而不自知,甚至盲目地陶醉于神话传说的自大中不能自拔。我们说的开放,是思想观念的开放,是思维方式的开放,是交往行为的开放,是知识信息的开放,开放是社会进步的必由之路。

进取:人类进步的精神动力

进取体现出一种积极的立志作为的精神状态,是不满足于现状,坚持不懈地追求新目标的蓬勃向上的心理状态和志气觉悟。它蕴含着前进的动力与不断提升人们能力的可贵追求;只有在默默耕耘、甘于付出的前提下,才能获取丰硕的成果。在中华文化发展的历史长河中,正是由于弘扬了不断进取的精神,融会贯通、百家争鸣、推陈出新,才使我们的民族文化彰显出东方文化独特的价值与魅力。民族文化要靠自己发扬光大,不能永远依附在其他民族文化上不思进取,不能总是有等靠要的思想。文化的进取性是当代国家民族文化发展的优势所在,锐意进取是国家兴旺发达的不竭动力。具有进取心的人,渴望有所建树,勇于迎接挑战,争取更大的发展。进取精神包含好胜心、主动学习精神和自我发展的能力。

现代价值、现代认同和现代精神共同组成了现代文化的基本架构,这个架构的完成将有助于我们顺利实现文化的现代转型和建设共同信仰。

3 文化现代化是
现代文化建设的总目标

3.1 文化现代化的内涵

现代文化的提出就是要实现文化现代化的目标。**文化现代化是现代文化的形成、发展、转型、互动的综合过程,是文化要素的创新、选择、传播和扬弃交互进行的综合过程。文化现代化包括文化生活、文化制度、文化观念等的现代化。**现代文化的建设过程就是文化生活现代化的过程。文化现代化是历史的必然选择。文化现代化不是简单地从传统文化向现代文化的转型,而是一个复杂的互动过程。文化现代化既包括传统文化、现代文化和后现代文化的复合互动,也包括新文化、现实文化和文化遗产的互动过程。文化现代化就是传统文化的部分退出和遗失,部分否定和转向,部分继承和发展。传统文化现代化的标准主要体现在"三个有利于":要有利于生产力的解放和发展,有利于社会的公正和进步,有利于人类的自主解放和全面发展。

文化现代化的动力因素包括创新、竞争、适应、交流、利益、需求等。创新是文化现代化的根本来源,竞争是文化转型的激励机制,适应是对外部环境变化的文化调试,交流是文化转型的促进因素,利益是文化发展的引导因子,需求是文化产业的决定因素,它们的联合作用促进了文化发展和文化转型,从而推动了文化现代化。文化现代化过程是国家利益和市场需求共同驱动的。国家利益推动维护国家文化权益的文化创造、文化商品和文化服务供应,市场需求推动适应国内国际市场要求的文化创造、文化商品和文化服务供应,国家利益和市场需求的双轮驱动共同推动了文化现代化的进程。[1]

世界文化现代化经历了准备阶段、初次文化现代化和再次文化现代化3个阶段。初次文化现代化是从传统文化向现代文化、从农业文化向工业文化的转型,其中包括从专制文化向民主文化、封建文化向公民文化、迷信文化向科学文化、农村文化向城市文化的转型等。再次文化现代化是从现代文化向后现代文化、从工业文化向知识文化的转型,其中包括从物质文化向生态文化、实体文化向网络虚拟文化、权威文化向平民文化、机械文化向人性文化的转型等。如果说初次文化现代化是一个文化分化的过程,那么,再次文化现代化就是一个文化融合的过程。文化现代化的路径要与国家和地区现代化路径相协调。中国文化现代化的过程是传统文化与现代文化、民族文化与外来文化的互动过程,大致经历了3个阶段:文化现代化的起步(1840—1911年)、局部文化现代化(1912—1949年)和全面文化现代化(1949年至今)。目前中国还没有完成初次文化现代化,但已经包含再次文化现代化的许多要素。新疆文化现代化大体与中国文化现代化同步,但明显滞后于中国文化现代化的整体发展步伐,大致处于初次文化现代化的中期,其中包含再次文化现代化的个别要素,其追赶的路途还很漫长。

目前在我国,文化现代化应该以文化生活现代化为建设重点,兼顾文化内容现代化的促进和文化竞争力的提高。在文化生活现代化方面,重点推进文化观念、文化供给和文化消费现代化。观念现代化是一切现代化的先导,知识分子和领导干部可以发挥更大更积极的作用,共同促进文化观念现代化。在文化供给现代化方面,一是推动文化生产现代化,奠定文化供给的基础;二是推动文化传播现代化,扩大文化供给的途径;三是推动文化服务现代化,扩大文化服务的可选择性和可参与性;四是推动文化政策现代化,提高文化供给的满意度。在文化消费现代化方面,一要推动文化需要现代化,建立健康的文化消费观念;二

---

〔1〕何传启:《重铸中华文化的辉煌时代》,收入中国科学院中国现代化研究中心编:《中国文化现代化的新探索》,科学出版社2010年版,第3-4页。

要推动文化消费模式现代化,提升文化生活的品质;三要推动职业文化现代化,塑造知识时代的职业信誉;四要推动行为文化现代化,塑造知识时代的礼仪氛围。文化内容现代化主要是做好文化传承、文化创造和文化交流等方面的工作。文化竞争力主要是做好文化人才、文化产业和文化贸易等方面的工作。[1]

观念变革是实现文化现代化的先导。开放是心态,开明是情态,开创是样态。解放思想的程度决定改革的力度和深度。观念大转变,改革大突破。解放思想是万事之先,是打开工作新局面的法宝。解放思想、更新观念必须坚持中国特色社会主义方向;必须立足国情区情、立足当代;必须坚持科学精神,破除一切形式的教条和迷信;必须立足振兴中华文化,弘扬中华民族的精神;必须坚定不移走向世界,以开放的心态推动文化大发展、大繁荣。解放思想的这"五个必须"是我们实现文化现代转型的方向、原则和层次。可以说,体制机制创新是实现文化现代化的重要途径。

现代教育是实现文化现代化的关键。教育水平是衡量一个国家和地区发展状况最重要的依据。教育水平体现为受过良好教育的国民的数量和质量。教育水平的提升主要靠大量合格的教育者——教师来承担,因此,教师的素质决定了教育水平的高低。教师素质的提升离不开现代价值和精神的培育、现代知识和制度的养成、现代技术的掌握和实施,这就是现代教育的主要任务。建设一个新世界,千千万万具备现代品格的合格教师是完成现代教育的关键,从而才能使各族人民实现文化的现代化。陶行知认为,"平民教育是改造社会的一个最重要方法"。他于 20 世纪 20 年代提出的"培育有文化、有知识、有公益心、有活动和创造能力的国民"的目标,至今仍有现实意义。毛泽东指出:"我们能够学会我们原来不懂的东西。我们不但善于破坏一个旧世界,我们还善于建设一个新世界。"

---

〔1〕何传启:《重铸中华文化的辉煌时代》,收入中国科学院中国现代化研究中心编:《中国文化现代化的新探索》,科学出版社 2010 年版,第 8—10 页。

3.2　交往交融是实现文化现代
转型的有效方法

　　适应现代文化和文化向现代化转型的要求必须在多重观念上实现转型和变革。

3.2.1　是非观的转型

　　是非观是人们对是与非的看法或认识,是世界观的一种反映。是非曲直的评判在现代理性社会应该对事不对人,不论当事人的血缘、民族、地域、语言、信仰、文化背景等状况,都应一视同仁、客观理性,也是我们经常说的:"是什么问题就按什么问题处理",其评判的标准也应该平等公正、客观中立。一个公正的是非观,要能根据社会的要求,调整和控制人的原始本能需要,其中包括一切道德价值观、理想和行为标准,并使个人有可能进行评判和自我批评。如果一个社会的是非观出了问题,就可能会导致真理得不到弘扬,谬误得不到排斥,正义得不到伸张,邪恶得不到惩治,甚至迷失方向。正确的是非观,一定是从各族人民群众的根本利益出发,而不是从个人利益或小群体利益出发;还要经常进行换位思考、推己及人,"己所不欲勿施于人",从而认识真善美,分辨假恶丑。

3.2.2　交往观的转型

　　真正的交往要求交往双方处于民主、平等、开放与合作的关系状态。在民主、平等、开放与合作的交往中,存在着对话和互动的机制。对话和互动是影响交往双方进行意义理解、达成共识和建构和谐关系的有效途径。交往学习对于人的身心发展具有独特的功能,使个体学习和发展超出个体经验和视野的局限,是促进人的社会性素质发展的主要途径和推动个体自我意识良性发展的基本条件。现代社会要求我们必须在扩大各民族交流交往中促进民族交融。长期以来,由于族别、语言、信仰等因素影响了不同族别群众之间的交流交往,由此进一步强化了民族意识,阻碍了跨民族、跨文化、跨语言的交流交往。要想平等

·欧·亚·历·史·文·化·文·库·

开放积极地与外界交往,就必须突破单一民族意识的束缚进行跨文化的交流。要正确看待民族意识,既不能把民族意识等同于分裂意识,违背客观规律,也不能让民族意识超越国家意识和公民意识,被分裂分子所利用,甚至成为分裂主义的思想基础。平等地交往对话、相互学习和理解是现代社会必须学会的生活方式和生存技巧。

3.2.3 语言观的转型

语言具有工具属性和符号属性是人人皆知的,但同时,语言的资源属性却是许多人都没有深入认识到的。一种语言背后的资源和信息的质和量是不同的,掌握一种国家通用语言文字并进而学习一种国际通用语言文字,其科学文化资源和信息质量的不同直接影响个人和群体的全面发展、心智健全与人格完善,也影响每个人的成才和幸福。这就是为什么我们在尊重语言平等和保护语言文化多样性的同时要大力提倡学习双语的原因。一些人总是过分强调语言的符号属性,而忽略语言的其他属性,对作为社会主体的人的地位、价值、生存环境和状况却关注不多,这是值得我们认真反思的。当今世界,任何一个民族国家的公民如果不能熟练地掌握其国家通用语言,想要实现人生价值和有尊严地活着是很难想象的。

3.2.4 婚育观的转型

一个地方的民族混合型家庭所占的比例可以反映一个地方的社会稳定状况。有专家认为,在一个民族聚居的地方,如果这个民族聚居区的民族混合型家庭不是因为个人的感情因素造成家庭破裂,而是因为经受不了社会压力,那么,这个地方的民族关系就可能要亮黄牌。恋爱、婚姻是私人的事情,个人有自主的权利,外界是不该大为干涉的。文化的现代转型之所以不易,往往受传统的意识和习惯左右,其中传统宗教观念对婚姻观的影响最强烈,不应干涉他人的私事,这也是现代社会起码的道德底线。一些地方早婚、早育、多育、超生现象严重,使得本来就很脆弱的经济基础和生态环境雪上加霜,既影响劳动力素质的全面提高,又影响经济社会的全面协调和可持续发展,更为严重的是为劳动就业带来了潜在的巨大压力。有专家认为,新疆与东部沿海地区收入差距扩大不是经济增长缓慢造成的,而是由于落后的生育观导致的人口过度增长造成的。[1] 婚育观念不转变就难以实现人的现代化。

3.2.5 终极观的转型

凡是在人的人格中心里能紧紧掌握住这个人的东西就是个人的终极关怀。这种关怀是人生职业发展的根本的原动力。终极关怀所指向的是关于人的生存的基本问题。这些基本问题,第一是人的自我认识问题:我是谁? 我从哪里来,又到哪里去? 第二是人的处境问题:人与人、人与自然、人与社会是什么关系? 第三是人生价值、人生意义及人的根本困境等问题:是对生命意义、对人的自我认识,对人的使命的关怀。不同的终极关怀,影响着你的发展方向并决定着你的人生价值。人生的意义是你自己赋予的。你赋予人生有意义,你就选择了有价值的人生。赋予人生何种意义,取决于个人价值体系。真正意义的人生,只能产生在正确的价值体系以及相应科学理性的信仰里面。能够用来让人信仰的东西很多,但最能让人信仰的,莫过于一套能解释社会历史的规律、宇宙和人生的奥秘,为人的生活和存在提供的答案和终极关怀,为人的幸福自由提供某种保证的理论和意识形态体系了。马克思主义认为,这个终极观的体系绝不是任何宗教所能承担完成的。这些精神符号体系越是具有终极性,越是能逼近人的存在的内核,就越能让人信仰,并且能成功地整合人心。

挖掘不同宗教之间的共性并展开平等对话交流是时代的需要。主体性是人类文明的基础性观念,是现代哲学的奠基石。传统宗教观念容易禁锢人的思想,人的主体性很难发挥出来,自主意识是现代性的灵魂,正像马克思所说:**"人类献给上帝的越多,他留给自己的就越少。"**[2]人类社会的种种矛盾皆源于主体性的力度和向度之间的矛盾。在世俗领域,**宗教要有更大的包容性和开放性。爱能超越一切宗教,超越一切宗教的是信仰本身。**印度史诗《摩诃婆罗多》有言,"你自己不

---

〔1〕阿地力江·阿布都力:《从经济视角看伊斯兰教对维吾尔族生活的影响》,载《新疆社会科学》2010 年第 5 期,第 74－78 页。

〔2〕马克思:《1844 年经济学哲学手稿》,中央编译局译,人民出版社 2000 年版,第 52 页。

33

· 欧 · 亚 · 历 · 史 · 文 · 化 · 文 · 库 ·

想经受的事,不要对别人做;你自己向往渴求的事,也该希望别人得到"(《摩诃婆罗多》"圣教王"113·8)。释迦牟尼说:"我如是,彼也如是,彼如是,我亦如是;故不杀人,亦不使人杀"(《经集705》)。基督教主张,"爱邻如己"(《利末记》19:18),"你们要别人怎样待你们,你们就怎样待他们"(《路加福音》6:31)。伊斯兰教讲,"你自己喜欢什么,就该喜欢别人得什么;你觉得什么是痛苦,就该想到对所有人都是痛苦"(《圣训集》)。中国文化认为,天下太平的基础在于推己及人的精神境界和内在操守,提倡换位思考,"己所不欲,勿施于人"(《论语·卫灵公第十五》)。从不同文化的立场和视角进行对话,通过共同"话语"的寻找,共同话题的回应,共同感受的交流,可以达成共识,促进民族和国家、地区和世界的共生共立、共进共荣。[1]

3.3 "五阶梯"是实现文化现代化的主要途径

文化现代化的实现途径,我们认为就是:"包容之心,感恩之情,学习之途,反思之态,变通之道"。文化现代化的这"五阶梯",正是我们建设现代文化的有效途径,以此来引领我们的生活,完美我们的人生。

包容之心

人性是包容的,人道是包容的,人情也是包容的。当代社会出现了信仰危机,有时人心冷漠、人性偏执、物欲膨胀,人际、族际间有时关系紧张,因此我们倡导相互包容。"包"者,容纳之意,"容"者,接纳、原谅、忍耐之意,"海纳百川,有容乃大"。包容之心超越了民族来源、宗教信仰、文化背景、语言差异、地位尊卑,让所有人都怀有平常心、欢喜心,分享成果,结缘同行。包容不仅是一种美德,而且是一种智慧、一种气质、一种风度,同时还是对自己的一种保护。当你包容万物时,你也被万物包容。有了包容心,世界就会祥和。

---

〔1〕牛汝极:《跨文化视角:龟兹历史与人类文明》,载《西域研究》2009 年第 3 期,第 103 – 107 页。

感恩之情

自从我们有了生命以来,便沉浸在外部恩泽的海洋中,任何人都无法离开自然、离开社会、离开他人关照独立生活,所以我们必须常怀一颗感恩之心,如报父母恩、报大众恩、报国家恩、报泽育恩等等。感恩,是对自然、对他人、对社会心存感激,立志回馈的一种心态和美德。感恩是对良知的自觉温习。同时,我们也要感激伤害、欺骗、鞭打、遗弃、绊倒过你的人,因为他磨炼了你的心志、增进了你的见识、清除了你的业障、教会了你要自强、强化了你的能量。如何感恩?自省、自立、自强,然后回敬、回报、回馈他人、社会和国家。

学习之途

中国西部边疆地区与东部和内地比较,发展相对滞后,其中关键问题是人口整体素质相对较低,如人文素养、科学水平、思想观念、行为方式等远远不能适应现代社会和现代化的要求,于是出现了只懂技术而灵魂苍白的"空心人",或者不懂科学而奢谈人文的"边缘人",或者游离于二者之外的"稻草人"。所以学习人文知识、学习科学技术,培养人文素质和科学精神,促进人性境界提高、理想人格塑造、个人价值实现,最终完成人的涵养提升,就是我们必须面对的选择路径。大众尤其是青少年在面对生活世界、知识世界和心灵世界这 3 个世界中,只有通过学习才能提升人性修养和知识修养,从而实现个人良好的人生价值和目标。学习能力是一个人最基本最重要的能力。学习的进步,是一切进步的先导;学习的落后,是一切落后的根源。不学习,知识就会老化;不学习,思想就会僵化;不学习,能力就会退化。

反思之态

文化反思和文化自觉意识是文化进步的内在动力。一个人之所以能不断地进步,在于他能自我反思、反省,从司空见惯的行为和习惯中发现问题、过失、错误,然后不断修正和完善,从而不断成功。一个民族、一个国家也是这样,只有具备反思反省意识和批判精神的民族或国家才能不断强盛。每个民族或多或少都有封闭、惰性、狭隘、自满、短视,甚至顽固等弱点,这并不可怕,可怕的是不能自察、自觉,进而自我反省、自我反思、自我批判。我们的知识分子和领导干部首先需要有反思反省的勇气和魄力,像鲁迅一样深刻检讨民族不良的思想意识、言谈举止和行为习惯;我们需要有像戴尔·卡耐基一样发现我们人性的弱点;我们需要像柏杨一样痛批丑陋的中国人的气概。反思反省其实是一种学习能力。反省的过程就是学习的过程,只有了解文化缺陷,才能实现文化转型。有没有自我反思反省的能力,具不具备自我反省的精神,决定了一个民族能否认识自己的问题,进而不断完善和强大。我们需要反思反省,摆脱内心的黑暗,清理、清洗、清算那些不合时宜的东西,以便尽快地觉醒。时代呼唤具有反思反省精神的各民族勇士。

变通之道

现代文化孕育于传统文化的母体之中并作为传统文化的一个因素而存在,这个因素对传统文化起着瓦解作用,因而是传统文化的否定因素。传统文化与现代文化的主体是同一民族中的两部分人,其中一部分是肯定和维护传统文化的人,是传统文化的主体,另一部分是否定和改造传统文化的人,是现代文化的主体。传统文化与现代文化之间的矛盾是这两部分人之间的社会矛盾在文化领域的表现形式。列宁在《怎么办?》一文中指出:"现代运动的力量在于群众的觉醒,而它的弱点却在于身为领导者的革命家们缺乏自觉性和首创精神。"我们现在也正面对这种境遇,如何在传统与现代之间找到一个合适的结合点就是我们当前的重要任务。文化建设要突出 3 种意识:一是开放意识,二是创新意识,三是主体性意识,其出路就是变化、变革、创新。

3.4　建设信仰共同体是
实现文化现代化的核心目标

后现代主义作为当代一种世界性的文化和哲学思潮,在思维论层面具有的多元以至无元性,其价值论层面因其精神"平面性"和价值"解构性"而使其问题成堆。后现代主义与大众传媒的结合,与消费主义妥协,从而出现了价值解体、精神消隐、信仰失落的后现代价值景观。

后现代的悖论性格,其理论本身包含着诸多含混、偏颇的谬误,需要我们既不简单批判,又不盲目认同,应从大处着眼、小处着手加以区分、批判和扬弃,对这一世界性的文化思潮保持一种清醒的学术批判眼光来建设我们的信仰。建设现代文化就是建设共同信仰。没有共同信仰作支撑,中国永远不能成为强国。拥有信仰的国家坚不可摧,没有信仰的国家不打自垮。中国历史上的周朝之所以存在800年,在于建立了国家信仰。秦朝之所以二世而亡,在于只建立了国家机器,没有建立国家信仰。苏联共产党执政80年就解体,最关键的原因就是信仰瓦解。如果说发展是推动力,那么,信仰就是凝聚力。我们认为,新疆提出的"以现代文化为引领"的战略选择就是要实现文化现代化并建设共同信仰。信仰,根本的是对人生的终极关怀。这个"终极关怀",就是为自己赋予人生意义。这样的人生才有真正的终极关怀。选择了有意义的人生,则不会始终纠缠在"小我"的得失郁闷中不能自拔。失去了终极关怀,不仅失去了人生价值,同时还失去了内心的自由与宁静。我们的信仰容得下所有健康的信仰,所以我们的信仰不是哪一家的信仰,是共同的信仰,这个共同信仰就是现代文化。

3.5　论新疆"疆魂"

中国有以物明志,以魂悟道,以德立心,以文化人的传统。追求真善美,比德见人格。中国有悠久的比德传统。所谓比德,就是以自然物的某些特点使人联想起人的道德属性,为人的道德品格、情操的象征,因而赋予自然物以道德意义。人们通过自然物来进行价值观照、自我反思,使人格对象化、人格理想物化,使抽象的道德范畴有了具象显现。我们从新疆的阿尔泰山、天山、昆仑山这三山中各选取一动物、植物和矿物,即北山羊、天山松和昆仑玉,以其内在特质和精神来树立现代新疆"疆魂"或称新疆现代精神品格。这也是现代精神的有机构成和扩展。

北山羊:居安思危,攀登跨越,体现的是求真

分布于新疆阿尔泰山区等地的攀岩高手北山羊,是羊中的登高健

·欧·亚·历·史·文·化·文·库·

将,它们的蹄坚实而富有弹性,对山石有抓附力,能够自如地在险峻的乱石之间纵情奔驰,它非常善于攀登和跳跃。北山羊安全防范意识和警惕性极高,生活于海拔3500—6000米的高原裸岩和山腰碎石嶙峋的地带,为了躲避敌害,北山羊只在地势险要的地方觅食:背靠积雪的山巅或冰川,两旁是深不见底的深渊,使雪豹无路袭击。北山羊的长如弯刀的角极具美感,给人留下深刻的印象,在古代典籍、古代艺术作品中都有北山羊的记载。古代突厥、蒙古等游牧民族十分崇敬北山羊,甚至视其为权利和财富的象征并刻写在墓志铭的碑额上。我们认为北山羊具有居安思危、攀登跨越的精神,而这种精神,正是我们当前科学跨越、后发赶超需要树立和发扬光大的。

天山松:正直挺拔,扎根团结,代表的是崇善

在天山南北,分布着一种植物叫天山松。天山松扎根于贫瘠险峻的岩石峭壁,极其耐寒、极具生命力,它吸收天山雪水的精华,在恶劣环境的历练下,为了能吸收养分和水,扎根深处,根植于险山峻岭,铸就了坚强、正直、挺拔的体格、坚实粗壮的身板,很适应寒冷少雨的地域生存。虽然常年顶风冒雪,却依然立场坚定、苍劲挺拔、郁郁葱葱、紧密团结,这是真正具有远大理想信念的精神象征。"天山雪松根连根,各族群众心连心"。这是对天山松的赞美,虽然环境恶劣,它们根连根,同呼吸、共命运,扎根于天山,用团结的力量去守护、去适应它们深爱着的这片热土。生活于现代社会,我们要学习天山松精神,就是要牢固树立坚定的中国特色社会主义共同理想,始终保持对祖国、对人民的忠诚,正直挺拔,扎根团结,建设家园。

昆仑玉:温润和谐,坚韧高洁,表达的是尚美

昆仑山是中华民族的起源地之一,昆仑神话蕴含着丰富的中国源头的文化经典。昆仑本是自然之山,由于它是中国原始神话的发祥地,一跃而升为华夏人文之祖的圣山。从昆仑到瑶池,从女娲到伏羲,从《山海经》、《楚辞》到《穆天子传》、《西游记》,从西王母、周穆王到屈原,从瑶池到悬圃,等等,勾勒了古西域与中国密不可分的渊源历史脉络,充分印证了在汉代张骞通西域之前,西域就是华夏民族在中国西部的重要发祥地这样一个重大命题。由昆仑美玉而形成的玉石之路,经"玉门关"而入"群玉之山",最晚在夏商时代就被华夏玉文化传统发现了。在华夏文化中占有极高地位的玉作为法器、礼器,作为信物、佩饰,都与人类息息相关。玉的美学追求歌颂的是中国的宇宙观,它是精神、是意念、是理想,是中华民族对美的追求和升华。中国人把玉看做天地精气的结晶,赋予玉不同寻常的象征意义和极高的文化附加值。我们的祖先喜欢以玉形容人的美好品质,以至人格化的玉有"五德":"仁",是说玉生性温和,具有仁爱之心,给人带来恩泽;"义",是指玉有较高透明度,由外知内,竭尽忠义之心;"志",敲击玉石,其声舒扬,其智能传至远方;"勇",是指玉有极高的韧性和硬度,具有超人的勇气;"洁",是说玉断的边缘看似锋利,却不伤人,表明玉自身廉洁、自我约束,不伤及他人。其温润,其和谐,其坚韧,其高洁,"玉"皆有之,人向往之。古汉语中,"玉"还用作动词,指人类最美好的情感——"爱"。玉的这些美好品质、精神和象征也是现代社会的共同追求。

第二部分　新疆文化特征论

4 新疆文化安全面临的挑战

4.1 认同危机与文化安全

所谓认同,包括血缘、民族、族群、区域、国家、文化、政治等方面的认同。认同是一种建立在彼此相同的认识以及起源,而与一些个人或团体分享属于彼此共有的特性及理念的过程。认同告诉我们身世也决定我们与他人之间的关系。世界各地所发生的种种战争、冲突和矛盾往往是由于认同危机造成的。认同危机的产生由于全球化的趋势所导致,因为全球化造成原有国界及旧有结构的消弭,而全球化导致的跨国跨地区迁徙更重塑了原有的社会及政治结构,因此对原有的根源及认同自然也会产生冲击及影响,想要寻找失落认同的主张同时也伴随而来。学术界谈论比较多的是关于文化认同的论题。"文化认同"一词产生于20世纪80年代末期,指人类群体对某一文化的具有共同性的归属、认识和接纳,也就是各民族间文化的相互理解与沟通,彼此互赖于尊重。解读一个民族,应该首先从文化开始,只有有了文化上的认同,才会有情感上的认同,进而达到国家认同、道路认同等政治上的认同,才会有民族团结和社会的安定,现代化建设和西部大开发才有保障。中国东部开发基本上是在一个比较单一的民族间进行的,它所表现出的矛盾更多的是一族之内的矛盾,而西部大开发则涉及几十个民族,没有文化的沟通与认同,就会在社会交往的过程中引起许多矛盾,甚至会威胁到地区稳定和国家安全。新疆几年前开展的强化对祖国、中华民族、中华文化和社会主义道路的"四个认同"学习和教育不是空穴来风,而是针对目前的认同危机提出来的。我们理解这"四个认同"实质上关键是两个认同:文化认同(中华民族、中华文化)和政治认同

·欧·亚·历·史·文·化·文·库·

（祖国、社会主义道路）。文化认同与政治认同所涉及的是既相关联又相区别的两种心理或社会事实。文化认同是指特定个体或群体认为某一文化系统（价值观念、生活方式）内在于自身心理和人格结构中，并自觉循之以评价事物，规范行为；政治认同则指特定个体或群体认为某一政治权利对其自身及所属生活区域所行使的某些权力（立法、司法、行政）是可以接受的，因而愿意承担某种义务。政治认同所需的道义合法性依据须由得到认同的文化系统中之价值原则来判别提供；作为文化共同体之民族的发展有必要通过搭建政治结构来完成。这也就是我国古人所说的政统和道统，而前者无疑是问题更为关键的维度。当前对文化和政治认同的提出和重视，既是认同危机的反映，也是重建认同希望的反映，焦虑与渴望，是危机的两个面相。文化认同是政治认同的前提，政治认同是文化认同的结果。认同有其稳定性的一面，也有可变性的一面，正是认同的可变性特点，为我们对认同的调控、融通和整合提供了可能性。对认同的深入研究和相关战略的实施是新疆社会稳定、长治久安的重要保障。

当代认同危机的产生和发展具有现实的根据。由于当代认同问题与其产生和发展的政治、社会、科学和人文环境有着必然的联系，当代认同滋生的问题和出现的危机必然也是当代社会中出现的问题的折射。因此，分析当代认同危机同样不能离开对当代社会环境的探索和研究。当代社会是一个繁荣与危机并存的社会。断言当代社会是一个繁荣的社会，主要是因为，当代社会是一个充满活力、生产力得到迅猛发展的社会，是一个生活水平从总体上得到了极大改善和明显提高的社会。之所以下断言说当代社会是一个充满危机的社会，是因为就人类当前的总体生存境况而言，当代社会的种种矛盾并没有因为生产力的迅猛发展、新能源的发现及使用、信息技术的广泛应用而得到一劳永逸的解决。事实上，当代人类社会依然充满着种种尖锐的矛盾、挑战和危机。[1]

---

〔1〕王成兵：《当代认同危机的人学解读》，中国社会科学出版社 2004 年版，第 1 页。

认同危机如影随形般地缠绕着现代社会。在导致当代认同危机的形形色色的因素中,对现代性问题本身的认知和评价的差异,尤其是现代性这个议题本身所暗含的意义和力量的认知和评价的巨大差异,对这场危机无疑起到了基础性的作用,而全球化的大趋势、当代信息技术的广泛应用、现代消费主义浪潮的产生和对当代社会政治运动的总结和反思则在当代认同危机中扮演了推波助澜的角色。由于认同问题与人的生存发展密切相关,如果说生存与发展是当代社会的宏大主题,那么,研究当代充满危机的认同问题,就成为当前哲学工作者不可回避的紧迫任务了。[1]

认同危机的极端表现就是恐怖暴力活动。新疆当下社会所潜伏的主要危机中,既有物质层面的危机——如南疆一部分地区的物质或生活必需品的稀缺,能源和资源占有的不平衡,收入和分配的不合理,等等;也有政治层面的危机——如全球化背景下民族—国家的功能的变迁、民族—国家构成的变化、意识形态的冲突、政治合法性的危机、进步的危机和话语的危机,等等;还有文化层面的危机——如在全球化时代文化功能的变化、文化的异质性与同质性之间的张力等;更有精神层面的危机——即生活意义阙失和人自身价值的迷惘。这种危机集中体现在人的固有的意义感的丧失,或者,用一个通俗的说法,就是对"我是谁?"这个在许多人看来应当早已不成为问题的问题产生了怀疑。"认同"问题在国际和国内政治理论中的重要性是由认同危机导致区域和国家安全问题的严峻性决定的。长期以来分裂主义、恐怖主义和非法宗教活动一直影响着新疆的稳定乃至国家的安全。20世纪80年代中期以前,尽管新疆也存在这些问题,但是新疆社会总的来说还是较为稳定。但是20世纪80年代中期以后,由于对影响新疆稳定的原因在认识上存在歧异和国际形势的变化,新疆社会稳定面临严峻的挑战。"三股势力"[2]一直是影响新疆稳定的主要因素。从90年代以来,在

---

〔1〕王成兵:《当代认同危机的人学解读》,第1页。

〔2〕"三股势力"主要指暴力恐怖势力、民族分裂势力和宗教极端势力及其活动。

新疆,"三股势力"制造了一系列的恐怖、暴力、暗杀活动,很多无辜的老百姓倒在了血泊中,我们付出了很沉重的代价。为了维护新疆的稳定,中央审时度势,就新疆稳定问题采取了有力措施,并作出重大部署。按照中央的要求,自治区党委政府把握对敌斗争的主动权,紧紧地依靠新疆各族人民,使"三股势力"受到不同程度的打击,因而也维护了新疆的大局稳定。"三股势力"一方面用武的这一手,搞爆炸、搞恐怖,以此来扰乱我们和谐稳定的社会局面;另一方面,以文的一手出现在世界舆论的面前,呈现出一种受害者的面目,想以此赢得国际社会的同情。然而他们分裂祖国、破坏新疆长治久安的这个意图是不会改变的,如果说指望他们放下屠刀,立地成佛,那就太幼稚了,所以,我们一直坚持对"三股势力"保持严打高压态势,主动出击、露头就打。

过去一个时期有些歪曲新疆民族历史、宗教文化、经济社会等方面的读物,给新疆的社会稳定和民族团结带来负面影响。一些群众缺乏基本的哲学社会科学知识和明辨是非的能力,被一些分裂分子、宗教极端分子和暴力恐怖分子蒙蔽和利用。分裂势力在局部地区有一定的群众基础,一些群众同情或暗中支持分裂分子。我们花了很大精力,搞了一些宣传材料和书籍,但实际效果不明显。而一些鼓吹分裂、离间民族团结和祖国统一、极端的宗教宣传品和书籍却广为流传。维护稳定是一项社会系统工程,"求因治本",应在下大气力进行敌情和社情调研的基础上寻求治本之策,把争取民心,团结各族群众大多数作为我们工作的根本,才能使我们在反分裂斗争中立于不败之地。社会稳定实质上是人心稳定,人心稳定依赖于文化认同,文化认同主要表现为民族精神、价值取向、伦理规范等方面,只有取得文化的认同进而才能达到政治认同。基于此,我们必须深入研究新疆多民族的文化模式、民族精神、伦理规范、审美观念等的形成和发展,寻求调控、融通、整合其间的共性和差异性,对认同重新定位并达到新的认同。社会认同的建立其实就是一种权利的运作。为何人们会形成某些认同?首先要了解主体性与认同之间的关系。认同与主体性常常被相互替代使用,两者间有其重叠的部分存在。主体性并不完全等同于认同,它包括自我感觉、有意识及无意识的层面。对主体性的认知对于我们了解为什么有些人在社会上有某种认同的定位及个人如何附随特殊认同将极有帮助。我们是在社会情景下体验我们个人的主体性,而我们也经由我们在社会情景下的主体性来获取文化及语言赋予我们的意义,并借此巩固我们自身的认同。认同是根据主体性的定位而决定的。现代的文化认同对历史的批判,隐含着一个急切的需求,就是要回到过去,并在新的多元的历史组合中找到一个自我表达的据点。要达到新的文化认同这个目的,首先便要重读历史,将被埋没了、歪曲了的历史片段重新接合。

安东尼·D. 史密斯指出,现代民族必须同时既是公民的又是族裔的。在族裔形态中,民族是血统和文化的共同体;而在公民形态中民族则是政治与法律的共同体。族裔与公民要素,一个能够动员人民,一个能够控制国家机构;在现代社会中,任何国家的成功皆倚仗对这两种要素的综合运用。[1] 国家政治认同调和了族裔文化矛盾,但放弃了以族裔认同为核心的文化认同,不足以强有力地聚合民众,建构真正意义上的民族。多元文化主义确实在一定程度上缓解了同化压力与族裔冲突,但同时却使得国家公民身份变得模糊起来,最终导致一个国家的公民,尤其是边疆民族地区的民众一直没有建构起高度认同的集体认同。

上面我们谈到,文化层面的危机——如在全球化时代文化功能的变化、文化的异质性与同质性之间的张力等,是影响新疆文化认同及社会稳定的原因之一。如何认识新疆当下的主流文化特征,换句话说,如何认识新疆民众对文化归属、文化冲突、文化抉择、文化竞争、文化调适的心态呢? 不同的心态反映了不同的文化认同状况。是宽容接纳还是敌视排斥? 是选择适应还是保持距离? 我们认为,目前新疆的文化认同存在三大障碍和冲突:一是族群(民族)文化与中华整体文化之间的认同冲突;二是穆斯林文化与非穆斯林文化的认同冲突;三是突厥语民族文化与非突厥语民族文化之间的认同冲突。通过政策、管理和民间

---

〔1〕戴晓东:《加拿大:全球化背景下的文化安全》,复旦大学国际关系专业博士论文,2004年,第115页。

层面的积极努力来处理、引导、协调好这三个方面的文化关系是当前和今后一个时期新疆文化安全和地区稳定的重要任务。我们认为,应对文化冲突的理论和路径,文化"同化主义"具有一定的张力和弊端。要实现文化上的统一,只能以包容的心态建构相对的统一,而这种必要性恰恰是由现代民族自身的特性决定的。首先,族裔间的平等是民族共同体政治合法性的基础;其次,族裔对民族在情感上的依恋既是国家共同体向心力的来源,也是维护其文化健康发展的保障。无论从公民的政治权利还是从文化自身的发展规律来看,民族国家都应在建构与维护统一时为族裔传统开辟表达的渠道,赋予其生存的空间。文化"多元主义"也常常是十分脆弱和局限的。文化多元主义最大的进步意义在于其包容性,为少数群体维护自己的文化传统提供了道义和政策的支持,但包容也是有限制的,在顺应了世界多元化趋势的同时不能轻视国家一体文化整合的必要性,因为任何秩序的建立都不可避免地带有强制性。中国新疆曾面临独立和分裂的危险,最根本的原因之一就是缺乏所有公民都认同的统一多民族国家的文化。要想真正摆脱因民族分裂而造成的文化安全困境,必须消除马赛克式的脆弱性,在多元族裔文化基础上打造统一的国家文化认同。[1] 我们倾向于主张使用文化"中和主义"的思路解决文化认同方面的冲突与调适。全球化中的世界不断地整合和分化,而如何在这两股力量之间找到平衡点,最大限度地促进国家文化认同则是我们维护祖国统一和边疆安宁的希望所在。

下面我们分别从文化领域和新闻出版领域介绍一些情况,供大家了解和思考问题。

4.2　新疆文化领域面临的挑战与分析

在以美国为首的西方敌对势力的支持下,境内外"三股势力"加紧整合勾连,调整策略、转换手法,加紧在文化领域对我进行分裂渗透,出

---

〔1〕戴晓东:《加拿大:全球化背景下的文化安全》,复旦大学国际关系专业博士论文,2004年,第110-117页。

现了民族分裂思想系统化、反动宣传形式多样化、分裂主张公开化、煽动手段规模化的新动向。事实证明，"三股势力"正在致力于构建全方位、多层次的分裂宣传体系，其在思想上、文化上的威胁较之暴力恐怖活动影响更深、危害更大、防范更艰巨。现将新疆文化领域维护稳定工作的情况进行如下分析。

4.2.1 维护稳定工作的形势严峻复杂

（1）"三股势力"多渠道进行思想渗透与反动宣传，维稳工作任务艰巨。新疆是境内外民族分裂势力和宗教极端势力进行文化渗透，培植民族分裂势力和宗教极端势力，组织分裂活动的重点地区，近年来，境内外"三股势力"不断采取邮寄、走私、广播、电视等渠道，广泛地进行反动宣传和渗透活动，特别是以邮寄、走私方式，向新疆境内流入反动印刷品、音像制品的活动十分突出。而文化市场存在的民族分裂势力破坏活动、非法宗教活动时起时伏、从未停止，在个别地方甚至有回潮泛滥之势。境内外民族分裂势力通过出版书刊，在新疆个别刊物上登载宣扬民族分裂主义思想的文章。同时，通过文艺演出、散发传单、讲经布道、制售传播音像制品和利用互联网等途径，极力宣扬分裂主义思想，企图在意识形态领域打开突破口。他们打着"民族"和"宗教"的幌子，走私、刻录、复制和销售非法音像制品，在网络媒介散布反动言论，开设地下讲经习武点，歪曲新疆历史，制造分裂舆论；攻击党的政策，鼓吹新疆独立；挑拨民族矛盾，宣传反汉排汉思想；宣扬"圣战"，培训暴力恐怖骨干。对社会毒害极大，尤其是对青少年毒害极大。这些严重问题成为威胁影响社会稳定、政治安定、民族团结、文化安全的主要隐患。几年前，自治区文化市场稽查总队就在乌鲁木齐查获了《黑潮》、《伊斯兰之虎——艾山·买合苏提》、《准德拉毛录得》等，并在和田墨玉县查出了2000多盘非法宗教音像制品。

（2）"三股势力"和西方敌对势力与我们争夺青少年的斗争日趋尖锐。争夺青少年是"三股势力"和西方敌对势力与我进行长期较量的一个战略重点。利用互联网进行宣传渗透，已成为"三股势力"进行宣传渗透活动的主要渠道之一。把青少年作为他们诱惑、拉拢和争夺的对象,培植民族分裂主义分子,煽动民族情绪和宗教狂热。同时,文化市场中的消费群体,在结构上呈现低龄化倾向,文化市场环境的好坏、导向是否正确、内容是否健康,对青少年的健康成长影响很大。文化市场的政治安全,始终和社会风气、社会稳定、民族团结息息相关。以美国为首的西方敌对势力,恶意攻击我党的路线、方针、政策和各项社会制度,对我国青少年进行资产阶级思想渗透,企图以文化的手段宣扬其腐朽价值观念和生活方式从而逐步影响我国青少年的健康成长,为其实现对我实施"西化""分化"的图谋打下基础。目前社会上出现的拜金主义、享乐主义、个人主义等思想,以及各种社会丑恶现象给青少年的健康成长和树立良好的思想道德观念带来许多消极影响。文化市场存在的淫秽色情等低俗文化和各类非法经营活动,特别是危害祖国统一、煽动民族分裂和宗教狂热的非法出版物,极大地危害了青少年的身心健康,甚至使一些青少年走上犯罪的道路。

(3)从意识形态各个领域进行渗透。近年来,境外敌对势力和"三股势力"进一步加大对我意识形态各个领域、各个层次人员的反动宣传与渗透,尤其利用娱乐场所和营业性演出、街头文化及民间文化活动等载体,传播分裂思想和反动言论,对文化安全和稳定构成严重威胁。例如,在乌鲁木齐等大中城市的一些娱乐场所和营业性演出中,不时发现掺杂色情、反动内容的情况。有的节目夹杂着调侃英雄人物、丑化社会主义、攻击党政干部等内容,误导观众,影响恶劣。有时还通过"麦西来甫"、"茶会"等民间文化活动进行反动宣传,扩大渗透面,使文化领域维稳工作面临的局面十分复杂。

(4)文化事业发展不平衡,"三股势力"与我争夺城乡基层思想文化阵地的斗争尖锐激烈。过去一段时期,由于我区基层农村文化建设投入不足,有的文化站(室)空壳现象严重,广大农牧区,特别是少数民族聚居区和贫困地区,人民群众的文化生活还相当贫乏,看书报难、看演出难、看电影难的农村文化"三难"问题还没有从根本上得到解决。而在城乡基层特别是南疆地区,宗教氛围十分浓厚,宗教场所林立,非法宗教活动与我争夺城乡基层文化阵地、争夺农牧民群众、争夺青少年的斗争非常激烈。"泰比力克"等非法宗教活动屡禁不止,并以一种"地下讲经点"的形式反复出现,主要吸引未成年人和文化程度很低或基本不识字的农村妇女参加。几年前,在一些贫困地区,群众经济上尚未脱贫,文化生活更为贫乏,低俗文化便乘虚而入,"黄、赌、毒"卷土重来,封建迷信活动猖獗,侵蚀农村优秀的传统文化。这使得边境地区和南北疆贫困地区的先进优秀文化的传播途径,在与境内外"三股势力"的分裂宣传的手段、规模、频率不断强化相比,与遍及新疆各地的宗教场所对群众的影响力不断扩展相比,尚处于弱势,因此,农村文化建设和维稳工作面临的形势不容乐观。

4.2.2 新疆文化领域维护稳定工作亟待解决的问题

近年来,新疆文化领域反分裂斗争和维护稳定工作取得了明显成效,文化领域维稳的能力逐步增强。但是,境内外"三股势力"在意识形态领域的渗透破坏活动依然十分猖獗,文化领域的反分裂斗争和维稳工作形势依然严峻。主要表现在以下方面:

一是文化建设资金投入不足。新疆是经济欠发达地区,财政自给率低,对文化事业投入总量偏少,比例偏低。虽然各地新建了一批高标准的综合性文化活动中心,但大多存在欠账多、缺口大、建设周期长的现象。全区90%以上的县级影剧院,基本上是上世纪七八十年代建造的,由于年久失修、设施设备陈旧落后、消防不合格等,被长期闲置不能利用,有的已损毁或被拆除用于房地产开发,难以满足群众文化生活的需求。

二是农牧区文化设施陈旧落后。在南疆贫困地区,群艺馆、文化馆、文工团、文化站等大多是六七十年代的老房子,已是当地最差的建筑,不仅面积小,而且破旧不堪。由于投入不足,文化设施建设欠账较多,填平补齐、更新改造的任务还十分繁重。全区还有约30%的县级图书馆、文化馆和80%以上的乡镇文化站,由于面积狭小、年久失修、设施陈旧落后、活动器材和设备缺乏等原因,难以发挥其应有的传播先进文化功能的作用。尤其是80%以上的行政村文化室,只有几十平方米的土房子,图书陈旧,基本不具备公共文化服务的功能,而在南疆广大的农村地区宗教氛围浓郁,宗教活动频繁,而且宗教场所也远远多于文化设施,形成一热一冷、一强一弱的局面,已经严重影响了新疆农村基层的先进文化影响力和文化安全。

三是农村公共文化机构运转困难。据统计,全区1/3以上的县级图书馆购书经费不能保障,部分县级图书馆多年来未购置过新书;文化馆、文化站业务经费和活动经费普遍紧缺,从事基层文化工作人员的收入偏低,个别地方宗教神职人员的补助高于文化工作人员,影响了文化工作人员的积极性,致使业务工作和文化活动不能正常开展。一些新建的高标准文化站普遍存在有钱买马、无钱配鞍的问题,文化设备器材普遍缺少;绝大多数地、县电影发行放映单位收入倒挂,生存困难,难以正常运转;一些县级剧团由于经费不足无法进行艺术生产和演出。

四是文化产品和文化服务供给不足,为农村基层提供的公共文化资源总量偏少、质量不高。据统计,全区、地、县86个专业剧团每年到农村演出场次为4000场左右,按行政村平均仅为0.5场/村。全区县级公共图书馆现有藏书人均占有量为0.17册,而且大部分是20年前的旧书。乡、村文化站(室)人均图书拥有量更少,在农牧区反分裂和维稳工作中,宗教文化容易乘虚而入。

五是基层文化队伍不能适应新形势和新任务的要求。新疆的基层文化干部由于长期缺乏应有的培训和培养,知识和业务水平普遍不高,而且由于待遇较低,工作的积极性大受影响,出现了优秀专业文艺人才和翻译人才短缺甚至断档的情况。有些地方在机构设置、人员配备方面达不到要求,乡镇、街道文化站仍未达到"一站一编"的编制标准。有的文化站虽然有专职人员,但往往不能专司其职,造成文化工作落实的困难。县级图书馆、文化馆编制少、人员素质低的问题也比较突出。

4.2.3 加强我区文化领域维稳工作的对策和建议

各地文化市场管理部门要在当地党委、政府领导下,加大工作力度,坚持党的领导、确保政治安全;维护新疆稳定、确保文化安全;从弘扬民族团结、构建和谐社会的高度,充分认识加强意识形态领域反分裂斗争的重大意义,切实增强忧患意识、政治意识、责任意识,牢固树立与国内外反动势力做坚决彻底斗争的思想。

（1）加强党和政府对文化工作的领导。文化领域是意识形态反分裂斗争的重要领域，是"三股势力"和西方敌对势力与我争夺人心、争夺群众、争夺阵地、巩固社会主义思想基础的严肃的政治斗争，直接关系到祖国统一、民族团结和各族人民群众的根本利益，直接关系到新疆的长治久安。各级领导要高度重视基层文化工作，切实把加强文化工作纳入各级党委政府的重要工作日程，纳入领导的目标管理责任制，纳入政绩考核的指标体系。大力推进基层文化健康发展，牢牢把握文化领域反分裂斗争和维稳工作的主动权。

（2）切实加大对基层文化建设和更新改造的投入，发挥基层文化阵地在维护祖国统一、民族团结、社会稳定和文化安全的前沿作用。要着重解决农牧民文化生活无场所和看书难、看戏难、看电影难以及全区90%以上的县级影剧院改造等问题；继续推动"农村乡镇综合文化站建设工程"、"文化信息资源共享工程"、"农村电影'2131工程'和'西新工程'"及"送书下乡工程"等重点基层文化工程。落实乡镇文化站人员和编制、待遇，保证基层文化工作队伍的稳定，从根本上改变农村文化建设落后的局面。要通过文化阵地宣传先进文化，吸引群众接受新思想、新观念，丰富各族人民群众的文化生活，真正使农村基层文化活动活跃起来，将农民群众凝聚起来、团结起来，把维护文化安全，维护稳定的各项工作落到实处。

（3）加强基层文化队伍建设，加大少数民族文化人才培养力度。在中央和自治区的有力支持下，采取得力措施，通过多种途径，全面加强全区各级文化艺术人才干部的培训和交流，实行文化对口援疆项目，由中央直属文化艺术院团和东、中部发达省区优秀文化艺术单位对口支援新疆。经自治区人民政府同意，文化厅拟与内地高等艺术院校直接订立文化人才培养合作协议，以举办"新疆班"的形式，由对口支援省区艺术院校为我区定向委培少数民族文化艺术人才，切实提高文化队伍的政治素质和业务素质，造就一支能打胜仗的文化队伍，为文化领域反分裂斗争和维护稳定，提供坚强的人力保障。

（4）支持新疆加强对"维吾尔木卡姆艺术"、"少数民族叙事长诗"等重要的非物质文化遗产的保护。由中央财政予以重点扶持,发挥新疆重要的非物质文化遗产对于统一多民族国家的活态见证作用、维护民族文化多样性和文化安全的作用、增进民族情感和促进民族团结的作用、丰富民众文化生活和淡化宗教氛围的作用等。

（5）加强对外宣传和文化交流工作。实施"走出去"战略,大力宣传新疆各民族都是中华民族的一部分,新疆是祖国不可分割的重要组成部分,新疆的稳定和发展与祖国的安定和发展息息相关,树立正确的新疆稳定观和发展观。以新疆的建设成就和文化发展成果,有力回击西方敌对势力的造谣和污蔑。

（6）完善制度,堵漏防疏,加大监管力度,维护文化市场安全稳定。始终保持严打态势,露头就打,全面封杀,及时收缴、取缔、整治非法、反动宣传品和网络有害信息,净化文化市场。各级文化部门要加大查处力度,守土有责,决不给非法、反动宣传品以传播的机会。要始终坚持用科学、健康、积极向上的社会主义先进文化占领阵地。各级党委、政府和文化部门要加强文化市场监管队伍的建设,提高素质,健全队伍,加大投入,要不惜代价地打击各种非法、反动宣传品和网上有害信息的传播,务求实效。

（7）加强青少年的思想道德教育,努力在全社会营造青少年健康成长的良好环境。切实发挥各级图书馆、群艺馆、文化馆（站）、青少年宫等公共文化设施以及博物馆、纪念馆等爱国主义教育基地的导向作用,使广大青少年正确了解新疆的历史,开展更适合青少年的爱国主义教育和健康向上的文化艺术活动,帮助青少年树立正确的人生观、价值观、道德观,从而激发热爱祖国、建设新疆的热情。

（8）进一步落实和完善文化经济政策,加快我区文化经济的发展。要全面贯彻落实中央文化经济政策,加大对新疆文化经济发展的支持力度,对文化艺术精品剧目的创作和生产进行扶持,充分调动文艺工作者的创作积极性,打牢文化生产力发展的基础,推进新疆优秀文化艺术走向全国、走向世界,促进各民族文化艺术共同繁荣发展。同时要完善国家和自治区支持文化产业发展的相关政策,从政策上帮助我区少数民族文化产业不断发展进步,使文化产业逐步成为我区经济发展新的增长点。[1]

4.3　新疆新闻出版领域面临的挑战与思考

4.3.1　当前新闻出版领域成为"三股势力"的主要渗透渠道

通过分析近年来境内外民族分裂势力在意识形态领域进行渗透、破坏的种种表现,可以归纳出 6 种主要形式:一是利用各种新闻媒体传播分裂思想;二是利用期刊文学作品和文艺演出借题讽喻发挥,宣泄不满情绪,传播分裂思想;三是非法印刷出版反动书刊,投寄、张贴、散发反动传单、信件和标语,造谣惑众,制造分裂舆论;四是利用电子音像制品,如:制作录音带、录像带、光盘等煽动宗教狂热,鼓吹"圣战";五是境外民族分裂势力和敌对势力相勾结,利用广播电台、互联网等手段加紧进行反动舆论宣传和思想渗透活动;六是以民间文化活动为载体,引诱部分群众接受其反动宣传,争夺基本群众。上述 6 种主要渗透形式中,除第六种以及文艺演出和广播电台之外,全部属于新闻出版领域。可以说,新闻出版领域已经成为"三股势力"对我进行思想渗透和反动宣传的主要渠道。

境内外"三股势力"不断采取邮寄、走私、广播、电视、互联网等渠道,广泛进行反动宣传和渗透活动,在网络媒介开设会员俱乐部,吸收会员,培植骨干。特别是以邮寄、走私方式,向新疆境内流入反动印刷品、音像制品的活动十分突出。同时,打着"民族"和"宗教"的幌子,走私、刻录、复制和销售非法音像制品,2007 年上半年,自治区共查获了43 万多张(盒)源头在境外的非法音像制品,在和田墨玉县查出了2000 多盘非法宗教音像制品。近年来,收缴非法出版物总数2 274 277

---

〔1〕根据我们 2007 年 7 月去新疆文化厅调研时的材料和记录整理而成。

册(张),其中政治性非法出版物 1.2 万余册(张),宗教类非法宣传品 2.3 万余册(张),法轮功邪教组织宣传品 1 千余册(张),非法报纸期刊 3.3 万余册,2008 年一季度全区共收缴非法出版物 86 843 册(张)。

4.3.2 政治性非法出版物渗透加剧

西方敌对势力和境外民族分裂势力遥相呼应,与境内民族分裂势力相勾结,利用政治性非法出版物进行反动宣传的态势不断加温。他们在境外组织出版了多种文字的反动书籍、报刊和音像制品,印刷了大量宣传"圣战"和煽动民族分裂的材料,偷运入境或在境内大量印刷复制。近几年,在伊犁、喀什、和田、阿克苏、巴州等地先后发现了《世界奇迹》、《解放之路》、《你是谁》、《觉醒》、《这就是真理》等大量来自境外的反动图书和音像制品,其内容大肆攻击党和政府,煽动民族仇恨,鼓吹"独立"、"圣战",歪曲历史,制造思想混乱。

4.3.3 新闻出版各项工作中存在的问题及成因

(1)农牧区缺乏图书、报刊、音像制品和电子出版物,党报党刊订阅量少,时效性差,覆盖面窄。2006 年 12 月,新疆新闻出版局组成 3 个调研组,分赴南、北、东疆 7 个地州,深入到县、乡、村、农户和出版社、印刷厂、新华书店调研得知,由于经济发展制约,少数民族农牧民文化消费水平低,农牧民年人均购书费仅为 3 元,有的农户家中基本没有书报刊。这种状况使"三股势力"特别是宗教极端势力有机可乘,宣扬"圣战",鼓吹宗教狂热的音像制品在南疆地州散布蔓延。

(2)"扫黄打非"工作要求的"属地管理"和"谁主管谁负责"原则没有得到很好的落实,各地州市"扫黄打非"工作责任落实不够,"扫黄打非"各成员单位的工作责任制不落实,配合打击不力,没有形成各成员单位各司其职、密切配合、协同作战的"扫黄打非"工作合力。特别是近几年收缴的大量宣扬民族分裂主义思想、鼓吹宗教狂热的宣传品、音像制品、光盘等非法出版物,除一部分为疆内私自刻录外,很大一部分是由境外流入,或由内地印制,通过民航、铁路、公路或邮寄运往疆内,销售扩散。对我区的社会舆情、文化安全和出版物市场构成威胁。2004 年 5 月,公安部门截获宗教类非法图书《这就是真理》4000 余册,这些图书就是在甘肃临夏印制后运至我区的。

（3）目前，全区15个地州市已通过在原有文化体育局加挂新闻出版局（版权局）牌子的方式，普遍成立了新闻出版管理机构。但是，各地、州、市新闻出版局（版权局）由于没有单独设置机构，人员编制、经费开支、办公设施等问题都没有得到解决，往往导致出版物市场监管有名无实。

（4）边远农牧区出版物市场管理近乎"真空"。随着城市出版物市场管理不断加大，政治性和宗教类非法出版物的印刷、传播活动已由城镇向城乡结合部或边远农村牧区转移，大量的非法出版物涌入农村牧区等边远地区。目前，新疆仅在自治区和地州市一级建立了新闻出版监管机构，县以下监管几乎是空白，难以对不断涌入农牧区的非法出版物进行有力打击。

（5）对涉及民族、宗教等敏感问题，特别是对政治类、宗教类非法出版物的管理上，有关部门不能按照规定严格管理，没有承担起责任，而是相互推诿，致使对从事政治类、宗教类非法出版活动的违法行为和不法分子打击不力。

由于新疆新闻出版业整体发展水平落后，发展能力薄弱，无法在广阔的农牧区形成出版物的有效覆盖，使得新闻出版在意识形态领域反分裂斗争中的主动权受到严峻挑战。

4.3.4 对加强新疆新闻出版工作的建议

为全面加强新疆新闻出版工作，有效抵御西方敌对势力和"三股势力"利用新闻出版对我进行意识领域渗透和破坏活动，特提出以下建议。

（1）深化出版体制改革，整合少数民族文字出版资源。有效地进行出版资源的整合，将新疆各出版社整合为人民出版总社，既有利于政府行政部门宏观调控和行业监管，又有利于各出版单位深化内部改革，集中有限资源，合理规划出版项目，有效抵御市场风险，形成可持续发展能力。

（2）进一步加强出版市场监管和执法体系建设。从新疆的实际出

·欧·亚·历·史·文·化·文·库·

发,制定适合新疆出版行政执法的相关措施和方案,积极争取基层出版物市场监管机构的编制和相关设施的配套落实,建立健全执法检查的长效机制,加强对"关口"、"窗口"和"源头"3个重要环节的监管。建立"扫黄打非"专项资金,建立举报奖励制度和奖励基金,解决相关执法设备投入。

（3）经调查,非法宗教出版物主要在甘肃、宁夏、青海、河北、河南、福建、广东等地印制。各省、市、自治区新闻出版局,应加大对内地面向新疆的少数民族语种宗教类出版物的印刷、运输、销售的监管力度。由新闻出版总署明确未经新疆新闻出版局同意,新疆少数民族语言的宗教类出版物一律不得在内地印刷。严格规范加强对阿拉伯语种宗教类出版物发行、销售的监管,未经国务院宗教事务管理局审批,报新闻出版总署备案并批准,非宗教团体、个人一律不得印刷、出版、发行阿拉伯语种宗教类出版物。

（4）尽快启动文化市场综合执法机制。开展由公安部门牵头的、有关部门积极配合的全国性的打击非法出版物和音像制品传播的专项严打斗争,重点地区要进行扫荡式的清查、打击,克服目前有关部门某种程度上存在的各自为政、互相推诿的状况,坚决打破非法出版物的传播网络。[1]

---

〔1〕根据我们2007年7月和2008年4月在新疆新闻出版局调研时的材料和记录整理加工而成。

5 多元与交融

——新疆文化的恒久符号

　　新疆自古以来就是一个民族迁徙的大舞台,因而也是一个文化交流的大舞台。世界古老的四大文明——中华文明、希腊文明、印度文明、阿拉伯文明在这里交汇;世界三大语系——汉藏语系、印欧语系、阿尔泰语系在这里共存。世界三大宗教——佛教、基督教、伊斯兰教在这里聚首。文化的交流不是单项的文化移植,而是一个双向交流、综合、变迁、创新的过程。几千年来,"政治的、军事的、民族的冲突,往往以一种形式上的对抗,促进着深刻的文化交流"。从公元前60年到现在,不同民族的文化始终处于以"通"为主要趋势的"时绝时通"中。交流的时间跨度大,涉及的范围广,也有相当的深度。因此,新疆不同民族的文化,包括语言,都不是绝对单一、绝对纯粹的,互相之间都有较大范围,较深层次的影响和接纳,呈现着"你中有我,我中有你"的态势。

5.1　千姿百态的文化个性

5.1.1　农耕文化的深厚根基[1]

　　农耕文化的主要代表是汉族。新疆汉族的服饰、饮食、民间文艺、民俗节日、民间口头文学、庙宇、楹联、地名等与中原汉族没有区别。一些微小的变异也是为适应当地的生态环境造成的。

5.1.1.1　服饰饮食

　　服饰方面有大襟、对襟棉袄及大襟、对襟的单、夹衣,绣花鞋,旗袍,

---

〔1〕本文资料主要来自笔者1985—2007年在哈密、巴里坤、伊吾、塔城、乌苏、阜康、裕民、沙湾、额敏、乌鲁木齐、喀什、阿图什等地的田野调查。

中山装等汉族服装;饮食方面,拉面、面片儿、面条、面旗子、泡丈子、凉面、凉皮、饺子等面食,大米饭、稀饭、粽子等米食都是汉民族的传统食品。

5.1.1.2 民间文艺与民俗节日

民间文艺方面有新疆曲子、秦腔、郿户等西北汉民喜闻乐见的戏曲文艺形式;民俗节日如:大年初一吃饺子,正月十五闹元宵,清明节为去世的亲人扫墓,端午节吃粽子或年糕,七月七女子乞巧,七月十五上坟烧纸,中秋节吃月饼献月,腊月二十三祭灶等习俗与西北汉民族完全相同。有的地方还结合当地生态气候,加进新的内容。如巴里坤县正月二十,补天补地,作蒸饼,祭祀神灵。二月二,龙抬头,吃羊头,理发。四月八,走亲戚。有的地方有庙会,沙湾一带有"三月十八四月八,娘娘庙里把香插"的民谚。端午节,门窗上插柳枝、艾蒿,小儿佩戴内装香草的绣花荷包和彩色丝线缠绕的"粽子";哈密有的小孩儿还穿绣着蝎子、蜈蚣、蟾蜍等"五毒"的花鞋。六月六,去山里避暑;腰腿痛的人这一天去埋沙治病。巴里坤有"九月九,领的姑娘走一走"的民谚,九月九日这一天要游玩,走亲戚,庆丰收。十月一,给去世的人烧纸。哈密有"十月一,麻麸包子(大麻籽经加工做成馅的包子)送寒衣"的习俗。冬至吃杏皮子(猫耳朵)和饺子。腊月初八,喝8种以上粮、米、豆、果仁等熬成的八宝粥。除夕夜装仓——一家人围坐一起,饱餐一顿等。

5.1.1.3 民间口头文学

新疆汉族民间口头文学纯属中原农耕文化。"丁兰刻母"、"不孝的媳妇"等故事劝人孝敬父母;"妻贤夫祸少,子孝父心安"、"山高皇帝远,王法在眼前"等谚语反映了儒家的伦理纲常;"武松喝酒打虎呢,狗熊喝酒倒吐呢"、"倒灶了的曹操遇蒋干"、"诸葛亮神掐妙算,司马懿夜观天星"等直接让优秀古典文学作品中的人物进入了谚语;"熟读唐诗三百首,不会写诗也会诌"则反映出中原优秀文化遗产的深入人心。笔者在1985—2004年的十几次方言调查中发现,有的老农民可用十二地支计时,"日出卯时","人定亥时","撩眼看申时"等烂熟于心,张口即来。农业生产活动也根据二十四节气进行。就连谜语也散发着浓郁的中原文化的馨香,如:小小之时一身毛,长大之时穿红袍,文武百官都来拜,当今天子也来朝。

5.1.1.4 庙宇、楹联

庙宇、楹联应该是汉文化最具代表性的载体。在新疆,城隍庙、娘娘庙、土地庙等基本上遍布各汉民聚居区。而汉文化积淀深厚的地区,如巴里坤县,庙宇种类很多,供奉的神祇也是五花八门。有佛教、道教的,如观音庙、三清庙;有儒家的,如文庙、武庙(关岳庙)、文昌庙;有神、鬼的,如仙姑庙、地藏寺、钟馗庙;有不同行业尊崇的先圣,如药王庙(中医中药店主们供奉的药王孙思邈)、鲁班庙、苏武庙(养羊户捐资建的庙);甚至有为当时活人建的庙,如为纪念左宗棠收复新疆的功绩而建的"左公祠"。庙宇的楹联匾额一般都有很高的文学艺术价值。如左文襄公祠大殿的楹联是:"运筹帷幄扫除魑魅乃砥柱中流,大军出关一统边陲其功盖天山";巴里坤天山庙正殿楹联是:"唯有天在上,更无山与齐"[1]。新疆汉民聚居区的许多地名,或表达人们的美好愿望,或比喻某种事物的形状,或标明当地居住者的故乡。这些都属于纯粹的农耕文化,如花果山、永丰渠、黄龙岗、兰州湾子、山西巷等。

5.1.2 草原文化的鲜明特色

生活风俗乃是一个民族文化中最难以改变的东西。维吾尔先祖漠北回鹘公元840年西迁后,在新疆建立了高昌回鹘王国和喀拉汗王朝,逐渐从游牧生活转为农业定居。但饮食、服饰等日常生活中仍然有不少早期游牧生活的痕迹。

5.1.2.1 多姿多彩的文化博览会

新疆是一个名副其实的文化博览园。饮食方面,每个民族的饮食都能以其独特的外观和文化的内涵吸引人。新疆的13个民族都有自己的民族服饰,这些各具特色的服饰把新疆点缀成了五彩缤纷的服装博览会。维吾尔族的花帽、裕祥,哈萨克族的饰有猫头鹰羽毛的圆形镶珠花帽、缀有银元的坎肩,蒙古族的滚边大襟长袍,回族的小白帽,锡伯

---

〔1〕骆春明、李学明:《巴里坤诗文集》,新疆大学出版社2004年版,第79－82页.

族的左右开衩长袍等,把这个民族服装博览会装扮得奇花馥郁,异草芬芳,美不胜收。民间工艺方面,维吾尔族的英吉沙小刀、艾德莱斯丝绸,哈萨克的花毡、编织,柯尔克孜族的壁挂、草编,还有各种铜器、陶器、木器等更是千姿百态,令人目不暇接。

新疆的民族民间文艺也是一个无与伦比的富矿。维吾尔族的十二木卡姆享誉世界,被确立为联合国非物质文化遗产;我国三大英雄史诗,藏族的《格萨尔王传》、蒙古族的《江格尔》和柯尔克孜族的《马纳斯》,都是世界文艺宝库中的珍品;哈萨克的阿肯弹唱、姑娘追,蒙古族的那达慕等大型民族娱乐每年都要吸引大批中外游客;民族乐器更是形形色色,不胜枚举:维吾尔族的热瓦甫,哈萨克族的冬不拉,柯尔克孜族的库木孜琴,塔吉克族的鹰笛等,或悠扬,或沉郁,或优美,或奔放,把新疆这个多姿多彩的文化大观园点缀得美轮美奂,声情并茂。

5.1.2.2 真善美的集大成者——维吾尔妇女人名[1]

打开维吾尔妇女人名录,自然界的日月星辰、林木花草、鸟兽鱼虫、金银珠玉,社会生活中的爱情、友谊,乃至高尚的道德情操、优美的思想品格,无一不在这里熠熠生辉,焕发着美的光芒。

(1)花(古丽)

古今中外的妇女都有以花命名的习惯。与汉族和其他民族不同的是,维吾尔妇女人名中的"花"占的比重很大。据我们在新疆大学三个汉语专业班的统计,约3个人中就有1个。除了"尼鲁帕尔"(荷花)、"蕴倩姆"(花蕾)、"巧鲁克"(茶花)、"热衣汗古丽"(紫苏花)、"牡丹古丽"(牡丹花)、"克孜尔古丽"(玫瑰花)等花卉名外,维吾尔妇女人名中的"古丽"也附加了社会生活中许多物质的、特别是精神的内容。如"西琳古丽"(甜花)、"塔瓦古丽"(绸缎花)、"阿勒通古丽"(金花)、"白赫提古丽"(幸福花)、"阿牙提古丽"(生命花)、"阿扎提古丽"(解放花)等。"花"作为妇女的名字,融进了维吾尔人对社会、对人生的领悟和内心体验,也融进了不少时代的、理性的内容。

---

〔1〕张洋:《维吾尔族妇女人名的美学特征》,载《新疆艺术》2000年第1期。

（2）光（努尔）

维吾尔人对"光"有着特殊的喜爱。日月星辰，金银珠宝，明灯乃至乌发，都进入了维吾尔妇女人名录。如："胡尔西旦"（太阳）、"阿依姆"（我的月亮）、"尤丽都丝"（星星）、"祖姆莱提"（祖母绿——翡翠）、"祖佩克孜"（美发姑娘）等。有的干脆直接以不惜粉身碎骨追求光明的灯蛾"帕尔瓦娜"命名。在人名特别是妇女人名中，"光"（努尔）的地位仅次于"花"。以"努尔"（光）及"阿依"（月亮）等发光物命名的名字比比皆是，已经成了维吾尔妇女人名的前加和后加成分。如："唐努尔"（霞光）、"阿克努尔"（白光）、"阿依努尔"（月光）、"努尔尼莎"（光一样美的女性）、"托轮阿依"（圆月）。还有许多是以"光"作前加或后加成分，附着于人类社会的理性概念上组成的，如："白赫提努尔"（幸福之光）、"阿里努尔"（崇高之光）、"阿茹努尔"（理想之光）等。

（3）善与情

善良、正直、慷慨、宽厚、仁爱等待人处世之道都是善的，都是最美好最珍贵的感情的外现。维吾尔人把"善"溶于"情"，即爱情、亲情、友情中去歌颂，去赞美。善与情也占了妇女人名的很大一部分内容。

在妇女人名中，"穆哈拜提"（爱情）、"阿依胡玛丽"（含情脉脉）、"加丽甫古丽"（有魅力的花）、"尼哥尔阿依"（月亮般美丽的恋人）等与东方文化的含蓄、委婉截然不同，几乎是炽热、浓烈而又直露的爱的表白，是维吾尔人的热情、豁达、开朗、直率在爱情生活中的投影。这在其他东方民族的妇女人名中是不多见的。

维吾尔人对于母亲、妻子、女儿常常寄以深情。维吾尔妇女人名中"拉依曼"（仁慈）、"穆拉依姆"（和蔼）、"哈丽萨"（纯洁）、"哈丽达"（吉庆）等都是"善"闪现在亲情方面的光点。

维吾尔人珍视友谊，善待朋友。妇女名字的"萨达坎特"（忠诚）、"克里曼"（慷慨）、"塔坎特汗"（忍耐）、"拉伊曼"（善良）、"海比斑"（朋友）、"买尔哈巴"（欢迎）、"穆巴拉克"（庆贺）等正是维吾尔人待人处世之道中善的体现。

·欧·亚·历·史·文·化·文·库·

5.1.2.3 五彩缤纷的婚俗——新疆民俗风情园中的亮丽风景[1]

（1）盐和馕——寓有深意的维吾尔婚俗

维吾尔族举行正式婚礼前要举行一种"尼卡"的宗教仪式。在女方家举行。参加者有新娘的父母、亲戚、好友、新娘与伴娘在内的女方代表及新郎的父亲、好友、新郎与伴郎在内的男方代表。仪式开始，伊玛目先吟诵"尼卡经"，然后分别问新郎和新娘，是否愿结为夫妻，永远相爱，永不抛弃。得到他们的肯定答复后，有人会在一小碗盐水里面放两小块馕，并放在托盘上端来。这时，伴郎伴娘去抢碗中的馕，用最快的速度塞进新郎与新娘的嘴里，让他们吃掉，以示他们从此相亲相爱，白头到老。维吾尔人认为，盐和馕是人生的第一需要。吃这两样东西，预示着新郎新娘永不分离，永远幸福。在这里，盐和馕成了维吾尔人婚姻习俗中的一种美好象征。

（2）塔塔尔族的男"嫁"女"娶"

塔塔尔族婚俗最明显的特点是：新郎先"嫁"到新娘家，生活一段时间。有时甚至是生活几年生了孩子之后，新郎才把新娘"娶"回去。还有文明而前卫的"送"亲队伍，贯穿婚礼始终的见证者蜂蜜，小巧玲珑的"女婿馄饨"等，组成了塔塔尔族在新疆少数民族婚俗花园中独具一格的风景。

婚礼这天，伴郎及亲朋好友一路琴声一路歌，到新娘家去"送亲"——把新郎"嫁"到新娘家去。新郎和一大群青年人坐上车，拉起手风琴，唱起欢快的"几儿"（塔塔尔族流行歌曲，可以根据情景即兴编唱），有的打口哨，有的欢呼助兴。琴声、歌声、口哨声、呼喊声此起彼伏，回响在大街小巷，把气氛渲染得十分欢乐热烈，引来大群路人围观。许多孩子跟在车后欢呼雀跃，嬉闹玩耍。送亲队伍在欢歌笑语声中来到新娘家门前，拉着琴、唱着歌绕新娘家院落一圈后，又回到院门前，新郎出场了。他先唱歌、吟诗，披露心迹表明自己对新娘的爱意及忠诚，然后献上礼物。于是新娘家的门开了，女方家人一齐出门迎接，为青年

---

〔1〕白洁、刘云：《婚姻家庭问题研究》，新疆大学出版社 2002 年版，第 85－125 页。

夫妇祝福。

（3）"尼卡哈"与尚红——回族婚俗

回民一般都实行民族内婚制，并且恪守伊斯兰教规的婚姻观。结婚当天上午，姑娘要洗大净，这叫"离娘水"。要绞脸，用交叉的线绞掉脸上的汗毛，以示结束了姑娘生涯。回族婚礼和汉族一样，尚红忌白。新房里要有大红喜字，馒头上也要点上红点。新娘要穿上红色的棉袄，即使是炎炎的夏日也要穿上，这叫"厚道"。头上还要搭上一块红绸子或红纱头巾，将新娘的面孔盖得严严实实。当新娘子入了新房，送亲的客人也进屋后，由伊斯兰教的阿訇给一对新人念"尼卡哈"经。然后，新娘将未过门时给公公婆婆做的鞋，给丈夫做的衣服，绣的绣花枕套、荷包等一一展示给众人评判，这叫做"摆针线"。

（4）揭围帐——蒙古族婚俗

蒙古族青年结婚第三天，新娘父母同亲戚们带着整羊肉、酒、哈达等，来新房与男方亲戚一同举行揭围帐（指新婚夫妇床前的围帐）仪式，蒙语叫做"霍西格太勒"。仪式开始，一位善于辞令的长辈手持一杆猎枪，在枪筒上扎一根白布条，有节奏地吟诵祝词，再由祝词人将围帐揭开，至此，结婚三天一直不露面的新娘这才出来，用新盘、新碗，从公公、婆婆开始，给大家一一敬献奶酒、奶茶。婆婆将锅、碗、瓢、盆等家什交给新娘，表示新媳妇从此要尽媳妇的责任掌管家务了。然后男家设宴，大家喝酒吃肉，唱歌跳舞，通宵达旦欢庆。

（5）"果尔卡"——欧罗巴味儿十足的俄罗斯族婚礼

俄罗斯族人的结婚典礼都要在教堂举行。俄罗斯族人特别看重列巴（面包）和盐。用列巴和盐迎接客人是最高礼仪。迎亲当天，新郎新娘将要离开娘家时，岳母会端起一个上面铺着绣花面巾、面巾上有撒了一撮盐的大圆列巴的托盘，向并排跪在面前的一对新人祝福。祝福仪式结束后，新郎新娘才驱车去教堂举行婚礼。迎亲队伍回来时，男方亲人也会捧着列巴和盐迎接新婚夫妇。俄罗斯族人的婚宴上，会不断传来"果尔卡"（音译）的喊声，"果尔卡"的原意是"苦啊"的意思，在婚宴上则是要求一对新人当众接吻的信号。婚宴上，手风琴、吉他奏起华尔兹、波尔卡舞曲。新郎新娘率先起舞,新郎新娘的父母亲及其他亲友纷纷响应。男人们靴跟跺地,发出有节奏的"踢踏"声。妇女们挥动手帕,拉起披巾,加入翩翩起舞的行列。大家尽兴歌舞,直到深夜。

(6)哭嫁歌——古老的哈萨克族婚俗

哈萨克族的婚俗有悠久的历史。哈萨克人有新娘临出门的时候哭唱"森斯玛"(怨嫁歌),随后又唱"阔尔斯"(哭嫁歌)的传统习俗。新郎接亲的时候,岳母要向女婿撒"恰什吾"(喜食),到了婆家,婆家的女性也要向新娘身上撒"恰什吾",还要举行"揭面纱"仪式,有的婚礼上还有进行叼羊、赛马、姑娘追等游艺活动的古老习俗。随着时代的变迁,如今哈萨克族古老的婚俗已经发生了许多的变化,有的完全消失,有的被融入新的内容,也有的是新的形式。

5.1.2.4　琳琅满目的饮食形制与习俗

饮食是人类最原始的需求,一个民族的饮食除了与该民族的地理位置、水土、气候等特定的生存环境密切相关外,还与该民族的风俗习惯、器用等社会人文有紧密的联系。新疆民族众多,饮食也是形形色色,不一而足。回族的"九碗三行子"、粉汤,蒙古族的奶酒、奶豆腐,哈萨克族的纳仁、熏肉、马肠子,柯尔克孜族的"萨尔阔勒"、宝扎,塔吉克、乌兹别克等民族的马奶子、奶疙瘩,锡伯族的"摩尔雪克",满族的双合饼、萨其玛,还有俄罗斯族的列巴、格瓦斯(一种饮料)等,真可谓五花八门,琳琅满目。在此,我们只对维吾尔、塔塔尔两个民族的饮食作基本介绍。

5.1.2.4.1　维吾尔饮食文化

5.1.2.4.1.1　以面、米为主食又辅以肉食的膳食结构

一个民族的主食与其习俗是密不可分的。新疆处于亚洲腹地,干旱少雨,适于小麦、玉米等农作物生长。维吾尔族的主食以小麦等为主,主要是面粉食品,典型代表是馕。除了馕外,维吾尔族人还喜欢吃拌面、汤饭、包子、饺子、馄饨、油塔子、烤包子、馓子等,这些都是小麦制成的。维吾尔族最重要的主食馕,多用小麦面粉。维吾尔族人的早饭往往以馕或烤制的各种饼干、点心作主食。婚丧嫁娶,节假日宴饮或招

待客人时,也有各种甜点,大都是小麦面粉制成的。

维吾尔人迁入新疆后逐渐转为农业定居,但游牧民族的遗风还是存在的,肉食在生活中仍是不可或缺。维吾尔人喜吃羊肉,也吃牛肉及禽类。至今,农村的维吾尔人仍多兼营家庭畜牧业,有庭院饲养羊、牛、毛驴的习惯。库尔班节又称牺牲节,是伊斯兰教的重要节日之一。这一天家家都要宰羊。维吾尔人喜欢吃的饭食如抓饭、包子、拉面、馄饨等都离不开肉。闻名全国的风味菜,如手抓肉、烤全羊、烤羊肉、面肺子、灌米肠等也都以肉为主,属于典型的带有游牧遗风的大陆菜系。

5.1.2.4.1.2　重视味觉和嗅觉器官的愉悦

维吾尔族饮食讲究味美。首先满足舌头和鼻子的需求,注重味觉器官和嗅觉器官的愉悦。维吾尔族日常饭食馕、抓饭、烤包子、拉面、汤饭、馄饨、清炖羊肉、薄皮包子等无一不是以咸、香、酸、辣等各种浓郁鲜美的口感、醇香扑鼻的气味引人食欲,让吃者大快朵颐,让闻者馋涎欲滴。维吾尔谚语中就有"锅是黑的,饭是香的"、"好看的是新裕祥,好吃的是鲜肉汤"的说法。可见,维吾尔人对食品的要求首先是:是不是"好吃",是不是"味香",他们注重的是食品的内里质料及对味觉、嗅觉器官的愉悦程度。相比之下,食品及餐具的色泽形状乃至它们如何搭配才能更给人以美感,就不被那么重视。但这种状况近年来已大大改观了。

5.1.2.4.1.3　以热烈为主要特色的餐饮习俗

（1）浓烈辛香

维吾尔人的饮食很注重味道的浓烈厚重。他们常常在饭食中加入大蒜和洋葱、辣椒、胡椒粉、孜然等,使烹调好的食品肉嫩味美,浓香扑鼻,十分引人食欲。烤包子和薄皮包子以羊肉和皮芽子作为馅的主体,再加上孜然粉、胡椒粉、精盐等调味品,肉嫩脂丰,其味鲜香四溢,妙不可言;汤饭在出锅前亦要加蒜末和香菜末,以达到香氽扑鼻,让人馋涎欲滴的效果。拌面的各种菜肴,除了肉和时鲜青菜外,少不了皮芽子、大蒜、大葱、青椒等辛辣调味品。不少人吃的时候还要在碗里倒醋并嚼食生大蒜佐餐。现已风靡全国的烤羊肉,除了精盐,一定要放辣椒粉和孜然粉。

总之,维吾尔的日常饭食口味厚重辛香,气味香杂浓烈,使食者和闻者都很过瘾。除此而外,饭食一般都要放较多的油。烤羊肉、烤全羊、手抓肉、汤饭里的羊肉、拌面炒菜的羊肉等都以鲜肥为美;烤包子、薄皮包子、馄饨等的馅也少不了肥羊肉或羊尾油丁。肉质肥嫩,油香味美,香辣兼咸,刺激食欲,几乎成了维吾尔各种饭食的共有特点。

(2)熟与热

维吾尔族很少吃生冷饭食。除了暑天的凉面、凉粉,一般饭食都喜欢趁热吃。维吾尔谚语"馕坑里的热馕好"、"烤肉热时好吃"等谚语,反映了维吾尔族人喜吃熟食且饭食即熟即食的习俗。冬天吃热饭自然可以增加热量,抵御寒气;夏天在酷暑高温中吃出一身汗来,亦可避暑降温。动物油遇冷凝固,吃起来口感差,而趁热吃则肉嫩脂丰、油多味美,让人大饱口福。有些当街出售的饭食如抓饭、包子,经营者都要在一个大锅里装满抓饭,上面放薄皮包子,底下灶上一直有文火,以保持抓饭包子的温度。

(3)面向群体

维吾尔饮食多面向群体。餐饮的量大,具体食品体积大,餐具的容积也大。如:大盘拌面,大碗汤饭,烤全羊、清炖羊肉等都用大盘装,肉也都是大块的。除了馄饨,其他食品如薄皮包子、烤包子、油塔子等体积都不小。节日里家庭自备的油炸食品馓子,也用大盘装,一层层码起来,堆成高高的圆柱形。馕在摆上餐桌时,也不是一个两个,而是用大盘装一摞。抓饭也是几个人共用一大盘,或用小勺,或用手抓着吃。一般来说,维吾尔饮食的量比较大,一桌饭菜在客人们尽力吃喝后,一般总要剩下一半。餐具除了长方形的果盘、茶盘,基本上是整齐的圆形。从餐饮量、食品体积到餐具的形状和容积,重视的都是群体,而不是个体。

维吾尔族餐饮对象是群体,所以很注意营造热烈的气氛。餐馆里经常是鼓乐喧天,乐曲声响遏行云。在这儿轻声细语、娓娓而谈是不可能的,所以人们可以在这儿尽情释放能量,宣泄感情。

5.1.2.4.2　塔塔尔族饮食文化[1]

5.1.2.4.2.1　熔主、副食于一炉

塔塔尔族的饮食花样繁杂,名目繁多。光是素负盛名的糕点就有百种之多,现已成为新疆糕点市场的一大景观。其他的饭食、肉食、饮料、干鲜果品更是形形色色,不胜枚举。塔塔尔族的食品都注意色、香、味,讲究口腹之福,也兼顾营养、食疗和美容作用,符合养生之道。塔塔尔人的饭食有正餐吃的抓饭、拉面、包子、饺子,各种米做的黏饭,还有包括汉族人叫做"猫耳朵"在内的各种汤饭,也有三餐之间点补的各种茶点。

塔塔尔人对带馅食品情有独钟。有名的风味饭食——古拜底埃就是一种大馅饼。它的底和顶是以精粉为主料的面坯。作底的面坯上可以层层叠叠铺5道或7道不同的馅。有煮得将熟的大米馅,有洋葱肉馅,杏干或酸梅干馅,也有鸡蛋或时鲜蔬菜馅。最顶层的面坯上抹一层鸡蛋或奶油。烤出的古拜底埃色泽红亮,酸甜香酥,入口即化。这正是主食中有副食,副食中含主食的典型菜肴。

5.1.2.4.2.2　多方摄取营养

塔塔尔人祖祖辈辈生活在大自然中,他们喜欢绿化庭院,种植果树,也喜欢采摘野果。他们的餐桌上一年四季都有水果、果干和果酱。不论贫富,都有饭后吃苹果的习惯。

塔塔尔人餐桌上几乎离不开肉食。除了牛羊肉,他们对马肉特别青睐。马肉作为一道别开生面的饮食常常出现在塔塔尔人的喜庆宴上。此外,鸡、鸭、鹅肉,乃至野鸡、野鹅、鹌鹑、火鸡、兔子肉以及各种鱼肉,无论天上飞的,地上跑的,还是水里游的,无一不被塔塔尔人搬上餐桌,列入菜谱。真可谓"海陆空"俱全了。

5.1.2.4.2.3　寓情于食的餐饮文化

塔塔尔人擅长烹饪,长于烹调,也把对事、对人、对生活的美好愿望融于饮食中,使饮食成为一种象征、一种情愫,负载着丰厚的民族文化。

---

〔1〕张洋:《塔塔尔族饮食文化透视》,载《新疆艺术》1998年第2期,第25-28页。

（1）尊敬老人——人性的升华

塔塔尔人很讲究座次。上座一定留给最年长的人。舀饭盛汤先端给老人,劝餐布菜一定从老人开始,祝酒倒茶先敬老人。每一道菜端上来,必定是年长者先尝。婚宴、节日宴会乃至家宴上总是由年长者先发话,然后开吃。餐桌上充满了敬老爱幼的亲情和温暖。

（2）女婿馄饨——长辈无限的爱

塔塔尔族人婚礼第二天,新郎一定要吃岳母亲手包的"女婿馄饨"。馄饨一个只有一厘米见方。一个个馄饨满含了长辈对晚辈的喜爱、怜爱甚至宠爱,或者还含着母亲对女儿女婿的体恤:馄饨只有小指尖大,得细心地剁馅、擀皮,细心地包,费工又费时。

（3）蜂蜜——塔塔尔人生活的组成部分

塔塔尔人无论是日常生活还是举行婚礼,都离不开蜂蜜。在人生第一大喜事——婚礼上,一对新人要当众喝一杯蜂蜜水。参加婚礼的亲友们要回去时,岳家馈赠的礼物也必有蜂蜜。远方的来客或尊贵的客人刚到门口,主人就会端出蜂蜜、奶油让客人品尝,然后才行其他礼节。蜂蜜之于塔塔尔人,不仅是一种美味食品,也是一种寄托、一种憧憬、一种愿望。

5.2 "你中有我,我中有你"的文化融汇

许嘉璐先生把文化分为3类:外层是物质文化,包括衣食住行;中层是社会文化,包括艺术、民俗、宗教、制度、法律等;核心层是哲学文化,包括社会和生活观念、审美观念。[1] 新疆不单是一个多元共存的文化大观园,有着千姿百态的文化个性,更是一个多元交融的文化话语场,存在着你中有我,我中有你的文化趋同性。它们主要表现在物质文化方面范围比较大的趋同和社会文化方面少量的局部的趋同。

5.2.1 物质文化——范围比较大的融汇

物质文化是显性的文化,是人类改造自然的全部产物。新疆各民

---

〔1〕许嘉璐:《语言与文化》,载《中国教育报》2000 年 10 月 17 日第 7 版。

族文化的趋同大部分表现在物质文化的饮食和服饰方面。城市居民的趋同现象更为明显。

5.2.1.1　从维吾尔日常饭食看饮食文化的融汇

（1）馕——多族群体、多元文化的历史积淀

馕是维吾尔人最常见的主食，常出现在新疆各民族居民的餐桌上。斯坦因在尼雅遗址发现了汉晋时期的粟面饼——馕的雏形，还发现了类似馕坑的烤炉。[1] 汉末训诂学家刘熙在《释名》中说："饼，并也，溲面使合并也。胡饼，作之大漫沍也，亦言以胡麻著上也。"[2] 这证明东汉时期华北地区汉人饮食中就有了"胡饼"。成书于北魏的《齐民要术》中还出现了"胡饼炉"[3]。"胡"是中国古代对北方和西方少数民族的泛称，亦称来自北方和西方少数民族的东西。汉代北方少数民族多为游牧民族，日常饭食以肉、奶为主。西域城邦诸国则"以农业为主，兼营畜牧业和商业"[4]。居民的饮食也比较多样。我们认为："胡饼"应当来自西域。公元前4世纪末，马其顿亚历山大东征的结果之一，就是埃及、波斯及印度河上游一带的希腊化。希腊文化通过这些地区辗转传播到了西域[5]。9世纪中期，维吾尔族的先民漠北回鹘西迁后，在吐鲁番一带建立了高昌回鹘王国。后来，葛逻禄、回鹘等操突厥语族诸语言的各部族建立了喀拉汗王朝。这两个王朝的居民逐渐放弃游牧生活而转入农业定居。饮食由肉、乳为主转成了以粮食作物为主。阿斯塔那出土的唐代馕饼与今天的馕完全相同[6]。可见，至迟在隋唐时期，高昌人已会烤馕了。11世纪下半叶成书的《突厥语大词典》中出现了"艾特买克"（馕）、"阔吾宪疙"（发面馕）等十几种馕的名称，还有不少词条以馕为例[7]。这是11世纪塔里木盆地各族居民的饮食生活

---

〔1〕薛宗正：《中国新疆古代社会生活史》，新疆人民出版社1997年版，第137页。

〔2〕王利华：《中古华北饮食文化的变迁》，中国社会科学出版社2000年版，第206页。

〔3〕〔后魏〕贾思勰：《齐民要术》，团结出版社1996年版，第365页。

〔4〕薛宗正：《中国新疆古代社会生活史》，第5页。

〔5〕王嵘：《西域文化的回声》，新疆青少年出版社2000年版，第254页。

〔6〕新疆社会科学院考古研究所：《新疆考古三十年》，新疆人民出版社1983年版，第276页。

〔7〕麻赫默德·喀什噶里：《突厥语大词典》汉文版，民族出版社2002年版，第1卷第376页，第2卷第27、240页，第3卷第22、31页。

中,馕的地位不断上升的实证。到了清代,馕已成了维吾尔人最重要的主食。林则徐看到南疆夏天往往是:"村村绝少炊烟起,冷饼盈怀唤作馕"[1]。从以上史实可以看出:尼雅出土的汉晋时代的馕的雏形以及汉文史籍中的"胡饼"应是塔里木盆地当时的居民——"几个具有较高文化发展水平的,操不同语言的,一般说属于深目高鼻类型的民族集团"[2]的食品。《突厥语大词典》中,虽然出现了十几个馕的词条,但通称是"艾特买克"。与《突厥语大词典》同时代的《福乐智慧》,以及13世纪的《金光明经》中,"馕"这个名称都未出现。而《辞海》中,"馕"的词条下的解释是:波斯语,指面包。所以,我们可以说,馕这个词应该是13世纪维吾尔文学家们用波斯语写作时,随着大量生活用语进入维吾尔语的。它不是单一的哪个民族的专利,而是在漫长的历史时期,由古代生活在西域的具有不同文化、不同语言,不同人种的一些民族,尤其是维吾尔族在饮食生活中共同经营的结果。透过馕,我们看到了希腊文化、中华文化,特别是后来的伊斯兰文化对西域这块古老土地的浸染,可以说,馕是从古至今,多族群体、多元文化的历史积淀。

(2)拉面、包子——以中华文化为源头的新疆特色饮食

据笔者在南疆的调查,拉面在维吾尔日常饮食中,无论覆盖率还是食用频率都仅次于馕。早在公元前60年西域都护府建立后,西域汉人就逐渐增多了。魏晋南北朝时期,高昌和楼兰已成了汉人聚居区。到了唐代,新疆的汉人数量骤增,大大超过了两汉盛世。而"中古时期(指魏晋南北朝隋唐时期)华北地区……确立了以面食为主,面食与粒食并存的膳食结构模式……"。面食的大量出现和城市面食业的繁荣是在唐代,到了宋代发展到各种面条不下百余种。至南宋拉面的出现使面食趋于完善和成熟[3]。维吾尔语拉面叫"lɛʁmɛn",正是汉语"拉面"的音译。由此可以推知,新疆各族人民爱吃的拉面,其源头在华

---

〔1〕吴蔼宸:《历代西域诗钞》,新疆人民出版社1995年版,第95页。

〔2〕耿世民:《试论塔里木盆地民族之融合和近代维吾尔族的形成》,收入《新疆历史论文续集》,新疆人民出版社1982年版,第264页。

〔3〕王利华:《中古华北饮食文化的变迁》,中国社会科学出版社2000年版,第188页。

北。拉面不但西传到西域,而且东渐到日本。日本的片假名读音也是拉面。透过"拉面",我们看到了中华饮食文化对丝绸之路东西两端的熏染浸润。

包子,古称"馒头",宋代李昉的《太平御览》中就已出现"曼头"。古代馒头是带馅的,《水浒传》中菜园子张青夫妇卖的人肉馒头就是人肉包子。维吾尔人把包子叫"manta",正是汉语"馒头"的音译,只不过在借入这个词时根据维语的音节结构,将"头"这个音节中的复合元音改成单元音了。由此可见,包子这种食品源于中原,很早就传入西域了。

此外,有几种饭食的维吾尔语名称本身就反映了它的来源。如:大米饭,调查显示,大部分维吾尔人认为它不是本民族的但又是常吃的饭食。新疆汉语方言把大米饭叫"干饭",维吾尔语叫"gaŋpɛn",正是"干饭"的音译。馒头,新疆汉语方言叫"馍馍",维语叫"dʒiŋmoma",正是"蒸馍馍"的音译。饺子在中古华北地区饮食中就已出现了。吐鲁番阿斯塔那也出土了唐代的饺子,与现在的完全一样。汉语方言叫"扁食"。吐鲁番、伊犁等地的维吾尔人把饺子叫"bɛnʃi",显然是"扁食"的音译。水煎包子,南疆和伊犁地区的维吾尔人叫"xoʃaŋ",正好是"火烧"的音译。炒面叫"boso",正好是汉语"爆炒"的音译。现在新疆大小城镇随处可见的,用核桃仁、葡萄干、蜂蜜合起来制成的一种典型的维吾尔风味食品,看起来又香又甜,十分诱人,无论是南疆还是北疆的维吾尔人,都叫"麻糖"(mataŋ)。这些借词都从一个侧面折射出新疆维吾尔族饮食文化中汉文化的融入程度。同时也是作为丝绸之路枢纽的新疆多元文化交汇的见证。

共同的地域、共同的自然地理生态环境及气候,造就了新疆人的共同口味——咸香酸辣。如今,拉面、抓饭、汤饭、馄饨、包子、烤羊肉、大米饭,特别是馕,已成了新疆各族人民的共同饭食。不仅如此,有些传统饭食经过加工改造,其变异形式也受到青睐。如:不具备烤羊肉串条件的餐厅或家庭,用同样的材料和调料在锅里烹制出的味道同样鲜美的"炒烤肉",还有馕和羊肉块烹制的"馕包肉"等。

5.2.1.2 服饰文化

服饰的趋同也比较明显。西服、休闲服几乎涵盖了老、中、青三代人的选择。各族妇女对经过在艺术品位和时尚潮流方面加工后的传统服饰——皮靴、连衣裙、丝绸披肩和毛绒披肩都同样地情有独钟。耳环、戒指基本上是不同年龄段妇女的首选，还有项链、胸针、手镯等装饰品。新疆传统的美眉、美手、美甲土特产——奥斯曼和海娜，近年来经过开发、创新、包装，在传统的基础上有所改变，十分走俏。奥斯曼已成为各民族女性都喜爱的美眉化妆品，而海娜则增加了用途，成为价廉物美的、受各民族不同年龄段的女性普遍欢迎的美发品。如今凡有条件的中青年乃至少年大都追求时尚，牛仔衣、牛仔裤在新疆，特别是城市，几乎触目皆是。和汉堡包一样，这也是一种对时尚的趋同。

5.2.2 社会文化——局部的融汇

社会文化也是制度文化的一部分，是人改造社会的全部产物。它包括饮食习惯、娱乐方式等生活制度，婚姻形式等家庭制度及劳动管理、艺术生产、风俗、宗教、礼仪等制度及其理论体系。新疆各民族在社会文化方面的趋同不像物质文化那样普遍，但饮食习惯、娱乐方式、婚姻习俗等还是有部分相同之处。

5.2.2.1 饮食习惯与娱乐方式

新疆部分汉族人，大多是老新疆人，与维吾尔、哈萨克一样，习惯于喝奶茶、吃羊肉。有些年轻人不喜欢喝纯牛奶，而宁愿喝奶茶。他们不是穆斯林，但从小就养成了不吃猪肉，只吃羊肉的习惯。笔者亲友中，有这种习惯的人不在少数。

新疆各族人民有一个共同的娱乐方式——维囊，即跳维吾尔舞。早在清代祁韵士的《西陲竹枝词·回乐》中就有"更有韦囊长袖女，解将浑脱逞姿容"的诗句。这是维吾尔语（usul ojnaŋ）（你跳舞吧）的简单音译，也译作"围浪"或"偎郎"。各民族一起聚会自然少不了"维囊"，即使是汉族聚会，也常常有人提议：让×××维个囊！于是，经过一番推让，被提议的人就会在大家的口头伴奏和有节奏的鼓掌声中蹁跹起舞。如今，音响已进入许多普通家庭和公共场所，这种娱乐方式也更加方便。乐声一起，只要有一两个人出场，就会带起一批人，形成群舞场面，把欢快热烈的气氛推向高潮。所以，在新疆，无论营业舞厅、集体娱乐还是私人聚会，维吾尔舞曲和舞蹈，即维囊，都是必不可少的。

5.2.2.2　婚姻形式、宗教、艺术

新疆各民族的婚礼仪式各不相同，但也有一些相同之处。如：汉族、回族、锡伯族、达斡尔族、维吾尔族新娘在婚礼当天戴红色喜帕，有的是纱巾，有的是丝绸。达斡尔族新娘穿的是红得耀眼的达斡尔族长袍，头上蒙着红盖头，随身带的包袱也是红色的。回族婚礼和汉族一样，尚红忌白。这点前文已有叙述。古兰经中明确规定穆斯林"禁口"，即不随便说玩笑话，不说脏话。但回族婚礼当天闹洞房时，为了取乐，人们往往口无遮拦，说出一些不能登大雅之堂的话来。这是受了汉族闹洞房婚俗的影响。现在，无论哪个民族，只要有条件，新娘都愿意仿照西方习俗，穿着白色婚纱，与西装革履的新郎合影。这种趋同可谓是走向世界的一种表现。

新疆仍是歌的海洋，舞的世界。按规定，清真寺里是不能出现动物图像的，但回族清真寺墙面上却不排除鹿、小兔等驯良动物[1]。日本学者上原和在谈到新疆石窟壁画中的"飞天"时说："我于1974年5月从希腊的雅典出发横穿中近东，抵达白沙瓦的犍陀罗遗址，途中在伊朗西部的塔克·伊·福斯坦，波斯萨珊朝胡斯洛二世（590—638）的显彰洞里也看到了这样有翼的飞天。所以，我对常先生把米兰遗址出土的飞天看做是西方有翼天使的东渐和发展这一点十分赞同。"[2]

---

〔1〕新疆社会科学院宗教研究所：《新疆宗教》，新疆人民出版社1989年版。

〔2〕上原和：《记常书鸿先生重访日本》，载《敦煌研究》2004年第3期，第52页。

6 新疆高校大学生"四个认同"教育的现状分析

高校担负着培养社会主义现代化事业建设者和接班人的重要任务,是落实科教兴国战略、推进科研事业发展的主力军。加强广大学生"四个认同"教育,对于始终处于分裂与反分裂、渗透与反渗透斗争前沿的新疆具有很强的现实性、紧迫性。

中国民主促进会新疆区委会先后在新疆大学、新疆师范大学和新疆农业大学等高校学生中进行了问卷抽样调查,组织高校师生召开专题调研座谈会,对新疆高校大学生"四个认同"教育现状进行了深入调研。

6.1 现状调查

中国民主促进会新疆区委会调研组在新疆 3 所高校调研中,采用随机抽样方式抽取班级,共发放问卷 600 份,实际收回 590 份。其中男生比例为 36.2%,女生比例为 63.8%;维吾尔族为 33.6%,汉族比例为 49.5%,哈萨克族比例为 7.7%,回族比例为 1.9%,柯尔克孜族比例为 1.2%,蒙古族比例为 1.5%,其他民族为 4.6%;18—20 岁的比例为 31%,21—24 岁的比例为 68.8%,25 岁以上的比例为 0.2%;预科比例为 0.2%,大一比例为 6.3%,大二比例为 27.6%,大三比例为 49.4%,大四比例为 16.5%。调查对象覆盖不同专业、不同年级、不同族别的学生,以确保本次调查能尽量反映出广大学生的真实看法。问卷内容涉及大学生对"四个认同"教育的认识,以及新疆各高校在大学生中开展"四个认同"教育的工作情况。

6.1.1 工作思路和工作理念

各高校提出了"以机制建设为保障、以课堂教育为主阵地、以教育管理为抓手、以校园文化建设为载体、以队伍建设为重点、以理论研究为目标"的工作思路,确立了全方位、全员和全过程育人的工作理念,扎实推进大学生思想政治教育工作。

(1)充分发挥高校思想政治理论课教学的主渠道、主阵地作用。从2006年开始,新疆高校按照《中共中央宣传部教育部关于进一步加强和改进高等学校思想政治理论课的意见》和自治区高校工委、自治区教育厅关于《实施大学生思想政治理论课新课程设置方案的意见》精神,在本科学生教学计划体系中开设了《思想道德修养与法律基础》、《中国近现代史纲要》、《马克思主义基本原理》、《毛泽东思想、邓小平理论和"三个代表"重要思想概论》4门全国课程和《新疆历史与民族宗教理论政策教程》1门地方性课程,并建立比较完善的教学管理制度。通过上述5门思想政治理论课对学生进行系统的马克思主义"五观"教育、"四个认同"教育、党的民族宗教政策教育和科学无神论教育。同时各高校还建立了一支稳定的形势与政策教育教师队伍,将形势与政策课纳入学校教学计划。形势政策教育突出"四个认同"内容,内容涉及党和国家的方针政策、国内外关注的热点难点问题、新疆民族宗教问题等,其中包括"坚持马克思主义宗教观,正确认识新疆的宗教问题"、"宗教与教育相分离"、"论民族分裂主义和非法宗教活动的本质"等专题。

(2)学校还将马克思主义"五观"教育、"四个认同"教育作为业余党校、团校教育的重要内容,开展了"抵制邪教、崇尚科学"和"反分裂斗争再教育"主题团课教育活动。通过专家、教授的集中讲授和师生之间面对面的问答交流,使学生进一步加深了对党和国家方针政策的理解,加深了对新疆民族宗教历史和现实问题的认识,加深了对党的民族宗教政策的认识,增强了辨别是非的能力。

6.1.2 围绕目标,积极开拓思想政治教育途径和载体

(1)把"四个认同"教育与加强和改进大学生思想政治教育相结

·欧·亚·历·史·文·化·文·库·

合,不断强化"四个认同"教育的坚强思想基础。坚持与第一课堂紧密衔接,在第二课堂组织开展正面的宣讲教育活动。充分利用各种重大节庆活动和纪念日,开展主题团日教育活动。结合北京奥运会、国庆60年、上海世博会、中央新疆工作座谈会、自治区民族团结教育月活动、"五四"、"清明"等节庆活动,大力宣传中央关于维护新疆稳定的各项重大决策,发放《"四个认同"读本》、《民族团结知识读本》、《青少年无神论教育读本》、《50个"为什么"——维护国家统一、反对民族分裂、加强民族团结读本》、《六个"为什么"》等各种学习材料,开展"四个认同"专题教育,让各族大学生充分认识到新疆反分裂斗争的长期性、尖锐性和复杂性,积极引导青年学生牢固树立坚定正确的政治方向,坚决维护祖国统一和民族团结、维护新疆稳定和国家安全,成为促进各民族共同团结进步、共同繁荣发展的坚定力量。充分利用宣传横幅、板报、展板、团内信息、校园网等宣传阵地,采取多种形式,将"四个认同"教育与学生的思想建设、团组织建设以及学生的专业学习结合起来,广泛深入地宣传"三个离不开"、"四个认同"的思想。

(2)与丰富多彩的民族团结教育系列活动和校园文化活动相结合,打造"四个认同"教育的有效载体。以民族团结、"四个认同"、"热爱伟大祖国、建设美好家园"等为主题,举办"双语"演讲比赛、校园书法、绘画、摄影作品展、文艺汇演、征文比赛、"讲述我身边的民族团结故事"、知识竞赛、板报比赛等校园文化系列教育活动,以各族青年学生喜闻乐见的形式开展民族团结、"三个离不开"、"四个认同"、马克思主义"五观"的教育,形成了各族学生互帮互学、共同进步的良好氛围。

(3)与学生的学习、生活、思想实际相结合,推动"四个认同"教育的日常化、生活化。为了使民族团结教育和"四个认同"教育入脑、入心,各高校团组织紧紧围绕学生的所思所想找准工作的切入点、结合点。开展民汉学生帮扶对子,校园里逐步形成"手拉手心连心"结对帮扶的良好氛围。民汉学生"双语"学习示范活动是新疆各高校开展民族团结教育、"四个认同"教育的新载体、新抓手,也为学校进一步加强和推进少数民族高等教育教学改革,进一步探索和形成专业技能、教育教学与民族团结紧密结合的新经验、新体会进行了尝试。

（4）与发挥团学干部和先进典型的榜样示范作用相结合，以点带面，形成人人维护民族团结，争当践行"四个认同"的标兵。推进青年马克思主义者培养工程，发挥大学生骨干引领示范作用。树立民族团结先进典型，发挥榜样模范的示范引领作用。用身边人、身边事教育学生，用鲜活的事例告诉各族学生自觉维护民族团结，践行"四个认同"应当从身边点点滴滴小事做起，用自己的一言一行宣传贯彻党的民族宗教政策，带头加强民族团结，维护社会稳定，牢固树立"三个离不开"、"四个认同"的思想。

（5）以社会实践活动为途径，提高学生的社会责任感。为了加强和完善对社会实践的指导和管理，建立和实施了大学生社会实践项目管理制度，组织开展包括军政训练、劳动时间、公益活动、志愿服务和"三下乡"活动等多种形式的社会实践，鼓励学生以申请立项方式参与活动策划、自主组织实施，增强大学生实践活动的主动性和有效性。多年来以"增知识、长才干、作贡献"为目的，帮助大学生认识区情、了解党的政策，倡导理论与实践相结合，在实践中检验了理论知识，锻炼、培养了一大批学生骨干，也树立了很好的社会形象。

各级团学组织广泛搭建学生志愿服务的平台，引导学生将个人成就和社会责任相结合，不断延伸青年志愿者活动的范围，健全完善志愿者管理制度，探索志愿者工作长效机制，倡导大学生积极参加大学生志愿服务西部计划、志愿服务和谐行动、青年志愿者"助残行动"、青年志愿者助老帮困行动、法律援助志愿者服务计划、"爱心助成长"志愿服务计划和社会公益环保等活动。

6.2　问题分析

6.2.1　马克思主义"五观"和"四个认同"的教育效果有待提高

学生问卷显示，有 13.2% 的学生对马克思主义理论课非常感兴趣，有 58.1% 的学生对该课感兴趣，28.6% 的学生认为开设这门课与否无所谓。有 45% 的学生知道马克思主义"五观"是指国家观、民族观、宗教观、历史观、文化观,仍有 55% 的学生不知道马克思主义"五观"。76.2% 的学生知道"四个认同"的具体内容,有 23.8% 的学生不了解"四个认同"的基本内容。这些情况表明,通过高校思想政治理论课教学,在学生中将马克思主义"五观"和"四个认同"进行广泛宣传,取得了一些成效,但由于各方面因素的制约和影响,大学生对马克思主义"五观"和"四个认同"的认识虽有所把握,但还欠缺。马克思主义"五观"和"四个认同"的宣传教育还有待进一步提高和完善。

6.2.2 维护祖国统一、反分裂的教育有待加强

调查显示,有 83.3% 的学生能清楚地知道影响新疆稳定的"三股势力"是指民族分裂势力、宗教极端势力、暴力恐怖势力,有 16.7% 的学生对此还不了解。有 31.8% 的学生知道当前新疆社会的主要矛盾是新疆还存在着分裂势力分裂祖国的活动,还有 68.2% 的学生对此认识不清。高校部分学生在世界观、人生观、价值观方面还存在偏差,对新疆民族宗教历史和现实问题的认识还不够深入,缺乏辨别是非的能力。

6.2.3 对国家重大政策,时事政治的宣传力度还不够

有 18.3% 的学生知道社会主义核心价值体系的基本内容,有 47.7% 的学生认为社会主义核心价值体系的基本内容只含有"以爱国主义为核心的民族精神和以改革创新为核心的时代精神"。88.9% 的学生知道"三个离不开"思想具体内容,11.1% 的同学对此认识不到位。有 47.3% 的学生认为中央新疆工作座谈会有助于新疆的跨越式发展和长治久安,有 15.3% 的学生不知道会议的具体精神,有 36% 的学生对中央新疆工作座谈会了解不多。有 17.7% 的学生知道中央新疆工作座谈会的主题是:使新疆实现跨越式发展和长治久安、使新疆人民尽快脱贫致富、建设繁荣富裕和谐稳定的美好新疆,仍有 82.3% 的学生对此不了解。调查显示大学生们在一定程度上关注社会,了解国家大事,但缺乏对政策和时事政治的充分了解。

6.2.4　高校对大学生人生规划和就业规划的指导有待加强

43.1%的学生认为影响就业的最主要因素是个人能力,有20.5%的学生认为是社会因素,但也有5.9%的学生认为是民族因素。有21.9%的学生对未来职业不能定位,比较迷茫。有84.3%的同学觉得掌握国家通用语言对就业帮助很大,但也有7.7%的学生认为帮助不大。有9.5%的学生认为思想政治知识最重要,12.4%的学生认为是专业知识,4.6%选择了国家通用语,56.9%认为三者都重要。调查显示,学生们对掌握知识的重要性还不够明确,对就业和走入社会缺乏自信。

6.2.5　报刊、广播影视和互联网等大众媒体在"四个认同"教育中具有不可替代的教育引导作用

通过调查显示,发生突发事件后有49.8%的同学最相信的是电视,7.0%的同学最相信广播,7.6%的同学最相信网络,有1.2%的同学最相信手机短信,11%的同学选择了其他。在信息化的社会中,传媒在大学生的学习和生活中的影响越来越大,互联网、电视、广播、报刊、杂志等都是大学生在日常生活中频繁接触的媒体。

6.3　建设路径

6.3.1　进一步提高"四个认同"教育的效果

党的领导是强化"四个认同"教育的根本保证。要形成党委统一领导、党政群团齐抓共管、党委意识形态主管部门组织协调、有关部门各负其责、全社会积极参与的领导体制和工作机制,为"四个认同"教育提供强有力的制度保证。

6.3.1.1　把握特点,创新方法

一是坚持长期性。强化"四个认同"教育是一个长期的艰苦细致的思想工作过程。实践证明,解决人的心理认知、情感归属、深层思想认同问题,不能立竿见影、一蹴而就,更不能雷厉风行、毕其功于一役。只有通过和风细雨的说服,持之以恒的反复教育引导,才能实现预期目

标;二是讲究层次性。在我国改革发展的关键时期,各种深层次矛盾日益凸显,各种利益关系更加复杂,人们思想活动的独立性、选择性、多变性和差异性明显增强。这些矛盾,在大学生头脑中也必然有所反映。要根据这些特点,区分层次,针对不同教育对象,采取不同教育方式方法,既要有统一的教育目标,又不能在实施过程中搞"一刀切";三是注重渗透性。要使教育深入人心,使"四个认同"真正成为各族大学生的普遍心理,就要靠摆事实、讲道理说服人,用真情、真诚感染人,以身体力行、率先垂范带动人,努力做到"以理服人"、"以情感人"和"以身作则"。

6.3.1.2　开设课程要力求科学

在具体开设课程方面,要系统开设与新疆历史、民族、宗教结合紧密的民俗简介、宗教文化等选修课。

6.3.1.3　实践是认识的源泉,是检验认识正确与否的唯一标准

对大学生进行"四个认同"的教育不能只建立在空洞的说教基础上,而是应该把理论教育与实践教育结合起来,克服从书本到书本、从课堂到课堂的模式,让大学生的马克思主义理论素养在理论联系实际的过程中得到检验,在内化和升华中得以形成。

(1)组织大学生到社会主义现代化建设实践中体验生活。组织大学生到改革开放的前沿去考察,让大学生了解国情、了解现代化建设中取得的成就和遇到的困难,激发他们为祖国兴旺发达和民族振兴而奋斗的热情,进一步坚定他们建设中国特色社会主义的共同理想和共产主义的远大理想,从而坚定他们学习马克思主义理论的决心。

(2)组织大学生到革命老区和展览馆参观。大学生通过参观革命老区和展览馆,会对中国革命先辈们的革命事迹和革命精神有更加具体的理解和感受,对中国革命的来之不易有更深刻的认识,从而认识到只有坚持社会主义才能发展中国,认识到自己所担负的历史使命,从而激发他们学习马克思主义理论的热情。

6.3.1.4　不断改进教育方式方法、拓宽教育渠道

新疆高校办学层次多、学生人数多、民族成分多,面对这样一个庞

大的群体,要找准教育工作的结合点,学生的关切点、兴奋点,把每一名学生的思想和认识都统一到中央、自治区党委要求和部署上来,不断增强教育活动的针对性、实效性。在规划和组织开展活动时,要考虑不同学生的实际需求,把正面宣讲与答疑释惑有机结合,报告讲座与讨论座谈有机结合,切实增强效果;建议定期印发反映学生学习成果的感想集、思想政治理论课教师和思政干部教学管理工作的成果集,适时举办反映"四个认同"教育活动成果的图片展。

6.3.2 强化新疆高校反渗透、反分裂教育

6.3.2.1 提高反渗透、反分裂教育思想认识

要清醒地认识到"三股势力"是影响新疆稳定的主要因素,是关系到高等教育事业兴衰成败,关系到新疆经济发展和社会稳定,关系到国家前途与命运,关系到社会主义事业是否后继有人的重大问题。因此要从思想上高度重视反渗透、反分裂教育,要把反渗透、反分裂教育放在学校工作的突出位置,以强烈的责任感、使命感和危机感,从国家、民族大局出发,定期召开会议,研究解决反渗透、反分裂教育中出现的重大问题。

6.3.2.2 加强高校党、团的基层组织建设

要不断加强新疆高校党的领导,夯实维护学校政治稳定的思想基础和组织基础。要加强各级党组织、各级领导班子思想政治建设,把是否"讲政治"作为衡量学校领导班子的首要标准。建立学校反渗透、反分裂教育的领导体系和工作机制。建立领导听课制度,学生评议制度,教师讲义、讲稿、教案审查制度和督导员检查制度。要加强基层党、团组织建设。加强对党团员的学习和培训,严格组织生活,不断加强大学生思想教育,切实保证党团组织的政治性和纯洁性,充分发挥好党团组织在反渗透、反分裂教育过程中的核心作用和战斗堡垒作用。加强反渗透、反分裂教育的研究,建立反渗透、反分裂警示教育基地、安全信息员培训基地等研究平台,提高反渗透、反分裂教育工作指导的科学性。

6.3.2.3 加强各族教职员工队伍建设

一是要加强培养和教育,提高队伍素质。要坚持不懈地用中国特

色社会主义理论体系武装广大教职员工,把广大教职员工团结和凝聚在中国特色社会主义伟大旗帜下。要鼓励和支持教师进一步深造,加强对教师的培养和锻炼,不断提高教师的专业能力和政治素质,切实提高教师反渗透、反分裂的意识和能力。二是健全教师政治学习和考评制度。要把教师"教书育人"和在反渗透、反分裂教育中的态度、表现,作为教师晋职晋级、考核评优的重要依据。将考评教师参加政治学习和活动的情况形成相应的制度,提高教师综合素质。三是要严格教师准入制度和职业道德准则,坚决杜绝散布民族分裂和宗教极端思想、歪曲新疆历史、攻击社会现实的非法言论和行为进入课堂。

6.3.2.4 加强民族观教育

少数民族大学生一直以来都是西方敌对势力和民族分裂分子窥视的主要对象。加强民族观教育是巩固边防、维护祖国统一、反对分裂的重要思想保证,同时也是普及少数民族历史、民族政策等基本知识的重要途径。据有关调查显示,对本民族奋斗历史了解部分的占 67%;根本不了解的占 20%;了解少量的占 13%。对党的民族政策不熟悉和知道部分的占 64%。因此应该加强对少数民族学生开展有关党的民族政策、国内外民族热点问题、我国民族工作成就等内容的民族观教育,让少数民族学生掌握马克思主义民族理论和党的民族政策,使他们了解我国民族情况和民族问题,从而成为维护祖国统一、反对民族分裂的重要力量。

6.3.3 加强传媒舆论引导的时效性,用正面舆论影响社会大环境

在信息化的社会中,传媒在大学生的学习和生活中的影响越来越大。互联网、电视、广播、报刊、杂志等都是对大学生进行"四个认同"教育的重要载体。高校应该建立网络信息的管理机构来完善网上信息管理的工作,对大学生应加强网络信息监控和舆论引导,积极配合有关部门严厉打击非法网站,积极唱响主旋律。要在电视、广播、报刊、杂志这些媒体上多安排"四个认同"教育的节目,并使之与大学生喜爱的艺术形式相结合,这样可使教育避免空洞、枯燥、乏味的形式,取而代之的是具有浓厚文化气息的"四个认同"教育,让大学生在积累文化知识的

同时受到"四个认同"教育。加强主流媒体对重大事件、突发事件、敏感事件报道的透明度、时效性,让大学生通过正面渠道获得社会信息。

6.3.4 以学生为本,努力解决学生的实际问题

新疆高校的大学生中,贫困地区学生多,民族学生多,家庭经济困难学生的比例高。要把学生思想政治教育与解决学生实际困难相结合。一要用好国家政策、用好社会资源,不断完善奖、助、贷、免、勤等资助工作体系,争取更多的资金用于奖励和资助学生,确保学生不因家庭经济困难而辍学。二要做好学生的人生规划和就业指导,要高度重视毕业生就业工作。毕业生就业,不仅牵动着毕业生及其家庭,受到社会的关注,而且直接影响着在校学生的学习和发展,关系到学校乃至社会的稳定,进一步影响到学校的声誉和今后的招生工作。要加大对毕业生就业的培训和指导力度,从学生一入校起,就要加强全面素质和能力的培养,提高学生的竞争实力。同时,要做好毕业生教育工作,教育学生主动适应社会的发展变化,转变就业观念,树立正确的择业观、价值观,坚持实现自身价值与服务祖国人民的统一。努力使学校的舆论导向、工作着力点与政府的政策一致和同步,尤其是要加强对少数民族毕业生的就业培训和指导工作,鼓励大学毕业生自主创业。

(文本为中国民主促进会新疆区委会2010年的调研成果,由史建新、牛汝极负责,成员有:王茜、孙钰华、樊志锦、李爱民、杨洪建、刘家文、石睿、李雪莲、唐蔚、马江海[初稿执笔人:孙钰华]等。)

第三部分　新疆文化资源论

7 新疆文化资源开发的战略思考

龟兹学是以我国新疆古龟兹地区的历史文化为主要研究对象,以继承和弘扬龟兹文化为重要使命的一门综合性学问。库车古称龟兹,早在汉唐时期中央政府就在龟兹先后设立西域都护府和安西都护府,龟兹故地历史悠长、文化富足、古迹众多,龟兹文化更是蜚声中外。龟兹文化,习惯上特指以存留在丝绸之路北道中段,龟兹地域之内的佛寺、石窟、壁画、雕塑、乐舞以及出土文物为载体的文化现象。

龟兹故地深厚的文化底蕴孕育了其丰富多样的历史文化资源、生态文化资源、民俗文化资源、宗教文化资源等,使龟兹自古就成为丝绸之路文化交流的重镇,历经千年的历史传承和沉淀,愈加璀璨夺目。加大龟兹文化资源的开发力度,把文化资源优势转化为经济发展优势,加速龟兹文化产业化进程,培育有实力的文化企业,打造强有力的文化品牌已成为加快当地经济发展、建设文化繁荣区县的战略选择。

7.1 合理挖掘整合龟兹文化资源

认识和挖掘文化资源,并对文化资源进行梳理、归类,同时在产业发展的层面上对其进行科学划分,是文化产业发展过程中开发和保护文化资源的前提和基础。一般说来,人类发展进程中所创造的一切含有文化意味的文明成果及其承载着一定文化意义的活动、物件、事件乃至一些名人、名城等等,都是某种形式的文化资源。从形式上,我们可以把文化资源划分为有形文化资源和无形文化资源。有形文化资源如历史遗址遗存、特色建筑和民居、历史文化名城名镇、特色服饰、民族民间工艺品等,无形文化资源如古代语言和人物、壁画、乐舞、神话传说、

民情风俗、民族节庆等;从内容上,我们可以把龟兹文化资源划分为:[1]

第一,历史文化资源,如龟兹古城遗址、古民居、克孜尔尕哈烽火台、克孜尔尕哈石窟、苏巴什故城、哈拉墩遗址等。

第二,生态文化资源,如天山神秘大峡谷、大小龙池、塔里木河沿岸原始胡杨林、天山奇景、红山石林、克孜利亚胜景、盐水沟、新雅丹地貌、塔河、沙漠等。

第三,乐舞美术文化资源,如龟兹音乐家苏祗婆"五旦七调"理论和白明达"造新声"为特点的龟兹乐舞、"曲铁盘丝"绘画技法、"曹衣出水"绘画风格等。

第四,民俗文化资源,如库车赛乃姆、热斯坦民俗街、维吾尔族十二木卡姆和麦西来甫、维吾尔族特色饮食等带动了库车民俗旅游热。

第五,宗教文化资源,如克孜尔石窟、库木吐喇石窟、森木赛姆石窟、克孜尔尕哈石窟、苏巴什佛寺等,对区内外民众具有文化旅游的吸引力。

文化资源与其他自然资源相比,虽说也有较强的地域性,但谁的借鉴、创新能力强,谁就能占有更多的文化资源。我国的许多地区都是民族文化的聚宝盆,是文化资源的富矿,这是发展文化产业的一个优势。但文化资源优势并不会天然地转变为产业优势和市场竞争力,这个转化过程需要创意的支撑和现代化生产技术的支撑。对文化资源进行科学梳理和归类,准确把握各类文化资源的特性,是合理开发文化资源的前提。

库车坐拥丰厚的文化底蕴和独特的文化资源,有着发展文化产业得天独厚的优势,因为缺乏超前的文化产业规划,同时当地成规模的文化企业相对匮乏,所以无法形成有影响力的文化产业和文化产品。要突出库车地域和民族文化特色,充分挖掘和整合文化资源,打造具有地区优势、民族特色的文化产业品牌,尽快形成地域优势和文化优势相结

---

[1]牛汝极:《充分挖掘丝路文化资源 加快发展新疆文化产业》,载《新疆社会科学》2009年第1期,第87-90页。

合的,以旅游、会展、演出、娱乐、比赛等项目为主体的文化产业体系以及具有库车特色和大众化与精品化相统一的文化产业格局。

我们提出四大战略合理开发龟兹的文化资源,使龟兹文化成为当地新的增长点,以此促进库车政治、经济、社会、文化、生态诸事业的全面发展。

7.2 从资源优势向产业优势转变战略,推动文化产业大发展

当代文化产业发展的一个重要趋势是内容产业日益成为文化产业的核心部分。内容产业就是对文化资源的开发与创新,构成了文化产业的核心竞争力,内容产业的基础是文化资源。[1]

为实施文化资源优势转换战略,推动文化产业大发展,**一是制定龟兹文化产业发展的总体规划**。对龟兹文化资源进行全面调查分析,多元开发和整合,盘活存量。加快编制龟兹文化近期规划和中长期规划,结合申报历史文化名城、全国物质文化遗产和非物质文化遗产的普查,合理规划、适度开发,深入挖掘筛选、有机整合现有文化艺术资源,特别是对一些"龟兹"地方特色明显、能够贴上龟兹标签的题材、民族民间艺术形式和优势项目进行重点包装、创作、打磨、提升层次,赋予其强烈的时代内涵,打造具有鲜明特色和个性的地域文化品牌。**二是培育一批有实力能竞争的文化企业**,增强龟兹文化产业的**整体实力和国际竞争力**。没有成规模的文化企业就不可能产生有影响的文化产业。坚持政府引导、市场运作,科学规划、合理布局,在重点文化产业中培育和选择一批成长性好、竞争力强的文化企业或企业集团,加大政策扶持力度,推动跨地区、跨行业联合或重组,壮大企业规模,提高集约化经营水平,促进文化领域资源整合和结构调整。以中央新疆工作座谈会和各项对口援疆政策为契机,充分实施优势资源转换战略和大企业大集团战略,形成规模化、品牌化的文化大产业。**三是走项目带动之路**。项目

---

〔1〕陈心林:《关于新疆文化产业发展的思考》,载《中央民族大学学报》2005 年第 6 期,第 40－44 页。

是文化产业的一个最基本的载体,项目是发展文化产业最便捷、最有效的切入点。一个重大项目的实施,能带动一个产业群的发展。**四是以交流与合作为抓手,推动库车文化产业的外向发展**。要充分发挥库车作为西部新疆新兴石油化工县城的优势,借鉴外地发展文化产业的先进经验,积极发展外向型文化产业,使库车成为西域龟兹文化产品"走出去"的重要窗口,广泛开展对外文化交流活动,拓展交流渠道,扩大商业性交流项目,盘活民族、民间文化、艺术团体等文化资源,搞好文化产业的招商引资;积极开展与国内文化传播媒体的合作,利用其市场系统和网络系统,开拓国内国际文化市场。**五是走旅游产业发展之路**。旅游业是库车的一大优势文化产业,因此必须进一步发挥库车自然风景秀丽、历史文化积淀丰厚、旅游资源得天独厚的优势,加强对龟兹文化等历史遗存和民族风情、自然风光等文化旅游资源的综合开发利用,使文化旅游业成为第三产业中的支柱产业。**六是要走产业创新发展之路**。完善文化产业政策,在制度创新、机制创新等方面下大力气,加强文化市场建设和管理,加快培养知识密集型和高附加值的文化产业,不断繁荣市场经济条件下的龟兹文化、增强文化产业的整体实力和竞争力。**七是加快文化产业园区和基地建设**。加强对文化产业园区和基地布局的统筹规划,坚持标准、突出特色、提高水平,促进各种资源合理配置和产业分工。对符合规划的产业园区和基地,在基础设施建设、土地使用、税收政策等方面给予支持。建设若干辐射全疆区域的文化产品物流中心,支持和加快发展具有地域和民族特色的文化产业群。

文化资源并不是产品,更不是产业。资源仅仅是可供开发,或可能具有开发潜力的物质性存在。文化产业发展的过程,实质是文化资源不断转化为文化产品、文化服务的价值实现过程。文化产业是依附于文化资源,并配合着文化事业而形成的一种当代经济行为。文化产业和文化事业同样要依靠文化资源,但文化产业的基本动力和运行方向是资本。

文化资源、文化产业、文化旅游,其核心突出的是文化的内涵和特色,是文化的"含金量"和吸引力。在文化产业中,媒体产业、娱乐产业、体育产业等的可持续发展都依赖于文化的生命力和科学合理的规划。库车虽有丰富的龟兹文化资源,还需要有一流的科学规划和合理的开发。丝绸之路文化底蕴深厚,历史文化遗产和人文景观十分丰富,既是展示古丝绸之路历史文化、自然生态与民风民俗的博物馆,也是传承、传播、传扬一体多元中华灿烂文化的活化石。

7.3　实施文化精品带动战略,实现文化富边

一个好的文化品牌所带动的不仅是旅游业,还有工业、农业、商业及人文素质的提高,它带动的是一个城市或一个地区整个经济社会的繁荣和事业的发展。2005 年,龟兹文化品牌被纳入阿克苏地区"6122工程"总体规划,既为持续打造"龟兹"文化品牌奠定了基础,也为品牌产业的发展积累了一定的经验。实践证明,只有精品才能真正走出去,也只有走出去,才能产生更大的文化品牌效应。

一是发掘和重塑现有的著名文化品牌。通过维护、创立、发展文化品牌,可以对文化产业的发展产生资本聚集、规模放大、品质提升、消费导向、产业示范、利润增值等多品牌效应。**二是加大开发、培育、创作新文化品牌的力度。**在精品生产中,要把握正确的创作导向,切实加强对文化创作生产的宏观规划和指导,着眼于地区改革开放和现代化建设的实践,重点扶持高品位的文化艺术产品,集中力量完成一批思想性、艺术性、观赏性相统一,能展示"龟兹"文化丰厚历史底蕴和时代精神的精品力作,同时要打造和推出一批有影响的品牌作品、品牌活动、品牌团体和品牌文化人,提升文化创新能力。**三是整体布局,延长文化产业链。**以文化产业为重要内容的第三产业有很高的行业关联度,能有效带动其他产业的发展。旅游、文艺、餐饮、体育、影视、摄影、出版、媒体等与能源基地、民族风情、兵团创业精神等形成一个整体,拉长产业增值链,打造特色鲜明的中国西北大漠绿洲文化精品和服务,还可以有效增加就业,顺利实现产业结构的调整、升级和经济、社会协调发展。**四是将文化产业人才培养纳入地区紧缺人才培养计划。**着力加强领军

· 欧 · 亚 · 历 · 史 · 文 · 化 · 文 · 库 ·

人物和各类专门人才的培养,继续办好经营管理人才培训班,培养一批熟悉市场经济规律,懂经营、善管理的人才。吸引财经、金融、科技等领域的优秀人才进入文化产业领域。为促进文化产业大发展提供人才保障,同时,通过政策激励积极引进具有文化市场经验和文化产业经营能力的复合型人才。**五是弘扬主旋律,推进魅力"库车形象"工程。**始终把弘扬龟兹文化品牌,确保社会和谐发展作为文化强县的核心。充分利用独特的地理环境、民族风情、历史传统、人文资源等展示的民族精神和时代精神,打造精品歌舞剧目,维护民族大团结,展现良好的新疆风貌,推进"文化稳疆"、"文化富边"工程。

7.4 实施文化环境优化战略,促进文化大繁荣

环境优化是新疆文化产业发展的前提,既有硬环境的要求,也有软环境的要求。要注重转变政府职能,将政府办文化向政府管文化、提供文化服务的方向转移,不断强化服务手段,改进服务质量,提高办事效率;要致力于依法管理文化,创造良好的法制和政策环境,加强宏观调控,建立健全地方性文化法规及政策;要努力营造良好的舆论环境,真正把文化作为产业来认识、来发展;要创造优良的社会环境,在促进民族团结进步中保持稳定、和谐、团结奋进的良好氛围;要建立有利于文化消费的市场环境,整顿和规范市场秩序,完善文化市场运行机制及管理体制。

一是进一步完善文化市场主体。按照创新体制、转换机制、面向市场、增强活力的原则,完成经营性文化单位转企改制。**二是建立多元化的文化产业投入机制,理顺政府与产业的关系。**健全文化市场体系,完善文化市场管理机制,充分发挥市场在文化资源配置中的基础性作用,使文化产品和生产要素合理流动,城乡文化市场进一步和谐发展,现代流通组织和流通形式逐步成为文化流通领域的主要力量,文化消费领域不断拓展,在城乡居民消费结构中的比重明显增加。以市场为导向,以企业为主体,把文化培育为新的支柱产业,实现文化产业由事业型向

产业型、由政府办向政策管的转移。设立龟兹文化创新发展基金，鼓励文化行业的有识之士进行文化产业创业和创新，同时处理好培育、引导、发展先进文化与挖掘、继承传统优秀文化的关系，使"龟兹"地域文化、古迹文化和传统文化相得益彰，实现龟兹文化从形态到功能、从活动到创作、从事业到产业，全方位的推动和发展，形成既具有传统特色又体现时代特征的龟兹文化新形象。**三是加大政策保障力度。**要加大对文化产业的投入，通过贷款贴息、项目补贴、补充资本金等方式，在规划、土地、资金、税收、人才等配套政策保障方面全力配合，支持龟兹文化产业基地建设，支持文化领域新产品、新技术的研发，支持大宗文化产品和服务的出口。设立"扶持文化产业发展专项资金"和文化体制改革专项资金，不断加大对文化产业发展和文化体制改革的支持力度。制定积极的文化产业政策，建立和完善相关法律体系，为文化产业的发展营造公平的市场环境。要鼓励、支持各类文化团体和个人拓展文化市场。加强对网络文化、图书文化、影视文化以及休闲文化的管理、引导和培育，使之成为推动"龟兹"文化发展的一股新鲜力量。**四是提升文化创新能力，完善文化产业机制建设。**加快文化体制机制创新，充分发挥文化产业发展活力，形成以企业为主体、市场为导向、产学研相结合的文化创新体系，提高文化原创能力、文化企业装备水平和科技含量，要大胆探索新的形势下支持文化产业发展的新路子，通过各种法律和经济手段，把分散的文化企业的不同价值诉求凝聚为共同的目标，全面提升新疆文化产业的整体实力和竞争力。要创新用人机制，建立和完善人才激励机制。**五是持续加大对文化基础设施建设的投入，构建公共文化服务体系。**文化基础设施是建设文化大县的物质载体，是文化建设发展水平的重要标志。一方面整合现有资源，合理开发利用；另一方面，要谋划好总体规划，按照高水平设计、多渠道投入、产业化动作、分阶段实施的要求，不断完善文化基础设施，使其成为能够展示库车历史文化与时代风貌，体现经济社会发展水平和趋向的硬件设施，用优美的文化环境树立库车社会发展的新形象。要健全和完善县、乡镇、村三级文化设施网络，完善城市社区现有文化体育设施功能，建设一批标准高、功能全、环境美的乡镇文体中心、文化室,进一步加快城乡一体化文化设施建设。

7.5 实施文化项目规划战略,
提升文化竞争软实力

重点项目对文化具有巨大的拉动作用,变资源优势为产业优势,必须选准项目,加快项目建设。要以文化企业为主体,加大政策扶持力度,充分调动社会各方力量,加快建设一批具有重大示范效应和产业拉动作用的重大文化产业项目。

一是加快实施重大工程项目,扩大产业规模。加大规划指导,按照不同文化类别制定具有科学性、系统性、可操作性的地区间合作规划,要从不同的类型着眼,打破地区和县乡界限,引导建设一批国家级重点文化产业项目(如特色文化产业聚集区、丝路影视文化城、西域摄影文化基地、主题文化公园、工艺品开发基地、综合演艺中心等),变"全面开花"为重点推进,细化内容业态,不断创新龟兹元素表现形式,充分发挥重大文化产业项目带动战略,推进文化创意产业集聚区的建立,促进龟兹文化创意产业的发展。

二是认真研究和分析丝路文化的特点、价值、优势及发展前景,搞好项目规划。找准发展丝路文化的切入点,对文化资源进行整合、配置,避免重复和雷同,集中精力开发优势项目,创造地域特色和民族特色。

三是政府部门要在规划等方面加大支持力度。在阿克苏地委设立专门办事机构,地区财政设立"龟兹文化"品牌专项资金,文化产业发展专项资金,为重点文化项目的推进提供有效的资金保障,同时借鉴国家和自治区内外优秀的文化创意经验,吸引高级文化创意人才参与文化规划项目的设计和管理。

7.6 加快新疆文化产业发展的对策

7.6.1 转变观念

推进新疆文化产业必须冲破妨碍发展的思想观念,从传统的观念中解放出来,创新思路,着眼于市场需求,把民族文化的继承和发展,纳入全国、全世界的格局中去思考;把珍贵的文化资源的开发与地区经济发展和社会进步结合起来,在继承中创新,使丰富的文化产品转化为文化商品。目前,新疆缺乏大中型文化产品制造加工的企业,我们亟须加快引进和大力扶持丝路文化产业和文化产品的大中型企业。没有竞争力的文化企业,就不会有繁荣的文化产业。

7.6.2 创新机制

要注重抓好总体规划,按照不同文化类别制定具有科学性、系统性、可操作性的地区间合作规划,要从不同的类型着眼,打破地区和县乡界限,按照产业的要求,实现社会效益和经济效益的双赢;要建立多元化的文化产业投入机制,理顺政府与产业的关系,健全文化市场体系,完善文化市场管理机制;要鼓励、支持各类文化团体和个人拓展文化市场;要创新用人机制,建立和完善人才激励机制;要结合文化体制改革,加快文化结构调整步伐,建立科学的现代企业制度,建立科学、合理、灵活、高效的管理机制和文化产品生产经营机制;要有紧迫感和前瞻性,力求在机制创新上有新思维、新办法、新措施。

7.6.3 规划项目

努力变资源优势为产业优势,就必须选准项目,确立项目,加快项目建设。要认真研究和分析丝路文化的特点、价值、优势及发展前景,以创新的精神,搞好项目规划,找准发展丝路文化的切入点,对文化资源进行整合、配置,避免重复和雷同,集中精力开发优势项目,创造地域特色和民族特色。合理利用新疆穆斯林文化资源和突厥语文化资源,实施向西开放,向中亚突厥语国家和中亚、中东和阿拉伯伊斯兰国家开放,大力开发影视、图书、旅游、体育、会展等文化产品和商品,加快提升新疆文化产业的竞争力和影响力。

7.6.4 打造品牌

要经过挖掘和加工,显示出文化品位和价值,只有把丝路文化资源打造成品牌,将民族文化推向市场,丝路文化产业才能形成和发展。因此,必须以市场需求为导向,重视丝路文化的"打造"和"加工",不断创新品牌,不断提高文化品牌在国内外的竞争力,争取最佳的社会效益和经济效益。

7.6.5 优化环境

优化环境是新疆文化产业发展的前提。这种环境的优化既有硬环境的要求,也有软环境的要求。要注重转变政府职能,将政府办文化向政府管文化(服务)的方向转移,不断强化服务手段,改进服务质量,提高办事效率;要致力于依法管理文化,创造良好的法制和政策环境,加强宏观调控,建立健全地方性文化法规及政策;要努力营造良好的舆论环境,真正把文化作为产业来认识、来发展;要创造优良的社会环境,在促进民族团结进步中保持稳定、和谐、团结奋进的良好氛围;要建立有利于文化消费的市场环境,整顿和规范市场秩序,完善文化市场运行机制及管理体制。

7.6.6 加大投入

实现新疆文化产业的快速发展,在资金投入上需要发挥政府和社会资本两方面的积极性。我们必须改革投入模式,拓宽融资渠道,提高资本运营水平,探索建立促进丝路文化产业发展的有效投资体制。既要从完全依靠政府投入的观念中解放出来,又要结合新疆经济及文化产业发展的现状,加大政府的投入和扶持力度。同时应将政府的投入重点放在对丝路文化产业前期发展的扶持上来,提供并创造必要的发展条件和环境。社会资本的利用要坚持用市场经济的办法运作,建立多元化的投资机制,广泛地吸纳社会资本的进入,鼓励有实力的企业、团体、个人依法投入文化产业。[1]

---

〔1〕曲青山:《挖掘西部民族文化资源》,载《光明日报》2004 年 9 月 14 日。

8　新疆绿洲农业文化及其资源战略

新疆绿洲农业文化是指在新疆绿洲农业的特定生产和生活方式中形成的物质文化和精神文化。新疆的绿洲农业有着悠久的历史。自古以来,多个种族和民族曾先后在大大小小的绿洲上辛勤耕作、共同生活,缔造了具有地方特色的农业经济和文化。新疆绿洲农业文化的形成与绿洲农业的特点息息相关。在本文中,新疆绿洲农业文化主要指以维吾尔族文化为代表的新疆少数民族农耕文化。

资源是一切可被人类开发和利用的物质、能量和信息的总称,它广泛存在于自然界和人类社会中。在这个意义上,文化资源即是包括文化遗产在内的各种能够创造出财富或资产的文化要素的组合。文化资源分为有形的或物质的文化资源与无形的文化资源两类。前者指以物质形式表现的各种文化现象与事实,如各种考古学的遗迹与文物、人类现行所创造的各类物品等;后者指没有物质载体的各种文化现象和事实,以及由物质载体所体现与反映的各种文化精神,如社会组织、语言特征、思想观念、心理特征、建筑风格等[1]。

在本文中,新疆绿洲农业文化资源指绿洲农业文化中对社会稳定、经济可持续发展和文化进步产生有益与积极影响,并且能够被利用、开发和产业化的部分。新疆的绿洲农业文化资源大体可分为绿洲农业文化发展模式、绿洲农业历史文化资源和民间文化资源三个方面。

新疆拥有举世无双的广阔深厚的文化资源。文化资源的开发和利用同时具备政治价值、经济价值和产业价值。对文化资源的开发不仅仅是文化资源表现形式的商品化,更是对文化内涵的挖掘、诠释和展示

---

[1]陈国强:《简明文化人类学词典》,浙江人民出版社1990年版,第90-91页。

的过程。开放式的吸收融合与创造模式是西域文明的精髓,也是维吾尔文化得以传承和发展的关键。这种文化的生存和发展模式正是今天最具吸引力的文化资源之一。绿洲居民千百年以来依傍绿地,与沙漠共存,形成了深厚的自然生态文化理念,是维吾尔民族文化的重要组成部分。挖掘维吾尔族特有的文化观念,是推进新疆绿洲农业文化资源产业化走上精品之路的必要前提。新疆拥有独特而且底蕴深厚的绿洲历史文化资源和民间文化资源,一旦经专家学者团设计开发,将其产品化和产业化,不仅能够成就高成长型的文化经济,而且对其他行业也会产生显著的拉动作用。如何抓住新疆绿洲农业文化的精粹和亮点,使之产业化并提升新疆在全国以及整个中亚的文化影响力,是这个时代给予我们的机遇和挑战。

8.1 新疆绿洲农业文化的基本特征

新疆绿洲农业文化是在西域绿洲特有的自然、地理和人文环境中发展形成的。这种文化的基本特征是既具有开放性,又具有封闭性,为开放和封闭的统一体。被沙漠和戈壁分隔的片片绿洲对农业和人类活动的限制决定了其文化的封闭和相对独立性;而政治、经济、宗教等人文因素则促成了文化的开放和流动性。封闭与开放是西域绿洲农业文化对立而统一的特征,正如一个硬币的两面,因而绿洲文化在这荒芜与繁荣并存的生存空间里呈现出特别的张力与色彩。

新疆绿洲农业文化的开放性具体表现在其文化的多元混成性、文化的传输能力和影响力上。在漫长的历史发展过程中,新疆绿洲农业文化吸收和融汇了东西方不同文化体系和各种民族的文化。这些宏观的文化体系包括中原文化、印度文化、伊朗文化、希腊文化、阿拉伯文化,其中涉及的民族有汉人、回鹘人、印度人、塞人、粟特人、吐火罗人、突厥人、契丹人、党项人、藏人、女真人、蒙古人、波斯人、阿拉伯人等。在新疆发现的多达 24 种古代语言文字的文献和文物,证明这里在历史上是一个双语和多语文化高度发达的地区。作为连接东西方的交通要道,丝绸之路上的新疆不仅是一个历史悠久的物流通道,也是贡献卓著的文化资源通道和中转站。一方面,来自印度和伊朗的佛教、摩尼教、景教及其随之而来的文学、艺术和科学经由这里向东传播,在吐鲁番和敦煌形成了规模宏大的学术和文献中心;另一方面,底蕴深厚的中原文化也经由这里与当地文化相结合,并继续向西传播。中国的造纸术就是在唐代由回鹘人传入撒马尔罕,由此揭开了中亚伊斯兰世界书籍制作的新纪元。[1] 西域绿洲文化在吸纳融汇四方文明的同时,也在创新之中逐渐建立了自己的文化体系,展示出巨大影响力。喀喇汗朝的文化影响了包括塞尔柱和奥斯曼土耳其在内的诸突厥语—伊斯兰国家,被其视为自己文化遗产的一部分。[2] 高昌回鹘的文化则从政治、宗教和文字、艺术诸方面深深影响了契丹、西夏和蒙元帝国。[3]。

新疆绿洲农业文化的封闭性是指在绿洲特殊的地理和自然环境中形成的文化发展特点,而不是指在陆路丝绸之路关闭之后给中亚和西域带来的文化交流阻滞的状况。无论在时间还是空间意义上,封闭为文化传统的保留和文化的独立发展都提供了必要的环境。新疆绿洲农业文化的封闭性具体体现在文化的地域性和多重性上。与沙漠中的绿洲分布一致的地域性的文化圈古已有之,至今仍清楚地体现在新疆维吾尔族的方言和地方文化特点之中。维吾尔语的各个方言都有自己独特的词汇和表达方式,有的甚至是语法形式。维吾尔木卡姆也有地域特色分明的各种变体。有时这种地域的差异和分歧是如此明显,以致有人抱怨说:"维吾尔人忘记了自己的民族和部落,只用某一城市或家乡的地名来表示自己的宗教。"[4]

文化的多重性则表现得较为隐秘,体现着文化传统虽经历史变迁仍被保留的事实。文化的形成是一个长期的过程,其中所有的信仰、观

---

〔1〕Emel Esin. *The Culture of the Turks*:*The Initial Inner Asian Phase*.(《突厥文化:内亚初态》) Atatürk Kültür Merkezi BaşKanli Ġi Yayinlari. Ankara. 1997. p. 55.

〔2〕Emel Esin. *The Culture of the Turks*:*The Initial Inner Asian Phase*. p. 50.

〔3〕杨富学:《回鹘文献与回鹘文化》,民族出版社 2003 年版,第 431~498 页。

〔4〕阿不都克里木·热合满:《丝路民族文化视野》,新疆大学出版社 1999 年版,第 170 页。

念、礼俗、艺术和民间文学等一旦成为传统,其地位很难被动摇。原有的文化在绿洲居民接受新的可替代文化时并不会立刻消失,而是渐渐沉淀到底层,犹如化石一样,形成多层次的文化面貌。以伊斯兰教为例,伊斯兰教的传入虽然改变了维吾尔人的宗教信仰,但前伊斯兰时期的宗教观念和文化习俗却依然存在并与伊斯兰教相融合,在伊斯兰的名义下获得继续存在的合理性,不论它是否有悖于伊斯兰教教义。新疆伊斯兰的神秘主义就是在已有的精神土壤中成长起来的,以往的种种信仰为它提供了所需的一切:术语、音乐、冥想的仪式等等。[1] 在伊斯兰教不断输入影响的同时,萨满教、祆教、佛教时期的节日、礼俗、仪式等还继续保留在维吾尔文化中并沾染了伊斯兰信仰的色彩,人们已不能分辨出它们中哪些属于伊斯兰教,哪些不再属于。[2] 诸如此类展现西域绿洲文化的开放性和封闭性特点的例子不胜枚举。在这些文化现象背后,反映了西域绿洲文明的魅力和维吾尔传统文化生存与发展的动力所在——吸收、融合与创造的文化发展模式。

8.2   新疆绿洲农业文化资源

新疆拥有广袤的、得天独厚的绿洲农业文化资源。无论是历史遗产,还是现在活生生的文化事象;无论是抽象的文化发展模式、文化观念,还是具体的文化载体和文化现象,在这里都呈现出宏大和丰富多彩的面貌。本文将新疆绿洲农业文化资源分为绿洲农业文化的发展模式、历史文化资源和民间文化资源三大类。

8.2.1   吸收、融合与创造的新疆绿洲农业文化发展模式

文化的吸收、融合与创造现象几乎存在于任何与外界有接触和交流的独立文化体中。但是像西域这样在历史上曾广泛吸收来自多个不同文明体系的文化并将其调和和发展的地区是绝无仅有的;像维吾尔

---

〔1〕Emel Esin. *The Culture of the Turks*:*The Initial Inner Asian Phase*. p. 5.

〔2〕阿布都秀库尔·穆罕默德伊明:《维吾尔哲学史》(维吾尔文),新疆人民出版社 1997 年版,第 116 – 117 页。

这样拥有源远流长的文化源头,又借西域的特殊地理位置和西域文化母体在不同历史时期获得丰富多元的文化输入并吸收融合发展为一体的民族也是罕见的。吸收、融合与创造的文化发展模式是西域文明的精髓,也是维吾尔文化得以传承和发展的关键。在新疆寻求文化大发展和特色文化定位的今天,这也是最应当被关注和开发的文化资源。

吸收、融合与创造的文化发展模式与西域绿洲农业文化的基本特征息息相关。文化的开放性是吸收和融合的前提,封闭性则为进一步的创造和保留提供了空间和时间的需要。没有对外来文化的吸收和与本土文化的融合,就没有呈现混合式丰富外观的维吾尔文化;没有在吸收融合基础上的保留和创造,就会失去自身文化的特质,丧失继续生存和向外传播的资本。一旦经历了吸收、融合和创造的艰难过程,绿洲文化就会爆发出巨大的能量。回眸维吾尔文化史的漫漫长河,这种潜在的发展模式运行在每一处展现文化生命力和影响力的潮流之中。

8.2.1.1　高昌回鹘王国与回鹘佛教文化成就

回鹘佛教经典和思想体系是高昌回鹘汗国最重要的文化成就之一。漠北时期的回鹘就已接触佛教,西迁后回鹘部族的一支建立高昌回鹘汗国,在吐鲁番绿洲定居下来并逐渐接受了作为西域传统信仰的佛教。在9—15世纪的700年里,回鹘人广泛吸收了汉、粟特、吐火罗、藏等民族的佛教思想和文化,将其融会贯通,又与回鹘固有的文化传统相结合,形成了自己独特的佛教信仰和文化体系。据信,回鹘人有自己的大藏经[1]。经过300多年西域文明的浸润和滋养,畏兀儿人的文化已非常发达,其文化影响力先后惠及契丹和西夏,在元代达到了高峰。畏兀儿人成为蒙古人的文化导师,为蒙古帝国的建立、统一和巩固都立下了汗马功劳。畏兀儿人在元代所享有的文化权威,一方面是由于畏兀儿文化自身的博大精深,另一方面也是建立在政治特权之上。总之,在蒙古统治中原、西域和中亚地区的时代,畏兀儿人展现了民族文化的

<hr>

〔1〕牛汝极:《回鹘佛教文献》,新疆大学出版社2000年版,第3-24页。

辉煌成就。畏兀儿善于学习,吸取外来文化为己所用,才成就了其文化在北方诸少数民族中的巨大影响力。

8.2.1.2 喀喇汗朝的文化繁荣与《福乐智慧》

喀喇汗朝时期是维吾尔文化思想史上的黄金时代,草原游牧文化正渐渐被绿洲农业文化所取代,要在一个全新的地理和人文环境中安邦定国,需要建立统一有序的政治制度及与其相应的文化体系。为此,回鹘人原有游牧文化中的宗教信仰、哲学思想、伦理道德、价值观念、生活方式和风俗习惯等都需要在与伊斯兰文化交融的过程中重新加以定义和规范。《福乐智慧》一书中正表达了这样的文化理想和意图。

玉素甫·哈斯·哈吉甫的文化巨著《福乐智慧》中囊括了关于自然哲学和认识论、法学与治国之道、道德与教育的许多真知灼见,而其中最引人注目、最富有维吾尔民族文化特质和创造力的见解,就是运用"四素"(tört tadu)观对现实社会基本形态的构建和解释。他甚而进一步将自己的作品结构和对于人生的理念也以隐喻的方式表达在一个"四素"的构架之中。"四素"观念本为突厥和维吾尔人由原始的时空观和自然崇拜发展出的朴素意识。中亚的突厥哲学家法拉比和伊本·西纳吸收了希腊哲学中的"四大"观念并用以解释宇宙、自然乃至人类自身和知识学科的构成和特质。[1] 玉素甫·哈斯·哈吉甫继承了法拉比和伊本·西纳的学说,并因着他本人所具备的深厚民族传统文化积淀和敏锐的文化直觉,将维吾尔人文化中所固有的"四素"观念和意识与印度与希腊哲学中的"四素"理念结合起来,从而使作为维吾尔文化特质之一的"四素"观上升到了哲学和认识论的高度。在维吾尔文化中,"四素"既不是印度哲学的唯物论,也不是希腊哲学中的理性神学,而是一个以数字"四"为表征的文化认知与架构系统,涵盖了天文地理、人体医药、政治体制、社会道德和文学艺术等文化领域。它是维吾尔人认识宇宙、自然和人类自身的一种模式,深深影响和塑造了维吾尔文化观。"四素"之于维吾尔文化,正如"五行"对于汉文化一样,是

---

〔1〕王家瑛:《伊斯兰文化哲学史》,宗教文化出版社 2007 年版,第 121 – 144、168 – 202 页。

具有哲学内涵的文化现象,可以被看做是维吾尔文化的筋骨和架构。《福乐智慧》中所表达的"四素"文化观念,正是显明维吾尔文化吸收、融合与创造的发展模式的经典实例。

8.2.1.3　察合台汗国及察合台语言文学

"察合台"一名取自察合台汗国的第一任皇帝察合台,从都瓦汗开始将此名用以称呼国家。但渐渐地,随着汗国文化的突厥语化,这个蒙古语名称被用于指称伊斯兰化的突厥人,而随着自《福乐智慧》以来的突厥语—伊斯兰文学的第二个黄金时期的到来,"察合台语"被专门用于指称以纳瓦依为代表的帖木儿时代的经典的文学艺术语言。在这个时期,自喀喇汗朝起就已开始的将阿拉伯—波斯文学艺术手段与突厥语文学传统融合的过程已日臻成熟,产生了一大批以突厥语进行创作的优秀诗人。在这些文学家之中,纳瓦依犹如被繁星映衬的明月,"他的作品获得了比作者生命更久远的,远远超出帖木儿王朝疆域之外的荣誉"[1]。纳瓦依的《五部长诗集》将波斯文学中的"海米塞"传统成功地引入了维吾尔文学,成为维吾尔文学叙事长诗体裁的经典范式。《五部长诗集》对后来维吾尔文学的体裁、流派和维吾尔书法的发展都产生了深刻的影响和推动作用[2]。纳瓦依的爱情悲剧长诗《帕尔哈德与希琳》、《莱丽与麦吉农》也体现了维吾尔文学对波斯文学的吸收、融合与再创造。"经过咀嚼、消化和吸收,这些'外来物'逐渐与维吾尔民族传统文学融为一体,形成色彩绚烂、面貌一新的新维吾尔民族文学"[3]。由纳瓦依等文学大师所开创的维吾尔文学传统指引和影响了此后四五百年里维吾尔文学的创作和发展。他们的作品既有波斯文学形式的优雅和完美,又突破了其内容苍白和与现实脱离的弊病,反映了现实社会中的阶级矛盾和对劳动人们的同情与歌颂,表达

---

〔1〕巴托尔德:《中亚突厥史十二讲》,中国社会科学院出版社1994年版,第234页。

〔2〕艾赛提·苏来曼、美合拉伊·买买提力:《论纳瓦依〈五部长诗集〉对维吾尔文学的影响》,收入阿布里米提·艾海提:《伟大的诗人纳瓦依》,新疆人民出版社2001年版,第126-142页。

〔3〕郎樱:《从〈霍斯罗与希琳〉到〈帕尔哈德与希琳〉的演变看波斯与维吾尔文化的交流》,收入阿布里米提·艾海提:《伟大的诗人纳瓦依》,新疆人民出版社2001年版,第63页。

了对公义、美善的社会和国家的憧憬,充满源自爱国、爱民族之心的悲壮气概,是现实主义与浪漫主义的结合,也是在波斯文学与突厥传统文学的土壤中培育出的崭新的维吾尔文学之花,深深塑造和影响了维吾尔民族的民族精神和气质。

8.2.1.4 叶儿羌汗国和十二木卡姆

1514 年,察合台后王赛德汗在南疆建立了叶儿羌汗国,是一个别具特色的维吾尔地方政权。叶儿羌汗国的君主阿不都拉失德汗统治时期(1533—1570 年),政治昌明,社会稳定,经济开始恢复,文化也出现了欣欣向荣的局面。在这种社会背景下,似乎是命运的偶然,但也是时代发展的必然,一个富有艺术才华的民间女子进入拉失德汗的后宫,在汗王的支持下完成了一项伟大的民族音乐和文化事业。

阿曼尼莎汗和其助手柯迪尔汗将自喀喇汗朝以来流传于民间各地的多种多样的木卡姆形式进行搜集整理,在此基础上加以统一和规范,形成了十二木卡姆的基本形制。在内容上,十二木卡姆体系集中纳入了木卡姆音乐、维吾尔民间史诗音乐和麦西来甫音乐,有力地保证了维吾尔民族音乐不被割裂分解和混同于宗教音乐或中亚其他木卡姆音乐[1];在歌词上,纳瓦依等著名诗人的经典诗句被编入木卡姆体系,使得木卡姆也成为经典传统文学的教育和传承形式。十二木卡姆经典模式的诞生,意味着维吾尔民族文化进一步的统一和发展,十二木卡姆自此成为维吾尔民族所独有的文化财富和文化传承方式。

十二木卡姆是吸收、融合与创造的文化模式运行最典型的实证。木卡姆是维吾尔民族所特有的融歌、乐、诗、舞为一体的艺术形式,也是一个浓缩了西域文化和维吾尔文化千年发展和演变历史的文化体系。木卡姆中记载着维吾尔民族最深刻的生活记忆和恒久不变的生命体验。木卡姆的渊源可追溯到东汉时就存于西域的"摩诃兜勒",回鹘语称"乌鲁额兜勒"(ulugh dur),意为"大曲"。该名称至今保留在哈密木

---

〔1〕阿不都秀库尔·穆罕默德伊明:《维吾尔木卡姆宝库》(维吾尔文),新疆大学出版社 1997年版,第 256 页。

卡姆中。[1]《唐六典》之《协律郎》称:"龟兹、疏勒、高昌等地,皆有大曲"[2],说明这种音乐形式当时普遍流行于西域各地。从音乐结构而言,维吾尔的木卡姆的音乐结构与龟兹乐、伊州乐是一脉相承的,清晰地反映出音乐文化传承的脉络[3]。可以想象,回鹘人西迁之后,在与当地土著民族融合的过程中,接受了这种深受欢迎的音乐文化,并加以丰富和创新,使它与回鹘文化紧紧结合在一起。随着塔里木盆地的伊斯兰化,这种音乐形式遂取了阿拉伯语"木卡姆"之名。维吾尔族的木卡姆在歌词方面,既有著名诗人创作的经典诗歌,也有民风浓郁的质朴歌谣;在舞蹈方面,既有源自龟兹"胡舞"的舞蹈动作和表演形式,也有远古游牧狩猎时期的舞蹈遗存。木卡姆之所以成为一种体裁丰富、种类繁多、内容多样、形制宏大的歌舞艺术表现形式,正因为它见证了维吾尔民族在不同历史时期和不同地域的文化吸收、融合和创造的发展和演变历程,是维吾尔民间文化经久不衰的传承和自我表达形式。

8.2.2 新疆绿洲农业历史文化资源

8.2.2.1 考古遗址、墓葬、石窟和古建筑

新疆是一个历史文化资源丰富而独特的地区。悠久的西域绿洲丝路文明和农业文化为新疆留下了许多无与伦比的文化古迹和文物珍品。新疆有国家级文物保护单位 58 个,自治区级文物保护单位 262 个,县级文物保护单位 1428 个,共计 1748 个。[4] 下面是反映绿洲农业文化的国家级文物保护单位列表:

---

[1] 阿不都秀库尔·穆罕默德伊明:《维吾尔木卡姆宝库》(维吾尔文)第 46 页。

[2] 苏北海:《龟兹乐与维吾尔族木卡姆的关系》,载《西北民族研究》,1994 年第 1 期,第 76 页。

[3] 谷苞:《古代新疆的音乐舞蹈与古代社会》,新疆人民出版社 1986 年版,第 56 - 67 页。

[4] 全国文物保护单位目录库的统计数字,见 http://www.wenbaogc.cn/wbdw/. 在新疆文物保护网上的数字为国家级 58 个,自治区级 374 个,县级 1935 个,共计 2367 个,见 http://www.xjw-wbh.com/html/zzqjwbdw/index.html

表8-1 新疆国家级文物保护单位:古遗址

序号	文保编号	名称	时期	所在地
1	3-211	楼兰故城遗址	汉至晋	若羌县
2	5-133	罗布泊南古城遗址	汉至晋	若羌县
3	4-41	尼雅遗址	西汉至西晋	民丰县
4	5-134	莫尔寺遗址	汉至唐	喀什市
5	5-135	脱库孜沙来遗址	汉至唐	巴楚县
6	5-136	米兰遗址	汉至唐	若羌县
7	5-137	安迪尔古城遗址	汉至唐	民丰县
8	5-139	七个星佛寺遗址	晋至宋	焉耆县
9	5-140	热瓦克佛寺遗址	南北朝	洛浦县
10	6-218	丹丹乌里克遗址	南北朝至唐	策勒县
11	4-45	苏巴什佛寺遗址	南北朝至唐	库车县
12	1-155	交河故城	公元500—640年	吐鲁番县
13	1-154	高昌故城	公元500—640年	吐鲁番县
14	3-217	北庭故城遗址	唐	吉木萨尔县
15	5-141	白杨沟佛寺遗址	唐	哈密市
16	5-144	台藏塔遗址	唐至宋	吐鲁番市

表8-2 新疆国家级文物保护单位:古墓

序号	文保编号	名称	时期	所在地
1	6-289	楼兰墓群	新石器时代至晋	若羌县
2	3-241	阿斯塔那古墓群	晋至唐	吐鲁番市
3	6-293	麻赫穆德·喀什噶里墓	元	疏附县
4	5-194	吐虎鲁克·铁木尔汗麻扎	元	霍城县
5	6-294	速檀·歪思汗麻扎	明	伊宁县
6	6-295	叶尔羌汗国王陵	明	莎车县
7	6-296	艾比甫·艾洁木麻扎	清	阿图什市
8	3-258	阿巴和加麻扎	清	喀什市
9	6-297	哈密回王墓	清至民国	哈密市

表 8-3　新疆国家级文物保护单位：石窟寺

序号	文保编号	名称	时期	所在地
1	4-189	森木塞姆千佛洞	晋至宋	库车县
2	6-873	吐峪沟石窟	南北朝至唐	鄯善县
3	5-472	克孜尔尕哈石窟	北朝至唐	库车县
4	1-42	库木吐喇千佛洞	唐至宋	库车县
5	1-41	克孜尔千佛洞	唐至宋	拜城县
6	2-14	柏孜克里克千佛洞	唐至元	吐鲁番县

表 8-4　新疆国家级文物保护单位：古建筑及其他

序号	文保编号	名称	时期	所在地
1	5-440	艾提尕尔清真寺	明	喀什市
2	3-159	苏公塔	清	吐鲁番市
3	6-1077	坎儿井地下水利工程	清	吐鲁番市

这些文化遗址、墓葬、洞窟、古建筑和其中的文物是西域绿洲文化集天下精华于一身的辉煌和繁荣过往的见证。佛教的石窟寺和伊斯兰麻扎同时还具有宗教的感召力，要开发利用这类具有深厚历史文化底蕴的资源，仅仅简单地将其开辟为旅游场所是远远不够的。

8.2.2.2　古代文献

历史悠久的绿洲农业文化和新疆独特的自然条件使得新疆地区留存下来了大量的古代文献。这些文献反映了各个历史时期人类在绿洲上的社会活动、社会关系和意识形态，其整理、普查、保护和展示对各族人民了解历史、维护社会稳定、引领现代文化、延续民族血脉具有重要意义。新疆的古代文献材质各异、内容丰富，所用文字有汉文、回鹘文、察合台文、佉卢文、焉耆—龟兹文、婆罗米文、粟特文、于阗文、突厥文、吐蕃文、摩尼文、叙利亚文、梵文、藏文、西夏文、阿拉伯文、波斯文等24种。目前新疆共有63部古籍列入"国家珍贵古籍名录"，其中属于维吾尔民族的有29部。具体见表 8-5：

表 8 - 5　入选国家珍贵古籍名录的维吾尔古文献

序号	编号	文献名称	时期	珍藏地点
1	02302	弥勒会见记(回鹘文)	1067 年	新疆维吾尔自治区博物馆
2	02303	药师琉璃光七佛本愿功德经(回鹘文)	元	新疆维吾尔自治区博物馆
3	02338	纳瓦依诗集	清	新疆维吾尔自治区图书馆
4	02340	先知传	元	新疆维吾尔自治区少数民族古籍整理出版规划领导小组办公室
5	02341	谢赫麦石来布传	清	新疆维吾尔自治区少数民族古籍整理出版规划领导小组办公室
6	02342	麦鲁麻提阿帕克(世界通讯)	清	吐鲁番地区少数民族古籍整理出版规划领导小组办公室
7	02343	医学之目的		新疆维吾尔自治区维吾尔医药研究所
8	02344	身心之康复		新疆维吾尔自治区维吾尔医药研究所
9	06667	大般涅槃经(回鹘文)	北宋	新疆维吾尔自治区博物馆
10	06736	治疗指南	17 世纪	新疆维吾尔自治区维吾尔医药研究所
11	06737	艾米尔·阿巴木斯里木传	19 世纪	新疆维吾尔自治区少数民族古籍整理出版规划领导小组办公室
12	06738	穆圣传	19 世纪	新疆维吾尔自治区少数民族古籍整理出版规划领导小组办公室
13	06739	祈祷手册	1820 年	新疆维吾尔自治区图书馆
14	06740	光芒正道	1840 年	新疆维吾尔自治区少数民族古籍整理出版规划领导小组办公室
15	06741	贤人传	1887 年	新疆维吾尔自治区少数民族古籍整理出版规划领导小组办公室

序号	编号	文献名称	时期	珍藏地点
16	06742	伊斯坎得尔传四卷	1884 年	新疆维吾尔自治区少数民族古籍整理出版规划领导小组办公室
17	06743	伊玛目列传	清	新疆维吾尔自治区图书馆
18	09703	穆圣传	1723 年	新疆维吾尔自治区图书馆
19	09704	卡尔巴拉依战役	1806 年	新疆维吾尔自治区图书馆
20	09705	穆斯林要则	18 世纪	新疆维吾尔自治区少数民族古籍整理出版规划领导小组办公室
21	09706	天堂的钥匙	18 世纪	新疆维吾尔自治区图书馆
22	09707	纳瓦依诗集	18 世纪	新疆维吾尔自治区少数民族古籍整理出版规划领导小组办公室
23	09708	殉教者至花园	19 世纪	新疆维吾尔自治区图书馆
24	09709	巴布尔概论	19 世纪	新疆维吾尔自治区图书馆
25	09710	穆圣故事记	19 世纪	新疆维吾尔自治区图书馆
26	09711	木接热巴提阿日普	19 世纪	新疆维吾尔医学高等专科学校维吾尔医学古籍文献研究室
27	09712	艾合拉胡穆赫斯尼	19 世纪	喀什地区英吉沙县文化馆
28	09713	卡米力提比	清	新疆维吾尔医学高等专科学校维吾尔医学古籍文献研究室
29	09715	赛布里诗集	清	新疆维吾尔自治区少数民族古籍整理出版规划领导小组办公室

新疆维吾尔族的古籍文献十分丰富,据中国民族图书馆提供的数据,现存古籍约 4 万册/件。维吾尔族的古籍根据文字的使用状况和所产生的古籍文献量情况可以分为三个阶段:突厥文阶段、回鹘文阶段和阿拉伯字母式维吾尔文阶段;按其时代可分为古代维吾尔文古籍和中近代维吾尔文古籍。维吾尔文古籍具有文种多、种类齐全、内含丰富、

地域性强、特色鲜明、分布广泛、跨境收藏等特点。维吾尔文古籍具有很高的学术研究价值、史料价值、文化价值、社会价值和开发利用价值，是重要的新疆绿洲农业历史文化资源。

8.2.3 新疆绿洲农业民间文化资源

新疆绿洲农业历史文化资源以物质文化的形式存在，是有形的文化资源；而民间文化资源则是一种无形的文化资源，其中既有属于精神层面的文化观念，也有在知识和行为层面的非物质文化遗产。民间文化资源的保护和开发与当地民众的文化现状息息相关，尤其要慎重行事。

8.2.3.1 维吾尔民族的自然生态观和文化观

"敬天厚地，崇绿拜水"是新疆绿洲农业文化的传统自然生态观和文化观。对这一观念可具体理解为：一，自然是神圣和可畏的；二，对构成绿洲生命系统的天空、土地、水源和植物应当敬畏和感恩；三，人类当尊重和保护环境，人与自然应该互惠共生。

维吾尔人对"天"的崇敬源自漠北游牧民族中盛行的萨满教信仰。"天"指苍穹，也代表在上的至高神灵。[1] 对"天"的崇拜和敬畏还延及到天上的万象，包括日月星辰，风云雨雪等。维吾尔民间传说《乌古斯可汗传》中记有乌古斯可汗庆祝凯旋的仪式：在广场两端各树起一根40丈长的杆子，东边的杆子上绑一只金鸡，西边的杆子上绑一只银鸡，这种祭礼则表现了对日月的崇拜。维吾尔人至今忌讳向天吐唾沫，忌讳对着日月大小便，认为日食和月食是凶兆，在斋月结束的最后一天晚上还举行送旧月迎新月的活动，即是"敬天"在民俗中的表现。对"天"的崇拜还表现在维吾尔化的伊斯兰信仰活动中，如盛行于南疆的麻扎朝拜，人们在麻扎四周立高杆、挂旗幡、挂牛马尾，在树杈上拴布条等行为，就是古时祭天习俗的残留。

与"天"相比，"地"对维吾尔人来说则要亲近得多。"地"与"天"

---

〔1〕塔他林采夫：《论突厥天名的起源及其与登里的勘同》，载《苏联突厥学》1984年第4期，第79－80页。

一样是神圣的,只是不那么遥不可及。回鹘人把"地"与"水"并称为"神圣的地水神灵"(Ïduq yer suv teŋri),"地水"一词同时也有"故乡"之意。在回鹘人的观念里,地水之神与天神及乌迈(Umay)女神一同护佑着国家和人民。土地是神圣不可侵犯的,特别是对从游牧生活转向绿洲定居生活的维吾尔人而言,可耕作的土地尤其珍贵。民谚云:"地是金桩子。"有关土地耕作的重要程序都必须由年富力强、经验丰富的男性来承担,尤其是播种,要由年长诚实的男子来执行,并要用右手将种子撒在远处。禁止人们踩踏翻过的土地,踩坏田埂;处于不洁状态的男女(指房事后未洗浴或经期的妇女)不能进入田地耕作;严禁在麦田、玉米地、水稻田里大小便,这些都反映出维吾尔人对土地的敬重。

大地是构成宇宙的四大元素之一,生育万物的土地常与"母亲"的意象重合在一起,被称为 ana tupraq(土地母亲)。土地养育了生命,生命在结束时又复归于土。土地联结着人的生与死,正如俗语所说"地吃人,人吃地。"(yer kišni yeydu, kiši yerni yeydu.)按照维吾尔人的传统习俗,婴孩出生后的脐带需深埋在丰饶的土地下面,一方面防止被野物吞吃或破坏,另一方面是希望孩子的生命像沃土上的植物一样茁壮成长。土地是人的根,赋予人灵魂深处的依赖和安慰。在这种观念的影响下,土成了具有医治和洁净能力的灵物。在吐鲁番出土的回鹘文写卷 TID120 中记载的药方里有 3 处提到用月光下的土、燕子窝里的土和十字路口的土治病。[1] 麻扎的泥土也被认为具有神力。耕地中的泥土在维吾尔人眼中也倍感亲切,民间认为犁耙上黏着的土可治疗婴儿脖颈处的皲裂。维吾尔人在生活中对土地的崇敬和眷恋处处可见。

如果说"敬天"与"厚地"体现的是维吾尔民族生存于天地之间的敬畏与眷恋之情的话,"崇绿"和"拜水"则展示了维吾尔人生活劳作于绿洲之中对生命和美的热爱和渴望的情怀。

绿是生命的颜色,绿色的植物是生命活力和希望的象征。维吾尔人从古时就崇拜树木,在萨满教的观念里,树木是连接天界、地界和阴

---

〔1〕杨富学:《回鹘文献与回鹘文化》,第 548 – 549 页。

界的"天梯",因而具有超自然的力量。古树尤其受人崇敬,一些有古树和泉水的地方往往成为人们朝拜和求子嗣的圣地。如在喀什麻赫默德·喀什噶里陵园里的千年古杨、阿克苏温宿县的千年古柳、墨玉县的古梧桐树和和田县的古无花果树等,都是民间求子朝拜的神树。由于树所代表的生命繁殖与延续的意象,对树的崇拜与对生育女神乌迈的信仰结合在一起。人们认为圣树是乌迈女神居住和显灵之处[1]。

对"绿"所代表的树木和植物的崇拜和喜爱也表现在维吾尔人的日常生活中。木材和泥土是新疆绿洲民居传统的建筑材料,木雕也是建筑装饰的主要手段之一。木雕主要用于房外柱、门、横梁、屋檐、窗框的装饰,多为木本色,显得纯朴大方。人们喜欢在房前屋后栽花植树,庭院内通常都栽植果树和葡萄。维吾尔人喜欢用木质的生活用品,如摇床、餐具和炊具、乐器以及家家必备的花木箱,这些物品的制作也形成了富有特色的民间工艺。维吾尔人一出生就躺在木制的摇床上,死时则躺在形式与摇床相仿的墓地里,生与死在这里形成一个回归式的重合,且重合在树木与土地的环抱中。在农村,绿树成荫的乡间巴扎和村庄文化中心更是维吾尔人社交和举行集体文化活动的吉祥之地。

"绿"还深深影响了维吾尔人对于美的概念和描绘与表达方式,成为维吾尔文学和艺术创作灵感无尽的源泉。在维吾尔人眼中,挺拔婀娜的树木、艳丽的花朵、葳蕤的叶子、累累的果实就是美的化身。诗中的美人总是有"柏树般挺拔的腰身","苗条得像柳枝",眼睛好似"巴旦杏";而民谣里火辣辣的情人"好像饱满的麦粒",新娘美得"如同石榴花"。绿色也是维吾尔族喜爱的色彩。民谚云:"要撒娇穿红衣,讨欢心着绿衣。"[2]在建筑装饰工艺中绿色也是常用的颜色。有些工艺产品,如陶器、琉璃砖、面砖甚至把绿色作为主色来使用。在工艺装饰图案上,植物纹样是最常见和使用最广泛的,主要有花朵、瓜果、农作物等。在绿色倍显珍贵的沙漠绿洲中,植物迸发出的生命力、热情与美丽

---

〔1〕艾娣雅·买买提:《文化与自然——维吾尔传统生态伦理研究》,新疆大学出版社 2004 年版,第 126 页。

〔2〕麻赫默德·喀什噶里:《突厥语大词典》,第 1 卷,民族出版社 2002 年版,第 415 页。

激起了观察者的欣赏和赞叹,化作对美的赞颂。正如一首诗歌所表达的:

> Qïzïl sarïγ arqašïp
>
> Yipkin yašïl yüzkäšip
>
> Bir bir kärü yörgäšip
>
> Yalïŋuq anï taŋlašur

红花黄花迭相开,更有紫苏丛中来,交相辉映枝叶茂,美不胜收意快哉。[1]

维吾尔人对水的崇拜,来源于水对生命的重要意义。《乌古斯可汗传》中乌古斯可汗的六子名为"日、月、星、天、山、海",显明对"海"(湖)的崇拜是古代维吾尔人自然崇拜的内容之一。从漠北草原逐水草而居到西域绿洲依水而住,水始终是维吾尔民族及其先民生活最基本和必需的元素。新疆的绿洲干旱少雨,冰雪融水、地下泉水是农耕和生活的主要水源,被视为圣水,受人尊敬。泉水被认为有赐人子嗣的神力,不育的妇女前去膜拜便可得子。在维吾尔人的传统观念里,融自腾格里山(天山)冰雪的水尤其神圣,是不能靠水渠等人工设施引来的,必须怀虔诚之心向诸神灵祈求,方能得到。每逢缺水季节,人们会在麻扎举行古老的祈水活动。在与沙漠和戈壁严酷的自然环境抗争中生存和繁衍的绿洲维吾尔农民眼中,水就是他们的血液和生命。民谚云:"要馕我们就给你馕,要水我们就给你命。"(nan desäŋ nan berimiz, su desäŋ jan.)人们视水为圣物,敬水、爱水,并由此在绿洲维吾尔人中产生了一套不成文的道德和行为准则,如:不得亵渎和污秽水源,不许向水中吐唾沫、擤鼻涕和大小便,不往水里倒垃圾、血及其他秽物,不许在水渠边洗衣梳头,不得在水边盖厕所和牲口圈等。节约用水,不许浪费。这样的社会行为规范在今天尤其具有积极意义。

"敬天厚地、崇绿拜水"是维吾尔人世代相袭的自然观和文化观,也是这个在绿洲上耕作繁衍的民族自觉相承的自然伦理和社会行为准

---

〔1〕麻赫默德·喀什噶里:《突厥语大词典》,第 416 页。

则。尊重珍惜土地、植物和水资源,生活在对天地的敬畏和感恩中,努力经营土地,过自然俭朴的生活,不仅是在这个时代尤其值得推崇的智慧,也是一种可开发利用的文化资源。基于这种文化和伦理观念之上的生态产业和生态旅游的设计和开发,不仅能够提供给旅游者绿色的生活理念和理想的田园生活模式,而且也与民族文化和谐互动,有很大的可行性和开发潜力。

8.2.3.2　维吾尔非物质文化遗产

"非物质文化遗产",指被各群体、团体、有时为个人所视为其文化遗产的各种实践、表演、表现形式、知识体系和技能及其有关的工具、实物、工艺品和文化场所。具体来讲,在《保护非物质文化遗产公约》的界定中包括下列 5 项:第一项,口头传统和表现形式,包括作为非物质文化遗产媒介的语言;第二项,表演艺术;第三项,社会实践、礼仪、节庆活动;第四项,有关自然界和宇宙的知识和实践;第五项,传统手工艺。

维吾尔民间文化历史悠久,深藏西域文明的底蕴,在音乐舞蹈、口头文学和民间技艺、民俗等方面都有绵延千年的传统渊源。目前已有 26 个维吾尔民间文化项目成功申报了国家级非物质文化遗产。

表 8－6　维吾尔国家级非物质文化遗产名录表

序号	类别	名称	申报地区
1	民俗	麦西来甫	喀什麦盖提县、阿瓦提县、阿克苏市、哈密市
2	传统手工艺	桑皮纸制作技艺	吐鲁番地区
3	传统手工艺	花毡、印花布织染技艺	吐鲁番地区、且末县、塔城地区、英吉沙县
4	传统手工艺	模制法土陶烧制技艺	吐鲁番地区、喀什市、英吉沙县
5	杂技与竞技	达瓦孜	新疆
6	民间音乐	木卡姆	新疆麦盖提县、哈密地区、鄯善县
7	民间音乐	罗布淖尔民歌	尉犁县
8	民间音乐	鼓吹乐	新疆
9	民间文学	达斯坦	新疆

序号	类别	名称	申报地区
10	传统舞蹈	赛乃姆	若羌县、且末县、库尔勒市、伊宁县、库车县
11	传统美术	柳编	吐鲁番市
12	传统美术	刺绣	哈密地区
13	传统技艺	棉纺织技艺	伽师县
14	传统技艺	艾得莱斯绸织染技艺	洛浦县
15	传统技艺	地毯织造技艺	洛浦县
16	传统技艺	卡拉库尔胎羊皮帽制作技艺	沙雅县
17	传统技艺	小刀制作技艺	英吉沙县
18	传统技艺	民族乐器制作技艺	疏附县、新河县
19	民俗	服饰	于田县
20	传统技艺	阿依旺赛来民居	和田地区
21	传统医药	维吾尔医药	新疆维吾尔医学高等专科学校、自治区维吾尔医药研究所、和田地区、莎车县
22	传统舞蹈	萨玛舞	喀什市
23	民间文学	恰克恰克	伊宁市
24	传统体育和竞技	叼羊	巴楚县

申遗成功固然给民间文化添上了一张时髦的名片，但实际上保护和开发工作还任重道远。

8.3　新疆绿洲农业文化资源战略

8.3.1　新疆绿洲农业文化资源的保护和开发——问题与对策

8.3.1.1　新疆绿洲农业文化资源保护和开发中存在的问题

新疆近年来在绿洲农业文化资源保护和开发方面都取得了一定成

绩,尤其在非物质文化遗产保护方面成果显著。[1] 与此同时,和国内其他省份一样,新疆也面临着文化资源保护和开发的难题。总体来说,问题集中体现为缺少资金和人才,社会支持力量薄弱,缺少资源保护和开发的战略性和前瞻性研究。

就文物保护而言,一方面,文物法得不到实施,经济建设行为如垦荒和石油勘探等与文物保护的矛盾日渐尖锐;盗窃、走私文物的犯罪活动屡禁不止;文物流通秩序较为混乱。另一方面,文物保护资金严重不足,专业人才缺乏,重大项目决策程序不够完善,以及开发利用过度,忽视保护,各种建设行为破坏比较严重。普通民众也比较缺乏文物保护的意识,文物保护缺乏来自社会团体和个人的支持。随着新一轮西部大开发建设工程在新疆的展开,文物保护必将面临更加严峻的形势。

在古文献保护方面,截至 2008 年,全疆范围内的古籍搜集、登记和造册已累计达 2 万多件/册。但现有财政经费仍无法满足古籍征集工作需要,少数民族古籍收藏分散,在工作开展中存在沟通协商受阻问题。目前新疆古籍保护中心没有资深的专家团队,数量有限的文物古籍修复专家无法完成整个古籍整理、研究与修复工作。古籍数字化程度低,目前仅有自治区图书馆、社科院等几家单位开展古籍数据编目工作。[2]

在国家和自治区政府的大力支持下,新疆非物质遗产保护在资金、立法、抢救性保护和传承性保护、研究性保护以及产业开发方面都是做得比较好的。尽管如此,在现代文化的冲击下,少数民族的非物质文化遗产传承正面临严重危机。连广泛流传于维吾尔人生活社区的"麦西来甫"都被列入联合国"急需保护的非物质文化遗产名录",凸显出维吾尔文化以及新疆绿洲文化资源在全球化时代遭遇的严峻挑战。由于当地民众缺乏民族文化自觉和自豪感,政府和文物保护单位也无力提供将这类资源转化成财富的办法,无论是地方政府还是民间都缺乏文

---

〔1〕王宝龙:《保护中传承 传承中开发:新疆非物质文化遗产保护的成就与经验》,载《中国民族报》,2010 年 6 月 11 日第 5 版。

〔2〕新疆维吾尔自治区古籍保护中心工作简报,2010 年第 3 期。

化遗产保护的热情。歌舞资源的开发过于单一舞台化,逐渐与实际生活脱离;民间歌舞和民间技艺正在失去在维吾尔民众中间的传承和发展空间。新疆丰富的民间文化资源急需将其转化为产业的具体方法和政策研究。

8.3.1.2　绿洲农业文化资源保护和开发的对策

8.3.1.2.1　体制转变与资金筹措

在文化资源保护和管理中遇到的很多突出问题,如资金、文物保护法律和政策的落实与各部门之间的协调合作,都与现行的体制有很大关系。我国大部分政府职能部门实行地方政府和上级部门"双重领导",即主管部门负责工作业务的"事权",而地方政府管"人、财、物"。"双重领导"体制下,地方政府可能以"人、财、物"权影响职能部门"事权"的操作空间,容易损害国家政策的权威性、统一性。对文化遗产的保护和开发,往往是国家和自治区重视,地方县市不够重视。2008年1月自治区就出台了《新疆维吾尔自治区非物质文化遗产保护条例》,而库车、新和两县都还没有制订有关的文件,保障条例的落实和执行。地方政府尚未充分认识到文化产业的重要性,对文化产业的投入严重不足,导致其发展滞后,从业人数、产值及对经济的贡献率比较低。[1]另外,多部门的管理体制往往因部门价值取向差异而产生标准冲突和利益纷争,在客观上给文化遗产管理经费的筹措带来了困难。遗产单位与相关机构关系缺乏规范,造成保护机制不顺,还导致在实施文化遗产保护时出现许多职责不明、相互推诿或争权夺利的现象。

对此,已有学者提出建议,对文化遗产管理也实行像国土、税务、环境保护那样的中央垂直管理模式,确保国家的文化遗产管理政策实施。至于文化保护所需的资金,可以用发行文化遗产彩票的方法来解决。[2]由文化部牵头向国务院和财政部申请,由国家文物局联合其

---

〔1〕牛云峰:《丝绸之路新疆段中道上的民族文化资源开发研究》,石河子大学2009年学位论文,第16-17页。

〔2〕龙运荣:《从意大利和英国管理模式看我国文化遗产保护的新思路》,载《湖北社会科学》2010年第7期,第109-110页。

他文化遗产保护单位具体组织发行,参照现有的彩票模式建立文化遗产彩票的管理体制,使文化遗产保护这一利国利民的事业也能通过彩票这一社会募集方式获益。另外,自治区政府也可以充分借助媒体发布宣传文化资源保护的公益广告,扩大文化遗产保护的影响力,吸引企业和个人来捐赠。

8.3.1.2.2 人才引进和人才转型

人才是文化资源保护和开发中最关键的因素。目前新疆既缺乏学术研究人才,也缺乏专门技术人才和综合型人才。"百年树人",人才的出现需要多年的培养和锻炼。解决当务之急的办法是人才引进和人才转型。

人才的引进除了用优厚的待遇吸引人才外,给人才创造一个能够发挥所长,能够看到自身价值和事业远景的环境是更重要的。自治区政府要大力推介新疆文化资源,让新疆光辉灿烂的文化走出去,争取更多与国际和国内先进地区合作的机会,也要大胆地引进人才,尤其是高端人才。全球竞争中,大多数竞争规则都是"push(强制)"式,只有对人才的竞争规则是"pull(吸引)"式。因此,了解和满足人才内在的动力,是吸引和留住他们的秘诀。大多数创新能力强的高端人才有其独特的内在动力,他们会为以下原因而工作:新创意、新思想,新挑战,被认同和尊重,帮助他人,金钱。他们会因为以下主要原因而退缩:思想和行动受到条条框框的约束和控制,或被外行领导和管理;不被重用、被压制、被排挤边缘化;官僚作风。即使有金钱激励,面对繁琐的公文程序、重文凭轻能力的评估体制、等级森严的工作环境、嫉贤妒能的文化,都可能会使高端人才、特别是"创新型人才"和"创造性人才"放弃为中国建设创新型国家作贡献的机会。[1]

由于新疆特殊的人文环境,外来人才适合在科技和文化创意产业平台发挥作用,比如古籍修复、数字博物馆、美术设计、动漫原创、文化

---

〔1〕吴霁虹:《对中国宏观经济可持续发展若干重大问题的战略思考》,2012 年 5 月 16 日,http://www.1000plan.org/blog/454_59

产业管理、城市规划设计等等。对于民族文化资源保护和开发的研究和具体落实,还要依靠新疆本地的科研人才。近年来在新疆高校和科研机构的一部分学者已经转向新疆文化资源的保护和开发的专题研究,这是可喜的现象。比如民族文学研究所所长艾比布拉·阿布都沙拉木主持完成的项目《人文视野中的刀郎文化——麦盖提县人文资源开发研究》(新疆人民出版社,2007年)、国家社科基金资助项目《新疆麦盖提县非物质文化资源的保护与开发问题调查研究》(2007)、新疆大学热依拉·达吾提教授的国家社科基金资助项目《新疆非物质文化遗产保护研究——以麦西来甫文化为例》(2008)、阿不都克里木·热合曼教授的国家社科基金资助项目《新疆喀什非物质文化遗产保护研究》(2007)等。要在这个领域做出指导和前瞻性的研究,不仅要把握少数民族文化,而且涉及资源学、环境学、经济学和政治学,还有景观建筑、社区营造与服务、公共治理、文化与地方产业等其他学科,诚然不易。

8.3.1.2.3 新疆绿洲农业文化资源的开发要凸显新疆的文化特色

古代的新疆发挥着丝绸之路上商品通道和文化资源通道的功能,生活在西域的各个民族的文化互相融合,共同缔造了别具特色的西域文明。西域文明的辉煌源自各个民族之间开放的交流、彼此的融合和创造。吸收、融合和创新的绿洲多元一体文化是新疆的文化特色,这也应该是新疆对外宣传文化形象的着力点。

旅游业近年来成为新疆重要的经济增长点之一,是国内外人士了解新疆的窗口。但就目前历史文化资源而言,文化旅游的开发状况还很不尽如人意,没有展示出新疆文化历史上传承下来的固有的特色和吸引力。比如佛教石窟寺的形制、塑像和壁画,缺少详尽的说明和展示,旅游者大多只是走马观花,一过即忘,无法领略石窟和壁画中所反映的西域佛教与印度佛教、汉地佛教及藏传佛教文化之间的交流的盛况。只有饱含文化内涵的旅游产品,才能最终打动游客的心,留下长久的回味。

其实,新疆绿洲农业的历史文化资源和民间文化资源都很充分地体现了吸收、融合和创造的文化发展特点。从和田、喀什、库车到吐鲁番由西向东一线的佛教洞窟体现了佛教自西向东的传播路线以及在不同时期与当地文化结合的状况。西域佛教艺术在吸收外来文化的过程中,创造出了自己独特的风格和艺术形式,是绿洲农业文化发展模式的成果之一。新疆石窟寺分布所在地政府和文化、旅游部门应该通力合作,联合发展"西域佛教文化线路"旅游,并结合专家学者在西域佛教方面的研究成果,设计开发反映西域佛教整体传播和发展特点的文化产品。这样不但能将西域佛教文明的发展脉络展示给游客,也树立了新疆文化交流与文化创新之福地的形象,大大提高文化旅游的含金量。

新疆还有丰富的文物资源。新疆出土的多语钱币、双语和多语种古文献,都体现了古代新疆多元文化并存和各个民族之间的文化交流和互相学习的历史事实。建立新疆古籍的网络电子数据库,翻译和展示部分少数民族古籍,让更多人能了解"藏在深闺人未识"的古代文献,尤其是反映各民族文化交流和互相学习的文献,开发古文献资源的大众教育功能,也是非常有意义的。

木卡姆作为新疆最知名的非物质文化遗产资源,同样是文化交流与创新的产物。木卡姆音乐是中国、印度、希腊和伊斯兰古典音乐精华的融合体。虽然因语言和文化的障碍,木卡姆未必能够被其他文化背景的人理解和欣赏,但对木卡姆资源的开发和利用不必只限于原生态形式的表演。木卡姆可以以音乐元素的形式出现在流行音乐、背景音乐、电影音乐之中;十二木卡姆的成型和灰姑娘式的王后阿曼尼沙汗的故事也是绝好的动画电影和音乐剧题材。

总之,对新疆绿洲文化资源的开发要站在彰显文化特色,展现文化传统的高度上,树立新疆和谐文化、创新文化的品牌形象。

8.3.2 新疆绿洲农业文化资源的产业化之路

8.3.2.1 文化资源产业化设计遵循的基本观念

文化资源的产业化,是指将文化资源加以设计和加工,形成产品,并进一步发展成为创造和满足人类需要的物质和非物质性生产的、从事盈利性经济活动并提供产品和服务的产业。文化资源产业的规划设计必须树立"整合观"、"品牌观"和"体验观"三大观念。"整合观"是指在产业规划时要充分考虑到资源整合的可能性,最大限度地提高资源开发的效益。资源整合可以是同类资源的整合,比如各地佛教洞窟资源的整合;也可以是文化资源附加在其他资源之上的整合,比如新疆伊犁天药集团的"解忧公主"精油系列产品。"品牌观"是指树立品牌意识,注重文化资源产品的特色、质量和不可模仿性。品牌一旦产生,就可以带动一批相关产业进入市场。现代消费经济已进入"体验时代",文化产品能否吸引消费者,关键在于能否提供一种愉悦的体验。新疆非物质文化资源开发的产品设计就要侧重给消费者提供体验和经历,而不只是被动的观赏。比如维吾尔造纸和纺织技艺,除了设计出将民族风味和现代人审美观念结合在一起的实物商品(比如桑皮纸伞、纸扇、笔记本)之外,还可以建立手工体验作坊,让游客亲身体验造纸和织染的情趣。再比如对维吾尔古文献资源的开发。维吾尔古代宗教文献纸质华丽,往往附有美丽的图案和纹饰,作为装饰画和壁纸设计都很漂亮(这些资源虽然有的已经流失海外,但一样能被我们开发利用)。维吾尔人在历史上使用过多种形体优美的文字,书写这些文字的古代书写工具对于游客而言完全是另类的,也很有趣,可以在文献专家和书法家的指导下设计开发工艺美术品和维吾尔古代书法习作坊。新疆的文化资源美不胜收,关键是要有创意。文化资源的开发是一项涉及范围较广的系统工程,不仅要规划先行,从长计议,统筹开发,还要树立融合开发观,在市级层面加大资源整合力度,实行多元文化和多种功能的融合,打造完善的产业链,创造并实现更大的市场价值。为此,要努力形成政府、社会、企业、百姓等各方利益主体齐心协力推进发展的格局。[1]

8.3.2.2 农业文化资源与农业和生态旅游业的结合之路

农业品牌化发展是新疆现代农业发展的必然趋势,而品牌化发展的重要途径之一就是与当地文化资源的结合。近年来兴起的创意农业

---

[1]厉无畏:《历史文化资源的开发利用》,载《文汇报》2010 年 6 月 26 日。

正是通过农作物品种改良、科技运用以及与地方文史、民俗等多种文化元素的结合,引发人们对创意农产品的感悟,体验原乡生活的鲜奇成果,将农业产业与地方自然、文化、生态、旅游资源进行创意性配置,充分调动各类文化元素的作用,使之具有生动、鲜活的美感。[1] 比如维密·木塞莱斯酒,将农业产品和地域传说结合在一起,成功地为产品添加了文化价值;再比如和田玉枣,借助和田玉的文化内涵来推介产品。新疆有很多独具优势的农产品,结合新疆的地域风景和文化资源,可以将这些资源整合成为观光农业和生态旅游业的巨大产业链。在靠近大中型城市的郊县发展与文化资源相结合的观光旅游农业,在较偏远文化旅游区同时发展观光农业和生态旅游,可开创文化、旅游与农业的多赢局面。

生态旅游(ecotourism)的理念源于西方,由世界自然保护联盟(IU-CN)特别顾问 H. Ceballos Lascurain 在 1983 年首先提出,其基本定义是:"有目的地前往自然地区去了解环境的文化和自然历史;它不会破坏自然,而且会使当地社区从保护自然资源中得到经济收益。"上文曾经提到新疆绿洲农业文化中"敬天厚地、崇绿拜水"的文化观念以及在今天所具有的资源意义。结合这种文化观念和文化精神以及现代游客的精神需求,生态旅游的开发可以是多层次、循序渐进的。从较浅显的层面上讲,可以开发民俗中关于自然和生态的内容。维吾尔人的青苗麦西来甫、清泉节、古树麻扎等等都可以作为开发的对象;从较深的精神层面而言,敬畏自然、顽强乐观、享受生命的维吾尔文化精神更是给精神空虚的现代人注入的鲜活的精神力量。建设生态旅游的重点是在保护环境和群众教育上,投资较少,对游客的要求比较高,适合在自然环境优美独特但经济较落后地区发展。生态旅游的设计胜在有特点,有理念,不必跟风赶时髦。恬静的绿洲村庄,古朴的树木和街道,自得其乐的居民,本身就是展示新疆生态旅游最好的名片。在欧洲国家如

---

〔1〕陈炜:《新疆创意农业发展思路探析》,载《新疆社科论坛》2009 年第 2 期,第 14－17 页。

希腊,这一旅游模式已经相当成熟和成功,有许多经验和模式可供借鉴。[1]

8.3.2.3 利用绿洲农业文化资源开发文化创意产业

文化产业(culture industry)是指通过市场机制和运作,将文化制品及文化服务,转换为商品与服务,实现货币化的产业。这一概念在1944年由德国哲学家霍克海默和阿多尔诺在《文化产业:欺骗公众的启蒙精神》一文中首次提出。英国是第一个为创意产业(creative industry)提出定义与范围的国家,其定义为:起源于个体创意、技巧及才能,透过智慧财产权的生成与利用,而有潜力创造财富和就业机会的产业。在此定义之下,英国的创意产业包含13个项目:广告、建筑、艺术及古董市场、工艺、设计、流行设计与时尚、电影与录像带、休闲软件游戏、音乐、表演艺术、出版、软件与计算机服务业、电视与广播。文化创意产业(cultural and creative industries)与创意产业无论是内涵还是外延都极为相近,就是要将抽象的文化直接转化为具有高度经济价值的"精致产业"。换而言之,即将知识的原创性与变化性融入具有丰富内涵的文化之中,使它与经济结合起来,发挥出产业的功能。显然,这是一种用知识与智能创造产值的过程。

人类历史进入21世纪,耗资巨大、污染严重的能源经济时代已经过去,在全球经济竞技场上,冲破了传统资源硬性约束的创意产业正在成为核心领域。文化创意产业所创造的巨大价值在这个传统经济低迷的时代是全世界有目共睹的。牛津大学的语言学教授J.R.R托尔金1973年即离世,他的《指环王》三部曲系列作品迄今在全球发行超过1.6亿册,其后人从小说和电影版税每年获利约5000万英镑,由该作品拍摄的电影在全球获利高达16亿英镑。《指环王》的创作灵感源于由古芬兰方言流传下来的民族神话史诗,是典型的非物质文化遗产。这本围绕着神仙、矮人、魔法和精灵魔怪展开故事情节的小说,充满了

〔1〕王菲:《生态旅游——希腊达底亚的启示》(英文),收入牛汝极:《中国西北边疆》,科学出版社2009年版。

史诗一般宏大壮丽的色彩,述说了围绕魔戒展开的善恶争斗的古老母题。该著作被称为西方奇幻小说的鼻祖,是西方人心目中的《西游记》。《指环王》的成功充分展示了由文化资源开创文化创意产业的巨大空间。

2009 年中国"政府工作报告"首次提出要积极发展文化创意产业,7 月国务院发布了《文化产业振兴规划》,标志着发展文化创意产业已上升到国家战略的层面。新疆的文化资源丰富而独特,有广阔的市场和开拓空间。举个小例子:2008 年 12 月至 2009 年 3 月新疆博物馆在台湾展出了一批楼兰和吐鲁番的文物,深受台湾民众欢迎。在台湾主办方的设计下,文物中的部分服饰、食品都被开发成了纪念品,像公元前 5 世纪的女裙仿制品,虽售价不菲,还是一抢而空。借助文物资源,加一点小小的创意,就把资源变成了财富。

当前,我国文化创意产业还处于初级阶段,人才稀少、结构失衡、管理方式缺乏高端性、薪酬没有竞争性是目前创意人才管理和开发中所面临的问题。[1] 新疆的文化创意产业目前也几乎是一片空白,2009 年 4 月揭牌的七坊街创意园区被看做是新疆文化创意产业的发端。文化创意产业的落后和新疆丰富的历史文化资源形成巨大的反差。希望创意文化产业的发展能够切实引起新疆维吾尔自治区政府的重视和政策落实,鼓励和引进一批热爱新疆的才学之士投身于这项重要的事业。同时,新疆的高校也应该抓住这个机遇,通过调研、出国培训等方式尽快建立文化创意人才的培养规划和体系,向社会输送急需人才。

---

〔1〕向勇、张相林:《文化创意人才现状与开发对策》,载《中国人才》2008 年第 1 期,第 59 - 60 页。

9 丝绸之路商业文化及其
资源战略

　　商业活动是古代中外交流史上的重要事件,通晓多种语言并且见多识广的中亚胡商在丝绸之路上贩卖商品的同时,也成为东西方文化与文明的传播使者。关于胡商来华,归因于丝绸之路的开通、人们的生活需要以及商业利益的诱惑。以粟特人为主的胡商在丝绸之路上建立了很多商贸据点,这些贸易据点逐渐发展成为聚落,他们把这些聚落连接起来,通过这些聚落,熟悉丝绸之路沿线的市场行情,建立起一定的商业信誉,贩易东西方不同的商品。

　　丝路路途漫长,中古时期丝路沿途国家、城邦政权更迭不断,政治极其不稳定,加上气候环境情况变化莫测,商人们要克服沙漠、戈壁等险恶环境带来的困难,还要和沿途出没的强盗周旋,可以说是畏途。就商队的组成来看,商队中的参与者肯定不会来自单一民族,由于他们都能从丝绸之路上获得利益,因此很多民族都是丝路贸易的参与者和经营者。参与者的民族成分是复杂的,粟特人、波斯人、突厥人、回鹘人等都是其中的参与者。就商队的规模来说,参与商队的人数不会是小数字。因商人经营的商品具有高额利润,故而有很大风险,同时还会出现僧侣与商队同行的情况,用以满足商人精神上的需要。

　　在丝绸之路上充当文化使者的主要是粟特、波斯商人,他们一直奔波于从撒马尔罕到长安的丝绸之路沿线的定居点和一些城市,这些定居点和城市都是商业活动和宗教活动的中心。他们在古代中世纪已经分布于从安息到大夏再到河中的广大地区,由于不同民族的商业伙伴需要彼此之间建立联系,他们就会在所到之处学习当地的语言,接受当地的风俗习惯,商人们一旦改信了其他宗教,伴随着商业发展和商路的畅通,就会再把它传输给所到之处,宗教就这样一步步由西向东传播开来。

·欧·亚·历·史·文·化·文·库·

从两汉时代起,中国的丝绸就已经成为丝路贸易的主要商品,这种轻质高利润的商品一开始就为丝路贸易注入了活力。古代胡商所进行的是一种转运贸易,古代罗马没有有关中国商人经商的记载,在长安也很少有罗马商人,西方文化在古代传入中国,或中国文化传入欧洲,主要是通过商人在丝绸之路上的媒介作用。商业贸易活动导致了大量的胡商,其中粟特人、波斯人在西汉以后涌入中国,同时也带来了异质文化因素。

在古代社会,商业活动是联系东西方各民族之间关系的桥梁,是东西方文化交流的主要动力,它所承担的媒介作用波及政治、经济、文化等各个领域,东西方之间物质与精神文化的交流很大程度上都是通过商业活动这一媒介而进行的,入华胡商的经商活动,对中原的政治、经济、文化和社会生活都产生了一定的影响。在丝绸之路沿线建立很多商贸据点,这些贸易据点逐渐发展成为聚落,作为商业民族的粟特人把这些聚落连接起来,这些贸易定居点逐渐成为他们的商品集散地,由此而进行他们的转运贸易。古代丝绸之路商队的民族构成是很复杂的,因为路途遥远而且环境险恶,商人们必须组成商队,在途中雇佣向导和护卫是必不可少的,还要拜会当地游牧部落的首领,目的是要得到游牧民族首领的保护。粟特人的经商活动,是一种有组织的活动,单独一个人进行贸易是不可能的,他们往往组成商队,从文献记载以及考古发现的入华粟特人墓葬石棺床上有关商队行进中的画面上,可以看出商队的规模是很大的,并且经常伴有僧侣同行,因为这些僧侣可以给予商人以精神上的支持,获得某种寄托,以克服路途上的艰辛。从商队的人物形象来看,粟特、波斯、嚈哒、突厥等民族都是古代商业活动的参与者。古老的丝绸之路连接着世界的东方与西方,孕育了光辉灿烂的古代文明,给后世留下了一个个难解的谜团,吸引着一代又一代的人去探索、去发掘。迄今为止,人们更多的是从艺术、古文字、交通、外交、文化交流、旅游等方面,以贸易和经济合作的角度进行了研究,尚未发现其蕴含的管理价值。

9.1 丝绸之路与商业管理

管理思想史研究表明,管理活动自古以来就存在,而且总是和当时的政治、经济和社会文化密切联系。在工业化之前,管理的必要性主要体现在指挥军事战役、处理家庭事务、治国施政和教会活动中。西方在中世纪才逐渐重视商业管理。而丝绸之路的形成和发展,可以说是人类历史上商业管理的成功典范。

9.1.1 强有力的政权管理是商业贸易的政治保证

丝绸之路的正式开通要追溯至 2500 年以前。那时,在中国河西走廊的西部活跃着一支彪悍而强大的游牧部落,历史上称其为"月氏",其势力从蒙古高原西部一直延伸到河西走廊西端以及新疆天山以北到阿尔泰山附近。后来,匈奴人逐渐强大起来,打败月氏而雄踞北方。匈奴不断地骚扰、进犯西北和北部边境,掠夺牲口、破坏生产,同时垄断了汉王朝与西域的贸易,坐收其利,这些都对当时的西汉王朝构成了很大威胁。

秦、汉王朝统一中国,积聚了中原王朝的实力。到公元前 2 世纪的汉武帝时,为了打败称雄漠北、骚扰中原农耕居民的游牧王国匈奴,雄才大略的汉武帝派张骞出使西域,联络被匈奴人从河西赶走而定居在阿姆河一带的大月氏人。张骞经过千难万险,虽然没有搬来大月氏的兵,却全面了解了西域的政治与地理情况。随后汉武帝又派张骞第二次出使西域,这次使团的人数总共有 300 人之多,张骞及其随行者的足迹也更为广远,到达大宛(费尔干那)、康居(以今塔什干为中心的游牧王国)、大月氏、安息(古代波斯帕提亚王国)、身毒(印度)等国。张骞两次出使西域,虽然没有达到联合月氏的政治目的,但其经历却对河西、西域、包括中亚有着重大的历史意义。他拓展了汉王朝的视野,引发了汉王朝与中亚、西亚各国进行商业贸易的强烈愿望,促成了西汉对丝绸之路的开辟和经营。张骞出使西域,是中国有史以来记载的第一次中外交流,史称"张骞凿空"。

自张骞凿通西域和西汉对匈奴的战争胜利以后,丝绸之路便畅通无阻,贸易兴旺。从当时的交通地理环境、交通运输方式、贸易周期和其他各种条件来看,均是现代人无法想象的,而恰恰在这样的环境下,丝绸之路逐步形成并成熟地发展起来了。事实上,在张骞通西域以前,丝绸之路就已出现,但由于种种原因没有得到繁荣和畅通。例如这条通道常常因一些民族或国家的纠纷和战争而中断,即使它有时相通,也因山川阻隔,道路遥远,没有一个统一的、强而有力的政权经营和管理,缺乏安全保障等,通行特别困难。只是到了张骞通西域后,由于汉朝在西域地区采取了各种有力措施,并和帕米尔以西各国建立起了友好关系,才使这条通道获得了大规模的发展,出现了空前的繁荣和畅通。[1]

9.1.2 发达的丝织业和优质的产品是丝绸之路繁荣的根基

中国是蚕桑的原产地,是世界丝绸大国,素有"东方丝国"的美称。蚕桑价值的发现使中华民族格外重视丝织业的生产。

织锦技术究竟发生在何时?我们现无法考证,但从《诗经》可知,织锦在西周时期至少是春秋已十分发达。"萋兮斐兮,成是贝锦","角枕粲兮,锦衾烂兮","衣锦虎衣,裳锦虎裳",锦的用途十分广泛,《诗经》对锦的浓厚兴趣表明这一复杂的织花工艺已被社会普遍掌握,成为女织的普遍社会行为。锦——这种多彩的织花丝织品的出现,不但提示着我国丝绸织花技术的重大突破,而且其丰富的种类和广泛的用途标志着丝织业在春秋战国时期取得了突飞猛进的发展。

早在张骞通西域之前,丝绸就已经大量转运到了西方世界。在古代罗马,丝绸制的服装成为当时贵族们的高雅时髦装束。因为来自遥远的东方,所以价格昂贵,罗马为了进口丝绸,流失了大量黄金。正式开展对外丝绸贸易,把中国的丝绸传播到亚欧大陆是在张骞第二次出使西域,即公元前119年以后。当时,国际贸易是欧亚大陆公路贸易的主要形式,又称"贡赐贸易"或"贡使贸易"。从汉文史籍看,从西汉时代起,中国丝绢就已经成为大陆贸易的主要商品。这种轻质高利润的

---

〔1〕魏文斌,赵建平:《丝绸之路的管理价值初探》,载《丝绸》2005年第9期。

商品似乎一开始就为丝路贸易注入了活力。所谓"伊吾之右,波斯以东,职贡不绝,商旅相继"(《唐大诏令集·卷130》)的繁忙景象一直持续到宋元以后。鉴于这种情况的发生是建立在先秦丝织业高度发展的基础之上的,我们可以说倘若没有中国蚕桑和丝织业的发达,要建立起以丝绸为形式的对外文化交流是断然不可能的;丝绸之路的开通虽说得之于偶然,但偶然中亦有必然,如果没有西汉王朝的强盛,以雄厚的经济作后盾,要完成这一对外沟通的历史使命也是断然不可能的。但是,丝绸之路进行的贸易是以有形商品贸易为特征的,如果没有高品质的丝绸产品为基础,那就根本无法建立起丝绸之路。

总之,丝绸之路是个形象而且贴切的名字。在古代世界,只有中国是最早开始种桑、养蚕、生产丝织品的国家。中国的丝织品迄今仍是中国奉献给世界人民的最重要的产品之一,它流传广远,涵盖了中国人民对世界文明的种种贡献。[1]

9.1.3 绢马、茶马互市是丝绸之路商业贸易的一种特殊经济交往与沟通形式

绢马、茶马互市是游牧民族与农耕民族之间的以物易物的一种特殊性贸易形式,系一种互补性经济,在我国商贸史和民族史上占有非常重要的地位。绢马、茶马贸易是丝绸之路上传统的贸易方式。从汉唐以来,我国中原地区和丝绸之路上西北、西南、北部边疆的民族就以这种方式进行着经济文化交流。内地通过贸易获得马匹、畜牧产品、药材土产,边疆民族由此获得急需的丝绢、布匹、茶叶、盐、瓷器、铁器农事、种子粮食等生产和生活用品。由于这种贸易多在边疆民族地区,以固定的形式进行,又称民族互市。

绢马、茶马互市有固定的互市地点并形成了完整的管理制度。西北民族地区依靠丝绸之路贸易网络和封建社会的商品机制与中原汉族人民交流,形成了农业文明社会和草原游牧社会经济互利互补的模式。逐步确定的互市口便是汉民族先进文明直接影响、促进民族地区的窗

---

[1]魏文斌,赵建平:《丝绸之路的管理价值初探》,载《丝绸》2005年第9期。

· 欧 · 亚 · 历 · 史 · 文 · 化 · 文 · 库 ·

口,它往往成为这一地区的经济文化中心。从汉唐开始、安西、朔方、榆林、西受降城、酒泉、赤岭、大同、武威、原州、渭州、德顺、熙州、河州等互市点一直是该地区的中心,尤其是明清时期茶马司所在的西宁、河州、洮州、岷州、甘州、庄浪和口外的乌鲁木齐、伊犁、塔尔巴哈台、科布多、乌里雅苏台等,地位更显著。

自张骞通西域开始,丝绸之路便贯穿于西北地区全境,民族贸易的范围进一步扩大,商业贸易与经营管理已经初具规模。他们或自行经营,或通过"昭五九姓"胡商代理,或与胡商合作经营。丝绸之路上商旅往来接踵,相当活跃。当然,绢马、茶马互市在一定程度和范围内具有禁榷的性质,曾一度由政府实行统购统销,并完全由政府垄断:即使商人从事经营,也必须在官府的严格控制下进行。[1]

9.2 中原商业文化对西域绿洲民族文化演化变迁的影响

当一个国家的经济实力强盛之时,其文化实力自然溢出国外,会对周边国家和民族的文化进行辐射式影响。在中华文明发展过程中,其相对高度发达的农耕文明以及在强大的物质文化基础上承载的文化软实力不断溢出中国,对周边国家、民族和地区的文化产生了巨大的影响。从汉朝开始,中原的先进文化成就,从器物层面到制度层面以及构成中华民族深层文化心理的儒家文化都对西域绿洲少数民族文化产生了深刻影响。如,从中原王朝传入的耕种技术、铁犁、钻井技术等,促进了西域绿洲物质生产的发展。《汉书·张骞李广利传》载,公元前103年,西汉名将李广利征大宛,包围大宛城。时"宛王城中无井,皆及城外流水",于是李广利"遣水工徙其城下水空,宛城中新得汉人知穿井",才得以解决城中饮水问题,表明此时中原穿井术已传入西域和中亚。中原王朝的政治制度及相应的以儒家文化为内核的精神文化对西

---

〔1〕魏文斌,赵建平:《丝绸之路的管理价值初探》,载《丝绸》2005 年第 9 期。

域绿洲的政治统治和文化产生了深远影响。根据史书记载,隋唐时期,在高昌麹氏王朝政权内设有博士、待讲、儒林参军等职官,掌握郡县学校教育,向学生传授《论语》、《孝敬》等儒家经典以及算历、绘画、音乐等知识。同时,中原广为流传的道教文化进一步在西域绿洲传播,很多出土文物及遗址表明此时的西域绿洲不仅道观很多,而且盛行道教语言和仪式。而唐朝时期的佛教也在西域其他绿洲,尤其是高昌和塔里木盆地以南的诸国盛行,最典型的表现是大量存在的佛教石窟壁画以及相关的艺术表现形式和手法。

9.3　中亚商业文化对西域绿洲
民族文化的影响

文化的交流是双向互动的,甚至还存在文化回传的现象。从西方传入的各种物质文化——香料、器物,到宗教艺术文化等,都对西域绿洲少数民族文化发展起到了重要的作用。祆教、景教、佛教和伊斯兰教的传入,对整个西域绿洲少数民族文化产生了极大的影响,尤其是伊斯兰教的传入,至今还深刻地影响着西域绿洲少数民族的日常生活和风俗礼仪及其民族深层文化心理。米兰遗址中发现的"有翼天使"、龟兹石窟壁画中的裸体壁画以及库木吐拉石窟46窟拱形顶中的人面鸟身金翅鸟的发现,都证明古希腊文化对古代西域绿洲少数民族文化的影响;对于焉耆国佛教寺塔、古窟遗迹,尤其是七个星千佛洞,晋南北朝时期的大寺院遗址的考古研究发现,七个星千佛洞和浩拉山石窟寺中不仅有大乘佛教、小乘佛教,而且还有密宗,可以使我们感受到佛教曾对西域绿洲少数民族文化影响之深远。《民族考古学基础》一书记载:"因此焉耆佛教艺术,早期的接近西方,而晚期的则又受到中原文化的感染。彼此交流融合,丰富了焉耆民族文化。"喀喇汗朝时期,由于统治者接受了伊斯兰教,并把伊斯兰教定为国教,境内突厥语部族全部伊斯兰化,出现了"一种新的文化——伊斯兰突厥文化,这种文化的核心是作为王朝统治民族的具有古老文化传统的回鹘文化"。同时出现了

·欧·亚·历·史·文·化·文·库·

一批优秀的少数民族作家和名著,如麻赫默德·喀什噶里的《突厥语大词典》,这也是维吾尔族的优秀文化遗产。

9.4 丝绸之路商业文化与其他文化并存

文化是人类在自身存在和发展过程中所创造,并作为一种信息反作用于人类自身存在和发展的物质、精神成果的总和。"丝绸之路"作为一段特定的历史和专门概念,其文化内涵和价值具有以下基本特征:丝绸之路是人类自身存在和发展过程中的创造,在文化上的意义首先表现为开放、开明与开拓;丝绸之路是一种文化象征符号,这一符号的表征在于经济上的交流与合作,文化上的多元与交融;丝绸之路文化同样能反作用于人类自身的存在和发展,对于历史与现实的人类社会经济文化发展都产生重要影响。

9.4.1 各类管理者的积极参与促进丝绸之路文化的传播

管理的主体是人。人的"劳作"是人性的基础。通过劳作,人类创造了文化,同时也塑造了自己作为"文化人"的本质。在漫长的历史长河中,丝绸之路上的商贾、使节、僧侣以及移民等各方人士,都做出了不同程度的贡献。

9.4.1.1 商贾

在各种有关丝绸之路的史料中,商贾是在丝绸之路上来往最频繁的一个群体,也是为数最多的。商贾往来于丝路,早于张骞通西域。西汉时,丝路的开通使西域各国和汉朝建立了友好关系。商贾往往假借汉使的名义赴西域从事贸易,携带价值万金的丝绸等物资前往西域各国换回珠宝等物品。

1000多年来,丝路上东来西往的商贾不绝于道,但留下的具体记载并不多,从敦煌壁画中可以看到他们的一些真实生活。生活的艰辛和风险,疾病和野兽的侵袭,盗匪的劫掠和屠杀都挡不住超额的商业利润。他们为中国和西域各国的社会进步和经济繁荣作出了贡献。他们在进行商业贸易的过程中,把我们的古文明传到了西域各国,又将西域各国的古文明带到了中国。

9.4.1.2　使节、僧侣

使节、僧侣是丝绸之路的文明传播者中最自觉的一类。从唐代文化交流的先驱鉴真到唐代的第一个到达非洲的文化友好使者杜环,再到 14 世纪畅游非洲大陆的汪大渊,最后到历经 7 次下西洋的明代航海家郑和,都在有意或无意之间传播了礼仪之邦的种种先进文明。

9.4.1.3　移民

在以文明传播为己任的主流传播者之外,还有一些传播者的传播行为的发生是无意识的,其中包括因为各种原因而移居境外的中国人。

汉朝以后,由于连年战乱,一些中国人为了躲避战乱,通过"海上丝绸之路"逃到了日本,他们被称为"归化人"。这些人中有不少技术人才和士人出身,他们给所居住地区带去先进的技术和文化。从西域往外迁居的中国人也在无形之中将华夏的文明传至各地。[1]

9.4.2　丝绸之路的文化内涵

丝绸之路的文化内涵十分丰富,对于当今人类社会经济、文化的发展具有重要的借鉴和参考价值。从当今社会经济文化发展需要出发,丝绸之路文化内涵的研究主要有以下专题。

首先,丝绸之路民族文化研究。在丝绸之路上有众多的民族活动,有希腊人、罗马人、塞克人、月氏人、乌孙人、匈奴人、嚈哒人、粟特人、吐火罗人、柔然人、鲜卑人、吐蕃人、西夏人、蒙古人、印度人等等,有定居的农业民族,也有游牧民族。他们各有自己的人种特征、民族特点、生活风俗和习惯、语言特征和宗教信仰以及各不相同的文化心理。这些民族活动的规律是什么?有哪些特点和特征?这些规律、特点、特征对他们的生存活动有什么意义?

其次,丝绸之路宗教文化研究。包括原始宗教研究、地区性的民族宗教研究和世界性的宗教研究。在原始宗教中又可分为自然崇拜、祖先崇拜、图腾崇拜和萨满教。地区性的民族宗教是指活动在丝绸之路

---

〔1〕魏文斌,赵建平:《丝绸之路的管理价值初探》,载《丝绸》2005 年第 9 期。

上的具有区域性的民族宗教,如在古代美索不达米亚地区的宗教,就包括苏米尔人宗教、阿卡得人宗教和亚述宗教;小亚细亚地区宗教,其中包括赫梯宗教和佛里吉亚宗教;大夏地区宗教、印度地区的婆罗门教以及中国地区的道教等。对丝绸之路宗教文化的研究,可探讨这些宗教在丝绸之路上的发生、发展、传播、兴盛和衰落的情况,研究它们对丝绸之路上各个人类群体、各个民族的意义和作用。

再次,丝绸之路文化艺术研究。主要有希腊大夏文化,中亚西部的安息文化,贵霜萨珊时期的犍陀罗艺术文化,处于中介地位的粟特文化,塔里木盆地南线上的和田文化,楼兰、鄯善文化和北线上的龟兹文化,焉耆吐鲁番文化,以及中原和西域交汇口的敦煌文化等。这些文化既有其各自的独特性,在其传播中又有其相互融合、相互吸收的互通性,其发展传播对丝绸之路上的各族人民有过什么积极的影响,带来了哪些消极的因素,都是值得认真研讨的。

最后,丝绸之路旅游文化研究。丝绸之路沿线从古至今遗留给人们许许多多的自然景观和人文景点,它们都是发展特种旅游的极好资源。[1]

9.4.3 丝绸之路是一种文化象征符号

"丝绸之路"中的"丝绸"一词,已不再是中外商业交流史上的商品"丝绸"之狭义,而是一个文化象征符号。这一符号的表征在于经济上的交流与合作,文化上的多元与融合。正是从经济上的交流与合作开始,实现了文化上的多元与融合。如阿拉伯文化、古希腊文化、宗教文化与中国传统文化的融合正是从丝绸之路开始的。

丝绸之路以中国古代长安为起点,经过西域,穿过中亚、西亚到达欧洲和北部非洲,其间跨越的国家、经历的民族甚多,其文化的多元性毋庸置疑。文化作为精神与物质的融合,将丝绸之路上的不同国度、不同民族的人们紧紧联系在了一起。

丝绸之路上文化的交流是使丝绸之路沿线多民族不可分离的关

---

〔1〕魏文斌,赵建平:《丝绸之路的管理价值初探》,载《丝绸》2005年第9期。

键。这里的文化意义指的是一种资源,一种民族的精神价值和生活方式相互渗透和影响的资源。它不能被简单地视为一种形式上的经济关系,而是一种充满文化意义的资源,是财富的占有、流动和互换。随着民族交往范围的逐步扩大,不同民族文化上的吸引力也越来越明显地表现出来,简单的交往关系进一步扩大为深层的文化心理联系,专一的民族情感融入更大范围内的民族联系,形成了带有多民族共同特征的普遍情感。于是,民族交往模式由某一物品的交流扩展为涉及政治、经济、文化等多领域的交流;由特殊的价值指向的交流,变成了具有普遍意义的多元文化交流;由单向的交流变成了双向的文化传播;由仅仅考虑本民族的利益,扩大到民族间的互惠原则,直至发展到多民族的共同利益。它们只是一种手段、一种形式和条件,其关键在于各民族的利益、需求的逐渐发展和不同民族之间共同的文化共享关系。[1]

9.5　丝路商业与西域绿洲民族文化形成规律的启示

(1)保持丝绸之路畅通,建设新时期的新的丝绸之路,西域绿洲少数民族文化的盛衰史同时也是丝绸之路的兴衰史。

历史上丝绸之路时断时通对新疆绿洲少数民族文化发展产生了巨大影响。而海上丝绸之路的渐盛也使得古老的陆路丝绸之路逐步走向衰落,尤其是近代海运的发展和现代通讯手段的快速更新,使历史上繁荣一时的、古老的丝绸之路逐渐成为历史上的辉煌。近现代的改革开放虽然也给新疆绿洲经济文化带来了冲击,使社会发展进入了一个由传统向现代的历史变迁时期,然而,由于地处亚洲腹地、远离海洋、交通不便等地理原因及其历史原因,与内地特别是东南沿海地区的快速发展相比,新疆绿洲经济社会发展相对迟缓。

各民族整体、全面、协调的发展是和谐社会的目标。为了发展新

<hr>

〔1〕魏文斌,赵建平:《丝绸之路的管理价值初探》,载《丝绸》2005 年第 9 期。

疆,国家利用古丝绸之路的文化内蕴和新疆特殊的地缘政治,提出新疆"向西走"发展路径,以新疆为桥头堡,打造一条真正横贯东西的国际新丝绸之路。以古老的喀什噶尔绿洲为中心,积极发展与中亚5国的经济、文化交流,开设哈萨克斯坦、吉尔吉斯斯坦、塔吉克斯坦等中亚五国的文化旅游专线,增强经济辐射能力,加强文化合作与交流,在新一轮的经济、文化交流过程中繁荣丝绸之路,在经济、社会发展的基础上促进新疆绿洲少数民族文化的转型和发展。我们应抓住这个契机,迎来新一轮的绿洲少数民族文化的繁荣。

(2)新疆绿洲少数民族文化历史上虽然深受中原、中亚及游牧民族的影响,但在各种文化的浸润中却依然保有本土文化,对当今文化全球化视野下的民族文化转型具有借鉴意义。

新疆绿洲少数民族文化之所以能较好地保持其独特的民族文化特色,是因为其不是照搬照抄其他民族的文化,而是在立足自身文化的基础上积极主动地汲取其他文明文化的优秀成果,并把它融入到自己的文化体系中,因而不仅丰富了本土文化,而且实现了本土文化的转型,成为本土文化发展的不竭动力。这不仅对整个中华民族的文化转型具有重要的意义,而且对于新时期新疆绿洲少数民族文化的转型和发展具有重要的借鉴意义。事实上,人们在400年前就认识到文化的建设是一个能动的选择过程。历史的经验和文化全球化的现实告诉我们,依然要在保有民族文化特色的基础上主动汲取异族、异质文化的精髓,促进少数民族文化在创新中发展。新疆的人类学界应该抓住难得的历史机遇,对西部大开发过程中的南疆绿洲社会文化变迁进行广泛而深入的研究,为西部社会文化的转型和发展提供有应用价值的科研成果,唤起少数民族文化创造主体的文化自觉,推进人类学的"本土化"。

(3)中原和西域合则共荣、分则俱损的历史告诉我们要加强统一和谐的中华文化建设。

在和谐社会的建设中,和谐文化建设要先行。在文化与社会的双向互动过程中,文化作为一种思维无疑对人们的行为具有重要的指导和规范作用。因此,新疆社会的和谐首先是新疆多元民族文化的和谐。历史上中原王朝和西域分则俱损、合则共荣的事实告诉我们,在新的历史条件下,一定要加强社会主义和谐文化建设,用社会主义核心价值体系统领社会主义文化建设。由于历史与现实中新疆绿洲少数民族文化与中亚文化有着千丝万缕的联系,在新的历史条件下,我们应加强对跨国民族文化的研究,提升中华文化的凝聚力和向心力,用和谐的中华文化和核心价值体系引领边疆经济社会建设。

(4)中原政权政治制度层面的影响与中亚阿拉伯文化的深层文化心理影响并存的历史与现状,提醒我们应注重研究新疆少数民族群众的深层文化心理,从而为解决新时期的民族问题提供对策和思路。

虽然历史上中原王朝及近代中国政府与新疆文化的相互影响、相互促进、交融共生构成了多元一体中华文化不可分割的重要组成部分,并形成了共同的民族意识和民族认同,但是,我们依然不能忽略历史上阿拉伯文化、尤其是伊斯兰教对绿洲民族文化及深层文化心理的影响。正如越来越多的学者所认同的那样:"伊斯兰教不光是一种信仰体系,而且是一种社会制度,一种生活方式,一种文明和文化。"民族、宗教文化影响下的深层文化的心理,已经深入民族的血液和骨髓,并随着社会生活的延续而在代与代之间传递,依然构成现代少数民族的心理表征。在新疆特殊的地缘政治及两种意识形态斗争以及恐怖主义威胁的阴云下,尤其是"三股势力"实施所谓的"民心工程",开始对新疆进行民族心理和民族文化的渗透和侵蚀之时,我们更不能忽视对少数民族群众深层文化心理的研究。一方面,关注不同民族的心理状态以及民族文化特征有助于不同民族增进相互理解,有利于我们的共同心理和共有文化的发展,从而有助于在根本上推进各民族对中华民族的认同,化解矛盾,增进融合,促进稳定;另一方面,对边疆各民族心理和文化特征的研究,有助于我们揭露民族分裂分子利用民族心理,煽动民族情绪,歪曲民族文化以达到分裂的目的本质,有利于构建社会稳定的心理机制和文化安全机制,构筑社会稳定的思想防线。

(5)新疆绿洲少数民族文化形成过程中始终表现出族际、族内文化大同与小异并存的现象,提醒我们应注重对少数民族之间的异质性研究,为民族政策深入细化提供理论支持。

长期以来,我们一直比较关注民汉之间的文化异质性研究,而对少数民族之间和少数民族内部的文化异质性没有予以足够的重视。而这种民族间和民族内部的文化异质性也是导致现实中民族矛盾的一个原因。"汉族离不开少数民族,少数民族离不开汉族,少数民族之间相互离不开"的"三个离不开"思想是我们对新疆少数民族关系的阐述,也是对新疆绿洲少数民族文化关系的阐释。在新的历史发展阶段,尤其是随着新疆经济社会改革的不断深入,民族之间、民族内部利益的多元化和多层次化,要求我们必须加强对少数民族之间文化的异质性研究,从而通过文化研究去了解民族心理产生的原因,制定更为合理细致的民族文化政策,更好地建设和谐新疆。

回顾历史是为了更好地指引现实。从历史上看,新疆的生成演进机制为多元一体文化格局的微缩典型,其文化发展演进的过程为文化全球化背景下的少数民族文化转型提供了借鉴。现实中,新疆经济社会发展中的很多问题可以在民族的文化特征及文化演变的规律中找到相应的文化根源,从而为少数民族地区少数民族特色文化的成功转型和构建和谐文化、和谐社会提供相关的理论与现实依据。

丝绸之路的形成和发展表明,它是人类历史上早期商业贸易和商业管理的历史见证,其管理价值远未得到充分发掘。丝绸之路虽以丝绸贸易为开端,但其意义却远远超过了商业贸易的范畴。它把世界各地的文明古国如希腊、罗马、埃及、波斯和中国联系在一起,又把世界文化的发源地如埃及文明、两河流域文明、印度文明、美洲印加文明和中国文明等联系在一起,形成了一条连接亚、非、欧、美的大动脉,使这些文明经过大动脉的互相交流而放出了异彩。丝绸之路的管理价值还在于它形成了一个特定的文化符号系统,在这个系统中,不同民族总能不断地适应环境,维护内部的管理秩序,发展民族文化的交流深度,以达到文化共享和文化管理的目的。

10 巴扎:从文化的空间到
空间的文化

集市荒芜了,还有小店铺,苍蝇

孩子们追逐它,远远的地平线

茅屋在枣椰林打呵欠

——阿卜杜·瓦哈卜·白雅帖《乡村集市》

在最初,"BAZZAR"(巴扎/芭莎)仅仅指向巴扎自身,除了具备物理空间的功能外,它不会是别的东西。今天,巴扎更多的和时尚联系在一起,既是因为一本享誉中外的时尚刊物取名为"时尚芭莎"[1](BA-ZZAR)的缘故,也是由于坐落于新疆乌鲁木齐市二道桥的地标性建筑——大巴扎驰名国际的结果。就前者而言,从词源学的角度来讲,巴扎是波斯语词汇,原是突厥语族采用的一个处所称谓,历史上,突厥人在与汉族的贸易接触中,这个处所称谓也被译介过来,根据汉语的译音,遂有巴扎、巴札、巴札尔、把撒儿、把咱儿、八栅尔、巴匝尔、把杂尔、八杂、八杂尔、八栅等音译出现在史料之中。随着丝绸之路贸易往来的日趋繁荣,"巴扎"这个词的音译经由行旅商人的口耳相传,开始流行于欧洲大陆,并再沿着新时期的贸易往来,从海上丝绸之路回传,最终跳脱出其原有的处所概念和地域束缚,跃迁为一个当代时尚符号的集

〔1〕该杂志创刊之初是以《BEST CHINA FASHION》英文刊的形式对全球发行,第二年,又以《BEST·中国时装》的方式开始在国内发行。2001 年 11 月,杂志正式与时尚集团合作,刊名改为《时尚·中国时装》。2002 年 9 月,与拥有 139 年历史的全球著名时装杂志《Harper's BAZAAR》的版权合作在该刊出版 100 期之际被国家新闻出版总署正式批准,是一本服务于中国精英女性阶层的时尚杂志,传播来自时装、美和女性的力量。同时,该杂志在中国首次提出"让慈善成为时尚"的口号,连续 7 年举办年度盛会"BAZAAR 明星慈善夜",累计捐款高达 2744 万余元,开创全新的时尚慈善模式。

合名词。就后者而言,巴扎作为处所概念,可以说是新疆独特文化空间的特有表征,这个概念,或者说这个处所,今天借由乌鲁木齐市二道桥国际大巴扎的地标景观,完成了由一个物理空间的原始功能演变为特定历史时期的政治经济文化想象的历史步骤,同样经历了从古丝绸之路诸多绿洲城邦间某个地域的异域情调到一个都会城市时尚符号标志的能指漂移。换一个角度而言,如果说从古代社会的巴扎到今日二道桥的巴扎的变化仅仅是一种空间的历史变迁,那么,从二道桥的巴扎的筑造到时尚杂志 BAZZAR(时尚芭莎)的印刷出版,则又是一种文化的空间的产生变成了一种空间的文化的生产,在这个过程中,实质的空间变作形式的空间,从而具备了一定的超空间性。从历史角度看,这种变迁过程既非简单的意义耗竭,也非简单的意义增值,而是政治经济文化多重作用的综合体现。

10.1　巴扎与文化空间的产生

我们现在能够查到的最早出现"巴扎"一词的维吾尔文献是成书于公元 15 世纪的维汉文合璧的《高昌杂字》,在这本书的《地理门》中收有"巴扎"一词,译音作"把撒儿",意译为"市廛",维吾尔语读音与现代维吾尔语相同。中亚人谢热甫丁·艾里·叶孜迪(约 1360—1440年)所著历史小说《艾米儿·铁木尔演义》讲述的是元末明初中亚的历史传说,书中多次提到巴扎。据此推断,"巴扎"一词至迟在元代就在中亚民族的语言中流行了。而据李吟屏先生考证,[1]汉文史料中首次出现对巴扎的准确记载,是在明代人陈诚、李暹合著的《西域番国志》中,该书描述哈烈(今阿富汗赫拉特)时说道:"乡村多立墟市,凡交易处名把咱儿。每七日一集,以有易无,至暮俱散。[2]"这文中的"把咱儿"便是"巴扎"在汉文史料中的最初记载。可见,根据史料,典型的巴

---

〔1〕李吟屏:《论新疆历史上的巴扎》,载《新疆大学学报》哲学社会科学版 1991 年第 19 卷 4期,第 55 页。

〔2〕〔明〕陈诚:《西域行程记 西域番国志 咸宾录》,周连宽校注,中华书局 2000 年版,第 71 页。

扎的记录只能从元代说起,而具体的记载则多见于明清时期。据成书于回历951年(公元1544—1545年)的《阿布杜热西提汗史记》抄本(抄于回历1036年,公元1626—1627年)残页《书面备忘录》记载,叶尔羌汗国时期新疆共计有"街道市场424处","巴扎"198处。[1]

诚然,虽则史料可查的关于巴扎的记录集中出现在元明时期,但是,这绝不意味着巴扎在元朝以后才出现。新疆的集市贸易早在公元前便出现了,"又贸迁起于上古,交易行于中世。汉与胡通,亦立关市"[2],《魏书》中说得很清楚,西域的贸易往来在上古时代便存在了。确实,据考古发现,公元10世纪前后,于阗的玉石便源源不断地向外运出,而中原的丝绸也出现在了埃及法老的王宫之中。可见,丝绸之路——连接东西方的交通大道,横贯欧亚,其西域诸绿洲城镇作为丝路贸易的中转站和交易地早于公元前10世纪便出现了。[3] 彼时,古丝绸之路上的诸多绿洲城镇中,彼此的贸易往来,资源交换一定也是在巴扎这种集市形式中完成的。而在公元以后,自张骞"凿空"西域后,巴扎作为集市在汉人的史书中更是存在的,它被称作"市"、"墟"、"集"。疏勒作为南北丝路两道的汇合点,在汉代便出现了"市列"。"初,吕光之称王也,遣使市六玺玉于于阗,至是,玉至敦煌,纳之郡府"[4],文中也记载了于阗集市上的玉石贸易。史料显示,高昌、焉耆、龟兹、疏勒、于阗等绿洲城镇在丝路贸易中不仅发挥传输作用,更是丝路贸易的集散市场,其繁盛情况从唐代高昌与西州市场上的女奴交易记载便可窥见一斑。综上,我们虽则不能说出巴扎这种集市形式在西域最早出现的确切时间,但是,从丝路城镇贸易的记载推断其在公元前便出现了,也并非不可。

〔1〕尼扎木·侯赛因:《中世纪后半期维吾尔文化史话》,载《新疆文化》(维吾尔文版)1988年第1期。此备忘录由尼·侯赛因于1983年发现于叶城县一教员家,转见于李吟屏:《论新疆历史上的巴扎》,载《新疆大学学报》(哲学社会科学版)1991年第19卷4期,第56页。

〔2〕《魏书》卷十八《太武五王列传》。

〔3〕殷晴:《丝绸之路与西域经济——十二世纪前新疆开发史稿》,中华书局2007年版,第1页。

〔4〕《晋书》卷87《凉武昭王李玄盛列传》。

巴扎这种集市外观如何呢?《新疆图志》卷四十八《礼俗》载:"市居者,门左右筑土为台,旅陈估货,谓之巴扎尔。"对此描写得十分形象。陈诚、李暹在《西域番国志》中以哈烈(今阿富汗赫拉特)的巴扎为例,更是概括形容得无比详细:"市井街坊,两傍筑屋,上设覆蓬,或以砖石拱甃,仍穴天窗取明,晴不畏日,雨不张盖。遇干燥生尘,则以水浇洒。铺店各分行头,若弓矢鞍辔衣服之类(按:"衣服"二字,原在"之类"之后,据<文集>本改正),各为一行,不得参杂。少见纷争,如卖马驼、牲畜,亦各聚一所。"[1]可见,古人文中所形容的巴扎的外观与今日新疆各地州的巴扎形貌并无太大区别,都是于街道左右上架篷盖,以遮风避雨,遮阳去热。而根据上个世纪50年代的调查:"南疆的每一个县都有几个到十几个集市分布在全县各地,一般乡村中在往返一日的路程之内,都有一个集市。"[2]足见,巴扎作为一个交易处所,古来便有,至今也是新疆地州各县贸易交易的主要空间。

巴扎这个空间一经产生,它的处所功用便是有目共睹的,这一点也是古今皆同。作为"大门外面的事情"[3],它是产生各种有形的商品往来、资源流动、人际交流和无形的文化传播、权力制衡的空间,比如它是商品交换和贸易往来的固定地点,有着固定的时间和周期;它是手工业产品的加工和集散地,各种手工艺匠人聚集的场所和空间;它是一定历史时期,统治阶级征税、宣讲、惩戒,昭示统治权力的空间;它是观光客、贩夫走卒聚集的处所,各种人群接触和文化交流的空间。巴扎作为文化空间的属性,与其作为物质空间的属性是截然不可分割的,这一点不仅可以由我们置身巴扎与人群交往的切身经验加以佐证,如对有的人而言,巴扎便是商品、社交与娱乐的空间:"每一个巴扎,无论城镇巴扎还是乡村巴扎,至少具备以下的功能和内容:商品博览会,人流和物流集散地,乡村学堂,社交场所,麦西来甫剧院,新闻与小道消息发源地,

---

[1][明]陈诚:《西域行程记 西域番国志 咸宾录》,周连宽校注,第65-66页。
[2]杨廷瑞、法海丁:《南疆的集市》,收入《南疆农村社会》,新疆人民出版社1979年版。
[3]维吾尔谚语说:"巴扎是父亲,巴扎是母亲。"而在波斯语中,"巴扎"直译的意思是"大门外面的事情"。

美食展示会,手艺人的舞台,毛驴音乐会,孩子们的游乐园,乞丐们的节日,恋人们的约会地……"[1];对有的人来说,巴扎则是散步、休闲与聚会的空间:"整天,从一清早到关城门时,萨尔特人的巴扎上挤满着人。大多数人是根本没事干的,但每个人都觉得非来走走不可。对东方人,特别是对萨尔特人来说,巴扎是个俱乐部,在这里他们可以打听各种新闻,会见朋友和熟人,并且成为他们的一种娱乐,这种娱乐虽不那么丰富多彩,但对他们的要求来说,也算够了。所以这里才总是熙熙攘攘,人来人往"[2];有的人觉得巴扎是一个观察人群,体验热闹的空间。[3]可见,从人们切身的体验中,巴扎作为物质空间的属性与文化空间的属性便不可分割。同时,这一点,也可由各种文献中记载的人们借由巴扎/集市贸易中商品的流通判断某个地域的地方感或者某个地方人的地方性得以求证。如丝路城镇集市交易过的丝绸,传入西方,刺激了罗马人对"赛里斯国"的兴趣,也刺激着罗马作家对东方这片地域的浪漫遐思,并引发了罗马作家们对"赛里斯国"人性格和民族性的猜想。如罗马著名的地理学家老普林尼(Gaius Plinius Secundus,23—79)在他的名著《自然史》第六卷里说:"人们在那里所遇到的第一批人就是塞里斯人,这一民族以他们森林里所产的羊毛而名震遐迩。他们向树木喷水而冲刷下树叶上的白色绒毛,然后再由他们的妻室来完成纺线和织布这两道工序"[4],普林尼根据丝绸出产的地域空间属性,进而判断赛里斯人"红头发,蓝眼睛,声音粗犷,不轻易与外来人交谈"。这也说明,空间的物质属性与文化属性在主体的感受中是难以分割的,巴扎作为这样一个处所和空间,它的物质属性与文化属性也不例外。

因而,巴扎的地点结构也是一种感觉结构,巴扎的空间呈现一方面

〔1〕沈苇:《喀什噶尔》,青岛出版社 2008 年版,第 95 页。

〔2〕[俄]尼·维·鲍戈亚连斯基著、新疆大学外语系俄语教研室译:《长城外的中国地区》,商务印书馆 1980 年版。

〔3〕周涛:《周涛散文·游牧卷》,新疆人民出版社 2009 年版,第 299 页,原文提到,"七十年代,余在南疆,每逢巴扎常凑热闹,不买东西喜欢看人,尤爱观察维吾尔老人,极具韵味"。

〔4〕转见[法]戈岱司:《希腊拉丁作家远东古文献辑录》,耿昇译,中华书局 2000 年版,第 10 页。

透过视觉的方式而形成其作为某个地方公共空间意义的环境特质,另一方面又由长期的接触与经验伴随某个特殊稳定群体的活动网络体现出地方的文化意义,巴扎的产生因而也是文化空间的产生,在这个空间中,不同阶层、不同种族、不同性别建立不同的场所意义,透过另外空间的人群流动,以及不同社会角色的空间实践,成功地沟通并建构了巴扎所在地居民的日常生活、族群记忆和文化意义。

10.2　巴扎与文化空间的生产

与巴扎作为贸易空间产生的时间一样,巴扎成为新疆区域文化符号表征空间的确切时间也无从确认。但是巴扎作为一个文化空间的生产过程,却是有迹可循的,这其中尤以乌鲁木齐二道桥国际大巴扎的生产过程最为醒目。我们不妨回顾一下乌鲁木齐二道桥国际大巴扎产生的时代背景和历史过程。

乌鲁木齐二道桥国际大巴扎的问世,经历了一个从历史无意识规划到政府有意识"书写"设计的过程。清乾隆二十八年(1763年)乌鲁木齐再次加固城垣,命名为"迪化",1772年在城西扩建"巩宁"城,现规划的民族风情一条街就位于老迪化城的南门一带。20世纪20年代本地区已形成商业一条街,其繁华地段为南门外、南门、二道桥一带。民族特色非常明显。新中国成立前这里是乌鲁木齐的第二商业中心,主要经营新疆各地的土特产。此外,二道桥一带则是清朝沙俄在乌鲁木齐划定的"贸易圈"的北端分界线,再向南即为俄商贸易区,俗称洋行街,后来德国、美国商人也先后进入,并在此设立了苏联领事馆和英、美领事馆。这样的地理空间位置,以及巴扎的文化空间所具有的展演价值、场景价值和怀旧价值使得国际大巴扎在此处产生成为必然。根据乌鲁木齐市委、市政府把乌鲁木齐建成国际商贸城的经济发展战略部署和市委七届九次全会提出的把二道桥商贸圈建成乌鲁木齐市民族特色商贸圈的发展目标,建设一个具有民族特色和民族风俗人情的、集商贸娱乐为一体的建筑群是非常必要的。在这种历史背景下,大巴扎应运而生。该项目建成后,其建筑面积 90000 平方米,而旅游区展览面积 20000 平方米,成为国内最大、功能最全的民族商品展示销售中心;二道桥每日人流量将高达 10 万人,可谓乌鲁木齐发展大旅游、大商贸、大流通、大边贸的集散地。

毫无疑问,二道桥国际大巴扎的空间生产中,文化是政治运作和商业运作的派生物,是乌鲁木齐这样的首府城市按照现代性的逻辑生产出来提供文化消费、观光旅游和怀旧审美的空间。相较于巴扎的文化空间产生之初,此时的国际大巴扎的空间生产已经从一个单纯的贸易处所空间概念跃迁为城市时尚符号空间指代,并进一步作为首府地标性的建筑群引领新疆文化符号的生产潮流,就这个结论,我们可以通过被生产的巴扎的文化空间与自然形成的巴扎的文化空间的对比加以证明。

首先,从巴扎这个空间的形成过程来看,二道桥国际大巴扎的文化空间生产不是社会关系延伸的自然产物,而是在政府意图与城市规划目的的作用合力中被有意生产出来的,它与巴扎产生之初的文化空间的延续性在于,都是利益交换与追逐的场所;不同之处在于,二道桥国际大巴扎的文化空间的生成更是利益交换与追逐的产物。

其次,从巴扎这个空间的外观设计来看,自然产生的巴扎,一如笔者在上文根据史料收集所描述的那样,街道左右上架篷盖,简捷不费工序,能够遮阳避雨便可。而被生产出的巴扎的外观设计,格外强调其民族特性与文化独特性,同时还要兼顾一种人工的真实性。二道桥大巴扎的设计者以"新疆"这个独特的东西文化荟萃的地域主题为中心进行取舍安排,深刻地体现了伊斯兰文化的精髓,在方案中可以找到许多伊斯兰空间构成的独特手法,如拱、圆顶、廊和简洁的墙面几何体的巧妙转换等,同时又得坚持必要的减法原则,不可在淳朴的乡村集市幻象中暴露出宫廷阆苑的奢靡而失去其作为巴扎的原味。

第三,从巴扎这个空间中人群的消费动力来看,在二道桥国际大巴扎这个被生产的文化空间中,"一双旧军鞋/在众手传递/农夫向空地凝望/待新的一年来到/我双手一定捧满钞票/我要来买这鞋"[1],诗中所形容的农夫因为实际需要才来购买的购物情景是不会发生的,因为在被生产的巴扎空间中,精神消费与物质消费相互剥离了。在二道桥大巴扎购物的人清一色为观光客和外地人,他们的消费之旅更多情况下仅仅是出于对地方纪念品的占有冲动,而非实际所需。而对自然形成的巴扎空间来讲,期间穿梭往来购物的人群主体都是当地的居民,他们购物的动力在于满足日常所需。

第四,从巴扎这个空间中人群的往来关系看,自然产生的巴扎空间里,人群的流动是稳定的,人群往来的基本关系是一种社群关系,是同向真实的情感指向与身份指向的交往关系,人群的经验是在地性、切身性的,在此基础上才能形成所谓的地方感、地方性以及族群的历史涵构。而在生产出的巴扎空间里,人群的流动追求速度,人群往来的基本关系是情调主义、猎奇主义与观光性的暂时互动,是彼此不知真实身份的错身相逢,人群的经验是去地性、疏离化的。"拐过街角,一脚陷进鼓乐齐鸣的沼泽/水果和烤肉,焦黄的香馕/异族语调的叫嚷蜂拥在阿迪力商场/二道桥从行人头顶轧过/夕阳照在大巴扎圆顶的寂寞上/警车气势汹汹鸣着喇叭……"[2],这首诗中,主体对巴扎的空间体验便是在一系列差异性的民俗事象中的"陷入",对于本地人来讲习以为常的生活细节成为了让观光游客陌生和兴奋的本地疏离。

总之,在被生产出的巴扎空间里,一切在自然形成的巴扎空间中真实存在的东西全都成了幻象和真实的类聚物。在这个被生产出的空间中,一如鲍德里亚所言:"从今以后,那些通常被认为是完全真实的东西——政治的、社会的、历史的以及经济的——都将带上超真实主义的类象特征"[3]。

诚如笔者在文章开始所陈述的,从巴扎空间的自然产生到巴扎空

---

〔1〕阿卜杜·瓦哈卜·白雅帖:《乡村集市》。
〔2〕蓝蓝:《在大巴扎》。
〔3〕〔法〕鲍德里亚:《类象》,转引自〔美〕凯尔纳和贝斯特:《后现代理论——批判性的质疑》,张志斌译,中央编译出版社2004年版,第152页。

间的生产经历了一个漫长的历史流变过程,这个过程无疑是一个文化意义变迁的过程,这个空间由最初的为地点处所所表征的物理空间演变成为族群的历史涵构所表征的文化空间,进而衍变为地点与"书写"互动的空间符号,这一过程在指向一个社会与历史实践下的地景变迁外,更使得巴扎的文化涵义完成了从新疆过去的实质环境延伸到新疆当下的地景象征意义的跃迁,而当这个空间通过再次被抽象为符号如"时尚芭莎"的杂志名时,便会超越空间重新转变为另一个意义场域有待开掘的文化符号。

作为结语,笔者想说巴扎作为一个风土空间从提供消费到被消费,一方面是现代化进程的必然结果,这个过程会形成对历史和传统的冲击,引发人们对消失了的美好时光的怀念与对现代性的批判;但是另一方面,这个进程又会重新整合传统和历史为自己所用,在传统和历史生活消失的现在时刻,重新生产出消失的时光和地方性,二者互为辩证。

第四部分　新疆文化发展论

11 以体制机制创新为动力 提高新疆文化软实力

文化是民族凝聚力和创造力的重要源泉,也是综合国力竞争的重要因素。党的十七大报告指出,要推动社会主义文化发展大繁荣,兴起社会主义文化建设新高潮,激发全民族文化创造活力,提高国家文化软实力。报告这一新提法,表明我们党在推进经济社会发展,全面建设小康社会的过程中,越来越重视文化的作用。进入改革开放时期,随着现代化建设的不断深入,我国民族地区社会经济、文化正在不断变化。在新疆,受独特的自然地理环境和社会人文环境的影响和作用,多元民族文化变迁呈现突变性特点,自然地理环境是新疆多元民族文化存在和延续的客观基础,而自古以来,动态性开放的人文环境则培育了新疆各民族恢宏的接纳能力。新疆各民族兼容并蓄,不断地从外来文化中选择适合于自己的文化因素,完善自己,发展自己。[1]

11.1 文化软实力的内涵

"软实力"是近年来风靡国际关系领域的最流行关键词,其概念是美国前助理国防部长、哈佛大学教授约瑟夫·奈于上世纪 90 年代首先提出来的,主要包括文化的吸引力和感染力、对外政策、意识形态和政治价值观的吸引力等。"软实力"通常包含四个方面的内容,即文化影响力、意识形态影响力、制度安排影响力和外交事务影响力,其中文化影响力是核心。

"文化软实力"是指一个民族的文化价值观和一个国家文化模式

〔1〕贺萍:《新疆多元民族文化特征论》,载《中国边疆史地研究》2005 年第 3 期,第 86 - 87 页。

所表现出来的凝聚力、吸引力和影响力,是综合国力和国际竞争力的重要组成部分。文化软实力以经济为基础,以文化为内涵,包括意识形态、人文精神、道德水准、制度环境、法律环境等多个层面,具有广泛的道德感染力、文化亲和力和理想凝聚力。我们认为,软实力是一种影响力,更是一种吸引力,虽无形但更具魅力和凝聚力,是一种发展也许迟缓但更有利于持久发展的影响力。

11.2 文化软实力在新疆发展与稳定中的作用

新疆维吾尔自治区文化厅曾给新疆文化梳理出"四个属性"。即:一是"战场属性"。新疆在中国发展和稳定大局中居于特殊且重要的战略地位,是抵御西方敌对势力和境内外"三股势力"分裂、渗透破坏活动的重点区域。新疆文化工作是与"三股势力"争夺思想文化阵地、争夺农村群众、争夺青少年的"战场";二是"民族属性"。新疆的民族文化,是"多元一体"中华文化重要组成部分,促进新疆各民族文化共同繁荣发展,对于维护统一的多民族国家的团结稳定,凝聚各族人民的力量,回击西方敌对势力泼脏抹黑,共同致力于建设中国特色社会主义的伟大事业,意义重大;三是"边疆属性"。新疆地处祖国西部边陲,和8个国家接壤,有维吾尔、哈萨克、蒙古、柯尔克孜、乌孜别克、塔吉克、俄罗斯、塔塔尔等多个少数民族跨国界分布,长期受国际地缘政治和文化的影响,所面临的国际文化争夺形势也愈加复杂。做好新疆文化工作,不仅事关国家形象,而且对争取地缘文化战略制高点,配合国家外交大局,有效维护国家利益和文化安全,具有重要作用;四是"政治属性"。新疆文化工作在基层,具有宣传、教育、团结、凝聚群众,提高基层党组织和基层政权掌控社会的能力,弱化宗教的突出地位和作用,既是提高党的执政能力建设的重要方面,也是解决"相信谁、跟谁走",解决在农村基层文化力量与宗教力量对比"一冷一热"、"一弱一强"等的重大问题,还是牢牢把握先进文化、和谐文化建设主动权的重要方面。

从新疆文化的这"四个属性"可以看出,作为一种隐性的资源,提升文化软实力首先在增强新疆人民的凝聚力、维护社会稳定、加强执政建设、强化"四个认同"方面具有重要意义。再者,提升文化软实力在为新疆发展注入精神动力、提供智力支持、营造良好环境中发挥的重要作用日益凸现。一是注入精神动力。只有提升文化软实力,才能真正发掘、提炼、打造出一个新疆的共有精神,从而为其发展注入强大的精神动力,引导和团结人们朝着共同的目标前进。二是提供智力支持。只有提升文化软实力,才能使人们的科学文化水平得以提高、视野得以开阔、创新潜能得以发掘,从而为发展模式的转变提供强有力的智力支持。三是营造良好环境。新疆的发展,离不开团结的内部环境及和谐的外部环境。文化软实力是一个地区生命力的体现和文化魅力的展现,对内能够用共有精神统一思想、凝聚人心、鼓足干劲,对外能够用良好形象提升辐射力、增强带动力、扩大影响力,从而营造出最有利于发展的软环境。除此之外,提升文化软实力在扩大新疆民族文化的国际影响力、增强新疆综合竞争力、提高新疆人民素质等方面也具有重要作用。

11.3 文化软实力在新疆的发展状况

公共文化设施建设 截至 2008 年年底,新疆已建成自治区图书馆、博物馆、新疆考古研究所、新疆艺术剧院、新疆木卡姆艺术团等区级文化设施。各地州和县已建成公共图书馆 92 个、群众艺术馆 14 个、文化馆 94 个和乡镇综合文化站 1034 个、村文化活动室 6886 个。

重大文化工程 截至 2008 年年底,新疆文化信息资源共享工程已建成 61 个县级支中心,8504 个村级基层服务点。"送书下乡工程"6 年来向贫困边远地区的 48 个县级图书馆和 400 个乡镇文化站送去维、汉、哈、柯、蒙等少数民族语言文字的各种图书 50 余万册。流动舞台车工程先后投入 1396 万元资金(不含兵团),为新疆配备了 45 辆流动舞台车,提高了为边远地区农牧民群众提供公共文化服务的能力。

·欧·亚·历·史·文·化·文·库·

文物保护　新疆现有博物馆 47 座,全国重点文物保护单位 58 处,自治区级文物保护单位 374 处,县级文物保护单位 2134 处,文物藏品114790 件。近年来,先后颁布实施了《新疆维吾尔自治区实施〈文物保护法〉办法》《吐鲁番交河故城遗址保护管理条例》,经中央批准实施了《丝绸之路(新疆段)重点文物抢救保护工程方案》,并多次在美国、德国、日本等国家及我国台湾地区举办新疆文物精品展。

非物质文化遗产保护和传承　新疆维吾尔木卡姆和柯尔克孜族史诗《玛纳斯》已被列入联合国教科文组织的"人类非物质文化遗产代表作名录"。目前,全疆已建立了区、地两级非物质文化遗产名录,拥有传承机构 72 个,各类专业传承中心、传习所 28 个,国家级项目名录 66项(含兵团),自治区级项目名录 185 项,拥有国家级非遗代表性传承人 24 名和自治区级传承人 229 名,颁布实施了《新疆维吾尔自治区非物质文化遗产保护条例》,新成立的新疆维吾尔古典文学和木卡姆学会也成功升级为国家级学术团体。

艺术事业　目前,新疆共有专业艺术表演团体 92 个,艺术创作研究机构 2 个,中等艺术院校 3 所。艺术门类以各民族歌舞为主,包括歌剧、话剧、京剧、秦腔、豫剧、新疆曲子、儿童剧等剧种。多年来,新疆各级专业艺术表演团体创作生产了一批思想内容好、艺术特色浓、市场潜力大的舞台艺术精品,如大型音乐杂技剧《你好,阿凡提》、大型歌舞《洒满阳光的新疆》、传统乐舞《木卡姆的春天》、大型音乐剧《冰山上的来客》、话剧《马市巷子的老院子》等,极大地丰富了各族群众的精神文化生活。

群众文化活动　从 2002 年起,新疆连续 7 年举办百日广场文化活动,活动累计 30525 场次,观众累计 11817 万人次。"乡村文体活动竞赛"在全区农村组建了群众性的舞蹈、赛马、叼羊、秧歌、舞狮、舞龙、篮球等各种文体活动队伍 562 个,总人数 1.88 万,年活动场次 6300 余场,观众 550 万人次。麦西来甫、阿肯弹唱、库姆孜弹唱、诺鲁孜节、那达慕大会等少数民族传统文化活动,已成为各族群众在传统节日广泛参与的群众性文化活动。

文化产业 文化部研究制定了《文化部关于贯彻落实中央新疆工作座谈会精神实施方案》,从三方面着力支援新疆文化事业和文化产业发展繁荣。第一,实施新疆文化建设"春雨工程"。继续加快推进以基层为重点的公共文化基础设施建设,建设一批地市州和县级文化馆、图书馆、剧场、排练厅及自治区群艺馆、美术馆、文艺译制中心等设施;构建公共文化服务体系运行经费保障机制,在中央财政设立专项转移支付资金,将各级文化机构的公用经费和业务活动经费纳入财政预算;加强文化内容建设,组织创作一批大型文化活动和精品剧目;加大艺术人才培养和文化队伍建设力度。第二,实施新疆文化遗产保护工程。一是文化遗产保护内容建设,包括新疆维吾尔木卡姆艺术专项保护,各级博物馆、非物质文化遗产保护传承中心布展等;二是非物质文化遗产保护设施建设,包括各级非物质文化遗产传承中心、生产性保护示范基地等;三是文物保护设施建设,包括各级博物馆、野外文物看护设施等。第三,加强新疆文化市场监管,加快文化产业发展。推动新疆文化市场监管平台建设;将新疆列为文化市场执法培训定点地区,为新疆文化市场管理和执法培训工作提供经费补助和师资支持。在拟订文化产业发展规划、政策中对新疆予以重点支持;扶持和促进新疆文化产业建设与发展;指导新疆文化产业基地和区域性特色文化产业群建设。近期,文化部拟开展的主要工作有:召开文化部对口支援新疆工作会议,启动新疆文艺译制中心建设,分期分批赴新疆组织开展"文化志愿者边疆行大舞台"等系列活动。近年来,新疆积极探索文化产业发展新思路,成功举办首届"新疆文化产业研讨会与洽谈会"和"中国西部地区文化产业经营管理人才培训班",在第三届中国(深圳)国际文化产业博览交易会上签订意向金额1.145亿元,在中国西部(呼和浩特)文化产业博览会上签订意向金额8600万元。截至2008年,新疆文化产业增加值近14亿元,经营性文化产业机构10934个,从业人员25862人,新疆文化产业从无到有,以独特的民族优势取得了新的发展。

对外文化交流 近5年来,新疆对外和港澳台地区进行文化交流的项目达476项、5043人次,其中派出团组309个、2913人次,接待来访团组 167 个、2130 人次,与世界 60 多个国家和地区进行了文化交流。2008 年 6 月,新疆成功举办首届中国新疆国际民族舞蹈节,演出 45 场次,观众达 5 万余人,对促进新疆文化的繁荣发展产生了深远影响。

文艺人才队伍 目前,新疆共有文化艺术从业人员 36922 人,初步形成了艺术、图书、群众文化、文博 4 个专业为一体的文化专业队伍。同时,依托新疆师范大学和新疆艺术学院等 5 所艺术类大专院校,先后培养舞蹈、音乐、美术等方面艺术人才 2 万余人,在中央戏剧学院培养 4 届近 120 名戏剧表演人才,在西北大学培养两批约 60 名文物考古专业人才,有力地壮大了文化艺术人才队伍。

11.4 提高新疆文化软实力的出路与对策

如果说观念创新是文化创新的指针,文化科技创新是文化创新的助推器,文化内容创新和文化形式创新是文化创新的主体,那么文化体制机制创新则是文化创新的制度保障。文化体制既是社会根本制度的重要构成,又是文化本身的一项基本内容。推进文化体制与机制的创新与改革,解放和发展文化生产力,是推动文化创新的重要环节和根本出路。良好的文化体制是文化创新的基本保证,也是文化服务于经济和社会发展的制度基础。

过去的文化体制基本上是计划体制下的产物,如今在全球化和社会主义市场经济体制的背景下,文化体制必须进行相应的改革。文化体制创新的根本,就是要遵循社会主义精神建设的特点和规律,适应社会主义市场经济发展的要求,建立起对内可以充分发挥社会的文化创造潜力,壮大文化产业规模,繁荣社会主义文化事业,对外可以适应国际文化发展的潮流,具有高度应变能力和保障国家文化安全的文化体制。

11.4.1 以推进政府管理创新为核心深化文化体制改革

当前,深化文化体制改革、推进政府管理创新应着力解决以下两方面问题:

11.4.1.1 要正确区分不同类型的文化事业和文化企业，做到分类管理

要打破政府办文化、政府管文化的"统包统管"的文化管理体制，改变长期沿袭的计划经济的做法，正确区分不同类型的文化事业和文化企业，做到分类管理。

以公益性文化事业为例，公益性文化事业具体可分为四种：如新疆日报、省级党报与党刊等承担党和国家喉舌功能的政治宣传类文化事业；如作为我区特有的民族歌舞、艺术等民族文化遗产的文化事业单位；如公共图书馆、文物馆、博物馆、纪念馆等公益性文化事业；如面向社区群众的文艺演出、文化展览活动等文化事业。

政治宣传类文化事业改革的重点，应根据宣传有效的原则，重组文化资源、减少政府的业务干预、改革内部运作机制、转换文化事业内部的经营机制，实现宣传事业单位的"少而精"。除中央政府和省级以上文化单位可以保留少量文化宣传媒体外，其余的应转化为经营性质的文化企业，由市场决定其生存与发展方式。对于承担党和国家喉舌功能的政治性文化事业，政府在明确其基本职责的基础上，应减少对具体宣传内容、宣传方式的干预。要加强文化事业的内部管理，建立激励和约束机制，调动一切积极因素。文化宣传事业单位要加快转换经营机制，其文化产品的制作、印刷、播出、出版、发行等环节，应引进市场运作机制，降低成本，提高效率，提高文化宣传的实效性。对于此类文化事业，政府的主要职责是确定正确的宣传政策导向，同时保障其事业发展所需要的物质、设备与人力等资源。

作为新疆特有的民族歌舞、艺术等文化团体，改革的重点是加大政府扶持力度，要以完成项目多少的方式作为财政拨款的依据，以激励其多出精品、快出精品，并依法监管。与此同时，也要积极鼓励和引导此类文化事业单位进行市场开发。只要强化市场意识，谋划得当，此类文化领域仍然有着很大的市场开发空间，北方昆剧剧团就是例证。

公共图书馆、文物馆、博物馆、纪念馆等公益性文化事业，改革的重点是加大政府投资力度，同时鼓励民间举办公益文化事业，并转换国办

文化事业的内部经营机制与管理机制,实现文化公益服务的社会化。在政府投资方面,要实现投资方式的转变,由人头费转向事业费、文化产品生产补贴费等,把重点放在激化自身活力上,充分发挥国办文化的主导作用。在内部经营和管理机制方面,重点是完善各种服务措施,提高文化公共服务质量。通过拨款补贴、鼓励社会援助或实行差别税率等,引导民间力量兴办公益文化事业,形成以政府举办为主体、社会兴办为补充的公益文化事业发展格局,形成社会化、专业化的公益服务体系。

面向社区群众的文艺演出、文化展览活动等文化事业,改革的重点是鼓励基层群众开展自娱自乐式的文化活动,实现自我管理,政府在必要时给予适当的财政支持。对于会员制或俱乐部型的文化活动,应采取市场化运作的方式。政府主要是出台相关政策,鼓励民间资本的投入,并形成自我发展、自我约束的机制。

11.4.1.2 要发挥市场在配置文化资源方面的基础性作用

要打破计划经济时期单纯由政府配置文化资源的做法,发挥市场在配置文化资源方面的基础性作用。在保证公有制占主体的前提下,鼓励各种社会力量兴办文化事业和文化产业。当前应重点做好以下几方面的工作:

(1)以经营性与公益性为标准,进一步对现有的文化单位和文化产品进行严格的区分,实行分类改革和分类管理。

对一般经营性的文化企业,要根据市场化的要求,实现企业与政府隶属关系脱钩,真正做到自主经营、自负盈亏、自我发展,在市场竞争中实行优胜劣汰。对承担某种特殊功能的文化事业单位和栏目,如起喉舌作用的少数党报、党刊以及电视台和电台的专门栏目,应视为禁入领域,制定相关政策进行专项管理。对公益性的文化事业单位,政府应通过包括财政拨款、设立文化事业基金会等方式,给予适当的财政支持。同时积极鼓励社会捐助、社会赞助,动员社会力量举办和发展文化事业,并探索实行现代事业法人制和董事会制的组织方式。要大力推进文化体制改革的试点工作。以传媒经营为主的新疆大晨报股份公司

2010年12月挂牌,作为新疆文化体制改革的第一家试点单位,它由隶属于新华社的中国广告联合总公司、深圳广播电影电视集团、隶属于烟台日报传媒集团的华夏传媒有限公司、桂林日报社和新疆都市消费晨报社有限公司联合发起创立,以成本低,起点高,引进了人才、资金和管理,引进了国内先进和现代化的媒体资源,迈出了我区传媒业发展的重要一步。党的十六大以来,以胡锦涛同志为总书记的党中央高度重视文化建设,把文化建设提到前所未有的战略高度,对深化文化体制改革、加快发展文化事业、文化产业作出一系列重大部署,提出了一系列新观点和新要求。特别是2008年,中央召开了全国文化体制改革工作会议,标志着文化体制改革全面进入一个新的实质性阶段。改革是推动文化发展繁荣的强大动力。中央明确指出,考虑到新疆、西藏的特殊情况,可以暂时不进行文化体制改革,但不等于我们不需要改革。新疆文化事业要做大做强,必须坚定不移地走改革之路。必须看到,目前,与全国其他省区相比,新疆文化体制改革起步晚,文化产业的发展相对滞后,理念不够新、机制不灵活、人才缺少等,特别是创新能力的薄弱,制约着当前新疆文化事业和文化产业的发展。文化体制改革就是要打破地域、行业的界限,以新的理念,整合各种资源,提高创新能力,实现新疆文化大繁荣大发展。新疆大晨报股份公司的挂牌,标志着新疆文化体制改革试点的重大突破,标志着新疆文化产业发展将迎来一个新的跨越发展的历史阶段,而这一模式,也必将成为新疆乃至中国平面媒体深入改革、创新突破的典范。

(2)进一步转变政府职能,实现政事分开。

一是要根据政企分开、政事分开、各司其职的原则,明确、合理划分社会、政府主管部门与文化生产单位的权责关系。应当由社会承担的职责,由社会承担,如养老保险、医疗保险和住房等;应当由行业协会和中介机构承担的职责,由行业协会或中介组织承担,如行业自律标准、培训和经纪服务等。可考虑将作协、文联等事业单位的功能转换为行业组织,同时大力发展各种经纪组织。应由政府主管部门承担的职责,政府主管部门必须承担,如政策制定、法规建设、依法登记注册、依法监督、公平服务等。应由文化生产单位承担的职责,则由文化生产单位来承担,如经营战略、投资项目、人员使用等,政府不得干预。二是要按照公共管理的要求,打破条块分割,建立统一管理的公共文化管理体制,实行统一的大文化管理。三是加强法制建设,尽快完善政府对文化事业管理的法律法规体系,实现政府对文化事业的依法行政和文化市场的依法监管,文化生产单位的依法经营,使文化发展尽快走上法制化的轨道。

(3)推进国有文化事业单位资源的重组。

一是要改变过去那种福利型、单纯社会服务型的服务模式,建立兼顾社会效益与经济效益的服务模式。二是要根据"抓大放小"的原则,对那些部门或区域管辖的、规模过小、职能相近或交叉的文化事业单位,应进行合并或撤销。通过组建企业集团,实现文化资源的优化组合,并力求尽快做大做强。三是对国办文化产业单位,应限期与隶属或挂靠的政府部门脱钩,并进行改制。四要建立和完善文化产业、文化事业产权市场与补偿机制。应当尽快建立以市场机制配置文化产业和文化事业资源的转让、承包、联合、兼并等产权交易制度,鼓励文化资源的优化配置。对于市场化程度不同的文化事业单位,可采取财政补偿与投入、事业经营补偿、社会投入补偿等不同的经济补偿方式。五是要积极鼓励社会力量介入文化领域,逐步缩小政府直接举办营利性文化生产单位的范围,对于经营性的文化产业领域,鼓励民间投资,以提升我国文化产业的总体规模,提高文化产业在第三产业中的比重和对经济发展的贡献率。对国家重点扶持的文化生产单位,应允许民间资本参股。对以非营利为目的的公益性文化事业,无论民间力量是以社会援助、社会捐助,还是以投资举办的方式,政府都应给予相应的税收减免政策或其他鼓励优惠政策。

11.4.2 以完善民族地区文化产业政策体制为重点提高文化软实力

民族文化产业政策创新的体制保障理顺党委宣传部门和政府文化行政管理部门对民族文化产业的管理机制。党委宣传部门负责的应该是意识形态,从社会效益的角度对文化产品进行审查监督,避免文化产业企业只顾自身的经济利益而忽视社会利益。而政府文化产业管理部门负责文化产业的具体政策指导。民族地区要加快建立和完善党委统一领导、政府大力支持、党委宣传部门协调指导、行政主管部门具体实施、有关部门密切配合的文化产业管理体制,进一步改革领导体制和决策机制。

要加快转变政府文化管理职能。首先,要整合民族地区政府文化产业管理部门的机构和职能。改革目前中央和省一级的文化管理体制和决策体制,解决文化产业分散管理的局面。民族地区省一级应设立由多部门参加的文化产业发展和产业政策制定的协调机构,统筹产业规划和产业政策的制定和实施。其次,民族文化产业政府管理部门要放权,按照所有权和经营权分离的原则,将文化产业单位所使用的文化资产授权文化单位法人代表经营管理,并给予它们相应的自主权。再次,民族文化产业政府管理部门要规范自己的行为,要有民主和透明的决策程序,依据法律手段进行管理,权力要受到法律法规的有效约束。最后,政府管理方式要实现从直接参与到间接宏观管理的转变,为文化产业主体服务和创造良好的发展环境,不直接干预微观文化活动和文化企业。

11.4.3 以实现公共决策的科学化、民主化和法治化为保障

实现民族文化产业政策创新的根本途径就民族文化产业政策的科学化而言,掌握全面、真实、有效的信息,是科学决策的前提。在民族文化产业政策制定过程中,必须解决政府和公众信息不对称问题,建立有效的决策信息互动机制。一是决策者必须能及时、准确、全面地了解文化产业发展变化的实际状况;二是必须有科学系统的政策行为模式,减少随意性;三是必须有灵活高效的政策行为机制。

就民族文化产业政策的民主化而言,必须使重大决策权力运用的过程和结果在民主制度的有效监督之下,在决策过程中,要充分发扬民主,提高政策制定和实施的公开性、公平性、公正性和广泛性,提高社会公众的参与程度,尤其要充分听取各个利益相关者的意见。

·欧·亚·历·史·文·化·文·库·

就民族文化产业政策的法治化而言,主要是确立科学合理的决策程序,用法律法规的形式将政策程序固定下来。政策主体的决策行为必须符合法律的规定、依法决策,并使所制定的政策方案符合法律的规定。

对于政府主导模式下的民族地区文化产业发展而言,政策创新既对文化产业发展具有决定性的作用,同时也是制约民族地区文化产业发展的关键环节。加快民族地区文化产业政策创新成为党和政府所面临的一项重要而紧迫的任务。

11.4.4 制定总体文化产业发展战略,改革文化体制,加强地方文化立法

从目前文化产业的发展现状来看,为进一步推进文化产业的发展及和谐新疆的建设,须结合新疆实际情况,研究制定系统而规范的新疆文化产业整体政策和发展战略,整合优势资源,改革文化体制,全面提升文化产品的艺术含量和科技含量,创新文化开发和传播的手段,提高产品的附加值,将民族文化建设成为新疆地区文化生产力发展的推动要素,提升地区文化的软实力。另外,还要通过地方文化立法,保护各民族民间物质和非物质文化遗产,使其发扬光大。同时大力弘扬和谐文化和社会和谐的理想信念,坚持和实行各民族团结协作、稳定有序发展的社会准则,形成系统的法律体系,保证文化产业的可持续发展。

11.4.5 实施优势文化产业项目带动战略,促进相关民族文化产业的品牌化,提升文化竞争力

时尚占据着文化市场,餐饮文化成为流行时尚,新疆少数民族饮食文化在本民族传统饮食文化的基础上,吸收了汉族和其他民族的饮食品种并改造成为本民族特有的饮食及其文化。例如改革开放以后,随着人们生活水平的提高和各民族文化的相互交流和西方文化的冲击,城市维吾尔族饮食生活中,宴会厅和快餐厅的炒菜和海鲜,甚至西餐也开始进入了维吾尔族饮食,反映出维吾尔饮食文化的逐步多元化趋势。此外,穿着方式、居室装饰都朝着流行时尚方向发展。

虽然通过开展合作交流,新疆部分企业开始生产文化产品,但从目

前国内外市场情况来看,新疆的民族产品缺乏一定的品牌化,尤其是驰名品牌。可见我们对民族品牌化的认识还有待加强,否则将制约新疆文化产品的长远发展。除民族品牌之外,新疆应积极整合优势资源,实施优势文化产业项目带动战略,培育和发展专门从事文化产业的文化企业即优先培育文化产业骨干企业和战略投资者,由他们专门从事文化产业经营,成为新型文化企业,繁荣新疆文化市场,将新疆文化资源优势转变为文化产业优势,进而从根本上提升新疆文化的竞争力和软实力。

11.4.6　确立"保护与开发并重"的发展方针,维护生态文明

在生产力发展的推动下,一些文化资源被人肆意开发,但在开发过程中部分资源存在被破坏的现状,而一些非物质的文化资源却濒临灭绝,因此在开发文化资源的同时注重文化资源的保护就极为必要。党的十七大报告明确强调,在文化建设中应加强对各民族文化的挖掘和保护,同时要重视文物和非物质文化遗产保护。根据报告中建设生态文明的要求,需要我们在加强资源的开发过程中平衡人与自然的关系使之和谐。目前新疆已采取各种措施对这些文化资源进行保护,如通过政府与高校合作成立了"新疆非物质文化保护中心",旨在抢救和保护非物质文化。为防止民族文化的流失,促进当地经济的发展,应进一步采取相应的措施,在发展民族文化产业的同时,注重文化资源的保护。如强化地方立法,确立"开发与保护并重"的发展方针,制定措施防止民族文化的流失,另外可成立专门的政府监督机构对文化产业的开发进行监督,也可以成立诸如"新疆非物质文化遗产保护中心"的类似机构来研究和保护民族文化资源。这样在发展文化产业的同时,也促进了文化和经济的融合,增进了民族团结,维护了生态文明和社会和谐。

11.4.7　加强多元民族文化和谐发展教育,确立文化产业人才

发展战略

如果说创新是企业生命力保持的关键,那么人才就是创新的核心。专门的文化产业人才是文化产业发展的推动力,这就需要多元民族文

化和谐发展的教育和专门文化产业人才的培养。通过多元民族文化和谐发展的教育可以使新疆人民明白,真正的文化产业的发展或者一个地区的发展,不是某个民族的任务,而是我们各族人民的共同任务。我们丰富的民族文化资源,是各族人民共同努力的成果,只有继续共同努力才能产生更大的辉煌。文化产业必须要由专门的文化经营、文化经纪、文化管理、专业策划、市场文化科技、产品制作和市场营销等专门人才进行运作,积极加强这方面人才的培养,才能为保证文化产业的可持续发展,积累人才资本。

11.4.8 加强国内外交流的同时,加强民族文化的现代化建设

虽然新疆已经在不断开展文化交流活动,积极宣传新疆文化,但宣传和合作的力度还有所欠缺。国内外对新疆文化产业的关注和了解程度还不是很高,尤其对一些特色的文化产业还缺乏了解。按照党的十七大报告,加强对外文化交流,可吸收各国优秀文明成果,增强中华文化国际影响力,这同样适用于地区文化的建设。因此,今后应注意进一步加强与国际社会的交流,同时在交流过程中,优先介绍特色产业,加快文化产业基地和区域性特色文化产业群建设。当然,交流应注意对外来文化优势的吸收和融合,这样可以增强地区文化的影响力,促进新疆文化产业发展,从而促进新疆民族文化的现代化建设,有利于文化的不断创新。

11.4.9 激发民族文化创造力、推进文化创新,保持文化产业发展活力

创新是一个国家、地区、企业发展的生命源泉,只有不断创新才能真正保持竞争力。民族文化创造力的激发是推进创新的前提。按照党的十七大报告的内容,促进文化创新,可增强文化发展活力,因此通过激发民族文化创造力,可以丰富民族文化资源,推动文化内容形式、传播手段的创新,从而为文化产业的长足发展提供更广阔的空间和活力,保持文化产业核心竞争力,保证文化软实力的持续提升。

11.5 积极借鉴各地区经验，
以体制机制创新为动力提高文化软实力

11.5.1 创新政策:构建文化竞争力发展保障体系

政府主导是提升文化软实力的重要手段,政策支持体系的创新则是提升竞争力的保障。

(1)以增强活力、壮大实力、提高竞争力为目标来推动加快文化产业的发展,其关键在于文化企业的培育,推动文化企业按照现代企业制度的要求进行公司制改造,培育一批新型的市场竞争主体;积极稳妥地推进经营性文化事业单位转企改制;加快发展优势产业和新兴产业,新疆应在加快特色文艺演出业、新疆艺术品业等发展的同时,大力发展以新疆多民族为特色的文化产业链,增强文化产业实力。

(2)鼓励和支持文化企事业单位"走出去",主动参与国际竞争。一是使具有出口能力的项目优先得到海外市场信息和销售渠道;二是努力培育一批本市中在国际上站得住脚的文化品牌;三是注入一定资金,助其成长而具有国际竞争能力,然后推向国际市场,增强我区文化的国际竞争力。

(3)实施新一轮文化资源整合支持政策。为应对21世纪应运而生的休闲大潮,新疆应打造新疆特色的休闲圈,针对文化消费注重放松身心、追求自然风光等新偏好,积极推进休闲主题板块的开发;在优化文化环境方面融入现代休闲理念;进一步吸引民间和国际金融资本介入文化产业项目开发;政府应利用税收政策的杠杆作用支持上述项目的开发,以尽快形成文化基础设施新优势,成为提升文化竞争力的物质基础。

(4)充分发挥政府公共服务职能,为提升文化竞争力搭建平台。包括文化产品和服务交易平台、文化信息交流平台、文化项目合作平台、人才流动平台、融资平台等。

总之,文化是新疆发展的强大动力和软实力,实施"文化立区"战略,推动文化与经济、社会、政治和谐发展,使文化成为提升新疆综合竞争力的最活跃要素,是我们锲而不舍的目标。

11.5.2 创造文化体制建设动力

目前文化体制改革的重点和难点不在于缺乏资金而在于缺乏动力。

首先,要调动改革的积极性,使改革真正成为改革主体的主动要求。如研究制定文化体制改革进度测评体系,我们应将文化体制改革推进和落实情况的考评列入政绩考核范围;对文化单位的改革情况进行测评后,奖励先进,惩罚落后。

其次,要逐步统一文化管理部门,探索"大文化"管理体制。将原来分散在各部门的管理性资源,如政策、条例、法规、特许权、公共财政经费等重新进行归类整合,统筹管理社会公共文化事务。

第三,以点带面。集中精力抓好省内现有文化体制改革试点单位和地区的改革工作,争取在较短时间内呈现试点效应。各市县也要根据自身情况,制定可行的改革方案,选定试点单位或地区开展工作。在不同性质的文化单位中各培育出一到两个典型,形成带动力,打开工作局面。

11.5.3 健全人才激励培养机制

国以才立,政以才治,业以才兴。激发社会活力,说到底是激发人们创造利益的活力。要通过完善人才激励机制,源源不断地产生人才,避免人才"才智枯竭"。打破学历、资历、职称、身份的限制,建立以业绩为重点,由品德、知识、能力等要素构成的人才评价指标体系。坚持社会责任与创作自由的统一、弘扬主旋律和提倡多样化的统一,认真贯彻百花齐放、百家争鸣的方针,鼓励创新求异,提倡不同学派、不同观点的讨论和争鸣。建立优秀人才表彰奖励制度,设立专项基金,对取得显著成就、为文化发展做出重大贡献的各类优秀人才,给予表彰和重奖。要大力落实荣誉奖惩制度,实行荣誉制度。同时评奖切忌漫天撒网,流于形式,要树立评奖的权威性。逐步形成"优秀者有成就感,平庸者有压力感,不称职者有危机感"的良性循环,使新疆成为文化创新者的首选地和聚集地。注重培养人才,建立在职人员继续教育制度,大力支持优秀的文化经营管理人才到国内外先进地方去学习深造。建立长效的人才培养基地,在新疆大学或新疆师范大学建立文化人才基地。

11.5.4　落实和完善文化政策法规

完善的文化政策法规是激发文化创造活力的重要支撑。对经中央文化体制改革工作领导小组批准的我区试点单位和试点地区,凡国务院和自治区人民政府出台的相关优惠政策,要不折不扣地贯彻执行。对自治区人民政府批准的试点地区与试点单位,参照国家关于文化体制改革试点的有关政策,除地方政府无权制定的税收政策外,其他优惠政策措施应全部适用。尽快对我区各个厅局出台的促进文化发展的意见综合统筹,出台涵盖增加财政经费投入、多渠道筹集资金、税收优惠、分配及激励等方面政策内容的《新疆维吾尔自治区促进文化发展的优惠政策和实施办法》,为文化发展创造宽松的政策环境。

在实现管办分离之后,文化行政部门不再依据隶属关系对文化企业进行行政管理,而是依据法律法规的规定和授权进行行政管理和社会服务,而文化企业则应按照法律法规的规定自主运行,接受管理。因此要抓紧一系列法规的制定、修订工作。加大文化市场执法力度,规范经营行为,保护知识产权,净化文化环境,引导文化市场健康有序发展,用法规来保障文化市场主体公平竞争。

11.5.5　实行政府采购,鼓励社会赞助

政府把以往对文艺院团等事业单位的人头费投入和补贴费用,用来购买如大型节庆文化项目等公共文化服务活动,向社会公开推介,公开招标,政府由"养人"变为"养事"、"养项目"。对于能产生经济效益的公共文化活动如各种赛事,则可通过社会力量赞助的方式进行。这样做既减轻了政府日常事务和财政不足的压力,又给各类文化单位营造了一个参与竞争,求得发展的公平环境,调动了各类文化单位、各类文化人的积极性和创造性,也为社会资本创造一个进入文化领域的良好渠道。

欧·亚·历·史·文·化·文·库·

11.5.6　建设畅通的基层沟通渠道

实践证明,文化发展繁荣的着眼点应放在基层,以服务群众文化生活为根本,是文化发展的一个重要基础。文化有了群众基础的哺育,才能枝繁叶茂,保持旺盛的生命力。基层民众既是文化创造的主体,又是文化消费的主体。从基层民众的文化创造主体身份来看,他们通过对自己生活方式的追求,通过参与经济社会活动实践,逐渐形成独特的文化品位和文化情趣,从而创造出别具一格的文化。因此,要打破人才垄断观念,打破创新垄断意识,建立畅通的沟通渠道,使有创造愿望,有创造能力的民众能够把自己的意见、建议或作品提供给社会。从基层民众的文化消费主体身份来看,只有真切地深入生产生活第一线,建立基层沟通渠道,才能了解民众的真实文化需求,才能获取最鲜活的文化素材。根据基层的文化需求制定的文化项目和文化工程才具有针对性,生产出来的产品才能真实表现普通群众的喜怒哀乐,热情讴歌普通群众的精神风貌,而不是一味地居高临下的"文化下乡"和"文化进社区"活动。只有形成良好的生产消费互动,才能提高双方的积极性,激发文化创造活力。

11.5.7　放宽市场准入,放手发展非公有制文化企业

鼓励和支持民营企业进军文化产业,逐步放开对外资的限制,使各种社会资本都有机会参与文化市场竞争。凡国家没有明令禁止社会力量进入的文化领域,均允许企业、个人、社会团体、境外资金等社会力量参与兴办。把非公有制文化企业在项目审批、资质认定、投融资、财政税收、土地使用以及从业人员职称评定、成果评奖等方面,享受与国有文化企业、集体文化企业同等待遇的政策落到实处。

11.6　结语

新疆各民族在长期的社会和经济交往中,共同守卫了祖国的疆域,共同抵御了外敌的侵犯,联络了感情,增进了友谊和信任。新中国成立以后,经过民主改革和社会主义改造,消灭了剥削阶级和剥削制度,铲

除了民族压迫的根源,新疆各民族走上了社会主义道路,形成了平等、团结、互助的新型民族关系。特别是经过改革开放 30 年的努力,民族经济、文化更加繁荣发展,各民族空前团结,形成了中国特色的社会主义民族关系。新疆民族关系的和谐主流对这种多元民族文化起着重要的作用。

作为边疆多民族地区,新疆拥有丰富的生态资源、多元的民族文化,具有发展文化产业的独特优势。民族文化产业的发展,作为一种新的经济力量,必将推动当地市场经济的繁荣和发展。同时坚持"保护和发展并重"的方针,不仅能继承、弘扬新疆各族人民所创造的丰富多彩的民族文化,而且在推动经济持续发展的同时促进人与自然以及社会的和谐发展,对建设和谐新疆具有重要的意义。总之,文化产业的发展对于传播民族文化,弘扬民族文化,保护文化遗产,加强民族凝聚力,提升地区文化软实力,促进建设和谐新疆具有深远意义。

12　以文化管理为手段
增强新疆文化可持续发展

12.1　国家文化管理政策与措施

文化是国家和民族的灵魂,集中体现了国家和民族的品格。文化的力量,深深熔铸在民族的生命力、创造力和凝聚力之中。中华五千年悠久灿烂的文化,是中华民族生生不息、国脉传承的精神纽带,是中华民族面临严峻挑战以及各种复杂环境屹立不倒、历经劫难而百折不挠的力量源泉。在开创中华民族美好未来的进程中,文化既为社会全面协调发展提供强大的精神动力,也是社会发展的重要内容。繁荣发展社会主义先进文化、树立民族自信、振奋民族精神,必将为实现全面建设小康社会宏伟目标、构建社会主义和谐社会提供思想保证和精神动力。

当今世界,文化与经济、政治相互交融,与科技的结合日益紧密,在综合国力竞争中的地位和作用日益突出,其日渐成为衡量一个国家综合实力强弱的重要尺度之一。在复杂的国际环境中,要赢得国际竞争,不仅需要强大的经济实力、科技实力和国防实力,同样需要强大的文化实力。毋庸置疑,国家文化管理是使这一目标得以顺利实现的重要保障。

12.1.1　国家文化管理的宏观策略

"文化管理作为现代管理的当代形态,它是人本管理的高级层次"[1]文化管理主要通过制度、机制、情感培育社会成员的精神和价值

---

〔1〕邹广文:《文化管理的理论诉求与实践向度》,载《理论视野》2007 年第 6 期,第 33 页。

观,营造一种健康和谐的文化氛围,使社会成员从价值理念层面对社会制度安排及发展目标予以积极认同。在我国,虽然文化管理模式还处于初级阶段,但已经形成了具有中国特色、符合中国国情的文化管理总政策,而且还逐步制定了一系列体现总政策原则精神的具体措施,这些共同构成了我国文化管理的政策体系。

12.1.1.1 "弘扬主旋律,提倡多样化"

弘扬主旋律,就是要在建设中国特色社会主义理论和党的基本路线指导下,大力倡导一切有利于弘扬爱国主义、集体主义、社会主义的思想和精神,大力倡导一切有利于改革开放和现代化建设的思想和精神,大力倡导一切有利于民族团结、社会进步、人民幸福的思想和精神,大力倡导一切用诚实劳动争取美好生活的思想和精神。

提倡多样化,就是在不违背"二为"方向的前提下,艺术家表现什么,如何表现,完全可以百花齐放。中国历史悠久,地域辽阔,人口众多,不同民族、不同职业、不同年龄、不同经历的人们,有多样的生活习俗、文化传统和艺术爱好。雄伟和细腻,严肃和诙谐,抒情和哲理,只要能够使人们得到教育和启发,得到娱乐和美的享受,都应当在文艺作品中得到反映。具体来说,提倡多样化包括两方面的要求:一是要努力满足人民群众多方面、多层次的文化需求;二是即使是反映主旋律的作品,在题材、形式、风格和表现方法上也要丰富多彩,生动活泼。

12.1.1.2 "古为今用,洋为中用,推陈出新"

进行中国特色社会主义建设,特别是文化建设,迫切需要从传统文化和外来文化中汲取优异的成分,使之与现代精神、中国特色相融合,并进一步发扬光大。中国社会主义文化的发展,明显受到了两种文化因素的影响:一是几千年中国传统文化的影响,二是世界优秀文化的影响。在处理与传统文化和外国文化的关系问题上,我国采取了更关注现实的原则。集成、借鉴传统和国外一切优秀文化成果只是手段,创造中国特色社会主义新文化才是目的。

12.1.2 国家文化管理的法律制度

新中国成立后,国家高度重视文化事业的发展,在不同时期,制定和颁布了相应的文化管理法规。

12.1.2.1 文物保护法律法规

自 1950 年以来,我国在文物保护法制建设方面做了大量工作,颁布了一系列文物保护法律法规。1982 年 11 月 19 日,第五届全国人民代表大会常务委员会第二十五次会议通过了《中华人民共和国文物保护法》。1992 年 4 月 30 日经国务院批准,国家文物局于 1992 年 6 月 29 日第七届全国人大常委会通过《关于修改〈华人民共和国文物保护法〉三十条、第三十一条的决定》和《关于惩治盗掘古文化遗址古墓葬犯罪的补充规定》。1997 年 3 月 14 日第八届全国人大第五次会议修订公布《中华人民共和国刑法》,其第二编第六章第四节专设妨害文物管理罪。2002 年 10 月 28 日,第九届全国人大常委会第三十次会议对文物保护法进行了修订。修订后的文物保护法第一次将文物工作方针写入法律,明确了各级政府负责本地文物工作的职责。同时,新的文物保护法用了 60 条的内容来完善法律责任,大大强化了文物行政管理部门的行政执法权,加大了文物保护的执法力度,修订后的文物保护法还进一步强调了国家对文物的所有权,强化了文物保护的各种措施,并根据我国民间收藏文物发展趋势及现行管理情况,做出了文物收藏、经营、买卖以及出入境的明确规定。2003 年 5 月 13 日国务院第八次常务会议通过了《中华人民共和国文物保护法实施条例》,该条例自 2003 年 7 月 1 日起实施。

12.1.2.2 著作权法律制度

1910 年清朝政府颁布了中国的第一部著作权法——《大清著作权律》,1915 年和 1928 年,中国当时的北洋政府和国民党政府又先后颁布实施了各自的著作权法。1949 年中华人民共和国成立后,废止了旧政府的法律。政府有关部门制定了一些保护作者权益的行政规章,如《书籍稿酬试行办法》、《剧本上演报酬办法》等。1980 年,中国政府向世界知识产权组织递交了加入书,随后,中国成为该组织成员国。1986

年,第六届全国人民代表大会第四次会议通过了《中华人民共和国民法通则》,首次明确"公民、法人享有著作权(版权),依法有署名、发表、出版、获得报酬等权利"。1990年9月7日,第七届全国人大常委会第十五次会议通过了《中华人民共和国著作权法》,该法从1991年6月1日起实施。随着经济水平的提高和体制转轨、科学技术的迅猛发展、国民知识产权意识的增强,人们逐步感到知识产权的保护范围有待扩大,力度亟须加强,水平也应该进一步提高。因此,我国根据2001年10月27日第九届全国人民代表大会常务委员会第二十四次会议《关于修改〈中华人民共和国著作权法〉的决定》对《著作权法》进行了修正。2002年8月2日中华人民共和国国务院第359号令发布了《中华人民共和国著作权法实施条例》,该条例自2002年9月15日起施行。1991年5月24日国务院批准、1991年5月30日国家版权局发布的《中华人民共和国著作权法实施条例》同时废止。

12.1.2.3 出版管理法律制度

《出版管理条例》经2001年12月12日国务院第五十次常务会议通过,国务院令第343号公布,自2002年2月1日起施行。1997年1月2日国务院发布的《出版管理条例》同时废止。该条例所称出版活动,包括出版物的出版、印刷或者复制、进口、发行。该条例所称出版物,是指报纸、期刊、图书、音像制品、电子出版物等。

12.1.2.4 电影管理法律制度

《电影管理条例》经2001年12月12日国务院第五十次常务会议通过,国务院令第342号公布,自2002年2月1日起施行。1996年6月19日国务院发布的《电影管理条例》同时废止。该条例"适用于中华人民共和国境内的故事片、纪录片、科教片、美术片、专题片等电影片的制片、进口、出口、发行和放映等活动。"

12.1.2.5 广播电视管理法律制度

1997年8月1日经国务院第六十一次常务会议通过,1997年8月11日国务院令第228号发布,《广播电视管理条例》自1997年9月1日起施行。2003年9月国家广播电影电视总局发布《广播电视广告播放管理暂行办法》,2003 年 11 月出台了《广播电视有线数字付费频道业务管理暂行办法》(试行)和《外商投资电影暂行规定》。此外,为了进一步完善境外卫星电视在我国落地事宜,国家广播电影电视总局又于 2003 年 12 月发布了《境外卫星电视频道落地管理办法》。

12.1.2.6 互联网文化管理法律制度

2003 年 3 月 4 日经文化部部务会议审议通过,《互联网文化管理暂行规定》自 2003 年 7 月 1 日起开始施行。此外,我国还出台了《互联网上网服务营业场所管理条例》和《互联网上网服务营业场所管理办法》等规定。《互联网文化管理暂行规定》所称互联网文化产品就是指通过互联网生产、传播和流通的文化产品,主要包括:音像制品、游戏产品、演出剧(节)目、艺术品、动漫画等文化产品。

12.1.2.7 文化市场管理制度

近年来,我国出台了一系列与文化市场管理相关的行政法规、部门规章和其他规范性文件。如《关于加强文化市场管理工作的通知》(1988 年 2 月 8 日文化部、国家工商行政管理局发布)、《关于加强文化市场管理的若干意见》(1994 年 4 月 4 日文化部文市发 14 号发布)、《关于加强促进农村文化市场繁荣发展的若干意见》(1996 年 11 月 27 日文化部文市发 99 号发布)《关于印发实行文化经营许可证制度的规定的通知》(1994 年 1 月 19 日文化部文市发 2 号发布)等。在文化市场管理的一系列法律制度中,又分别对具体的演出市场领域、娱乐市场领域、音响市场领域、艺术品市场领域、文化市场稽查领域有详细规定。

12.1.3 国家文化行政部门对文化事业发展的具体政策和措施

12.1.3.1 文艺创作政策——"树立精品意识,实施精品战略"

繁荣文艺是文化工作的中心任务,多出优秀作品是文化艺术工作者的职责。国家要求各级文化主管部门要始终把繁荣和发展社会主义文艺事业,努力为人民提供更多更好地文化艺术精品,放在工作的中心位置。

12.1.3.2 新闻、传播、出版事业政策

我国的新闻、传播、出版事业遵循"坚持党性原则,坚持实事求是,

坚持团结稳定,正面宣传为主,把握正确舆论导向"的方针和政策。

12.1.3.3 文物工作政策——"保护为主,抢救第一","有效保护,合理利用,加强管理"

根据大批文物正面临自然或人为毁坏的现实情况以及文物不可再生这一特征,政府部门提出了"保护为主,抢救第一"的工作方针。利用文物是保护文物的目的,保护是为了更好地利用。为了更好地处理保护与利用的关系,政府部门又进一步提出了"有效保护,合理利用,加强管理"的原则,作为新时期贯彻"保护为主,抢救第一"的方针的重要任务,这就要求正确处理文物保护与大规模经济建设的关系、文物保护与人民群众切身利益的关系、文物管理体制与社会主义市场经济体制的关系。

12.1.3.4 文化市场政策——"一手抓繁荣,一手抓管理"

"一手抓繁荣,一手抓管理"是文化市场工作长期坚持的一项基本政策。抓繁荣,就是要大力繁荣文艺创作,大力进行文艺的普及工作,并大力发展文化市场。发展文化市场,就是要做好文化市场的培育和引导工作,促进市场机制的发展和健全,保持市场的繁荣,让社会各阶层,特别是广大的普通群众能够在文化市场中进行文明健康的文化消费,获得身心的享受和愉悦。

12.1.3.5 群众文化政策——"积极健康、丰富多彩、服务人民"

满足人民群众日益增长的物质与文化需求,提高整个民族的文化素质,是发展社会主义文化事业的根本目的。政府一方面保障公民平等参与文化活动的权利并大力倡导人民群众参与文化艺术活动;另一方面倡导开展群众性的文化活动,为社会主义文化事业的整体发展奠定坚实的基础,倡导文明健康的生活方式,建设社区文化、村镇文化、企业文化、校园文化,提高人民群众的文化生活质量。这也是群众文化工作的主要任务。

12.1.3.6 少数民族文化政策

中国是一个多民族的国家,是由 56 个民族组成的大家庭。各民族在政治、经济、文化上平等相处、团结互助、共同发展。国家根据各少数民族的特点和需要,帮助各少数民族加速经济和文化的发展。同时各民族都有使用和发展自己的语言文字的自由,都有保持或者改革自己的风俗习惯的自由。

12.1.3.7 对外文化交流政策——"把握方向,服从大局,以我为主、择精取优,扩大影响,促进友谊"

对外文化交流是文化工作和外交工作的重要组成部分。中国政府历来非常重视对外文化工作,充分认识到对外文化交流的意义和作用,周恩来总理曾经形象地把对外文化交流比喻为中国外交工作两翼中的一翼。他说,各国人民在文化上的交流,正如经济上的合作一样,也是促使各国之间的和平、友谊和合作得到巩固的一个重要的条件。邓小平也曾指出,必须大胆吸收和借鉴人类社会创造的一切文明成果,吸收和借鉴当今世界各国包括资本主义发达国家的一切反映现代社会生产规律的经营方式、管理方法。这些都是总结历史经验教训得出的真知灼见,是开展对外文化交流工作的指导思想。

为了确保文化管理的顺利进行,完善、有效的保障措施必不可少。政府部门制定了一系列的具体措施,以加强文化管理。

(1)加强组织领导。政府有关部门提出在文化管理上,第一,加强党对文化工作的领导;第二,明确各级党委和政府的职责;第三,动员全社会参与文化建设。

(2)健全宏观调控机制。为适应新形势的要求,政府部门提出,要加强对文化发展的方向、总量、结构和质量的宏观调控,增强工作预见性、主动性和时效性。推进文化管理工作的科学化、制度化、规范化。完善文化领域预报、引导、奖惩、调节、责任、监督、保障、应对机制;加强文化市场管理。

(3)深化文化体制改革。深入贯彻落实《中共中央、国务院关于深化文化体制改革的若干意见》,有组织、有领导、分阶段、分步骤地将改革从试点向面上推开,逐步引向深入。按照区别对待、分类指导、因地制宜、逐步推开的原则,根据不同地区、不同行业、不同单位的性质和特点,稳步推进改革;着力解决国有文化资产管理、文化事业单位的转企改制、人员分流安置和社会保障等重点难点问题,切实维护职工群众的基本权益,调动广大文化工作者支持改革、参与改革的积极性,推进改革向纵深发展;把深化改革与加快发展统一起来,用改革的办法解决发展中的问题,已发展的成果检验改革的成效。

(4)完善文化发展的经济政策。继续执行实践证明行之有效的文化经济政策,制定和完善扶持公益性文化事业、发展文化产业、激励文化创新等方面的政策。执行和完善支持文化发展的经济政策,设立国家文化发展专项资金和基金,加大和改进政府对文化事业的投入。

(5)加强文化立法。立足我国国情,借鉴国外有益经验,加快文化立法步伐,抓紧研究制定非物质文化遗产保护法、图书馆法、广播电视传输保障法、文化产业促进法、电影促进法和长城保护条例;抓紧修订出版管理条例、印刷业管理条例、音像制品管理条例、广播电视管理条例。加强对执法活动的监督,规范执法行为。深入开展文化法制宣传教育,继续做好普法工作,增强法制观念,提高依法行政、守法经营和维护文化权益的自觉性。

12.1.4 文化管理基本的原则

12.1.4.1 把握先进文化前进的方向

党的十六大报告对先进文化的内涵作了科学的说明:"在当代中国,发展先进文化,就是发展面向现代化、面向世界、面向未来的,民族的科学的大众的社会主义文化,以不断丰富人们的精神世界,增强人们的精神力量。"这一定义渊源于中华民族五千年文明史,植根于中国特色社会主义性质。先进文化的建设有两个目标必须始终明确:一是树人的目标,就是提高全民族的素质,培育有理想、有道德、有文化、有纪律的社会主义公民;二是社会目标,就是要建设富强、民主、文明的社会主义现代化国家。

12.1.4.2 坚持政事分开的原则

我国传统的文化事业管理体制,基本上是我国政府部门统包供给、统一所有、统一经营,国家同时承担文化事业的所有者、经营者、管理者等多重角色与职能,造成国家文化事业职能扩大化和政事不分的局面。

这种体制的弊端,一方面是国家包办的文化事业范围太广;另一方面,国家文化事业单位成为政府机关的附属物,缺乏自我发展、自我约束的动力、活力和压力,文化事业生产服务效率低下。社会主义市场经济建设需要改革这种传统的政事不分、政企不分的管理制度,改革的目标有两个:一是重新界定、调整、收缩和转换国家的文化事业职能范围,从根本上改变国家包办文化事业的状况;二是实行政事分开,建立与中国社会主义市场经济体制和文化事业自身发展规律相适应的现代文化事业管理体制。政事分开是推进文化事业管理体制改革坚持的原则,其内涵主要包括 4 个方面:政事职能分开;政事机构编制分开;政事管理方式分开;政事经费分开。

12.1.4.3 坚持分类管理原则

分类管理是现阶段我国文化事业管理坚持的原则。目前我国的文化单位呈现多种形态:从经济性质看,有经营性的企业单位,有非经营性的公益事业单位;从资源来看,有国家按全额拨款单位、差额拨款单位、专项资金资助单位,又有资金完全自筹的国有或民营单位。对于如此复杂的形态,如果采用同一种方式进行管理显然是不适当的。过去把文化单位一律当做事业单位管理的方式已难以为继。分类管理,就是要分清不同类型文化单位的性质和特点,针对不同的性质和特点,制定具体的管理措施。

国家对文化管理的政策与措施,是宏观和总体导向,但是各省市、地区的文化管理现状表现参差、管理政策与措施落实情况更是千差万别。聚焦到新疆这块文化的大观园中,其文化管理状况又有着地区特征。

12.2 新疆文化管理状况

12.2.1 新疆文化管理体制和管理机构改革

12.2.1.1 新疆文化发展简述

新疆历史悠久、民族众多,作为中国地域文化一翼的新疆文化,虽几经历史变迁,但始终与中华文化血脉相连。

在历史的长河中,新疆各民族文化是在传统文化的基础上,对各种文化进行有选择地吸收而发展起来的。新疆各民族优秀文化相互联系、相互交融、相互包含,共同成为新疆历史的精神写照,成为各民族共同繁荣发展的动力源泉,成为建设中华民族共同精神家园的重要内容。新疆的文化建设和发展,润物细无声地滋润着全区各族人民,让新时期的边疆老百姓在享受国家经济发展成果的同时,也享受着和谐的文化雨露。

新疆文化建设把发展作为第一要务,紧紧围绕全面建设小康社会的宏伟目标,牢牢把握先进文化的发展趋势和要求,与时俱进,开拓创新,不断丰富和完善"全民办文化、全民受教育"的文化建设工作思路,加快文化基础建设,积极开展健康向上、丰富多彩的群众性文化活动。自治区文化建设基本形成了县、乡、村、户四级网络平台,城乡文化生活进一步繁荣,基层文化阵地进一步巩固,有力地促进了改革、发展和稳定,经济建设和社会各项事业取得了长足进步。但在此过程中,也存在一些问题,如文化管理体制相对于经济体制改革已经滞后,文化管理机构也需要重整,这些问题影响着自治区的文化建设及发展。

12.2.1.2 文化管理体制改革及其成效

不同的文化,需要用不同的方法进行管理。新疆文化种类繁多,只有掌握跨文化管理的艺术与技巧,才能实现文化的成功经营。跨文化管理能促进各民族文化的发展,实现文化的交融与进步。

12.2.1.2.1 文化管理体制改革

由于多种因素的影响,新疆的文化体制相对滞后于经济体制的变革,文化建设也相对滞后于经济建设。在这种情况下,随着经济体制的转轨变型,文化建设的基础平台也需要进行根本性的转换,为此,新疆文化管理在体制上进行了一系列改革。

首先,文化管理体制改革以实现行业管理为方向,政府文化主管部门从"办文化"的传统计划经济管理模式向"管文化"的现代社会主义市场经济管理模式转变。通过各种经济的、法律的和必要的行政手段调控市场,引导文化企业的生产经营活动。在文化事业所有制上,采取多种所有制并存的体制。在文化事业领域,坚持文化生产资料公有制为主体的基础上,积极发展其他经济成分,变政府办文化事业为政府、集体和个人一起办文化。全社会共同兴办文化事业的结果,将涌现一大批农村文化个体户、民办演出团体、自由职业撰稿人、个体书商、自由职业演员、自由职业制片人、民办图书馆等,成为公有制文化的必要和有益的补充,大大促进各类文化产品的生产。

第二,在文化管理运作机制上,建立适合市场经济的文化产业结构,以市场作为文化资源配置的主体,将大部分的文化事业和文化产品推向市场,这是改革以来新疆文化事业发展的又一趋势。过去文化行政部门一手包办文化事业的局面被打破,众多私营、民营、三资文化企业在文化市场中兴起,通过市场机制向人们提供文化娱乐和文化教育服务。

第三,在文化管理方面,改善公共管理方式,建立新型文化行政管理体制。新疆文化部门根据国家文化管理的法律法规,制定了大量有关文化事业管理的规定,这为文化管理的依法行政奠定了基础。文化行政部门还减少了对文化事业发展的直接干预,弱化行政指令的色彩,强化宏观调控。尤其是大量运用经济调控手段,变单一的文化行政为多样的文化管理,初步建立起符合市场经济运行规律的宏观文化行政管理体制。

12.2.1.2.2 文化市场管理成效

文化市场是社会主义市场经济的特殊组成部分,整顿和规范市场秩序必须整顿和规范文化市场经营秩序。这既是文化市场管理实际的迫切需要,又是完善社会主义市场经济体制的重要举措。

新疆是祖国西部边远省区之一,经济发展滞后,文化市场发展也相对薄弱。但是与全国其他地区一样,文化市场存在的问题相当突出,特别是反渗透、反分裂的任务更重。因此,文化管理部门采取相关措施进行整顿,并初见成效。

音像市场方面:一是加强宣传教育工作,提高抵制非法音像制品的自觉性。每年5月,全疆各地积极组织音像法制宣传活动,通过散发宣传资料、设立咨询点、召开座谈会、媒体报道和举办培训班等各项活动,教育音像制品经营单位依法经营、文明服务,自觉遵守《音像制品管理条例》等法律法规。二是加大查处力度,使非法音像制品得到有效遏制。

网吧市场方面:一是提高管理工作科技含量。根据文化部要求,文化厅组织开展了"互联网上网服务营业场所计算机经营管理系统软件"的选型、试点、安装和正常运行工作,建立了自治区、地(州)、县三级网络管理平台,为实现全疆网络管理系统联网做好充分的准备工作。二是深入开展网吧市场专项整治工作。自治区成立了以政府领导为组长,文化、工商、公安等九部门参加的各级网吧专项整治工作领导小组,在全区组织开展了以严厉打击黑网吧、接纳未成年人、超时营业等突出问题的网吧专项整治工作。

演出市场方面:一是加强对非法演出的打击力度。根据文化部要求,文化厅下发《关于坚决取缔非法演出团体,严厉打击色情淫秽表演活动的紧急通知》,新疆文化市场稽查总队对各演出机构进行调查,调查发现,一些非法经营者以"前卫娱乐时尚"、"人体艺术"为招牌,公然印贴裸体彩绘广告招徕顾客,干扰文化市场秩序,必须及时纠正。二是严把演出市场"准入关"。文化厅成立了营业性演出节目内容审查领导小组,制定了演出节目内容审查、审批和跟踪督察制度,要求新疆各艺表团体无论在任何时间、任何地点演出,必须向文化行政部门出具演出节目单、节目创作内容、演员名单及相关资料,经审核后方可演出。三是以丰富和满足各族人民群众文化生活为重点,努力促进演出市场和歌舞娱乐场所的繁荣健康发展。新疆注重引进区内高雅音乐节目的演出,如在乌鲁木齐市、昌吉市、奎屯市、克拉玛依市等地举办了盛中国夫妇钢琴、小提琴音乐晚会,俞丽拿梁祝音乐会,西域情歌演唱会和哈萨克斯坦共和国艺术团等国外演出团体的演出活动。同时新疆歌舞团应邀参加了在北京、上海、法国举办的文艺演出,新疆歌剧团进京巡演,进一步展示和宣传了新疆。

12.2.1.3 对文化艺术工作者的管理

12.2.1.3.1 文化事业单位工作者的管理

我国的文化事业管理体制,随着社会经济条件的变化、政治体制与经济体制的调整和文化事业自身的发展,也经历了一个不断演变、适应和发展的过程。

20 世纪 80 年代初,为了转变经营方式,承包制被引入文化事业单位,以调动文化事业单位和文化工作者的积极性。80 年代中期以来,我国又改革了文化单位的领导体制,实行艺术家负责制、总编负责制和团长院长负责制,由行政一把手负责处理本单位内行政、人事和经营管理中的重大问题。

20 世纪 90 年代以后,配合国家行政机构改革,为消除机构林立、臃肿等突出问题,文化事业单位在各级政府和文化主管部门的支持下,通过合同制用工、成立文化艺术人才中心和离退休人员服务中心等多种形式,努力合并文化事业单位,精简机构,淘汰冗员,并制定各种措施鼓励各类文化事业单位的相关人员"业余兼职"、"停薪留职"或"人才交流",走出单位大门,从而促进了各类文化事业单位人才的合理流动。

12.2.1.3.2 民间艺人的管理

文化活动的舞台第一线是在民间,无论什么样的文化形式、内容,其原型都可以在民间找到,因而民间文化的传承至关重要。民间文化的传承主要由民间艺人来完成,所以注重民间艺人的管理与保护是文化管理与发展的一个重要举措。

第一,新疆文化管理部门对本区的地方文化进行了普查,对一些即将失传的文化曲艺进行保护,尤其是对民间艺人进行保护,确保文化曲艺能够传承下来。哈密、麦盖提等地区,对十二木卡姆的艺人保护就是一个很好的典范。

第二,新疆加大了对文化基础设施的投入与建设。民间文化艺术最原始的舞台就是在广大民众间表演,但随着人们物质生活水平的提高,现代化传媒的发展,民众的娱乐取向逐渐由民间转向城市,民间曲艺逐渐失去了观众,自然就会逐渐走向消亡。因而新疆加大了对文化基础设施的投入与建设,为民间艺人和广大民众提供交流娱乐场所,以此来促进民间文化的发展与繁荣。在各地区建立文化艺术中心、艺术学校,在各乡镇、村建立文化站、文化室,由民间艺人来表演、传授民间文化曲艺,使之得以生存和传承。如阿克苏、库车、拜城、阿瓦提文化广场建设,阿瓦提、乌什文化中心建设等一大批文化基础设施。

第三,加大民间文化队伍建设,积极培养传承人。一些文化曲艺之所以消亡或面临消亡,很大程度上是后继无人,随着现代社会的发展,为了生存,很少有人再去继承传统的技艺,尤其是利益不显著的技艺,所以民间老艺人很难找到接班人,为此,新疆采取相关措施,对曲艺的传承给予一定的补偿,积极培养传承人,确保曲艺传承后继有人。例如,对民间老艺人给予生活补助、对其技艺给予奖励,来提高他们的积极性。

12.2.2 文化发展战略和文化立法

文化市场作为文化的重要组成部分,一方面要为先进文化的传播创造良好的市场环境,另一方面要向民众提供丰富多彩的文化产品和服务,以满足人们日益增长的精神文化需求。新疆是一个多民族聚居区,各民族的文化发展程度不齐,因而实现多民族文化共同繁荣发展是一项长期而艰巨的任务。

12.2.2.1 文化市场发展的主要目标和基本思路

新疆文化市场发展按照"一手抓繁荣,一手抓管理"的方针,逐步培养和形成门类齐全、结构合理、供求关系均衡、政府调控与市场机制相结合、统一、开放、竞争、有序的文化市场体系。

第一,坚持文化发展的基本原则。坚持以人为本,重在建设,促进文化市场发展和体制创新及高新科技的结合,培育具有民族特色和市场竞争力的文化市场经营企业,展现新疆的文化特色,呈现文化市场的多元化。

第二,扩大开放以促进文化的发展。新疆地缘特殊,处于东西方交通的重要地带,因此需要扩大改革开放,增强与国内外文化交流与协作,实施外向发展战略,积极开拓自治区文化市场健康繁荣发展的新途径和新举措。

第三,以文化管理促进文化繁荣。以管理创新,政府及相关社会组织、中介机构维护文化市场繁荣发展,维护消费者合法权益,综合运用行政、法律、经济等多种管理手段,实现对文化市场的监督与管理,保证文化市场健康有序地发展。

在政府宏观调控和依法管理的总体框架下,以完善市场机制、发挥市场功能为手段,引导市场主体行为,调节供求,使之达到均衡。在文化市场体系逐步完善的前提下,促进市场机制的作用得以充分发挥。

12.2.2.2　加强文化市场建设和管理的保障措施

第一,建设灵活高效的宏观调控机制。自治区扩大文化市场准入,完善投、融资体制,引导社会资本投入文化市场。联合财政、税收、信贷等部门制定投资文化市场经营、文化市场进入乡镇等方面的优惠政策,充分发挥政府的导向作用和宏观调控职能,使宏观环境更加有利于文化市场全面、健康、繁荣发展。

第二,建设公平竞争的文化市场机制。制定公正公平的文化市场竞争制度,建立科学合理、灵活高效的文化市场运行机制,创造良好的市场投资环境。打破行业垄断和地区封锁,建设统一开放、竞争有序的文化市场体系,广泛利用社会力量开发文化市场。

第三,强化组织保障,建立坚强有力的文化市场监管体系。加强技术监管力量和手段,建设全区网吧等互联网上网服务营业场所经营管理系统,进而建立健全网络文化市场监控管理系统。在此基础上,促进文化市场信息监督管理系统的建设,逐步形成统一、高效、便捷的文化市场信息监督管理平台,建成文化市场信息监督管理体系,建成比较完善的文化市场电子政务体系。

第四,推进文化政策法规建设,提高依法行政能力。各级文化主管部门积极完善公益文化事业的投入政策、支持文化产业发展的政策、保障文化体制改革的政策,积极推动文化立法,开展文化普法,加强文化执法。

12.3　加强新疆文化管理,促进文化可持续发展

为保证新疆文化资源的合理开发和文化产业的高效、可持续发展,促

进全区经济、社会的快速、协调发展,必须不断探索文化管理的新策略。

12.3.1 突破经验管理局限,创造文化管理新模式

文化产业是当代最具竞争力和发展前景的产业,是实现经济、社会跨越式和可持续发展的必然选择。新疆具有发展文化产业的独特优势,应制定出相应的发展对策,积极推进新疆文化产业的快速发展。新疆发展文化产业的必然性和紧迫性表现在:第一,文化产业是当今世界产业发展大势之所趋。第二,发展文化产业是新疆实现经济、社会跨越式和可持续发展的必然选择。从新疆文化发展状况看,首先新疆具有发展文化产业的独特优势。二是发展文化产业可以改善新疆的产业结构。三是发展文化产业可以有效增加就业。四是发展文化产业可以培育新疆新的经济增长点。五是发展文化产业可以有效保护和发展新疆多元的民族文化。六是发展文化产业可以维护新疆的民族团结和社会稳定。在新疆发展文化产业的过程中应加强如下几个方面的工作:

(1)坚持先进文化的发展方向。发展文化产业是为了更好地满足人民日益增长的精神文化生活的需要。文化既有经济性,也有超经济的社会性特点,社会价值规律和商品价值规律是文化产业运行的基本规律。文化产品及服务要有利于社会进步和民族文化健康发展。发展文化产业应坚持社会价值,弘扬先进文化。

(2)正确处理文化产业和文化事业的关系。应结合具体情况,针对社会文化的不同类型,制定相应的政策。对公益性的文化事业以及不宜产业化的内容,应以政府主办为主,争取社会力量资助,保障其健康发展,促进精神文明建设。

(3)坚持文化产业发展的生产力标准,实现社会效益和经济效益的统一,认识到发展文化产业的必然性和现实性,明确树立文化产业的市场观念,确立文化企业的市场主体地位。

(4)积极稳妥地推进文化管理体制改革,实现文化由事业型向产业型、由政府办向政府管的转变。制定积极的文化产业政策,建立和完善相关的法规体系,为文化产业的发展营造公平的市场环境和公正、高效的资源配置体系。

(5)建立文化资源的保护和预警机制,加强文化保护立法,防止文化资源的消亡和不当开发。

(6)全面把握当代文化产业的发展趋势,正确认识新疆文化资源和文化产业的现状,制定具有指导意义和切实可行的新疆文化产业发展战略。

(7)加快文化产业结构调整。在所有制结构上,大力发展民营、私营文化企业,吸收国外资本。在产业内部,要突出重点,大力发展优势项目和高新技术文化企业;在产业规模上,鼓励规模经营,培育有竞争力的龙头企业。

(8)实施若干项重大的基础性文化开发项目,发挥龙头带动作用和辐射效应,使新疆文化产业向高层次迈进。

(9)树立国际视野的大文化产业观念,大力开展国际国内交流与合作,吸收先进的管理经验和经营理念。新疆文化产业的发展是在全球经济一体化背景下进行的,必须把新疆文化产业放在国际文化产业格局中谋求发展。观念与视野往往制约着文化产业的发展,例如对新疆区位的认识,"从前,新疆的同志总是把自己放在国内系统来考虑,认为新疆是全国很偏远的地方,交通不便等等。其实,应该把新疆放在亚洲大陆中心、欧亚大陆中心来考虑。首先,新疆是中国西部联合'走西口'的最前沿;其次,新疆是中国西部接近世界最大国际旅游客源市场——欧洲的前沿"。[1]

(10)以文化内容产业为突破点,增强文化产业的创新性和原创力。文化产业是以创造性思想为核心的向外延伸与扩大,是以"创造"为核心并与其他各种投入相结合而组成各类文化产品的经济集团。

(11)大力培育文化产业的核心竞争力,使之处于产业链的高端。文化企业的核心竞争力源于对文化资源的掌控,对文化市场的知识、开发文化资源的技术、文化产品和服务的分销体系以及整个过程的管理,这些要素构成其独特的价值链,决定着企业的竞争优势。

---

〔1〕陈心林:《关于新疆文化产业发展的思考》,载《中央民族大学学报》2005 年第 6 期。

（12）实施人才工程，造就一支有文化理念、懂经营管理、国际化的管理队伍和科技队伍。

（13）在政策许可范围之内，对文化产业予以扶持。这方面是有国际先例的，如韩国对图书出版发行业免税，同时要求书业执行统一价格，不出版发行有害于社会的读物。

（14）积极培育文化品牌。品牌对于文化产业的重要性如何强调都是不为过的。在日本，如果印上一个"G"字，一个女式提包可以增值100倍，因为"G"字表示由米开朗琪罗、罗西尼制造的意大利超级流行文化符号；一件T恤印上迪斯尼图案，也会增值数倍。所以新疆发展文化产业一定要有强烈的品牌意识，尽快打造一批知名的文化品牌。

12.3.2 强化组织化和制度化管理

文化管理中的科学管理强调的是运用组织化和制度化的方式来控制文化的发展，而不是像家长化的管理那样，由某一种权力或某一个机构把一切置于个人控制之下。也就是说，在科学化管理中，有两种管理手段是并用的，一是组织化的手段，一是制度化的手段，二者互为依存，组织化是基础，制度化是保障。

科学化管理的两大特征之一就是要有一个科学的组织结构。组织结构是由一条横向的管理跨度线、一条纵向的管理层级线和一条专家化的管理辅助线构成的，这三条线相交便是结构性控制的一般情境。组织结构是分工协作和分权管理的代名词，它的奥秘是要形成一种机制，能使工作以合理的成本及时完成。组织结构中的三条线表示组织有三种分工和分权方式：一是专业化的分工与分权，这是组织结构中的横线；二是层级化的分工和分权，这是组织结构中的纵线；三是专家化的分工和分权，这是组织结构中的辅助线。现实中，新疆文化管理机构中，也往往都有这三条线，比如：即便是很小的文化局也有专业的分工，有人做这个民族、有人做那个民族，有人做摄影、有人做编辑，而且做"同一"专业工作的人又有不同的分工；在自治区文化管理工作中都有层级化的分工，如设立了多个部门，最基本的有县文体局、文化馆等，有了部门就有了相应的职位级别，就有了层级。文化管理部门有了这样的组织设计,为什么说它不是科学化管理呢？这是因为判断文化的管理是不是科学需要有两个重要标准:一个标准是分工必须是合理的,并且分工必须与相应的分权相结合才算是科学化的组织管理。换言之,一些部门虽然看起来有了分工,但它的分工是随意的,并且只有分工没有分权,因而它实际上并没有达到科学化的组织设计要求。另一个重要标准是要看它是否做到了制度化。如果把组织化比作人体的骨架和经络,那么制度化就是人体的血和肉,光有骨架和经络是不够的,还要有相应的血和肉才能构成人的机体和保证机体的运行。组织化的分工和分权只有用制度化把它们固定下来,并用制度来保证它有效运营,才是真正的科学化。新疆目前的文化管理中,也有各种各样的规章制度,但它们的制度往往是口头化的、隐含的、不健全的、易变的。科学化管理,要求在科学化的组织设计基础之上,对每一个部门、每一个岗位以及管理工作的整体工作目标、工作范围、工作程序、工作标准和实现工作的人的素质与能力做出尽可能详尽的描述。而新疆文化的传统部分或者说是精华都保留在农村,但农村或是县级的文化部门在管理体制上还是很薄弱的。

12.3.2.1 新疆农村文化服务体系的基本状况与管理体制方面存在的问题

(1)我区城乡一体化公共文化服务体系已具雏形,但城乡发展不平衡,农村公共文化体系形同"蹩脚"。

(2)投入严重不足,农村文化基础设施建设长期滞后。

(3)人员进出不畅,人事管理机制僵化,农村公共文化服务队伍现状堪忧。

(4)文化事业行政管理体制不顺,政府职能"缺位"与"越位"并存,政出多头与政令不畅并存。

12.3.2.2 关于加强我区农村文化管理体制的思考与建议

(1)将我区农村文化体系的建构置于城乡一体化公共文化体系建设的全盘,从文化体制改革入手,以体制创新统领全局。

(2)进行我区农村文化管理行政体制改革。

（3）加强领导、科学规划、分类指导，改革投入体制，全面提升规划与管理水平。

（4）深入人事制度改革，改变目前农村文化事业队伍建设的落后局面。

据不完全统计，新疆现有文物点 4000 多处，国家级文物保护单位 41 处，自治区级文物保护单位 262 处，馆藏文物 116753 件（其中国家一级藏品 706 件）。其中不可移动文物分布全疆、类型多样，古遗址类如楼兰故城、尼雅遗址、交河故城遗址、北庭故城遗址、莫尔寺遗址、热瓦克佛寺遗址等；古建筑类如苏公塔、艾提尕尔清真寺、昭苏圣佑庙、伊犁将军府、哈密回王府、巴仑台黄庙等；石窟及石刻类如康家石门子岩画、柏孜克里克千佛洞、克孜尔千佛洞、库木吐拉千佛洞等；古墓葬类如阿斯塔那古墓群、焉不拉克古墓群、察吾乎古墓群、扎滚鲁克古墓群等。除了极具地域与民族特色的文物资源，新疆各民族还创造了丰富多彩的非物质文化流传至今。口头传统类如享誉世界的三大英雄史诗《玛纳斯》、《格萨尔》、《江格尔》，广为流传的维吾尔族民间故事《阿凡提的故事》以及哈萨克族创世神话《迦萨甘创世》等；传统表演艺术如维吾尔族古典音乐《十二木卡姆》、哈萨克族的阿肯弹唱、蒙古族的长调和短调、回族的花儿等；传统手工艺技能，如维吾尔族的手工制陶、土法缫丝以及民居建筑技艺，哈萨克族的毡房制作技艺、刺绣等。民俗活动以及礼仪节庆更是异彩纷呈，如伊犁哈萨克自治州察布查尔锡伯自治县锡伯族的"西迁节"、巴音郭楞蒙古自治州蒙古族的"东迁节"、维吾尔以及哈萨克等少数民族的"摇床礼"、柯尔克孜等民族的"骑马礼"等等，都既具有深刻的文化内涵，又彰显出独有的民族特色。具有深刻人文内涵和民族精神的少数民族文化遗产资源是新疆多民族历史，以及中国历史发展的实物例证和直观教材，是新疆地域多民族共同生活、发展的生动演绎，是新疆多元文化的突出体现，同时也是西部大开发中新疆社会全面发展可资利用与发掘的宝贵的人文资源。面对现代化以及现代文明的冲击，新疆少数民族传统文化的流失日益加剧，其保护工作尤其是立法保护工作紧迫而重要,具有重大的理论和现实意义。[1] 在保护工作中,必须有专门的、专业的人才队伍,而目前农村文化事业队伍远远不能满足这种需要。

12.3.3 培育跨文化管理或交叉文化管理的机制

跨文化管理又称交叉文化管理,就是在跨越多个文化的管理中,对不同族体、文化类型、文化发展阶段的管理客体和主体所在的文化采取包容的管理方法,在管理过程中寻找超越文化冲突的管理目标,以维系不同文化背景的管理主体及客体共同的行为准则,从而最大限度地发挥文化管理的潜力与价值。

文化管理学本来就是一门边缘学科,它与文化学、现代管理学、文艺学、社会学、人才学、心理学等学科有着密不可分的亲缘关系。这些亲缘学科的研究成果和最新发展,将为文化管理学的建立奠定基础。要达到文化管理的预期效果,跨学科知识的应用是不可缺少的,比如对伊斯兰文化的清真寺进行科学管理时,不但要用到宗教学、管理学方面的知识,还要有建筑学、文化学、历史学、民俗学等学科的知识来做辅助,因此跨文化管理对新疆文化管理再适合不过了。新疆文化有着多民族性、多语言性、多宗教性等特点,各民族之间文化差异性很大,但只要我们能把文化的差异看成是一种优势,恰当、充分地利用不同文化所表现的差异,为新疆文化管理的发展创造契机。

(1)跨文化管理的关键是人的管理。实施跨文化管理的主体是人,即文化管理机构的管理人员。跨文化管理的客体中也有人,如新疆口头传统文化中的民间艺人等。跨文化管理的目的就是要使不同的文化进行融合,形成一种新型的管理模式,而这种新型的管理模式只有根植于与文化管理有关的所有成员之中,通过他们的思想、价值观、行为才能体现出来,才能真正实现跨文化管理的目的,否则跨文化管理则流于形式。

---

〔1〕白京兰、张建江:《新疆少数民族文化遗产地方立法基本情况的分析与探讨》,载《新疆大学学报》2006 年第 6 期。

（2）本土化策略。要本着"思维全球化和行动当地化"的原则来进行跨文化的管理。通常对当地的文化进行管理时，管理者中就必须有相当一部分的当地人员。这主要是因为当地人员熟悉当地的风俗习惯、文化遗产保护动态以及政府方面的各项法规，而且和当地的其他人容易达成共识，"本土化"有利于受到管理的文化与当地社会文化融合、减少当地社会对外来文化的危机情绪。

（3）避免偏见。各民族对某一文化的褒贬不一，尤其管理者在描述某一文化事项时，要用中性词，以免伤害他民族，对文化管理造成阻碍。

（4）要学会包容。新疆的文化来自中国或者世界上的各个地方，来自不同的文化背景，所以跨文化管理者必须学会包容互不相同甚至是截然相反的文化。

（5）注意细节。对于跨文化管理者来说，了解其他文化，有了尊重、包容其他文化的态度还不够，还需要进一步了解其他文化的具体细节，因为对细节的处理才能体现出一个跨文化管理者的专业素养。

（6）要在管理机构核心价值观的基础上建立一种双赢的文化，达成一种平衡，使不同地区的文化加以融合，以适应本地化管理的需求。[1]

---

〔1〕网页源自〔2012－04－30〕. http://zhidao.baidu.com/question/26334994.html

13　以文化产业发展为重点
增强文化软实力

　　文化产业是近年来兴起的一个朝阳产业,从一诞生就显示出了极强的生命力。美国后现代理论家詹姆逊将文化产业的迅速崛起称为文化的"爆炸效应"。他认为文化的威力在整个社会范畴里以惊人的幅度扩张起来,使社会生活里的一切活动都充满了文化意义,从经济价值到国家权力,从社会实践到心理结构。人们对文化产业重要性的认识已达到空前的统一。没有人可以否认,文化产业的发展已成为国家财富和国际竞争力的重要标志。

13.1　文化产业的概念、内容及特点

13.1.1　文化产业的概念

　　"文化产业"概念的提出起源于对"大众文化"的争议。法兰克福学派的马克斯·霍克海默、西奥多·阿道尔诺在其 1947 年出版的《启蒙的辩证法》一书中首次提出了"文化工业"的概念,从艺术和哲学价值评判的双重角度对文化工业进行了否定性的批判。[1] 他们认为,文化产品在工厂中凭借现代科学技术手段,以标准化、规格化的方式被大量生产出来,并通过电影、电视、广播、报纸、杂志等大众传播媒介传递给消费者,最终使文化不再扮演激发否定意识的角色,反而成为统治者营造满足现状的社会控制工具。随着经济社会的发展,"文化工业"一词最初产生的语境被新的语境所置换,它渐渐发展成为一种中性概念,

---

〔1〕〔德〕马克斯·霍克海默、西奥多·阿道尔诺:《启蒙的辩证法·哲学断片》,渠敬东、曹卫东译,上海人民出版社 2006 年版,第 15 页。

也就是我们今天普遍使用的"文化产业"。1980年初,欧洲议会所属的文化合作委员会首次组织专门会议,召集学者、企业家、政府官员共同探讨"文化产业"的涵义、政治与经济背景及其对社会与公众的影响等问题,"文化产业"作为专用名词从此正式与其母体脱离,成为一种广泛意义上的"文化—经济"类型。

虽然文化产业在世界上引起广泛关注大致已有半个世纪的历史,但是至今尚没有统一的定义甚至没有形成统一的称谓。学术界之所以要对文化产业进行定义,主要是因为只有在内涵上对文化产业加以正确说明,对文化产业本质特征上有所认识,才能揭示文化产业发展的内在规律。对于文化产业的界定,国内外学术界的看法侧重点有所不同。以下介绍几个具有代表性的观点:

联合国教科文组织把文化产业定义为:"按照工业标准生产、再生产、储存以及分配文化产品和服务的一系列活动。"简而言之,文化产业指的是通过工业化和商业化方式所进行的文化产品和文化服务的生产、再生产、供应和传播。

美国文化产业的概念由 culture industry 翻译而来。一般认为,所谓文化产业,是指通过工业化和商品化方式进行的文化产品和文化服务的生产、交换和传播。文化产业是生产文化产品和提供文化服务的行业,以满足人们的精神需求为主要目标。

中国文化部在2003年颁布的《关于支持和促进文化产业发展的若干意见》(文产发〔2003〕38号)中将文化产业界定为:"文化产业是指从事文化生产和提供文化服务的经营性行业,文化产业和文化事业是相对应的,都是社会主义文化建设的重要组成部分。"2004年由国家统计局颁布的文化产业统计指标体系对我国的文化产业进行了比较明确的界定,将文化产业定义为:"从事文化产品的生产、流通和提供文化服务的经营性活动的行业总称。其特征是以产业为手段来发展文化事业,以文化为资源来进行生产,向社会提供文化产品和服务,目的是为了满足人民群众日益增长的精神文化生活需要。"

尽管文化产业的概念还没有形成一个较为统一的表述,但笔者认为文化产业的概念最基本的就是必须体现文化和产业的统一性,因为文化产业既属于文化,又属于产业,其实质上是指文化与产业相统一的文化经济形态。

13.1.2　文化产业的内容

文化产业与我们的社会经济生活密切相关,是一个涉及多行业、多部门的交叉集合体。随着文化产业的发展和管理模式的变化,文化产业的内容也将不断地变化和拓展。

我国于 2002 年 10 月实施的《国民经济行业分类 GB/T4754—2002》中,从文化产业的生产、流通和服务三个环节来构造我国文化产业的内容。具体将文化产业的内容分为:新闻出版业;广播、电视、电影和音像业;文艺娱乐演出业;文化用品制造、印刷、批发、零售业;图书信息网络文化业;文化旅游休闲健身业;教育培训业。

2004 年,国家统计局在与中宣部及国务院有关部门共同研究的基础上,制定了《文化及相关产业分类》,本分类是在《国民经济行业分类》(GB/T4754—2002)的基础上制定的,规定了我国文化及相关产业的范围。具体分为以下几类:

(1)为社会公众提供的实物形态文化产品和娱乐产品的活动,如书籍、报纸的出版、制作、发行等。

(2)为社会公众提供可参与和选择的文化服务和娱乐服务,如广播电视服务、电影服务、文艺表演服务等。

(3)提供文化管理和研究等服务,如文物和文化遗产保护、图书馆服务、文化社会团体活动等。

(4)提供文化、娱乐产品所必须的设备、材料的生产和销售活动,如印刷设备、文具等生产经营活动。

(5)提供文化、娱乐服务所必须的设备、用品的生产和销售活动,如广播电视设备、电影设备等生产经营活动。

(6)与文化、娱乐相关的其他活动,如工艺美术、设计等活动。

13.1.3　文化产业的特点

(1)文化产业是强调创新创意的产业。创新、创意、求变是文化产品创作生产的内在要求,也是文化产业自身发展的客观需要。文化产业本身会随着新技术的运用、新消费习惯的出现而自发创新求变,在内容和形式上实现突破和变革,从而派生出一系列新生文化业态,形成文化艺术新的表现形式和新的传播渠道,不断增强文化产品的传播力、表现力和影响力。

(2)文化产业是一种低消耗、低污染,最具有可持续发展性的产业。文化产业具有资源消耗低、环境污染小的特点,在生产和消费过程中,既不会对自然资源和稀缺能源造成过度消耗,也基本不会对自然环境造成污染或产生不良影响。因此,文化产业的发展受资源和环境的制约较小,在资源相对紧张、环境压力较大的情况下,其可持续发展的特点愈发凸现。

(3)文化产业是进入门槛低、劳动力吸纳能力强的产业。文化产业化促使文化生产采取产业化经营模式,标准化、批量化生产的一个重要特征就是生产过程降低了对劳动者个人技能的要求,也正因如此,文化企业才有可能突破劳动者个人技能对产业发展的技术限制,能够按标准大批量组织文化产品的生产与供给。文化产业既适合于大规模、现代化、拥有高新技术设备的企业,也能够接纳个体化、小规模、依靠个人创作和传统技艺发展的市场主体。由于进入门槛较低,文化产业又具有广泛吸纳各类劳动力就业创业的特点。从最好的艺术大师、演职人员、经营管理人才、科技专家,到生活于基层的农民艺术家,都可以以自己的方式从事文化产业。

(4)文化产业是生产可多次复制、反复使用的精神消费品的产业。文化产品的创作成本、核心价值主要在于内容,而文化产品的内容又是可以多次复制的。在复制过程中,文化产品的内容本身不会损耗和衰减,相反,复制得越多,投入的创作成本就被分摊和稀释得越小,产品的回报率就越高。同时,由于文化产品具有可反复使用的特点,很多优秀文化产品的价值不仅不会随着时间的推移而有所减损,反而会随着使用人次的增加实现自身的不断增值。

(5)文化产业中的文化产品是可以分工协作、批量化大规模生产

·欧·亚·历·史·文·化·文·库·

的,这是文化产业化的重要特征。随着社会生产力水平的提高和居民收入的增长,文化消费日益普及。广泛的社会需求为文化产业化提供了市场基础,而生产技术的进步,改变了原有文化产品的生产方式,提高了文化产品的生产力水平和产品的供给能力,使文化产品的规模生产成为可能。例如原来手工生产的陶瓷雕塑,是经过精雕细作,作为艺术精品来生产的,产品质量好坏取决个人技艺,而产业化后,可以利用模具进行大批量生产,不仅使生产规模扩大,效率提高,而且可以保证每件产品的品质基本相同,由于采取工业模式组织生产,生产的标准化、批量化,使产品具有普通商品的共同特性,此类的陶瓷制品就不再具有艺术品的价值了,其价格的形成机制与工业品没有两样。

13.2 新疆文化产业发展的总体概况

13.2.1 新疆文化产业发展的优势和劣势

13.2.1.1 新疆发展文化产业的比较优势

(1)新疆需要发展文化产业。

新疆除了具有丰富的矿产资源,也具有丰富的文化资源,发展文化产业是新疆实现可持续发展的必然选择。21世纪是知识经济飞速发展的时代,现代科学技术使传统文化的产品形式、展现方式、消费市场得以极大的拓展。研究表明,当恩格尔系数下降到50以下,人均GDP超过3000美元时,文化消费在总消费中的份额就要达到30% - 40%。当今世界,抢占跨国文化市场已经成为许多国家的经济发展战略。以英国为例,英国创意产业2002年实现增加值534亿英镑,占GDP的8%,1997—2002年平均以6%的速度增长,其中创意产业出口115亿英镑。对于新疆来说,发展文化产业可以改变现在第一产业偏重的产业结构,提高投资效益,增加社会就业。另一方面,发展文化产业,是新疆维护文化安全的战略选择。文化产业的发展不单纯是一个文化问题或经济问题,更是一个维护民族生存和发展的重大政治问题。许多国家出于维护民族的生存与发展,维护世界多样性和反对文化霸权主义的目的,把加速发展本国的文化事业和文化产业作为一种战略选择,以抵御西方文化潮流的涌入。新疆作为多民族的边疆地区在抵御西方国家文化渗透方面担负着极其重要的战略任务,如抵御西方国家利用广播电视、网络传输等"空中优势"进行的渗透,抵御西方国家利用报刊、书籍以及各种研究文献进行的渗透,抵御境外利用宗教包括所谓的"福音西进计划"进行的渗透,抵御境内外民族分裂主义、宗教极端主义、暴力恐怖主义思想的渗透等。因此,我们必须遵循胡锦涛同志2004年2月23日在中共中央政治局第十次集体学习时强调的"坚持以宽广的眼光观察世界,善于进行战略思维"的要求,积极推进新疆文化事业和文化产业发展,这是新疆维护我国文化安全的战略举措。

(2)新疆具有文化资源优势。

新疆占我国陆地面积的1/6,位于亚欧大陆的心脏,是四大文化体系的汇流地,文化积淀厚重。新疆更是一个文化资源大区,文物古迹贯穿古今,遍布南北疆。国务院正式批准的第一批国家级非物质文化遗产名录中,新疆共有14项被列入,同时,新疆已有多项受到世界、国家和自治区保护的物质文化遗产。新疆的文化资源有自己鲜明的特点:地处欧亚大陆中心,有"天然博物馆"之称。境内冰川与火洲为邻,雅丹地貌、戈壁与绿洲草原相伴,雪山与湖泊相映,连同29个珍稀动植物自然保护区,构成了新疆奇异的自然风光;以"木卡姆艺术"和"三大史诗"为代表的非物质文化遗产十分丰富,各民族原生态的民族民间舞蹈构成了绚丽多姿的民族文化风情景观,给新疆带来了"歌舞之乡"的美誉;有着古丝绸之路上悠久的历史文化沉积,古城堡、古石窟、古寺庙、古驿站、古屯田遗址、古墓葬等诸多的文物遗存,加之47个民族、8种宗教的民族和民俗风情,风格特异的建筑、服饰、歌舞、习俗、美食等迥异于内地的异域风情组成了新疆丰富的旅游资源。

另一方面,新疆文物古迹遗址十分丰富。截至2008年,新疆已发现的文物点有4000多处,其中全国重点文物保护单位58处。国家重视对新疆文物古迹的保护和修缮,文物保护立法、考古调查发掘、文物维修保护、博物陈列等取得重要进展。在"保护为主、抢救第一"的方针指导下,自治区对重点文物进行了较大规模的抢救维修,其中包括克孜尔千佛洞、库木吐拉千佛洞、森姆赛木千佛洞、柏孜克里克千佛洞、高昌故城、哈密回王坟、伊犁将军府等。一批代表维吾尔、蒙古、回、锡伯等少数民族优秀历史文化遗产的著名建筑,如喀什阿帕克和卓麻扎、霍城秃黑鲁帖木尔汗麻扎、昭苏喇嘛庙、和静蒙古王爷府、且末托乎拉克庄园等,得到了妥善维修和保护。2009 年,自治区启动"丝绸之路(新疆段)重点文物抢救保护工程",集中必要的财力物力,对新疆古代"丝绸之路"主干道上的大型遗址保护区和重点文物保护单位实行区域性、综合性抢救和保护。继 2005 年《中国新疆维吾尔木卡姆艺术》被联合国教科文组织列为第三批"人类口头和非物质文化遗产代表作"后,我区目前非物质文化遗产代表作有国家级 55 项、自治区级 186 项。非物质文化遗产项目代表性传承人国家级 47 名、自治区级 229 名。现在,自治区、地州、县市三级非物质文化遗产名录体系基本建立。[1]

(3)策划并组织了一些有影响的文化活动。

2006 年,新疆外宣办还组织了以哈萨克族演职人员为主的对外文化交流代表团,以民间文化交流的形式对德国、法国、荷兰进行了一次成功的交流活动。文化交流代表团在外演出、展览各 10 场,直接观看参与文化交流活动的人员近万人次。交流活动震动了哈萨克族华人华侨,很多人从澳大利亚、荷兰、丹麦、土耳其等国不远千里赶来观看。当地主流媒体在报纸的显著位置和电视台的重要时段播出新疆文化周盛况,中央电视台、凤凰卫视、欧洲时报、中新社、光明日报等也对活动进行了充分报道,引起国外主流社会的普遍关注。

2007 年,新疆外宣办策划并组织了"四季新疆"中外摄影家采风活动,来自 21 个国家的近 140 余名中外摄影名家在一年中的四个季节分批来到新疆,拍遍了新疆的风情美景。这项活动除了借中外摄影家的视角和镜头反映了新疆壮丽的自然风光外,还反映了新疆各少数民族

---

〔1〕中华人民共和国国务院新闻办公室《新疆的发展与进步》白皮书,2009 年 9 月 21 日发表。

各具特色的生产生活、文化习俗,反映了今日新疆变化和民族关系的和谐发展,同时让中外摄影家在拍摄过程中亲身感受新疆丰富的文化资源。

2007年1月30日,新疆首个文化产业发展规划——《吐鲁番地区文化产业发展总体规划》(初稿)专家论证会在乌鲁木齐召开。吐鲁番在全疆首次提出文化产业规划,是一种新的尝试和突破,对全区文化产业的发展起到了积极的推动作用。此次通过的《新疆吐鲁番地区文化产业发展总体规划》将旅游业纳入文化产业,通过政府主导、市场引导、部门联动、企业运作、社会参与努力开拓大市场,发展大文化,形成大产业,构筑吐鲁番地区文化产业发展的新格局,促进吐鲁番地区文化产业的可持续发展,同时也对全区文化产业的发展起到示范作用。

2008年,新疆加强先进文化建设,进一步活跃和丰富各族人民群众精神文化生活。一是办好重大主题文艺活动,讴歌时代精神。筹备举办纪念改革开放30周年大型文艺晚会、纪念改革开放30周年辉煌成就摄影书画展、举办"新歌唱新疆"全国歌曲征集、评选活动。二是抓好重点文艺项目扶持,力促精品。重点推出影片《买买提的2008》,电视连续剧《拾花妹》、《新疆古丽》,大型魔术杂技剧《阿凡提》等。三是办好节庆文化活动。举办2008年新春音乐会,与深圳、西藏、香港三地联合举办2008年春节大型文艺晚会。举办诺肉孜节文艺晚会、清明音乐会、中秋音乐会。四是大力开展特色社会文化活动。开展第七次百日广场文化活动竞赛和第二次乡村百日文体活动竞赛。[1]

同时,各民族文化艺术在继承基础上得到发展。维吾尔族"麦西来甫"、哈萨克族"阿依特斯"、柯尔克孜族"库姆孜弹唱会"、蒙古族"那达慕大会"、锡伯族"西迁节"、汉族"元宵灯会"等民族传统文艺活动广泛开展。一批反映时代巨变的具有浓郁民族特色、地域特点的优秀剧节目,如话剧《蕴倩姆》、维吾尔剧《艾里甫与赛乃姆》、杂技《达瓦

---

〔1〕新疆维吾尔自治区人民政府主办,新疆维吾尔自治区地方志编委会编辑《新疆年鉴2009》,新疆年鉴社2009年版,第42页。

孜》、哈萨克族的《阿依特斯》、柯尔克孜族的"玛纳斯奇"弹唱《玛纳斯》等剧节目相继搬上艺术舞台。大型民族歌舞《我们新疆好地方》《天山欢歌》《喀什噶尔》等 20 多台优秀剧节目先后荣获国家级奖励。

13.2.1.2 新疆发展文化产业的比较劣势

（1）新疆文化旅游环境与服务水平处于劣势。

在文化旅游服务方面,新疆旅行社的数量并不算少,到 2008 年年底,各类旅行社 446 家（新疆 313 家,新疆生产建设兵团 133 家）,其中国旅行社 56 家,国内旅行社 390 家,[1] 总数在国内排名属于中等偏上水平,但是旅行社的服务水平与这一排名并不同步。新疆国际、国内旅行社的服务水平均滞后于全国,中国旅游联盟资讯中心 2008 年 6 月 26 日公布的"2007 年度全国国际旅行社 100 强名单"中新疆入围的只有两家,而在"2007 年度全国国内旅行社 100 强名单"中,新疆没有一家旅行社入围。文化旅游业是新疆发展文化产业的一个突破口,向世人展示出新疆丰富的文化资源,旅行社是新疆文化旅游对内、对外的一个重要窗口,旅行社的组织水平和服务质量,直接影响到新疆文化旅游业的发展与繁荣,也间接地影响到新疆未来整体文化产业的发展水平。新疆旅行社的服务质量有待于大力改善。

（2）思想观念和体制政策落后。

在一些人的思想理念中,他们还未将计划经济体制下的文化发展观转变为社会主义市场经济条件下的文化发展观,只看到文化的社会效益属性,看不到也不相信文化具有经济效益属性,认为文化无法创造经济效益,对文化产业的发展持怀疑态度。另一方面,文化立法建设严重滞后,没有形成一个规范、有序的文化市场环境。

（3）资金投资主体较单一,投入不足。

新疆的经济虽然涨幅很大,但文化基础设施经费投入少、底子薄,

---

〔1〕新疆维吾尔自治区人民政府主办,新疆维吾尔自治区地方志编委员会编辑《新疆年鉴2009》,第 233 页。

社会经济、民营资本投融资渠道不够畅通。投资主体单一,基本上还是以政府为主体。在文化政策和财政投入等方面还存在着;"等、靠、要"的观念。另外,现在新疆许多地方仍然是吃饭财政,补贴财政,根本拿不出多余的资金搞文化产业,资金紧缺问题是制约民族文化产业的一个关键问题。

(4)缺乏文化产业的专业人才。

经营、管理水平低下,缺乏熟悉文化产业的专门人才,尤其是外语、文化产业经营管理、文化贸易等专门人才极其短缺。要做大做强文化产业,必须激活用人机制,通过各种途径招揽人才,培训人才,逐步建立一支能适应文化建设的人才队伍。

13.2.2 新疆文化产业的成就与不足

13.2.2.1 新疆文化产业取得的成就

(1)总量水平。

改革开放近30年来,新疆文化产业得到了较大发展。2000—2005年期间,新疆文化产业机构数不断增加,从2000年的7848个增加到2005年的11777个,文化产业从业人数从2000年的26621人增加到2005年的34001人。全区文化产业总产值2004年为9.45亿元,2005年增加到11.35亿元。新疆的文化产业发展以其旅游业为突出代表。近年来,新疆旅游业快速发展,成为新的经济增长点。截至2008年,新疆共有景区(点)近500处,形成了以"丝绸之路"为主线,以喀纳斯湖生态旅游区,天池、赛里木湖和博斯腾湖风景旅游区,吐鲁番、库车古文化遗址旅游区,喀什民俗风情旅游区,伊犁塞外江南风光旅游区为重点的发展格局。2008年新疆接待国内外入境游客达2231.32万人次,当年旅游总收入近200亿元人民币[1]。

(2)形成了一批强势文化品牌。

2005年"中国新疆维吾尔木卡姆艺术"被联合国列为非物质文化

---

〔1〕新疆维吾尔自治区人民政府主办,新疆维吾尔自治区地方志编委员会编辑《新疆年鉴2009》,第233页。

遗产,成为人类口头和非物质文化遗产的代表作。近几年来,新疆木卡姆艺术团多次出访中亚、西亚、海湾等地区,相继在俄罗斯、法国、德国等国家举办"新疆文化周"。作为世界非物质文化遗产,维吾尔木卡姆如今已经成为新疆的一个重要文化品牌。

新疆凭借独特的军垦文化打造了"中国军垦文化旅游"的新品牌。军垦旅游的主要推行者——新疆生产建设兵团,是中国唯一的党、政、军、企合一的特殊社会组织。新疆兵团把军垦文化、自然风光、民俗风情、大农业观光等旅游资源整合重构,力争打造出独一无二的"中国军垦文化旅游"品牌。作为"中国军垦文化旅游"最为直观的载体,首届"石河子军垦文化旅游节"于 2008 年 7 月 25 日至 8 月 6 日举办,吸引八方来客,推动了旅游业的发展。

新疆和合玉器有限公司是第三批国家文化产业示范基地,在全国和田玉行业内具有一定的经济实力和知名度。其中金镶玉系列和时尚系列将现代珠宝设计艺术与传统玉雕相结合,填补了和田玉行业的市场空白。

(3)生产出一批优秀的文化产品。

新疆各出版社充分挖掘各民族优秀文化艺术遗产,努力编辑翻译出版了适合国外受众阅读的各类出版物,截至 2007 年年底,新疆共计输出出版物版权 40 种,引进出版物版权 143 种,这些展现新疆各民族历史文化、展现新疆解放以来经济社会发展、具有地域特色和民族特点的各种优秀出版物,引起了国内外的高度关注,并产生了一定影响。目前,新疆已有《福乐智慧箴言选粹》等 40 种图书经过国内外专家评审,进入"中国对外图书推广计划"推荐目录。值得一提的是,新疆电子音像出版社与美国蒙勒克好莱坞电影公司合作摄制的《神秘中国——丝路之谜》,实现了全球在线播放和欧美地区的 DVD 热销,并荣获 2008 年美国泰丽(TELLY)最佳纪录片铜奖;新疆电子音像出版社还与美国新亚电视网中文台签订了《丝路之谜》《新疆散记》等共 12 种 DVD 光盘的电视播出合同,并在美国新亚电视网中文台设置了《精彩新疆》专栏,将有 60 余种宣传新疆的(DVD)节目向北美地区传播。

（4）举办了一些文化交流活动。

近年来,新疆对外文化交流的规模和范围不断扩大,内容和形式更加丰富。据统计,1994—2006年,新疆对外文化交流项目达754项,派出团组852个,与世界上50多个国家和地区进行文化(文物)交流。尤其是我区在周边国家举办的"文化周"活动,在宣传新疆形象、传递友谊方面取得了非常好的效果。2006年,在土耳其三个主要城市成功举办的"中国文化周"暨新疆演出展览活动中,《木卡姆的春天》引起了巨大轰动。2007年,新疆木卡姆艺术团随温家宝总理参加"中日文化体育交流年"活动,温家宝总理对新疆木卡姆艺术团和喀什地区民间木卡姆艺人的出色表现予以充分肯定。同样2007年,由新疆党政领导带队,新疆歌舞团在挪威、瑞典、德国等国成功举办了"中国新疆综合文化周"活动,展示了新疆民族团结、社会安定、和谐进步的形象。2008年6月8日至18日,由国家文化部、新疆维吾尔自治区人民政府主办的首届中国新疆国际民族舞蹈节在乌鲁木齐举行,舞蹈节以"和谐中国、魅力新疆"为主题,由开幕式、中外艺术团体展演、民族舞蹈艺术论坛、文化艺术展、闭幕式5部分组成。来自俄罗斯、埃及、土耳其等9个国家和地区的舞蹈团体参加了舞蹈节展演。[1]

13.2.2.2　新疆文化产业发展的不足

近年来,新疆的文化产业发展态势良好,文化产业已经成为新疆经济、社会发展的重要支撑点。但是与全国文化产业迅猛发展之势相比,新疆文化产业的发展还存在着很多问题。

（1）文化产业规模小,总体发展水平偏低。

新疆的文化产业经过几年的发展,取得了较大的成就,但就整体发展水平而言,文化产业的企业主体规模较小,经济效益低,产品的竞争力缺乏。从国家统计数字来看,在全国31个省、自治区、直辖市(不含台湾)的文化产业排名序列中,新疆文化产业的从业人员数排在第26

---

〔1〕新疆维吾尔自治区人民政府主办,新疆维吾尔自治区地方志编辑委员会编辑《新疆年鉴2009》,第42页。

位,纯收入排在第25位,用于补助事业经费数排在第24位。与全国文化产业发展的总体水平相比,新疆的文化产业发展也处在全国文化产业发展的初级阶段,对有形文化资源开发重视,对无形文化资源开发和利用不足。具体体现在:全区各地方政府将文化产业的发展过多地集中在文化旅游业上,并且过多地重视了文化旅游业的开发与产业化,而对相应的其他文化产品产业发展和引进不足,导致文化产业内部结构单一和发展的不平衡。如新疆的文化旅游业相对而言发展较快,一些景区在国内外有一定的知名度,但其他文化类产业,如会展业、广告业、竞技体育业、影视业、主流报业以及具有高新技术内涵的文化产业与产品,如网络信息产业、现代传媒业等尚未发展起来。再者,新疆文化产业呈现"小而散"的特点,竞争力弱,目前几乎没有形成真正有竞争力,独具特色的大型文化产业运营者或文化产业集团公司。

(2)文化产业品种单一,附加值不高。

新疆的文化产业目前大多停留在传统产业,如民族歌舞、杂技表演等缺乏文化创新,没有形成品牌效益。文化产品特点不鲜明,民族文化开发的广度和深度都较为欠缺。虽然开发了一些具有民族特色的艺术品,如维吾尔族小花帽、英吉沙小刀,但没有形成规模,在国内外具有影响力的文化产品为数不多,且宣传不够,导致了新疆文化产品在国内外传播的地域和影响力还过于狭小。文化产品科技含量不高,文化产业的发展没有形成产业链,这些成为新疆文化产业迅速发展的瓶颈。

(3)精品的市场效应弱小。

以文艺创作为例。2006年《洒满阳光的新疆》在全国第三届少数民族文艺调演中荣获大奖,名列全国第二;《冰山上的来客》进入全国舞台艺术精品工程30强;《木卡姆的春天》受到好评;话剧《马市巷子的老院子》已公演63场,受到自治区领导的高度评价和社会各界的一致好评。然而,由于我们欠缺对文化产品及服务的市场规律和特点的把握,目前,上述文艺精品乃至新疆的诸多文化产品并未在全国范围内产生强烈的市场效应,并未像2004年"刀郎"的歌曲那样创造可观的经济效益。

（4）缺乏专业文化产业经营管理人才。

目前,新疆不少文化产业部门的领导都是从文艺团体中选拔上来的,种种因素使得他们的文化产业专业知识和管理知识缺乏,无法正确认识和处理不断发展变化的文化产业信息,从而影响了文化产品的生产与经营,制约了文化产业的发展。

（5）产业投入不足,投资主体单一。

近年来,虽然新疆的经济建设取得了很大成就,但对文化基础设施投入经费不多,投资主体单一,基本上还是以政府为主体。文化产业仅仅被当做政府部门要做的一项事业来发展,事无巨细全由政府部门包揽。目前,新疆尚未培育出一批自主经营,自负盈亏,有影响力,有竞争力的国有或私营的文化企业和文化企业集团。同时,社会力量对新疆文化产业的投资规模普遍偏小,数量偏少。

13.3 以新疆文化产业的发展推动文化软实力提升

我国将文化产业发展战略作为国家战略始于 1998 年,其标志就是这一年文化部设立了文化产业司,专门负责文化产业的政策制定和行业指导。其后,党中央和国务院分别在《国民经济和社会发展"十五"计划纲要》中提到了大力发展"文化及相关产业",2006 年 9 月,国务院的《国家"十一五"时期文化发展规划纲要》重点表述了文化产业发展的国家战略,文化产业成了"十一五"期间国家社会发展和经济进步的最大语境之一。2007 年 11 月,党的十七大报告再次强调了发展文化产业的重要性,并提出了提升我国文化软实力的重要论断。这标志着我国文化产业国家战略的正式形成。美国哈佛大学教授约瑟夫·奈曾将综合国力分为硬实力与软实力两种形态,他首次提出了文化软实力这一概念。文化软实力是国家软实力的核心因素,是指一个国家或地区文化的影响力、凝聚力和感召力。在某种意义上,文化软实力就是文化实力,它是相对于经济实力、军事实力、政治实力而言的。

作为一种以文化为内容的产业,文化产业的拓展和提升有助于文化软实力的增强。经济发达国家都把文化产业作为增强文化软实力的最重要的途径,文化产业对树立良好的国家形象具有巨大作用,特别是影视、音乐,富于民族文化特色的通俗小说和创新的故事,乃至餐饮文化等等,都具有强大的文化渗透力。所以说,发展文化产业是在当前国际形势下提升我国文化软实力的有效途径。同时发展文化产业是增强国家文化软实力、确保国家文化安全的需要。尤其新疆在我国具有重要的战略地位,其文化安全更是关系到国家的稳定和发展。

近年来新疆的文化产业发展取得了很大的成就,但是还存在很多的不足。文化的渗透力、传播力、影响力还未充分发挥,新疆的文化产业的发展还需多方面的努力。针对新疆文化产业目前的发展状况,我们提出以下对策和建议。

13.3.1 完善文化产业发展政策,加强地方文化立法

通过地方文化立法,加强文化产业法规建设,制定和完善发展文化产业的相关政策。首先,根据我国发展文化产业的相关政策,制定符合新疆实际情况的文化产业发展规划。其中重点是对文化产业体制进行改革,实现文化产业由事业型向产业型,由政策办向政策管的转变。其次,制定积极的文化产业政策,建立和完善相关法规体系,为文化产业的发展营造公平的市场环境,将新疆的文化产业纳入健康有序的可持续发展轨道。加大政策扶持力度,为推动文化大发展大繁荣建造稳固的政策体系。各级政府要设立文化产业发展专项资金,采用贴息、补助、奖励等形式支持重点文化产业项目,有力地推动文化产业发展。制定和完善扶持公益性文化事业、发展文化产业、鼓励文化创新、加大文化人才培养的政策,建造推动文化大发展大繁荣的政策体系。特别是要制定和完善文化投入扶持政策,一方面加大政府对文化事业的投入,扩大公共财政覆盖范围,形成稳定的经费保障机制;另一方面制定税收优惠等政策,吸引、鼓励各类经济成分投资文化产业,促进其尽快做大做强。

13.3.2 研究制定科学和规范的新疆文化产业整体发展战略

发展方式不仅影响国家的硬实力,而且影响国家的软实力,而文化产业的发展方式对于文化软实力的影响更值得重视。低级趣味、崇洋媚外的文化产品,即使在文化国际贸易中市场份额再大,经济效益再好,也是对社会环境的污染,对国家形象的损害。以粗制滥造、无聊戏说甚至肆意亵渎优秀传统文化作为代价来换取市场成功,更是对文化资源的浪费,对文化软实力的破坏。至于那些靠盗版、剽窃和低成本复制为主要生产方式的文化产品,则不仅影响我国的国际形象,更会妨碍我国相关产业未来的长远发展,以至危及国家的文化安全。各级政府须结合新疆实际情况,制定科学和规范的新疆文化产业整体发展战略。

13.3.3 打造文化产业品牌,培育和发展具有新疆特色的文化企业

提升文化软实力需要文化品牌的支撑。从目前国内外市场情况来看,新疆的民族产品缺乏一定的品牌化,尤其是文化精品。文化精品是一个国家民族魂的集中体现,代表着文化发展和文化价值的最高水准。民族文化首先要推出精品,通过精品的推广,带动周边产品、资源、工艺等各方面的需求,使产业链变粗变长,实现经济效益最大化。《云南印象》正是通过在国内外的大量巡演,激起各国人民对云南的向往,带动了云南的民族旅游业、手工艺业、服饰业、饮食业等相关产业国民经济增加值的全面上升。针对新疆文化资源呈现"小而散"和产品单一的特点,我们可以通过文化产业公司,对现有资源进行综合开发,将文化艺术、旅游资源、饮服产业、能源基地和民族风情以及兵团的创业精神文化连成一体,形成数条中国西部大漠绿文化风景线,从而拉长其产业增值链条,增加附加值。同时文化品牌代表了一个地区文化产业发展的形象,是推动一个地区文化产业发展的主力军。例如,王洛宾的一曲《在那遥远的地方》,唱遍大江南北,让全世纪亿万华人了解了新疆的西域风情。2003 年的"刀郎旋风",以新疆民歌震撼华语歌坛,让全球华人再次感受到了新疆的文化风情,社会经济效益取得了双丰收。所以新疆发展文化产业要继续打造一批社会效益和经济效益俱佳的文化产业品牌。另一方面我们要利用好如"阿凡提"、"刀郎文化",《中国新

疆维吾尔木卡姆艺术》等文化遗产品牌,打造文化产业品牌,坚持传统与现代结合、文化与经济结合、特色与创新结合,推动戏剧、音乐、美术、舞蹈、摄影、电影、民间文学、书法、电视、杂技等艺术创作,促进新疆文化产业和文化市场的繁荣。

除了打造文化品牌之外,新疆应积极整合优势资源,实施重大优势文化产业项目带动战略,培育和发展专门从事文化产业的文化企业,即优先培育文化产业骨干企业和战略投资者,由他们专门从事文化产业经营,成为新型文化企业,繁荣新疆文化市场,将新疆文化资源优势转变为文化产业优势,进而从根本上提升新疆文化的竞争力和软实力。

13.3.4 运用高新技术提升文化产业竞争力

高新技术作为一种硬实力,与文化软实力之间并不是互相独立的,相反,二者在知识经济下相互影响,相互拉动。鼓励和引导运用高科技手段改造与提升传统文化产业,不断提高传统文化产品的科技含量,打造高水平的文化科技业,促使民族文化产业获得可持续发展能力,实现传统文化产业的跨越式发展。利用现代高新技术手段实现文化产品的内容创新和文化生产,不仅要在以数字化、网络化为主的新的文化业态中实现创新,也要在传统文化产业部门依靠现代科技改造和提升传统文化,推动传统文化市场转型升级,实现内容、形式、管理、营销等多方面的创新。鼓励支持文化企业积极开发具有自主知识产权的新产品。全面提升文化产品的艺术含量和科技含量,创新文化开发和传播的手段,提高产品的附加值,将民族文化建设成为新疆地区文化生产力发展的推动要素,提升地区文化的软实力。

发展新疆文化产业,就要在"异"上下工夫,多推出具有特色的文化产品。要选好独具新疆特色的产业项目,可以把新疆歌舞演出、新疆特色音乐的录制和发行、摄影、探险等特色旅游作为试点,使其成为新疆文化产业发展的突破口。同时以项目为纽带形成特色文化产业群,以产业化、集约化方式进行文化产品的生产,降低成本,增加利润,形成文化产业各门类共同发展的局面,进而从根本上提升新疆文化产业的竞争力。

13.3.5 加大培养和引入文化产业人才的力度,打造文化团队,构筑智力支撑

发展文化产业,提高文化软实力关键靠人才队伍。文化产业必须要由专门的文化经营、文化经纪、文化管理、专业策划、市场文化科技、产品制作和市场营销等专门人才进行运作,积极加强这方面人才的培养,才能保证文化产业的可持续发展。

第一,要将文化产业人才培养纳入全疆人才培训计划之中,使之制度化、规范化。

第二,要有计划,有步骤地引进具有文化理念,具有文化市场管理经验和文化产业经营能力的复合型人才。

第三,建立健全人才政策,特别是对专业人才的激励机制,从而挖掘和调动现有文化产业队伍中具有事业心的人员的积极性。我们还可以考虑设立新疆文化创新发展基金,鼓励文化行业的有识之士进行文化产业创新。

第四,人才培养要有长远的、战略的眼光,我们要顺应文化产业发展的要求,实施“走出去”和“引进来”的战略。在引进高级民族文化人才的同时,也要将本地区的人才送出去交流,取长补短。培养一大批优秀的文化经营策划与中介服务人才,培养一大批优秀的文化资本市场运作和管理人才。

13.3.6 加大新疆文化对外宣传力度,扩大新疆文化影响力

新疆的对外宣传工作应将对新疆文化的宣传作为重点,有意识、有计划、有目的地将新疆文化产业发展成果向国内外友人推荐,通过各种方式组织新疆文化产品到国内外展览、演出,进而销售。从目前来看,新疆的文化产业发展存在“瓶颈”,涉及从体制到文化资源的开发利用模式等诸多方面。我们可以采用逆向思维的办法,以策划文化交流经典“活动”为突破口,以点带面,通过资源整合,打造文化精品,切实做好对外文化交流工作,构建全方位、多层次、宽领域的对外文化交流新格局,形成对外文化工作新机制。

14 以文化传播为途径提高文化凝聚力和影响力

14.1 文化传播与文化安全

"社会不仅是由于传递、由于传播而得以存在,而且完全可以说是在传递、传播之中存在着。"[1]传播既是讯息得以在空间传递和发布的过程,又是时间上对一个社会的维系,是共享信仰的表征。[2]文化传播在协调社会行为、维系国家和民族中发挥着极其重要的作用,是提高文化凝聚力和影响力的必要途径。

14.1.1 文化存在于传播之中

传播是一种信息交流活动,它与人类的生存和发展密不可分,贯穿于人类社会生活的始终,并作为人类的基本行为,整合着社会及其文化。传播是传播学中最基本的概念,虽然至今还没有一个得到公认的权威性概念,然而可以肯定的是,传播都有一个共同之处,即"从根本上讲传播无非是信息流通的过程"。[3] 信息是一切以符号为表象的文化意义,传播能够通过信息的沟通交流而实现社会互动。传播促进着人类的文明进步,并使人类文化和文明成果得以流传和保存。

传播是文化形成、发展与延续的重要工具,文化的本质就是传播。一切文化都是在传播的过程中得以生成和发展的。人类的文化传播方

---

[1]〔美〕E.M.罗杰斯:《传播学史:一种传记式的方法》,殷晓蓉译,上海译文出版社2005年版,第137页。

[2]〔美〕詹姆斯·W.凯瑞:《作为文化的传播:"媒介与社会"论文集》,丁未译,华夏出版社2005年版,第5、7页。

[3]李彬:《传播学引论》,新华出版社1998年版,第5页。

式由口头传播、文字传播、印刷传播、电子传播,发展到国际互联网传播,传播技术的每一次进步都带来人类传播能力的飞跃。传播技术的应用对文化传播范围、传播效果的影响越来越大。传播是文化的内在属性和基本特征,是促进文化变革和创新的活性机制。通过传播,一定社会的文化得以扩散与传承。

在一定社会的文化变迁与文化模式发展中,传播是其重要机制之一。文化不是固定不变的,而是不断发展变化的,是流动的。传播使不同文化间能够相互沟通交流,文化扩散得以发生,并通过导入新的文化元素和文化特质,促使文化变迁和文化发展,从而使一定社会的发展成为可能。传播在文化建设和社会发展过程中都发挥着极为重要的基础性作用。

文化与传播是互动的、一体的。文化是传播的文化,传播是文化的传播。没有文化的传播和没有传播的文化都是不存在的。一方面,文化的形成和发展受传播的影响。文化整合、文化分层、文化变迁等是由传播促成的。另一方面,文化对传播也会产生重要影响。不同文化背景的传播者所使用的传播媒介、传播方式等是存在差异的。可以说,文化即传播,传播即文化。文化功能的发挥都是在传播的基础上展开的。

14.1.2 文化传播

文化传播是人类特有的各种文化要素的传递扩散和迁移继传现象,是各种文化资源和文化信息在时间和空间中的流变、共享、互动和重组,是人类生存符号化和社会化的过程,是传播者的编码和解读者的解码互动阐释的过程,是主体间进行文化交往的创造性的精神活动。[1]

文化传播包括文化扩散与文化传承。文化扩散是文化在空间上的传播,即一种文化由一个地区向另一个地区或多个地区的转移或互动,包括从另一地区借用其所创造的文化元素的文化采借。文化传承指文化在时间上的传播,主要指文化的代代相传。本章文化传播的意义侧

---

[1]庄晓东:《文化传播:历史、理论与现实》,人民出版社 2003 年版,第 6 页。

重于文化扩散。文化传播要以文化接触为前提,两种或多种文化只有互相接触才能进行文化传播。所以,文化传播的范围和程度取决于不同民族或地区之间接触的持续时间与密切程度。同时,越是相似的文化群体越容易相互适应和借用。

文化传播的影响程度还与文化的类型有关。文化是一个多义的概念。广义的文化可以指人类社会发展过程中所创造的物质财富和精神财富的总和,狭义的文化通常指社会意识形态和与之相适应的价值观念、行为模式以及有关制度等。有人把文化分为器物文化、观念文化和制度文化。器物文化是指体现一定生活方式的那些具体存在,如住宅、服饰等。观念文化主要是指一个民族的心理结构、思维方式和价值体系。制度文化是指在历史发展过程中形成的各种制度。一般来说,技术的或工艺的器物,即那些能够直接应用于日常生活的东西,比精神的、理论的或抽象的事物更容易在不同文化间被传播和接受。

从时空关系看,文化传播通过拓展文化的空间从而影响文化的时间性。文化是历时性的,历时的程度是文化地位和意义的检验指标。最持久的文化身份特征建立在语言、宗教等层次上,最短暂的则建立在品味、时尚和风格等层次上。文化传播对品位、时尚、风格等短期文化现象会产生较明显的影响,而对于信仰、价值观等最持久文化身份特征的影响则是非常缓慢的。

文化是实践的,贯穿于人们的日常生活和非日常生活中。人始终生活在文化中,其日常生活实践就是创造文化的过程,所以文化传播渗入人们的日常生活,是主体间进行文化交往的创造性活动。同时,文化传播贯穿于人们的非日常生活,各种文化资源通过有组织的方式进行传递扩散,在不同文化间流动、互动和共享。不论是在日常生活还是在非日常生活中,文化传播总是依赖于一定的传播渠道,通过媒介系统进行信息的传递与交流。在人类发展的早期阶段,文化传播主要通过迁徙、交往、战争等方式进行。在现代社会,随着科学技术的发展,传播媒介不断丰富,形成口语传播、文字传播、印刷传播、电子传播、网络传播等多种传播媒介交互、叠加传播的格局。

文化传播存在于人际间、群体间、族际间和国家间的各种交流活动中,和人类生活的各个方面交织在一起。它促成多元文化的生成和发展。在新疆这样一个多元文化荟萃的地方,文化传播以自觉和非自觉的方式进行着,发挥着极其重要的作用。

14.1.3　新疆文化安全面临的挑战

　　当今世界已经成为"地球村"。文化传播加速了全球化进程,而全球化也瓦解着文化传播的边界和防护系统,既为文化交流提供了条件,同时也改变着当今世界的文化地图,带来文化冲突。新疆由于特殊的地缘位置和多元而复杂的文化特点,其文化安全也面临着挑战。

　　(1)文化是动态的,是处于变动之中的社会建构。

　　建构主义认为,文化是由共有观念形成的,民族文化产生于该民族人们对各种事物的共有观念。文化制约着一个民族的人们的各种活动,形成社会生活各个领域的规则,而人们在民族文化指导下的实践活动又进一步巩固了其对民族文化的认同。这就是温特所说的"文化是自我实现的预言"。在文化建构人们行为的同时,人们的实践活动也在不断地对文化进行建构。所以说,文化不是一种保守僵化的事物,而是处于不断更新变化的过程,从而一方面使人们的实践活动符合该文化所衍生出的规则,另一方面也使文化在时代发展中能够通过实践取得进步。[1]文化就是在这样一个动态过程中,以人们之间的互动为基础,依赖行为者个人和环境因素的多样性,以及不同文化和社会关系的相互作用而建构起来的。

　　新疆是一个多民族、多宗教、多文化并存的地区。这里民族众多,文化形态多样,生活着多个跨国民族,地处中亚地区的中心地带,历史上就是文化交流频繁的地方,丝绸之路更使新疆成为中西方文化荟萃之地。地理位置的特殊性、文化的多样性以及不同民族大杂居、小聚居的分布格局带来不同民族文化的相互影响。这种影响不仅发生在国内

---

〔1〕蔡拓、孙祺:《建构主义视角下的文化全球化——兼论中国传统文化的作用》,载《南开学报》2009年第6期,第80-81页。

各民族之间,也发生在与外国和国外各民族的交往过程中。文化间的交流促使文化发生变动,一方面促使各民族文化发展进步,另一方面也可能给国家文化安全带来隐患。文化是建构的这一本质特性能够帮助人们更深入地了解文化差异形成的具体过程,为分析跨文化交流和文化传播提供新的视角,有助于应对新疆文化安全面临的挑战。

(2)传播方式发生的巨大变化给文化传播带来挑战。

文化传播通过人类的直接传播和媒介传播两种方式进行。在人类发展的早期阶段,文化传播主要是由人群的流动与迁徙带来的。在人群流动过程中,文化从一个空间传入另一个空间。战争也是一种文化传播方式,特别是在古代文化发展史上,战争经常成为文化扩散的强有力的手段。[1] 随着商品经济的发展,商道传播不仅促进了不同区域的贸易往来和经济发展,而且促进了不同文化的交流。此外,还有宗教传播、移民传播等。在现代社会,文化传播的途径越来越多样化,旅游、参观访问、科技交流等促进了不同国家与区域的文化交流。

以上这些文化传播方式都是通过人们的直接接触而进行的。自从人类发明了文字,文化得以通过媒介保存下来,在异地异时传播。印刷术、电子传播技术的发明更是一步步地极大提高了人类文化传播的能力,文化传播呈现出媒介化特征。媒介传播成为普遍而影响广泛的文化传播方式。

在新疆,古代丝绸之路的繁荣使西域成为东西方文化荟萃之地。新中国成立以来,尤其是改革开放以来,新疆大众媒介发展迅速,通过媒介传播文化成为新疆文化传播的重要渠道。然而媒介传播方式也给文化传播带来了新的挑战,很大程度上体现为传播技术带来的影响。

在全球化背景下,传播技术对文化的影响越来越大。经济资源和文化资源在全球范围内的流动与扩散加快,文化呈现出既高度融合又高度分化的趋势,文化发展的整体性、相关性、动态性和不确定性也在增大。大众媒介尤其是网络技术的发展与运用,可能引起文化传播生

---

〔1〕庄晓东:《文化传播:历史、理论与现实》,第58页。

态危机,例如,网络传播中的文化失范现象,国家间文化主权和文化霸权之争。强势文化与弱势文化、传统文化与现代文化、东方文化和西方文化等之间的冲突更加激烈,以网络传播为先导的文化传播已经超出民族国家的疆界,使各种信息错综复杂,给传统的文化传播方式和传播观念带来挑战,只有采用新的传播技术才能应对文化传播中出现的新情况和新问题。

(3)媒介技术的发展和全球化等使地理距离和有形边界正在被打破,民族国家的文化安全面临冲击。

由于新疆文化具有复杂性,媒介技术提供了创造超越国家疆界认同的可能性,使得国家认同、族群认同等呈现出复杂局面,威胁到文化安全。

科学技术的发展使信息传播媒介正在发生具有深远影响的变革。同时,全球化使文化呈现急剧变化的态势:一是文化传播速度加快。经济和科技的全球化极大地促进了文化的传播速度,资本和市场的急剧扩张裹挟着文化价值观念进入世界各地。二是全球化冲破了民族国家或区域文化的封闭性,为不同文化的交流与融合提供了条件,也为文化冲突的形成奠定了基础。全球化使跨越国界的行为和活动明显增多,各国之间的联系逐步增强,形成世界性的交流和撞击。

全球性网络和国际信息的流动,以及一些新形式的区域性与地方性活动的出现,正在大大改变着空间和地域的概念。最突出的表现就是依靠地理位置等的自然分界划分社会或国家的边界不再像以往那么重要,根据传播和运输网络以及语言文化等的象征性分界越来越成为具有决定性意义的边界。全球化为文化间的交流提供了条件,同时也瓦解了文化传播的边界和防护体系,改变着当今世界的文化地图。

全球化和时空浓缩进程的加速影响了民族认同感和民族身份。[1]在相对封闭孤立的传统社会中,特定场所具有相对自主权和权威性,对

---

〔1〕乔治·拉伦:《意识形态与文化身份:现代性和第三世界的在场》,上海教育出版社2005年版,第210－211页。

人们的认同维系具有重要的功能,而全球化带来的时空压缩和混杂性使得传统场所的认同维系功能消解了,时间被压缩到空间里,同时性和短暂性成为日常生活的常态。当同时性和短暂性使得本地生活变化多端和不确定时,对家园感丧失的焦虑和重构的冲动成为一种必然反应,认同危机便难以避免了。

从国家的角度来看,国家对时间和空间的控制,越来越受到经济活动的全球化、媒体和电子通讯的全球化等因素的约束。当技术变革和经济变革逐步超越民族国家调控能力的事实渐趋明朗时,民族国家的认同危机感就越来越强烈。对于多民族国家来讲,深受全球化与地方性、文化边界、传播能力等众多问题的困扰,民族国家认同同时面临着全球化的冲击(超国家认同)和国内族群认同的挑战。

(4)文化冲突导致的问题成为当前世界政治领域中的重要问题。

当今世界政治的发展与冷战时期存在很多不同。冷战期间,全球政治往往被理解为根据意识形态划分的美国及其盟国、苏联及其盟国,以及第三世界国家。随着冷战的结束,意识形态不再那么重要,各国开始展开新的对抗和协调模式。塞缪尔·亨廷顿提出"文明的冲突"模式,成为人们理解世界政治的新框架。"文明的冲突"强调文化在塑造全球政治中的主要作用,认为在全世界,人们正在根据文化重新界定自己的认同。文明的冲突是对世界和平的最大威胁,而建立在多文明基础之上的国际秩序是防止世界战争的最可靠保障。[1]

然而,文化是社会历史现状的内在表达,没有清晰的疆界,文化之间并不必然对立。文化是一种主观的、灵活的、解释性的力量,既可以恶化冲突,也可以强化合作。中华文化中,儒、道、释、伊斯兰、基督教等可以和谐共存,在南亚次大陆或是中东,多种宗教也有长期相处的历史。所以说,文化不具有天然的排斥性和竞争性。同样的文化在双方是盟友时可以增进好感,在双方是对手时则变成攻伐利器。"文化冲

---

〔1〕〔美〕塞缪尔·亨廷顿:《文明的冲突与世界秩序的重建》,周琪、刘绯、张立平、王园译,新华出版社 2002 年版,第 372 页。

突"本质上是权力冲突,国家间的战略关系、国际社会中的权力格局决定着是否出现"文化冲突"。[1]

这样说并不意味着不需要文化建设。相反,文化建设是国家权力的重要保障。文化的有效性,首先表现在凝聚本社会内部的信心和认同,其次表现在对外部世界的吸引。文化建设只有植根于当前社会状况,适应历史环境的变化,并借助于社会的广泛参与才可能产生良好的效果。同时也应该意识到,手段的强化不等于话语权的强化,只有加强文化研究和建设,注重文化传播效果,才能使文化成为实力,成为国家的软权力。

(5)新疆文化的多元性与复杂性。

新疆自古以来就是多民族聚居、多种文化融汇、多种宗教并存的地方,是一个典型的文化多样性区域。远古时期,塞人、乌孙、匈奴、鲜卑、柔然、羌人、汉人等诸多古代居民生活在新疆地区,信仰萨满教、祆教和佛教等宗教。经过长期不断的迁徙、分化和融合,形成了当今维吾尔、汉、哈萨克、回、蒙古、柯尔克孜等55个民族共同居住的多民族格局,以及伊斯兰教、佛教、基督教、道教等多种宗教并存的状态。在生产方式上,新疆的民族基本属于农耕文化和游牧文化,在新疆由传统农业文明向现代工业文明过渡的过程中,传统农牧区的经济文化类型开始走向两种甚至多种经济文化类型相结合、传统与现代相结合的发展道路。[2]

新疆多民族的分布格局带来语言文字的多样性。各民族语言分属于阿勒泰语系、汉藏语系和印欧语系。新疆出版的报刊有8种文字,书籍有6种文字,广播电视用5种语言播出。多种语言与多种文字并存形成新疆新闻传播明显区别于内地广大地区的特点,也形成了新疆新闻传播事业管理和发展的复杂性与艰巨性。

---

〔1〕宋念申:《冲突的是权力,建设的是文化——中美博弈中的"文化冲突"》,载《外交评论》2010年第2期,第48—56页。

〔2〕张付新、谢贵平:《试论新疆的文化多样性》,载《西北民族大学学报》2010年第1期,第51页。

新疆文化的多元性既指同一民族内部的文化多样性,也指不同民族之间的文化多样性。长期以来,以民族为单位对中国文化进行的切割肢解了中国文化的整体性,使中国人对历史文化的认同表现为对某个民族的文化认同。民族认同和国家认同之间存在一定的张力。与此同时,新疆位于欧亚大陆中部,是我国西北安全的战略屏障,是西部开发的重要地区,是我国对外开放的重要门户,也是战略资源的重要基地,具有特殊的地理位置和战略高度上的特殊地位。新疆的发展稳定关系全国大局,涉及国家核心利益。同时,新疆还面临着三股势力、美国在中亚的积极战略定位和攻势产生的影响以及中亚国家可能发生的变化等挑战。新疆有不少跨国民族,哈萨克族、柯尔克孜族、俄罗斯族等在境外有自己的民族国家哈萨克斯坦、吉尔吉斯斯坦、俄罗斯;维吾尔、塔塔尔等民族虽然没有独立的民族国家,但是却和境外民族有着共同的文化渊源和宗教背景。在新疆,政治和经济问题相互影响,民族问题和文化相互交织,凸显出新疆文化的复杂性。

意识到新疆文化的多样性和复杂性将有助于促进文明的对话。文化传播是进行文明对话的基本渠道,能够增强不同文化背景人们之间的理解与和谐共处。面对当前变化着的世界局势和不断发展的媒介技术,必须以与时俱进的观念对待新疆的文化安全问题,以积极的态度重视文化传播,才能争取文化传播的主动权,确保文化安全。

14.1.4 文化传播促进文化发展,提高文化凝聚力和影响力

提高文化凝聚力和影响力是维护国家安全的重要保障。文化是民族团结和国家稳定的基础,是国家综合实力的重要体现。中国传统文化主张社会群体为本位,强调集体的重要性,忽视个人的价值。但是在改革开放之后,在西化思潮的冲击下,个性解放和个人本位却有矫枉过正之嫌,歧路纷呈的思想碰撞结果是缺乏一个核心性的共享观念,加上网络文化造成的"主体的漂移",部分地影响了道德信仰和社会控制,于是打造共同的国家文化具有紧迫性和深远意义。

在新疆,提高文化凝聚力和影响力尤其具有重要意义。新疆有多个跨国民族存在。从国际上来看,某一跨国民族的主体部分建立了主

权国家,其分属于不同国家的民族往往有"回归"的欲望,比如南斯拉夫科索沃的阿尔巴利亚族;而没有主权国家形式的民族,在民族主义思潮的鼓动下,有可能要求脱离各自的国家,组成自己独立的国家,如伊拉克境内的库尔德人。其中问题的关键就在于传统民族的向心力与现代国家的凝聚力之间的博弈,如果传统民族向心力发展为对于本国的分隔力,那就会产生直接危害国家安全与稳定的情形,而向心力的核心就是文化。[1] 一个国家如果拥有一种具有向心力的文化,就可以形成强大的文化认同感和民族凝聚力,由此形成的文化屏障可以极大提高国家的整体安全度,赢得良好的国际安全环境。

文化传播能够促进文化发展,提高文化凝聚力和影响力。文化传播是文化发展的内在机制,它包括文化扩散与文化传承。文化扩散使多元文化相互适应与融合,推动文化的渗透与整合。文化传承使民族文化得以延续和发展。文化传播渗透在人们的日常生活和非日常生活之中,通过人际间、群体间、族群间和国家间的各种交流活动,促成多元文化的生成和发展。在新疆这样一个多元文化荟萃的地方,文化传播对促进文化发展,提高文化凝聚力和影响力发挥着极其重要的作用。

新疆的文化传播,在交流范围上主要包括新疆内部各民族之间的传播,新疆与内地其他地区的文化传播,新疆与其他国家,尤其是中亚各国的文化传播等方面。当前,由边缘和封闭而导致的信息匮乏,是新疆文化发展的瓶颈与障碍,借助传播之力是促进文化变迁和发展的必要选择。文化传播可以促进新疆各民族文化之间以及它们与其他地区、国家文化之间的互动,使之向开放型文化转变,从而获得持续发展的动力和活力。

从历史上看,新疆地区经济、社会繁荣发展的时期也正是文化传播活动频繁的时期。从汉代开始,丝绸之路贯通了新疆与外界的联系,中国中原文化、印度文化、古希腊罗马文化、波斯阿拉伯文化在此汇流,政治经济、文学艺术、游牧农耕等信息相互交流。丝绸之路和玉石之路成

---

〔1〕刘大先:《新疆:文化差异与国家认同》,载《粤海风》2008 年第 5 期,第 8 页。

为新疆各民族与国内外各民族文化传播交流的渠道。有学者认为丰富多彩的新疆传统文化就是玉石之路和丝绸之路的产物。[1]

作为一个社会政治经济的观念反映,文化是一个民族国家认同、凝聚力的基础,是国家和民族生存的前提条件。只用通过文化传播才能建立起共同的信仰、共同的价值观念、共同的民族心理,国家的统一与安全才能得以实现和延续,才能使国内各民族彼此沟通与理解,从而加强文化认同感,提高文化凝聚力和影响力。

14.2 新疆文化特点与大众传播现状

传播是文化生产、消费与发展的内在机制。媒介是文化传播的主要载体。现代社会,文化的传播主要依靠大众媒介来完成。大众传播媒介加速了文化的传播和影响力,拓展了文化的时间和空间,使文化具有很强的延展性和生成力。传媒的世界化和世界的传媒化是当今时代的一个显著特征。对于某种文化来说,传播该文化的大众媒介覆盖延伸到哪里,文化就辐射到哪里,由此产生关于文化的权力竞争关系。以美国学者赫伯特·席勒为代表的媒介帝国主义理论认为:媒介帝国主义是以强大的经济和资本实力为后盾,主要通过文化市场进行全球文化扩张;通过含有文化价值的产品和商品的销售来实现全球化的文化支配;这种文化支配和扩张是通过传播媒介来实现的。[2] 这里的传播媒介指的就是大众传播媒介。

随着传播技术的发展,大众传播呈现出一些新的特征。例如,从把受众看作大众的"泛播"转变为针对群体或个人的需求设计传播内容的"窄播";从单向的传播媒介转变为互动的传播媒介等。不论采用何种方式,大众传播都能够跨越社会群体和社会阶层,具有广泛而强大的社会影响力。这一点已被大众传播效果研究所证实。大众传播能为人们提供做出决断的依据,是传达社会价值观的主要渠道。大众传播媒

---

〔1〕刘红:《大众传媒对新疆现代文化的作用》,载《当代传播》2006 年第 3 期,第 34-37 页。

〔2〕〔英〕约翰·汤姆林森:《全球化与文化》,南京大学出版社 2002 年版,第 54 页。

介的运用直接关系到文化传播的效果,增强文化凝聚力和影响力必须有效利用大众传播媒介。

14.2.1　新疆文化的特点

14.2.1.1　多民族、多宗教、多语言

新疆自古以来就是多民族共同聚居的地区。先秦至秦汉时期,新疆除了生活着车师人、龟兹人等当地居民外,还生活着塞人、月氏人、乌孙人、羌人和汉人。魏晋南北朝时期,鲜卑、柔然、高车、悦般、吐谷浑等民族进入新疆地区。隋唐时期,突厥人、回鹘人、吐蕃人等相继来到新疆地区。宋辽金元时期,契丹人在新疆建立了政权,之后蒙古族也对新疆及中亚地区进行了统治。清朝时期,满族、锡伯族、达斡尔族等民族迁入新疆,新疆原有的民族也获得了进一步发展。经过不断的迁徙、流动,至清末,新疆已经生活着维吾尔、汉、哈萨克、蒙古、回、柯尔克孜、塔吉克、满、锡伯、乌孜别克、达斡尔、俄罗斯、塔塔尔等 13 个民族,确立了以维吾尔族和汉族为主体多民族分布的格局,并且一直延续至今。目前,新疆生活着维吾尔族、汉族、哈萨克族等 55 个民族。

在长期的共同生产、生活过程中,各民族互相接触,进而发生混杂、同化和融合。同时,也伴随着分裂和消亡,形成了一个"你来我去、我来你去、你中有我、我中有你",谁也离不开谁的局面。这是新疆多民族共同聚居格局形成的基本过程。所以,从历史发展来看,新疆始终是一个多民族聚居的地区,在长期的融合和发展中形成了"大杂居、小聚居"的分布格局。

新疆自古以来也是一个多种宗教并存的地区。在新疆历史上,除了早期原始宗教和萨满教以外,祆教、佛教、道教、摩尼教、景教、伊斯兰教等先后在新疆传播。多种宗教演变具有阶段性,比如原始宗教和多种宗教曾并存;佛教与祆教、道教、摩尼教、景教等曾并存;佛教和伊斯兰教曾并存;伊斯兰教和藏传佛教曾并存等。同一民族在不同时期也信仰不同的宗教。汉族曾信奉佛教、道教、祆教以及天主教和基督教;维吾尔族曾信奉萨满教、摩尼教、佛教、伊斯兰教;哈萨克族信奉过萨满教、佛教、景教、伊斯兰教;柯尔克孜族信奉过萨满教、伊斯兰教;塔吉克

族信奉过祆教、佛教、伊斯兰教;满族、蒙古族、锡伯族等民族均信奉过萨满教、喇嘛教等。多种宗教并存是新疆文化的一个显著特点,只不过不同时期宗教的种类有所变化消长。

新疆存在多种语言和文字。新疆曾先后使用过匈奴语、于阗塞语、焉耆—龟兹语等30多种语言和焉耆—龟兹文、于阗文、突厥文、粟特文、叙利亚文等20多种文字,其中汉语汉文是唯一贯穿新疆历史的语言文字。这些语言文字分属于阿尔泰语系、印欧语系、汉藏语系等世界三大语系和印度婆罗迷文、波斯阿拉美字母、阿拉伯字母、汉字和斯拉夫文等文字。

多民族、多宗教、多语言文字的特点使新疆的文化异彩纷呈。季羡林先生这样评价道:"新疆在全世界上是唯一的一个世界四大文化体系汇流的地方,全世界再没有一个这样的地方。"[1]文化的丰富多样性成为新疆的宝贵财富。

14.2.1.2　历史性、地域性、交互性

新疆文化具有悠久的历史。根据考古资料,在距今2万年至1万年前的旧石器时代晚期,新疆地区就有了人类活动。在距今1万年至4000年前的新石器时代,人类活动的遗迹已经遍布全疆各地。在长期的历史发展中,楼兰文明、龟兹文化、阿尔泰草原文化、吐鲁番文化等共同构成了新疆丰富的文化资源。

新疆文化的地域性主要体现在分布在不同区域的同一民族在文化上具有不同的特色。以维吾尔族为例,南疆、东疆、北疆的维吾尔族各有特点。在南疆,喀什、库车、阿克苏等地维吾尔文化表现出受波斯—阿拉伯文化影响的特点,而和田维吾尔文化包含着更多的古和田文化的积淀和与伊斯兰文化的交融;在东疆,吐鲁番、哈密、鄯善等地的维吾尔族文化反映出回鹘文化与汉文化的融合;在北疆,则体现了游牧文化的特色。

新疆文化的交互性充分体现在不同民族之间文化上的互相交流、

---

〔1〕季羡林:《佛教与中印文化交流》,江西人民出版社1990年版,第212页。

互相学习与互相影响。以汉族为例,两千多年来,汉族通过各种方式不断迁徙到新疆,一部分融合到了当地的少数民族,主要是维吾尔族之中,一部分长期居住在新疆而成为土著,一部分则往来于新疆与内地之间。他们一方面与新疆的少数民族有着天然的血缘联系,一方面充当着边疆少数民族与内地联系的桥梁和纽带。汉族居民往往与维吾尔和其他少数民族混杂居住,不同程度地接受着其他民族文化的熏陶,同时也将汉文化传递给其他民族。生活在新疆的汉族,生活习惯、饮食习惯深受维吾尔族等民族的影响,馕、抓饭、烤包子等具有民族特色的饮食受到汉族的喜爱。除了饮食文化的交流影响以外,歌舞、语言等也在不同民族间互相学习。很多汉族会跳维吾尔族舞蹈,有些从小生活在维吾尔文化氛围中的汉族会讲流利的维语,不仅如此,新疆的汉语方言中已经融入了大量的维吾尔语词汇,甚至语音、语法系统都发生了不少变化。不同民族文化间的交流影响是由新疆各民族的居住格局决定的,是人们在长期的生产生活交往中自然发生的,是不可逆的。这些体现出新疆文化的交互性,是新疆文化的重要景观。

新疆文化的多民族、多宗教、多语言和历史性、地域性、交互性的特点既创造出新疆丰富灿烂的文化,也使新疆的文化传播具有一定的复杂性。首先,多民族聚居的文化除了有利于促进各民族文化之间相互吸收和融合,满足不同民族精神需求之外,还存在多元文化之间的相互碰撞,形成民族之间相互交流的各种障碍。其次,由于历史和现实的原因,新疆文化表现出封闭性和自足性,一定程度上影响了新疆先进文化传播和建设的进程。第三,新疆是多宗教并存的地区,作为文化现象和社会实体的宗教,它促进了民族间宗教文化,如佛教文化、基督教文化、伊斯兰文化等文化之间的交流和相互吸收融合。但是,宗教总与社会的经济、政治、文化问题交织在一起,对新疆社会的发展和稳定产生重大影响。

新疆文化传播的复杂性凸显出在新疆通过文化传播以增强文化凝聚力的重要性。新疆的文化传播既要加强各民族之间的文化交流,更要增强国家主流文化的影响力,创造出在国家主流文化的领导下各民族文化和谐共存的良好局面。

14.2.2　新疆大众传播媒介现状

随着科学技术的不断进步,现代大众传播媒介的形式也越来越丰富。书籍、杂志、报纸、电影、广播、电视、互联网等各具优势,共同构成了大众传播媒介立体、综合的传播态势。书籍、杂志传播的信息便于保存,受众的选择性强,但传播内容有一定的滞后性。报纸传播信息量大、快速及时、保存性强、选择性强,但对读者有一定要求,且不易反馈信息。广播通过无线电波或导线传递信息,诉诸听觉,具有时效性强、覆盖面广、易受性强的传播优势,但信息转瞬即逝,不易保存。电视图文并茂、视听兼备、影响面广、时效性强,具有很强的视觉冲击,容易给受众留下深刻的印象,但传播内容同样不易保存。互联网是计算机技术、信息技术、通讯技术高度融合的产物,具有大容量、高速度、超文本、互动性、多媒体形态、跨越时空界限等优点,但对受众的使用提出较高的硬件要求。这些大众传播媒介优势互补,充分发挥好其功能对新疆的文化传播将起到极其重要的作用。

新中国成立60年来,特别是改革开放30多年来,新疆的大众传播媒介得到飞速发展。目前已经形成以党的报刊、杂志、广播电台、电视台和网络为主,都市报、文化服务类杂志等为辅的多渠道、多形式的传播体系。据《2005新疆年鉴》:2004年,新疆公开出版的报纸共87种(各级党委机关报,包括生产建设兵团系统党报),其中维吾尔、蒙古、哈萨克、柯尔克孜和锡伯文的报纸占42%;公开出版的期刊175种(社会科学期刊占66%,自然科学期刊占34%),其中维吾尔、蒙古、哈萨克、柯尔克孜和俄文期刊占52%。截至2007年,全疆有省级广播电台6座,电视台9座,地市级广播电视台8座,县级广播电视台23座,电视转播发射台934座,中短波转播发射台47座,全疆广播人口综合覆盖率为93.53%,电视人口覆盖率达93.48%;有线广播电视用户达

162.0414万户,其中数字电视用户达17.6744万户。[1] 在网络媒体方面,自2000年4月18日新疆第一个新闻网站——"新疆新闻在线"开通以来,经过10余年的发展,现有天山网、昆仑网、亚心网、新疆日报网、乌鲁木齐在线等影响较大、覆盖面较广的网络媒体。

多种语言文字共同传播是新疆大众传媒的一大特色。《新疆日报》同时使用汉、维吾尔、哈萨克、蒙古等4种文字出版发行;新疆人民广播电台使用汉、维吾尔、蒙古、哈萨克、柯尔克孜等5种语言进行广播;新疆电视台使用汉、维吾尔、哈萨克等语言进行传播。20世纪末,随着"村村通"广播电视工程的全面实施和现代通讯技术的大力普及,新疆各地的信息传播环境与条件得到很大改善。建立在报纸、广播、电视、杂志及网络等传播手段基础上的大众传播,以其跨越时空、信息量大、传播面广、辐射力强、社会功能显著等优势逐渐得到各民族的接受和认可,成为新疆文化传播的主要方式。

14.2.3 文化传播中存在的问题

大众传媒是文化传播的主渠道。然而,目前新疆通过大众传媒进行的文化传播在内容建设、传播渠道、城乡地域分布等方面还存在一些问题。

14.2.3.1 文化传播内容建设不足,不能满足人们精神需求

内容建设是文化传播的基础。新疆大众传媒的文化传播内容建设不足,无法满足人们的精神需求。新疆的报纸缺乏特色,87.9%的报纸各自为阵,规模效益低下。不少报纸的发行量基本徘徊在万份左右。发行量低则平均成本增大,进而影响传播质量,使媒介的发展形成一种恶性循环。80%的地州、县电视台、广播电台因财力和人力有限,呈现出重复粗放型的发展模式,带来媒介资源的浪费。网络在城市发展快而在农村地区发展迟缓,相对来说,汉文网站发展规模比较大,少数民

---

〔1〕中国广播电视年鉴编辑委员会:《2008中国广播电视年鉴》,中国广播电视年鉴社2008年版,第14页。

族语言的网站较少。[1]

大众媒介肩负着传播国家先进文化的使命。当代我国先进文化的本质属性是民族的、科学的、大众的文化。新疆大众媒介的独特性体现为"新疆"特色。新疆文化为大众传媒提供了得天独厚的民族文化信息资源,有利于新疆媒介形成自己的特色与创新。近年来,新疆文化工作者创作了不少具有地域特色、民族特色的文化精品,如广播专题《跨越民族的爱》,电影《买买提的2008》,电视剧《苍茫天山》、《木卡姆传奇》等,也出现了一些全国获奖作品和知名栏目。这些文化精品大大提升了我区文化的影响力。但是与各族人民的文化精神需求相比,类似这样的文化精品明显偏少,对新疆文化内涵的开发明显不够,反映出我区文化创新不足的现状。

14.2.3.2　传播渠道不够丰富,呈现城乡二元结构

目前新疆已经建立了报纸、广播、电视、电影和互联网等立体传播网络体系,但是从实际传播现状来看,广播电视仍然是文化传播的主要渠道,其他传播媒介发挥的作用非常有限。传播渠道单一性的特点比较突出。当然,这与当前我国媒体格局现状有关。新媒体虽然发展迅猛,但传统媒体在我国媒体格局变化中依然处于强势地位。据统计,在传统媒体中,电视是受众覆盖率最高的媒体,高达96.23%。广播位居其次,达到95.04%。报纸没有专门的受众覆盖率统计数据,根据目前我国千人日报拥有量大约在80份左右,按照一份报纸的实际阅读人数为3人统计,报纸媒体的覆盖率大约在24%上下。网络媒体与手机媒体的受众覆盖率相对较低。网络媒体的覆盖率为16%;手机的用户数量虽然已达5.3亿,但是实际上网人数仅为5040万,即使按照最乐观的估计,中国WAP用户数2006年已接近1.2亿,覆盖率亦不足10%。[2]

---

〔1〕刘红,杨新财:《新疆文化现代化过程中大众传媒存在的主要问题与对策》,载《新疆财经大学学报》2009年第2期,第56页。

〔2〕郑保卫、李洋、郭平:《试论当前我国媒体格局变化的现状及特点》,载《国际新闻界》2008年第3期,第58页。

媒体传播渠道还呈现出城乡空间分布格局的不平衡性。城乡受众拥有的现代媒介传播资源差异显著。现代城市经济发展水平相对较高,信息流动性、密集度和需求量都很大,物质基础较雄厚,居民受教育程度较高,人均收入和消费水平也较农村高,所以城市传媒相对发达,受众不仅可以享受到广播、电视、报纸等传统媒体资源,还占有大量的网络等新兴媒体资源。但在农村,由于受到经济发展水平等因素的制约,人们主要依靠广播、电视来了解信息。传播渠道的城乡二元结构明显,在一定程度上制约了文化传播的广度和深度。缩小城乡差距,不仅是新疆,也是全国传媒业均衡发展的重大课题。

14.2.3.3　对媒介文化建构功能的认识有待提高

文化是由共有观念形成的,民族文化产生于该民族人们对各种事物的共有观念。共有观念以经验分享为前提。经验分享能使集体思考和行动成为可能,使不同的人相信他们拥有相同的文化。由于个体在一生中接触的人物、事件毕竟是非常有限的,经验分享很大程度上并非来自个体的亲身体验,而是通过对某种知识的占有激发出对于并非亲身经历事件的想象形成的。在当代社会,媒体由于对社会具有的强大渗透力及影响力而成为建构文化的主要机构。

作为文化机构,媒介影响着人们认同的建构。面对当前多元认同的挑战,通过媒介弘扬传统、建构和重构国家认同以使这一共同体得以维系成为媒介文化建构功能的重要任务。国家认同是一个国家的公民对自己祖国的历史文化传统、道德价值观、理想信念、国家主权等的认同。[1] 现代民族国家具有由政治法律共同体和民族文化共同体带来的双重归属感,其合法性一方面通过宪法、主权等法律形式表现出来,另一方面则是从国民的认同中获得。在民族国家的发展巩固过程中后者显得更为重要。国家认同不是与生俱来的,而是被持续生产着的,并在历史和现实语境中不断变迁。即使是一个古老民族,其认同也不是

---

〔1〕贺金瑞,燕继荣:《论从民族认同到国家认同》,载《中央民族大学学报》2008 年第 3 期,第 7 页。

由于他们居住在某一地区、文化背景相同而天生就有的明显特征。民族国家认同需要不断生产,才能获得维系其归属感的纽带。

媒介文化建构功能的基础在于当代社会人们对媒介的日常性消费。媒介内容在人们的日常性消费中具有"被发明的传统"的意义,具有某种"想象的共同体"的建构功能。媒介传播的内容凸显"我们是谁",强调自我身份,建立相对于"他者"的差异性联系,在差异中强化自我认识,为媒介建构认同提供了一个合理途径。

当前,大众媒介往往被看成传递信息的工具。这一观念下的大众传播,强调信息传递、舆论监督和娱乐功能,重视收听收视率,重视经济效益,其文化建构功能被人们所忽视。媒介是特定意识形态和文化价值观的载体,媒介传播的任何内容都必然带有或者隐含着某种意识形态和文化观念,而不是只有文化类内容才传播文化观念。作为传播者,必须充分认识到媒介的文化建构功能,这样才能在传播过程中慎重对待每项传播内容,才能懂得如何通过传播增强国家的凝聚力和影响力。

14.2.3.4 新疆面临着境外文化的渗透与扩张

新疆地处国外反动势力、民族分裂势力进行意识形态渗透斗争的前沿,多年来敌对势力对新疆的文化渗透和思想侵蚀从未间断。首先,以美国为首的西方国家利用一切传播手段进行文化渗透和扩张。美国前总统理查德·尼克松曾在《1999:不战而胜》中指出:"在下一个世纪,采取侵略的代价将会更加高昂,而经济力量和意识形态的号召力将成为决定性因素。"[1]西方国家通过电影、互联网等媒介积极向中国输出西方的文化、意识形态、价值观和生活方式,分化、西化中国,企图通过打赢一场没有硝烟的战争,达到和平演变的目的。特别是东欧剧变、苏联解体以来,美国为首的西方反华势力把多民族、多宗教地区——新疆作为重要突破口,进行渗透破坏活动。在印度、巴基斯坦、蒙古、哈萨克斯坦、泰国等中国周边国家,设立自由亚洲广播电台、美国之音等80

---

[1]转引自焦艳丽、奚海燕:《当代中国的文化安全问题研究》,载《兰州学刊》2004年第6期,第33页。

多个电台,开办汉语、维吾尔语、蒙古语、哈萨克语等节目,对华进行不间断广播。从事反华反动宣传,攻击党和国家各项政策,挑拨民汉关系,煽动广大人民群众与政府对立。

此外,境外"三股势力"利用互联网快捷便利的特点建立民族分裂宣传网站和电台,主要有"东突信息中心"、哈萨克斯坦的"解放电台"、美国的"自由亚洲"网站等,其目的是给新疆问题国际化造势。再加之一定程度上由于新疆民语出版物、影视产品等不能满足各族人民群众的精神文化需求,一些有严重政治错误倾向的文化出版物乘虚而入,给我区的文化传播带来不少负面影响。同时境内外敌对势力利用宗教进行宣传的力度不断加大,非法宗教活动等频繁发生,宗教氛围比较浓厚。上述这些因素已经严重影响到我区的社会稳定和文化建设。

14.2.4　依托大众传媒提高文化凝聚力和影响力的对策与建议

14.2.4.1　推进文化内容创新,激发文化活力

创新是一个民族前进的不竭动力。满足人民群众日益增长的精神文化需求,培育和弘扬民族精神,强化人民群众的社会主义信念,最终要靠文化内容的先进性来实现。文化创新要努力坚持马克思主义理论的不断创新,要站在时代发展的前沿,立足于改革开放和中国特色社会主义现代化建设的实践,把握文化发展的趋势和要求。

在新疆,文化创新还要立足于新疆实现跨越式发展和长治久安的要求,营造各民族和谐发展的社会文化环境。2007 年,国务院办公厅印发《少数民族事业"十一五"规划》,提出要切实加快少数民族文化事业发展。《规划》要求推出在国内外具有较大影响的少数民族文学、戏曲、音乐、舞蹈、美术、工艺、建筑、风情、服饰、饮食等文化艺术品牌,制作优秀的少数民族题材广播影视作品,扶持对少数民族文化发展具有重大影响的民族出版项目等。《规划》还特别强调发挥大众媒体的作用,大力弘扬以爱国主义为核心的中华民族精神。

丰富少数民族语言文字的书籍、报刊以及广播电视节目是新疆大众传播内容创新的重要方面。我国少数民族文化市场相对于全国平均水平来说处于低位。以图书为例,少数民族万人图书拥有量只有 0.52

种,人均 0.3 册,而全国每万人图书拥有量是 1.46 种,人均 5.2 册。民族文字人均消费是 1.12 元,也大大低于全国平均消费水平。[1]

加强大众传媒的内容创新首先要在人才培养上下工夫。要加强少数民族语言文字翻译队伍建设,加强少数民族语言广播电影电视节目的译制、制作能力。同时加大相应的硬件设施建设。随着西新工程的深入实施,我区少数民族语言广播电视译制和制作能力得到大大增强。2010 年,新疆人民广播电台 3 个民语译制室得到扩建,新疆电视台原有的维、哈语新闻编译、制作系统中新增加了抠像室,新疆广播影视译制中心扩建和增设了 2 个译制配音录音棚及相关配套设备,并增设了卫星接收系统解决译制节目片源紧张的问题。这些工程的完工,可以使我区每年少数民族广播节目的译制自制能力新增 6000 小时以上,增加编译少数民族语言电视节目 45000 多分钟。[2]

另外,要积极探索新的传播渠道,充分利用现代传媒技术,尤其是网络技术,研究传播规律,改进传播方法,用人们喜闻乐见的方式进行传播,使文化传播贴近人民群众的生活实际,满足不同层次群众的需要和欣赏水平,适应各民族人民的心理特征和表达习惯。

14.2.4.2 改善农村和偏远地区的文化信息接收条件, 建立健全农村广播电视公共服务体系

我国是一个农业人口占主体的国家。2007 年,全国总人口约 13.08 亿,其中农业人口约 8.78 亿,占总人口的 67.07%,[3]根据第五次人口普查数据,少数民族人口约为 1.045 亿人,占全国总人口的 8.41%。2007 年年末,新疆总人口 2095 万多,其中农村人口近 1275 万,占全疆总人口的 60.85%;少数民族人口 1271 万多,占 60.68%。[4]

---

〔1〕"民族文字人均消费是 1.12 元　大大低于全国平均消费水平",2009 年 7 月 29 日,http://www.tianshannet.com.cn/news/content/2009 - 07/29/content_4364134.htm

〔2〕陈宏伟:《西新工程助推我区少数民族语言广播电视译制事业快速发展》,2010 年 9 月 21 日,http://www.xjbs.com.cn/news/2010 - 09/21/cms 1184975artide.shtml

〔3〕中国社会科学院人口与劳动经济研究所:《中国人口年鉴 2008》,《中国人口年鉴》杂志社 2008 年版,第 346 页。

〔4〕新疆维吾尔自治区地方志编纂委员会:《新疆年鉴 2008》,新疆年鉴社 2008 年版,第 1 页。

可见,从受众对象看,提高文化影响力和凝聚力就必须重视广大农村地区的受众。农村受众,尤其是少数民族农村受众是不可忽视的一个重要群体。

然而,目前新疆城乡受众享有的传播资源差异显著,一定程度上表现为广大农村地区文化信息接收条件落后。新疆农牧区文化基础设施落后,公共文化服务能力较弱。农牧民群众看书报难、看演出难、看电影难问题尚未根本解决。目前全区还有约20%的县级图书馆、文化馆和50%的乡镇文化站,由于面积狭小、年久失修、设施陈旧落后、活动器材和设备奇缺等原因,公共文化服务能力较弱,难以发挥其应有的社会文化功能。[1]

在广播电视方面,自从国家1998年正式启动"村村通"工程和2000年9月开始实施"西新工程"以来,新疆农牧区的广播电视覆盖率明显提高,广播电视基础设施建设有了很大改善。但由于新疆经济欠发达,各级财政资金短缺,广播电视基础设施总体还比较薄弱。即使在广播电视覆盖地区也存在接收频道频率非常有限,不能满足农牧区居民需求的问题。

鉴于此,新疆必须在文化基础设施建设、政策投入、产业发展和人才培养等方面加大对农村的扶持力度。建立健全农村公共文化基础设施网络,尤其是广播电视公共服务体系,满足农村居民日益增长的媒介接收需求。

14.2.4.3 加强大众传媒跨文化传播,促进各民族文化的互动

每个民族都有各自特有的文化传统与文化个性。民族的多样性,语言的多样性,生产方式的多样性,信仰的多样性等,构成了新疆文化的多样性。这种多元民族文化不仅反映在各民族跨文化人际交流的过程中,更是反映在新疆大众传媒的跨文化传播中。大众媒体呈现出传播方式的多样性、多渠道、多语言的跨文化传播格局。

---

〔1〕姚文遐:《新疆文化建设现状与发展对策》,载《伊犁师范学院学报》2009年第3期,第70页。

·欧·亚·历·史·文·化·文·库·

这种跨文化传播格局对各民族在人生观、价值观等方面产生巨大影响,也要求大众传媒准确把握多民族地区跨文化传播的个性与特征,适应不同民族受众的需求,保护民族传统文化的独特性,维护和发展民族文化的多样性,促进各民族文化共同繁荣。

传播多元文化信息,维护和保持各民族文化的独特性,是我国党和政府对民族地区大众传播的一贯原则和要求。民族语言大众传媒的跨文化传播,应对各民族传统文化及现代民族文化采取一种开放的态度:不仅传递世界各地以及国内各省区的新闻信息,迅速反映和及时报道本地区社会生活的最新动态与信息,还要针对各少数民族具体情况和受众需求,以多种形式提供针对性较强的实用信息。汉语媒体也应特别重视少数民族文化,开辟专门版面和栏目,介绍民族文化,着力突出地域特色和民族特色。在文艺方面,借鉴少数民族文化传承与发展的重要形式——以说唱、歌舞和影视作品为载体的传播方式,采用歌舞弹唱、诗歌散文、民族歌剧或戏剧、音乐歌舞或风情艺术片、风光片等方式,将民族传统文化艺术与现代民族文化艺术相结合、民族特色与地方风格相结合,展示多民族地区多姿多彩的民族文化。通过大众媒体进行跨文化传播,促进各民族文化的互动,增强文化间的理解与沟通。

14.2.4.4 进一步加大对外传播力度,增强文化影响力

在全球化的今天,各国政治、经济、文化相互影响,相互作用。新疆地处祖国西北边陲,与哈萨克斯坦、吉尔吉斯斯坦、巴基斯坦、印度等8个国家接壤,拥有众多的跨境民族,这些跨境民族具有相同或相近的语言、风俗习惯、宗教信仰。因此,无论从地缘上说,还是从人文环境上讲,新疆都具有对外传播的先天性优势。

进入新世纪以来,新疆对外传播迈出了可喜步伐。2004年6月和7月,新疆人民广播电台制作的柯尔克孜语、维吾尔语《中国之声》广播节目开始在吉尔吉斯斯坦和乌兹别克斯坦播出;同年8月和10月,维吾尔语版、柯尔克孜语版《走进中国》节目也分别在乌兹别克斯坦和吉尔吉斯斯坦国家电视台落地播出。2007年2月新疆电视台三套(哈语)、八套(哈语)在蒙古国巴彦乌列盖省落地播出;3月新疆电视台一

套(汉语)、二套(维语)、三套(哈语)节目同时在哈萨克斯坦 DTV 公司数字电视系统播出;7月维吾尔语《中国之声》广播节目开始在土耳其 YON 广播交流公司调频广播中开播。[1]

在复杂的国际环境中,要赢得国际竞争,不仅需要强大的经济实力、科技实力和国防实力,同样需要强大的文化实力。新疆的对外传播向周边国家介绍新中国成立以来,特别是改革开放以来,在中国共产党的领导下,新疆发生的翻天覆地的变化和取得的历史成就,让异国的人们了解新疆,了解中国,对营造良好的国际舆论环境具有重要意义。今后,新疆应进一步利用广播电台、电视台、互联网等现代传媒手段建立起覆盖周边国家的传播网络,多组织文化精品节目,向世界传播包括新疆各少数民族在内的中华民族优秀文化,不断增强中华民族在世界上的影响力。

文化是一个国家和民族的灵魂,集中体现了一个国家和民族的品格。文化的力量,深深熔铸在民族的生命力、创造力和凝聚力之中,是团结人民、推动发展的精神支撑。当今世界,文化与经济、政治相互交融,与科技的结合日益紧密,在综合国力竞争中的地位和作用日益突出,越来越成为衡量一个国家综合实力强弱的重要尺度之一。

无论是展示文化的实力,还是彰显文化的力量,都离不开现代媒体这一重要的传播载体。只有充分发挥现代媒体的作用,传承优秀传统文化,创造具有时代精神的现代文化,才能切实维护我国的文化安全。

14.3　新疆文化传播的原则与途径

新疆具有特殊的地缘特色和人文景观,在新疆进行文化传播必须以尊重新疆文化特点为前提,遵循传播主体的对等性、非商业性等原则,积极发挥政府主导,大众媒介、人际传播等多种传播渠道的综合作用。

---

〔1〕中国广播电视年鉴编辑委员会:《2008 中国广播电视年鉴》,中国广播电视年鉴社 2008年版,第115页。

14.3.1　新疆文化传播的原则

文化传播要遵循传播的基本规律,紧跟传播媒介技术的变革,才能获得理想的传播效果。由于新疆文化传播面临的复杂环境,在文化传播过程中应该遵循主流文化的主导性,传播主体的对等性,传播的非商业化原则和传播方式的创新性原则。

14.3.1.1　主流文化的主导性原则

新疆文化传播首先要坚持主流文化的主导性原则。主流文化是各个时代中对社会经济生活、政治生活和精神生活的发展具有主流性影响的文化。在当代,我国的主流文化是传承五千年的历史文明,并以全体中国人民正在进行的改革开放和现代化建设实践为基础形成的、反映全球化背景下中国社会现代化的大趋势和国内各个亚文化群体共同要求的文化。[1] 主流文化是国家和大众所共同接受的文化内容,是民族精神的载体,民族身份的象征,也是经济独立与政治主权的主要屏障,是凝聚一个国家和民族的灵魂、维系社会发展的精神支柱和纽带。[2] 所以,在文化传播中,首先要传播主流文化,扩大主流文化的影响力。否则,国家的主流文化一旦失落,就意味着国家失去了灵魂、迷失了自我,意味着本土国家历史记忆的中断、民族精神的丧失。

新疆生活着多个民族,多元的民族文化需要有一种有利于各民族和谐共处、相互理解与沟通的文化基础,即国家主流文化。主流文化应该是体现最广大人民群众根本利益的社会主义性质的文化,是各民族共同的核心价值观。文化传播必须要在民族文化多元化的基础上,逐步建立并不断完善国家的认同文化,提高民族凝聚力,维护国家统一,增强主流价值观的引导力和影响力。

14.3.1.2　传播主体的对等性原则

传播不是单向的,而是相互的、双向进行的。然而,在实际传播活动中,大体上有一个占优势的方向,即从文化繁荣地区向欠繁荣或不繁

---

〔1〕郎毅怀:《论中国主流文化的时代转型》,载《社会科学战线》2005 年第 2 期,第 6 页。
〔2〕杨桂青:《略论主流文化的实践性与利益旨归》,载《哲学研究》2006 年第 3 期,第 104 页。

荣地区传播。在跨国传播领域,随着全球化的日益发展,跨文化传播的主体往往是那些政治、经济上处于强势的资本主义国家,他们怀着居高临下的"文化优越感",把当今高度发展的欧美社会作为让政治、经济上处于劣势的民族进行效仿学习的所谓"典范",把自己视为文化价值传播的扩散者和启迪教育者。这实质上是西方资本主义体系借文化传播之名进行意识形态领域渗透,是一种文化帝国主义。在一国之内,由于各民族经济、文化发展的不平衡,也存在这种单向传播的倾向。如果任其发展,处于劣势的国家和民族文化会面临被标准化的危险。

传播主体的对等性原则强调各种文化主体的平等地位,而不是突出哪一个或者哪几个国家或民族。在新疆表现之一就是各民族文化地位的平等性。文化传播是一种文化互动现象,单向的交流必然会影响文化建设,进而会影响到一个国家和地区的社会进步、经济发展和文化安全。各民族文化具有平等的主体地位有利于保持民族文化的多样性,促进不同文化间的交流融合。也只有这样,才能保证各民族文化统一在国家主流文化体系之中,维护国家的文化安全。

14.3.1.3 传播的非商业化原则

商业性与公益性是世界各国文化传播政策中的一对主要关系。一方面,各国充分认识到文化市场的作用。文化建设方兴未艾,大量的文化出版产品带来良好的经济效益。但是另一方面,我们也要意识到文化建设不仅仅是在市场上满足人们的文化需求,同时更重要的是巩固国家意识形态领域阵地的需要。文化传播是提高国家文化安全,防止敌对势力进行渗透的有效途径。因此,在实施文化市场化产业化的同时,必须坚持文化传播的非商业化原则以保证国家文化安全,保证意识形态领域的安全。新疆是一个经济欠发达地区,文化市场相对不够活跃,其文化传播更需要政府的扶持与投入。

14.3.1.4 传播的创新性原则

文化具有社会性和历史性。文化传播需要社会民众的广泛参与,是一个不断交流融合、冲突碰撞的过程,也是多元文化生成和发展的前提条件。文化传播是否有效,关键是要看它能否适应和满足当前社会发展的需要,能否适应历史环境的变化。也就是说,文化传播必须随着社会和时代的发展不断创新。

文化传播的创新性原则包括传播内容的创新与传播方式的创新。在内容上表现为文化的时代性和民族性。时代性要求要立足中国传统文化,大力推进文化创新,与时俱进,反映时代的本质内容和内在需要。同时,要借鉴国外文化特别是发达国家文化发展的有益成果。在新疆,要掌握"三个有利于"的思想:一切有利于加强新疆文化建设的有益经验,一切有利于提高新疆人民精神境界的文化成果,一切有利于发展新疆文化事业和文化产业的管理方式,都要积极研究借鉴。文化的民族性是指继承和发扬中国传统文化的优秀思想。在新疆,一是要深入挖掘新疆多元文化中具有积极意义的少数民族文化观念并把它纳入当代中国文化体系之中;二是要对新疆多元文化中的某些少数民族文化进行积极改造并赋予其时代意义,不断丰富和发展当代中国文化的思想内涵,增强当代中国文化的历史厚重感和民族性。

文化传播的创新性还包括传播方式上的创新。文化的影响力和竞争力是衡量一个国家文化软实力的重要指标。而一个国家文化的影响力,不仅取决于其内容是否具有独特魅力,而且取决于是否具有先进的传播手段和强大的传播能力。特别是在当今信息社会,凡是传播手段先进、传播能力强大的国家,其文化理念和价值观念就能广为流传,就能掌握影响世界、影响人心的话语权。文化的传播能力已经成为国家文化软实力的重要因素。[1] 新疆的文化传播要在继续发挥书籍、广播、电视等传统媒介的基础上,充分利用互联网、手机等新媒介技术,通过多种形式来继承和弘扬民族文化的优秀思想。

14.3.2　新疆文化传播的途径

14.3.2.1　以政府为主导加强文化建设

新疆的文化建设主要包括国家主流文化建设和各民族文化建设。政府必须在文化建设过程中发挥主导作用。文化处在意识形态领域反

---

〔1〕李月明:《对外文化传播与我国文化软实力的构建》,载《攀登》2009 年第 1 期,第 124 页。

分裂斗争的前沿,可以反映出意识形态领域中的深层内容。以政府为主导,可以确保国家主流文化的传播,建立健全各项文化政策与制度,在传播中树立正确的国家观、民族观、宗教观和历史观,掌握新疆文化传播的主流阵地。这关系到新疆的长治久安,关系到祖国统一、民族团结和各族人民的共同发展繁荣。

在新疆各民族文化建设中以政府为主导,能够摒弃狭隘的民族文化观,树立正确的文化观念,有利于民族文化建设。民族文化是一个民族在历史等诸方面区别于他民族的重要标志,是多民族文化在差异中互生共存的保证。但是民族文化也往往容易被心怀叵测的人夸大为分裂思想的论据,或通过发展本民族文化来宣扬狭隘民族主义。加强政府的主导作用可以进一步抓好出版物、音像制品的出版发行,对新疆各民族的文化建设进行正确的引导,革除那些已被历史所淘汰的遗风陋习,保护各民族的文化遗产,繁荣各民族的语言文字和文化艺术,弘扬民族传统文化,增强民族凝聚力。同时帮助各民族认识和吸收其他先进文化,使民族文化的发展紧跟时代发展的潮流。

利用政府的主导作用,可以加大对文化载体建设的资金扶持力度,抓好文化活动的物质基础。例如,加强农村公共文化基础设施建设,推进"村村通"工程,逐步对原有广播电视传输设备进行升级改造,加大农村广播电视硬件的投入,扩大广播电视的覆盖面,提高普及率。

同时,政府主导下的文化传播,能够积极开展民族文化保护工作,特别是开展好非物质文化遗产的进一步挖掘和保护工作。2005 年"中国维吾尔木卡姆"作为"人类口头与非物质文化遗产名录代表作"在联合国申报成功。一批少数民族文化遗产被列入自治区非物质文化遗产保护名录。这些充分表明我国对少数民族文化遗产的重视和保护,对发展民族文化起到积极的促进作用。

14.3.2.2　发挥大众传媒在文化传播中的功能

文化传播通过一定的媒介才能得以实现。报刊、广播、电视、图书、音像制品、网络等大众传播媒介,具有获取与传递信息、监测环境、整合社会,传承文化的功能,是人类社会精神交往的重要承载物。这些大众传播媒介以其跨越时空、信息高度密集、传播面广、辐射力强、社会功能显著等优势成为文化传播的主要手段。

大众传播在新疆文化传播中功能的发挥主要体现在以下几方面：首先，大众传媒是传播国家主流文化的主渠道。第二，利用大众传媒做好新疆形象宣传。通过大众传媒进行生动活泼、形式多样的对内对外宣传，让全国人民和世界各国人民了解新疆，认识新疆，看到新疆解放以来发生的巨大变化，尤其是改革开放和现代化建设所取得的伟大成就，看到新疆各族人民的新面貌，逐步改变国内外人们对新疆的刻板印象。第三，通过大众传媒密切新疆各民族之间在文化上的相互沟通与了解，打造民族文化、地域文化品牌，积极引导开展地区性丰富多彩、健康向上的先进文化活动，并且把新疆的民族文化传播出去。第四，保护和传承民族文化，推动新疆文化发展，抵制国外的文化渗透与文化侵略。

发挥大众传媒在文化传播过程中的功能，必须掌握传播规律和舆论导向艺术。大众传播非强制性接收的特点决定了传播者必须了解受众的特点和需要，客观、公正、真实、准确地传播信息，培育传媒的公信力，才可能获得理想的传播效果。

14.3.2.3 建立良好的跨文化人际传播关系

传播建构着社会。传播总是和人们生活的方方面面交织在一起，是社会存在必不可少的交往活动。正如威尔伯·施拉姆所言："我们既不完全像神也不完全像动物。我们的传播行为证明我们完全是人。"[1]人们在工作、学习、生活中传播文化，生活方式就是人们的文化传播方式。新疆各民族混杂居住的特点决定了不同民族人们之间的跨民族文化传播是日常生活的常态。

人们的居住格局、交友状况、社会交往等可以反映出民族间跨文化交流的广度与深度，直接或间接地显示不同民族之间的整体性关系。通过人际传播测量民族关系，有一个重要的理论假设，即各民族成员之

---

〔1〕〔美〕W·施拉姆：《传播学概论》，新华出版社1984年版，第39页。

间相互接触的增加会改善民族关系。英国学者特伦斯·霍克斯(Terence Hawkes)说:"人在世界上的作用,最重要的是交流。"[1]笔者在2007年至2008年对乌鲁木齐市社区居民的跨民族文化交流现状进行了抽样调查。研究发现,被调查者对不同民族的人的接纳程度随着居住空间距离的变化而有所变化,空间距离越大,对不同民族的接纳程度越高,空间距离越小,对不同民族的接纳程度降低。但总体上对不同民族都持接纳的态度。在跨民族邻里交往时,人们对他民族态度友好。有86.8%的人表示不同民族的邻里相互间从未发生过矛盾与纠纷,而在发生过矛盾的人中有96.1%的人都倾向于寻求比较积极的解决方式。根据调查数据来看,居民跨民族交往比较融洽,对跨民族文化交流的态度是积极的、正面的。

然而,调查也发现,人们对跨民族交流表现出主动性较弱的特点,但如果对方首先提出请求,那么大部分人都会积极交往。也就是说,建立更好的跨文化人际传播关系需要一些外界因素的促进。实际上,跨民族的交往不仅受到现实因素的制约,同时也受到历史沿革的影响,各民族的居住格局、交往状况是历史上的政治、经济、文化等各种因素综合作用的结果,在对跨民族文化交流进行研究时不得不考虑这些因素。

我国是一个多民族国家,各民族的和谐共处是国家社会经济平稳发展的基本前提之一,是和谐社会的重要内容。在新疆这样的多民族聚居区,由于文化背景,宗教信仰等各方面的差异,开展有效的跨文化人际交流,是促进各民族友好交往、进行文化沟通与交流的一个重要内容。

2005年10月20日,联合国教科文组织第33届大会通过了《保护和促进文化表现形式的多样性公约》。《公约》在一开篇就"确认文化多样性是人类的一项基本特性"和"共同遗产",强调文化多样性对于各社区、各民族和各国可持续发展的重要性,并把保护和促进文化多样

---

〔1〕〔英〕特伦斯·霍克斯:《结构主义和符号学》,上海译文出版社1987年版,第127页。

性提高到国际社会应该接受的人类基本伦理的高度。[1]

在新疆的文化传播中,除了坚持民族文化的多样性之外,必须树立一个共识:在国家整体利益内部思考民族权利问题。当前,在全球化浪潮的冲击下,各民族文化密切接触,发生冲突或融合。加强文化传播的目的在于繁荣文化和实现文化整合。由传播而导致的文化整合既包括一个文化系统内部各个要素之间的协调,也包括以不同群体意识与价值观为内核的不同文化,在相互冲突与对抗中,相互吸收、相互融化,逐渐趋于一体化。新疆生活着多个民族,任何一种民族主义的崛起,都是对新疆多民族生态政治平衡的破坏,都是对其他民族的伤害。国家整体与内部各民族休戚与共,片面的民族权利追求只会带来灾难,这有国际经验的实例,更是中国作为多元一体的多民族国家的实际。在新疆必须认识到塑造超越单纯民族文化认同之上的国家认同的重要性。

---

[1]赵月枝:《文化产业、市场逻辑和文化多样性:可持续发展的公共文化传播理论与实践(上)》,载《新闻大学》2006 年第 4 期,第 1－7 页。

第五部分　新疆文化安全论

15 认同视域下的国家文化安全

15.1 全球化时代与认同焦虑

上个世纪末以后,"全球化"(globalization)似乎在一夜之间悄然进入了普通人的生活并很快成为风靡一时的字眼,甚至被一些人当成了一把好像可以打开通向未来的万能钥匙。与此同时,认同(identity)和认同危机(crisis of identity)也成了人们耳熟能详的术语和学术界热烈讨论的一个话题。全球化问题与当代认同问题互为关联,因此很有必要在全球化的语境中对当代认同危机问题进行认真讨论。因为这样的讨论有助于加深人们对全球化和当代认同危机问题及相互关系的理解。[1]

全球化是现代性的必然的和根本性的结果。"现代性的根本性后果之一是全球化。"[2] 现代性的一个鲜明而典型的特征在于外延性(extensionality)和意向性(intentionality)这两"极"之间不断增长的交互关系。[3] 所谓现代性的外延性其实就是指现代性的扩展性,"是全球化的诸多影响"[4]。现代性归根到底是人的力量的体现,这种力量以人的理性能力、创造性的形式和途径体现出来,并最终体现为现代工业生产及其物质和精神成果。因此,现代性一定要以资本、文化、产品或现代生活方式为载体向外扩展和延伸,以力图在全球范围内普及现代性以及以现代性为内在依据的生活方式。"无论我们谈论'信息时

---

〔1〕王成兵:《略论全球化语境中的当代认同危机问题》,载《学术论坛》2006 年第 11 期,第 52－54,68 页。本节的若干观点除特别注明之外多取自该文,特此感谢并说明。

〔2〕〔英〕安东尼·吉登斯:《现代性的后果》,田禾译,译林出版社 2000 年版,第 56 页。

〔3〕〔英〕安东尼·吉登斯:《现代性与自我认同》,赵旭东等译,三联书店 1998 年版,第 1 页。

〔4〕〔英〕安东尼·吉登斯:《现代性与自我认同》,赵旭东等译,第 1 页。

代’,或者‘全球化过程’,或者‘新的世界秩序’,我们都能够发现,日常生活的观念、价值、视角、态度、形象、人格和我们接受的信息都在稳定地扩展着。”[1]

全球化对当代认同危机的产生和演变起到了巨大的推动作用,所谓认同危机和当代认同危机,简单地说,就是指人的自我身份感的丧失,是“自我价值感、自我意义感的丧失”[2]。全球化作为一个动态和复杂的进程,牵涉到政治、经济、社会、历史、文化、种族、科学、民族和国家等因素,这些众多因素的交相作用编织成了一幅复杂的全球化图景。全球化必然导致资本、劳动、知识、价值观念和市场的流动性和扩张性,这一过程必定伴随着人的固有的认同根基受损乃至坍塌,摧毁了人们从以前生活中获得的意义感[3],它带来的冲击力与认同结构的“不谋而合”,导致了当代认同危机产生。当代认同有若干非常关键性的成分,这些成分是相互联系、相互作用和相互支撑的,它们的张力、冲突和互动构成并支撑着一个相对完整和稳定的当代认同概念。作为构成认同概念的核心,一旦这几个关键的成分出了问题,认同危机就会发生,而连续性(continuity)和差异性(differentiation)则是其中更为关键的成分。

认同的连续性成分指的是一种自我体验和自我经验感,它造就了一种时间和空间意识[4]。就个体认同而言,认同的连续性指的是时间和空间关系的动态的一致性。个体的认同之所以具有连续性,是因为个体所具有的记忆能力是一种可以跨越时间和空间的能力,它对确保当代认同的连续性起到了关键的作用。相应地,在由个体认同构成的集体性认同那里,认同的连续性指的是如何能够保证集体性认同在时间和空间中的一致性。团体、民族乃至国家都存在着集体性认同问题,

---

[1]Joseph E. Davis:*Identity and Social Change*(《认同与社会变革》),Transaction Publishers,New Brunswick,2000,p.137.

[2]罗洛·梅:《人寻找自己》,冯川、陈刚译,贵州人民出版社1991年版,第45页。

[3]Joseph E. Davis:*Identity and Social Change*,p.1.

[4]Robert G. Dunn:*Identities Crises*(《认同危机》),University of Minnesota Press,1998,p.58.

就整体而言,这种集体性认同也必须呈现出某种连续性的整体面貌。不过,连续性在个体性认同那里表现为个体性的记忆,在集体性认同那里则体现为一种集体如何在时间长河和空间的广袤中保有一种历史感。全球化所固有的流动性带来的冲击波无情地冲击着认同的连续性。对个人来说,时空感的变化所形成的冲击使得人们经常不知道自己身在何处。对集体认同的连续性来说,这样的冲击更明显、更具有压迫性,因为,连续性成分的丧失的直接后果就是一个群体、民族和国家的历史感的失去。

差异性是当代认同中另一种具有重要作用的成分,它能够确保在自我和他者之间具有一种界限的感觉,[1]"认同要总是被理解为'差异的关系'系统的一部分"[2]。认同的差异性的核心作用是为人的认同划定边界和界限,它能够确保人们在认可、接受和欣赏他者的身份、意义、价值和地位的同时,保持自己的独立性和个体性。有了这个边界和界限,集体认同可以有别于其他的集体认同,凭借这个边界,个体认同与集体认同之间可以保持一种恰当的互动关系。在当代社会中,全球化本身既在追求同质性,也在追求异质性。前者在于追求规则等经济行为的一致性,后者在于对原有价值观、民族精神的无情冲击,因此,全球化不可避免地要对认同的差异性成分产生巨大的冲击。

基于以上的讨论,我们在此提出以下三个可以作进一步思考的路径和角度:

第一,当代认同危机是在全球语境中真实存在并处于不断演变中的问题。全球化是一个不可阻挡的潮流和趋势,与全球化有着千丝万缕联系的认同危机也是无法回避的事实,当代认同问题是现代真实语境中的真实问题。而且,由于隐藏在全球化背后的现代性处于不断展示自己的过程中,认同危机也总是处于变迁之中,任何指望一劳永逸地解决认同问题的企图是不现实的。可以有充分的理由断言,随着全球

〔1〕Joseph E. Davis: *Identity and Social Change*, p.59.

〔2〕Joseph E. Davis: *Identity and Social Change*, p.30.

化进程的加快和现代性越来越充分的展示,开放与封闭、流动与停滞、现代与传统、本土化与外来化、群体与个体之间的张力将会得到更为激烈的展现,身处社会转型期的人们将面临着来自政治、经济、文化、心理等方面的巨大冲击,从而导致比较严重和明显的认同危机。

第二,对当代认同危机的判定要充分考虑各种不同的社会制度、价值取向、文化传统等因素。由于当代认同危机这一问题的重要性,人们对认同危机解决之道的探讨一刻也没有停止过。最近几十年来在西方学术界出现过的影响比较大的理论和方法就不下十几种,其中,科学主义和经验主义方法、行为主义方法、历史主义方法、解构主义方法、社会心理方法、现象学方法等有较大的影响。人们应用这些具有一定合理性的研究方法,或在认同和认同危机方面取得了一些不容忽视的研究成果,或为他人的研究提供了某些资料和方法论的启示。但是,这些研究方法和态度又带有某些内在、固有的缺陷,而这些缺陷反过来又限制了这些方法充分发挥作用。可以说,当代认同的危机与当代认同研究的方法论所具有的先天缺陷之间有某种互为因果的关系,而方法论上的局限性对当代认同危机的认识,尤其是对具有根本性的认同危机的认识来说真可谓是雪上加霜。由此断言,对于全球化语境中的当代认同危机问题,我们要采取辩证的态度。只有遵循这样的态度,才可能对全球化语境中的认同危机问题进行细致和富有创新特色的研究。

第三,当代认同的核心是价值观,认同危机是价值观和支撑信仰的价值框架的分崩离析所带来的危机。其中,价值观和价值取向的冲突扮演了一个非常重要的角色,全球化绝不是各种意识形态和价值观念一脸灿烂地握手言欢,全球化带来的文化、价值观念和生活方式不可避免地要与原有文化、价值观念和生活方式产生剧烈的碰撞。"全球化把我们推进激烈的价值冲突中"。在激烈的价值观碰撞中,人们一时会模糊乃至失去自己原有的文化认同、价值认同和社会认同而导致认同危机。但是全球化带来的观念、物质和感官上的冲击,也可以扩大人们的视野,从而使人们能够尽早预料到即将必然到来的种种危机和困难,形成强烈的忧患意识和危机感,修正自己的认同和生活态度,对个人、团体乃至整个民族都意义重大。从这个意义上说,全球化带来的认同危机有某种正面的和积极的意义,值得我们高度重视和认真思考。

15.2　认同危机与国家安全

冷战后国家安全的内涵从传统的摆脱军事与政治的"主权性威胁",拓展到了摆脱经济、文化、环境等的"生存性威胁";国家安全的外延从传统的领土、领空、领海的边界拓展到了任何与"人的安全"和"社会安全"相关的边界;国家安全的要素从军事武力、政治权力方面拓展到了精神、文化、制度及社会各方面。因而,"认同危机"成为了威胁国家安全的重要因素,世界普遍出现的"国家、民族认同危机"、"文化认同危机"、"信仰认同危机"等导致了新的国家安全问题的突显,促使人们对安全作出新的理论反思与建构。亨廷顿在其专著《我们是谁:美国国家特性面临的挑战》中强调"次国家认同"和"跨国认同"是解构"国家认同"、威胁国家安全的主要原因。由此,亨廷顿认定现时代是"全球认同危机"的时代。经济的全球化,通讯与运输的现代化,移民问题的严重化,全球民主的拓展,以及前苏联的解体与冷战的结束,尤其是城市化和全球化,导致人们重新思考和定义他们的认同。[1]

亨廷顿从"国家认同危机"切入,勾画出了美国国家安全新的挑战类型与背景,揭示了认同因素与国家安全的相关性,强调了国家利益来自于国家认同,并指出"美国人对自己作何种界定,决定着他们自己在世界中的角色,而世界如何看待这样的角色,也会影响美国的国家认同"[2]。尽管他为国家安全分析开辟了新的视角,具有相当的理论创新意义,但没有对认同与安全之间的相关的本质联系进行必要的理论揭示。如果把认同作为安全的一个重要变量进行考察,便会引发我们开辟对安全认识的新视角。如果说指代安全客观性维度是"安全性",

---

〔1〕Samel P. Huntington: *Who Are We? The Challenges to America's National Identity*(《我们是谁:美国国家特性面临的挑战》). Simon & Schuster, 2004, pp. 12 – 13, 143, 181, 291.

〔2〕Samel P. Huntington: *Who Are We? The Challenges to America's National Identity*. p. 302.

指代安全主观性维度是"安全感",那么由于社会认同变量的加入,我们还可以通过指代安全"主体间性"维度的"安全化"对安全作更深入的理解。

人类最早感受到的安全威胁主要是自然灾害和武力侵害,因而人们对安全的认识是从经验安全的"客观性"开始的。但局限于这种经验合理性,仅把安全理解为一种纯然"客观"现象,必然会影响和限制决策者对安全的正确判定与对安全方案的合理取舍,进而会使各方陷入防范升级的"安全困境"而不能自拔。当全球化突破了原有民族与国家"安全场域"的地区性局限时,个体被置于次国家、国家、跨国家以及全球的多重安全时空的重叠之中。于是,安全的客观外延性(extensionality)与安全的主观意向性(intentionality)相互交合而构成复杂的安全状态,使得"生存性威胁"不断注入"生存性焦虑"的内容,进而使得安全威胁的客观现实性制造出了"成倍"的安全威胁的主观可能性。个体"自我"已不是由安全的外在客观性影响所决定的被动实体,而是主动参与者,并对"安全性"与"安全感"的交互关联有着重要的增强和直接的促进作用。一个公共问题上升为安全问题,除了客观与主观两个层面,还存在着非常重要的长期被人们所忽视的第三个层面:"主体间"层面,即体现"主体间性"(intersub jectivity)性质的安全的"社会建构"层面。"安全"作为人类社会的特定文化现象,具有复杂的社会内容,它更多的是涉及社会主体的自身认知与行为,也就是说主体之间对安全内容的"认知"、"判断"、"界定"、"接受"及其"回应"与"商谈"本身就建构着安全的互动与共享。[1]

英国学者巴瑞·布赞提出,某个公共问题,只要尚未成为公共争论与公共决定的问题以及国家并未涉及它,这一问题就还被置于"非政治化"的范围,所以还不是安全问题。当这个问题需要政府的决心和考虑资源的重新配置,或者还需要一种不同以往的公共治理体制的介

---

〔1〕余潇枫:《"认同危机"与国家安全》,载《毛泽东邓小平理论研究》2006 年第 1 期,第 46 - 47 页。

入,成为国家政策对象的一部分,则它就被置于"政治化"的范围,成为"准安全"问题。而当这个问题被政府部门视为"存在性威胁",并需要多方面采取紧急措施,甚至这些措施超出了政治程序的正常限度仍然被证明不失为正当时,这个问题就成为安全问题了。[1] 彼得·卡赞斯坦认定,安全就是规范、文化与认同的结合,其中规范为行为者的适当行为描绘了共同的期望,文化为社会主体的相互联系提出认知与评价标准,认同则揭示着行为者、民族和国家的互动构建过程。[2]

从个体的"主观认知",上升到主体间的"共有认知",主体间不同的"共有认知"相互作用,再上升到社会的"普遍认同",表征了安全问题的"社会建构"过程。从认同的角度看,"安全化"就是使得某种公共问题经过特定的"认同普遍化"而成为国家机构涉及的安全问题的过程。这其中"认同"与社会"安全性"直接相关,或者说社会"安全性"程度(或共有价值受威胁程度)直接受"认同"变量的影响,任何"认同"的缺失或冲突本身会带来新的安全问题。这样,在"认同"的社会心理参与下,安全已不是单纯的"客观"问题和个体的"主观感受"问题,而是"主体间"复杂互动的"社会安全性"与"体制合理性"重新确认的问题。这种对安全进行复杂互动的"认同建构",相对于客观世界来说它是"主观"的,而相对于个体主观世界来说它又是"客观"的。虽然安全的"社会建构"并没有脱离种种"客观"要素而凭空"产生",但经过"安全化"成为的安全问题又是对"客观"要素的提升,而使之成为一种具有"社会客观性"的认同状态。把认同作为安全的一个变量进行考察,不仅使我们对安全的"主体间"性质有了新的认识,而且也对"安全化"有了更丰富的理解。"安全化"不仅是一个巴瑞·布赞所认为的"公共问题"从"非政治化"到"政治化"的过程,其实也是一个"公共问题"从"非社会化"到"社会化"的过程。巴瑞·布赞提出的"安全

〔1〕〔英〕巴瑞·布赞,奥利·维夫,迪·怀尔德:《新安全论》,朱宁译,浙江人民出版社2003年版,第32-41页。

〔2〕Peter J. Katzenstein. *The Culture of National Security*, *Norms and Identity in World Politics*(《国家文化安全:世界政治的规范与认同》). Columbia University Press 1996, pp. 2-5.

化"还只考虑到政府权威方面的作用,其实在诸多安全领域,当安全的主体从国家单一主体转向非政府组织、社会中介组织、民众等多元主体时,作为"认同普遍化"的"安全化"便呈现出更为复杂的、比政治更为广泛的社会过程,它不仅包括针对某一公共问题政府把它"宣布为危险",还包括某种非政府权威机构把它"认定为危险",以及包括社会公众舆论把它普遍地"认可为危险"等。因此,政治化与社会化是公共问题向安全问题转变的不同路向的升级,政治化依赖的是政府的权威路径,社会化依赖的是非政府组织、社会中介组织、学术界及民众舆论等路径。[1]

认同作为安全的一个重要变量,一方面它界定安全问题的形成,另一方面它又是维护安全的重要基础,因而它直接影响国家之间安全设防的必要与程度,影响国家安全及其相应制度运作的合法性基础,还直接关涉社会安全性实现的可能性限度。国家安全正是这样一类具有"社会客观性"的、体现着"主体间"认同关系的复合共存状态。以往人们谈到安全,一般只讲存在危险和感到危险,即安全与安全感之间的互动。加入了对安全的"社会认同"要素后,安全问题的互动结构便呈现为"安全"、"安全感"以及"安全化"三者之间互动的新状态,并且主体间维度的安全化为深入分析安全问题提供了全新的概念框架。这样除了传统的与"武力"相关涉的安全问题外,与"武力"不相关涉的体现着大量关涉认同因素的安全问题在"安全化"过程中就被升级为"国家安全"问题。当然,在现实政治世界中安全化不是绝对的,它还具有时代性、国别性、区域性、政治性与文化传承性等特征。事实上,认同的缺乏往往是造成安全威胁的开始,诸多安全问题的突显正是与"认同"的缺失或冲突相关。相反,认同的融合一致与积极建构,则往往能最大可能地消除安全威胁,能创设各种"危机"解决的有效方案,能形成主体间

---

〔1〕余潇枫:《"认同危机"与国家安全》,载《毛泽东邓小平理论研究》2006 年第 1 期,第 48 页。

"学习—互动—依赖"的"进化共同体"[1]。所以,对环境安全、社会安全、国家安全、文化安全具有决定意义的影响不仅来自于对这些安全理解的观念,还来自于这些安全理解观念在社会建构中的相互融合。社会是一种以认同为纽带的共同体,社会安全则是关于集体成员之间的相互认同。如果说国家认同关涉的是国民是否确立起对国家的忠诚,那么国家安全关涉的便是国家能否确保国家认同的一致性。[2]

15.3 认同理论与利益诉求

"认同"一词最初是源自哲学中的一条逻辑公式,即当两个事物相同时"甲等于乙"的同一律公式,哲学中的 Identity 主要是阐释同一事物在"变化中的同态和差别中的同一"这个问题[3]。"认同"这一术语应用于研究,首先是在弗洛伊德的论文《悲哀和抑郁症(Mourning and Melancholia)》中,它被视为在自我设法吞没客体的过程中的一个初步对象。1921 年,在《群体心理学与自我分析(Group Psychology and the Analysis of the Ego)》一书中,认同被认为可以应用于实际的心理学治疗。弗洛伊德的结论逐渐被运用到有关社会群体的分析研究中去,而这种运用的内、外背景值得引起重视。就其内在背景而言,弗洛伊德对儿童心理的研究使他发现,人类为生存的目的通常依赖于建筑所谓"心理群体(psychological group)",即"把同样的人引进到他们的超我中来"[4],因此认同实际上可以视为区隔"他者"并强化主体的一种判断标准,而不同社会群体的确定,又与他们从各种不同层面和角度判定自己有别于其他社会群体密不可分。在此基础上,根据具体语境形成了诸如种族认同、民族认同、文化认同、国家认同等等不同的类目。至于其外在背景,特别是对于国家和区域稳定有直接关系的群体而言,实

〔1〕〔美〕约瑟夫·拉彼德、费里德里希·克拉托赫维尔:《文化和认同:国际关系回归理论》,金烨译,浙江人民出版社 2003 年版,第 83 页。

〔2〕余潇枫:《"认同危机"与国家安全》,载《毛泽东邓小平理论研究》2006 年第 1 期,第 49 页。

〔3〕张海洋:《中国的多元文化与中国人的认同》,民族出版社 2006 年版,第 249 页。

〔4〕张海洋:《中国的多元文化与中国人的认同》,第 249 页。

际上可归因为自"工业革命"以来西方在东方的存在及其后果从而引发的族群冲突[1]。虽然导致这类族群冲突的外部环境可能已持续存在了很长时间,或为获取资源已采取了实际行动,但从认同高度进行自我觉悟、并以之为造成某种持有一共同"族群性"认同的基石,却与欧洲工业国家在亚、非、拉美的活动有着直接联系。因此"在国际关系领域,我们不以人类个体的方式谈论自我,而是以集体行为者(国家、民族、宗教团体等)的方式谈论自我",[2]以一系列符号所象征的"民族基质(national essence)"来界定自己。可以说,涉及国家安全的"政治认同"、"文化认同"、"民族认同"均是国家共同体成员价值归属的某种自我确定,然而它们却为国家安全提供切实的价值基础。[3]

关于现代认同,加拿大学者查尔斯·泰勒在其大作《自我的根源——现代认同的形成》中,作了深刻的分析,他认为现代认同的概念蕴涵"西方文化中全系列的对什么是人类主体的理解:内在感、自由、个性、被嵌入自然的存在"。而认同的形成,则有赖于一些关于"自我根源"的因素,自我对善恶的认识不同,于是产生不同的认同派别。就泰勒的意见,要阐明认同的形成,必须涉及自我的根源、人性的善恶、社会与日常生活的影响等。[4] 另一方面我们发现,近期由于受到文化研究的影响,产生了新的"批判性"认同理论,具体表现为建构主义的认同理论和解构主义的认同理论,相应讨论在国内似尚未展开,具体可参看斯图亚特的《文化认同及扩散》[5]以及扎内斯基《认同理论,认同战

〔1〕王剑峰:《多维视野中的族群冲突》,民族出版社 2005 年版,第 41 – 92 页。

〔2〕Barry Buzan: *The United States and the Great Powers: World Politics in the Twenty – First Century*(《美国与强权:21 世纪的世界政治》), Polity Press, 2004, pp. 17 – 18.

〔3〕余潇枫:《"认同危机"与国家安全》,载《毛泽东邓小平理论研究》2006 年第 1 期,第 44 – 45 页。

〔4〕李素华:《对认同概念的理论述评》,载《兰州学刊》2005 年第 4 期。

〔5〕Hall, Stuart: "Cultural Identity and Diaspora". In *Colonial Discourse and Post – Colonial Theory: A Reader*, edited by Patrick Williams, and Laura Chrisman, Columbia University Press,1994,pp. 392 – 403.

略:精神分析、马克思主义及后结构主义》[1]。同样,在最近讨论所集中的族群认同议题上,也形成了两种不同的理论。原生论者(primordialists)认为族群认同是"与生俱来"的,它建立在客观的有形文化及血缘基础上,因而也被称为"本质论";工具论者(instrumentalists)则认为族群认同随具体语境(context)而调整,族群认同实际上是追求集体利益的工具,甚至是作为少数的族群精英为竞争有限资源而建构的。我们认为,无论族群认同抑或其他认同,基于真实或拟构实质上并非关键所在,面对认同理论系统本身与具有认同的民众之间交互影响的现实,如何认识并理解其在社会过程中的作用才是更为必要的。

众所周知,随着改革开放的持续深入,中国的综合国力呈现出稳定的上升态势,同时在转型时期的当下,一方面是社会功能性调节过程中,人与人或人与共同体之间的关系出现了一些新变化;此外,随着收入、教育背景、社会保障等可利用资源的分布不均,社会分层等也出现了新倾向,具体表现为贫富差距的扩大、城乡差距的扩大以及东部沿海地区与西部地区差距的拉大。因此,在构建"和谐社会"这一基本框架下,需要我们对一些问题进行深入研究,比如,如何增进国人尤其是边疆居民对"中华民族"这一自在的民族实体的认同,如何促进民族团结和多元一体格局下少数民族对其自身的认识。新疆作为中国版图内重要的多民族聚居区,又是涉及地区安全与区域稳定的前沿阵地,在处理转型时期出现的诸问题的过程中,尤需谨慎。共同的民族认同、文化认同,无疑是解决转型时期所出现问题的一把重要的钥匙。可以说,"中华民族"认同,既是在中国既有领土上生活的民众理当具有的基本认同,也是我们在应对可能的"认同危机"时的历史文化根源之所在。增强对中华民族、中华民族文化认同的理解,可以使在共同发展这一总体框架内的各民族之间存在的矛盾减少到最小,同时也使中国人的总体凝聚力得以增强,更好地协调经济建设中存在的矛盾。如果以国际视

---

[1]Zaretsky, Eli: "Identity Theory, Identity Politics : Psychoanalysis, Marxism, Post – Structuralism". In *Social Theory and the Politics of Identity*, edited by Craig Calhoun, Blackwell Publishers 1994, pp. 198 – 215.

角进行观察,共有的认同是我们赖以维系国家主权独立及领土完整的可靠保证,也为如何处理涉及跨界民族的问题提供了理论依据。就政治治理而言,在政治认同危机及相应的危机认同出现端倪时,也要求执政者在制定和施行政策的过程中,把广泛性的基本要求与先进性的较高要求有机结合起来,从而塑造一种普遍的政治认同,以促进社会主义道德建设更趋完善。

在将认同理论运用于实践的过程中,我们发现,诸如民族认同、文化认同等等并非是一种完全独立的存在,它往往也由其他认同的综合影响所构成。如在广大的信仰伊斯兰教的国家中,民族认同实际上是通过其穆斯林认同来完成的。但欧洲工业国家自 1870 年代以来即广泛持有的一种信仰,则认为每种认同都必须找到它的"民族"表达。[1]由此可见,属于同一类目的认同,往往因为组成要素的异质性而呈现出判然相别的面貌,或者也可理解为,根据不同层次的诉求以及认同团体中所共有的需要,认同本身可以具有不同的表现。再如关于历史上"中国人"的概念,实际上在经济共生关系及文化共享的基础上,经历了一个逐渐扩大的过程,而每一次扩大的结果,除了吸纳更多的个体接受这一认同外,实际上还促进了认同核心的强固。这对处理现实问题具有非常重要的意义,就中国当前社会主义建设的需要而言,"发展"要求个体都能在深层次上强化自身的中华民族认同,加强其自身因共享同质资源及文化心理而造成的认同感,以使社会在和谐的氛围中更好地进行经济建设;"稳定"则是中华民族认同强化的必然结果,共享认同的群体,在重大选择上的表现也是高度一致的。新疆的发展与稳定也不例外,地区发展必然需要抛弃狭隘的民族情绪,扩大认同基础,通过追溯历史形成更为稳固的民族认同和区域认同;地区稳定也只有在形成积极的国家认同的前提下才能得以实现。就可能的认同危机而论,应当重视其作为"有危险同时又存在机遇的转折关头"这一契机所

---

〔1〕Johanna Thombrrow. *Language and Identity*, Chapter 7: Language in Ethnic/Racial and Religion/Sectrian Identities, p. 188.

在,充分运用认同的可塑性,将不利因素转化为有利因素,从而促进区域的稳定与发展。

综上所述,认同在消解可能存在的矛盾,促进地区和国家发展的过程中,起着至关重要的作用,它涉及人们社会生活的方方面面,通过深入研究认同的主要类目及其特征,进而阐明其现实意义所在,无论对从事相关领域的研究者,还是有关的决策机构而言都是极有益处的。

15.4　身份识别对国家认同的消解

一个人的身份就是指他是谁。如果有人问你:"你是谁?"他们期望得到的答案是你的名字,非常地直接,除非你有健忘症,或者除非你正处于一个一旦揭开自己的真实身份将会有危险的境地,或者问你"你是谁?"的这个人已经知道你的名字。很显然,这种情况下就应该考虑到身份更深层次的含义。你究竟是谁? 从本质上讲你是谁? 问题的答案并不简单。

美国哈佛大学前教授塞缪尔·亨廷顿在其《我们是谁:美国国家特性面临的挑战》一书中曾写道:1997年《纽约时报》记者对沃德·康纳利的一次电话采访。康纳利当时正在加利福尼亚领导一项公民法提案,要求州政府停止"照顾少数民族"的"赞助性行动"。请看电话采访中的对话:

记者:"你是什么人?"

康纳利:"我是美国人。"

记者:"不,不,不! 你是什么人?"

康纳利:"是,是,是! 我是美国人。"

记者:"我不是问这个,我听说你是非洲裔美国人。你是耻于承认自己是非洲裔美国人吗?"

康纳利:"不,我只是为自己是美国人而骄傲。"

接着,康纳利解释说,他的祖先包括非洲人、法国人、爱尔兰人以及印第安人。

…………

记者:"这使你成为什么人?"

康纳利:"这使我成为全美国人!"

可是,在20世纪90年代,在回答"你是什么人?"的问题时,多数人不会像康纳利这样满怀激情地说自己是一个美国人,而只会像《纽约时报》记者所期望的那样,报出国民身份层次以下的人种和民族属性或性别身份。[1]

在国外,我们常常可以发现这样的情景:过去20多年,国家留学基金委派出了大量中国学者,其中包括公派出国的一些少数民族中青年学者,在国外(尤其是在欧美)期间,当人们问到他们的身份的时候,有些人的回答"我是某(族)人",或者有的回答"中国某(族)人",即使回答"我是中国人"时常常表现出比较犹豫和勉强的神情。因为在一些人看来,"中国人(Chinese或者chinoise)"等于是"汉族人",并由此可以得出这样的结论:因为我不是汉族人,所以我就不是中国人。马戎先生指出,在汉人的头脑里,"中国人"、"中国公民"的身份意识是自然而然的,是他们群体意识体系中属于核心层面的关键认同。但是我国的其他族群,如藏族、维吾尔族、哈萨克族、朝鲜族等是否都具有同样的对于"中华民族"的认同意识呢? 在这些族群的广大民众当中,在"中国人"和自己族群这两个层面的认同意识方面,哪个层面的认同更为核心和更加重要呢? 对于这个问题的回答,需要进行大量的调查与研究才能确定。同时,民众中的认同率在国内不是固定不变的,是可以在一定条件下加以引导和改变的。如果我们承认有些族群在对"中国人"、"中华民族"的认同上与汉族之间存在着差别,确实存在有些人在意识中把对本族群的认同置于对"中华民族"认同之上的现象,我们就需要注意在少数族群成员中培养与加强对"中华民族"的认同意识。由于汉人通常把对"中华民族"的认同看做是不言而喻的,所以以汉族为主

---

[1] [美]塞缪尔·亨廷顿:《我们是谁:美国国家特性面临的挑战》(中译本,程克雄译),新华出版社2005年版,第6页。

体的政府部门在重视落实少数族群政策的同时很容易强调少数族群的"自我认同"而忽视对他们进行"中华民族"认同意识的培养与巩固。这样,政府在落实"民族政策"、宣传"少数民族权益"的同时,很容易在客观上淡化了原来就比较淡漠与脆弱的对"中华民族"的认同意识,造成"矫枉过正"的重大偏差。[1]

在建立和巩固"民族—国家"为单元的"公民认同"的过程中,有可能出现两种偏差:一种是强调某一类意识形态的重要性,并以此为基础建立各族群内部的"族群认同",忽视本国在历史发展中形成的共同文化方面的认同基础。这样,在意识形态出现变化、政治结构出现松动时,各族群原有的以本族文化(语言、宗教)为基础的"族群认同"就会发展成为以建立独立"民族—国家"为目的的"民族主义运动"。这就是前苏联在民族问题上的教训之一。另一种是想当然地把"公民认同"视为已经存在并且"牢不可破"的共同基础,为了协调和改善各个组群之间的关系而片面强调发扬(少数)"族群"的传统文化、强调保护(少数)"族群"的政治与经济权益、维护(少数)"族群"的边界和传统居住地,把"族群"问题政治化和制度化,但是同时却忽视了在各个少数族群民众和官员中对于"公民认同"的发展与巩固。这是前苏联在民族问题上的教训之二。[2]

20世纪50年代,中国政府开展了大规模的民族识别。中国实行民族识别的历史背景是在现代国家的建构过程中,在疆域上需要整合边缘社区进入国家版图;在文化上需要开展公民化的教育和塑造公民意识;在意识形态上为了实现马克思主义的"民族平等"和保障列宁主义的"民族自决权"。这种政策无疑代表了一种极具道义感召的价值取向,对全世界被压迫民族产生了影响。而当时的美国,种族隔离还是合法的制度。然而在一个较长时期的考察中不难发现,这种政策对中国少数民族的民族认同产生的实际影响,后果相当复杂。从60年代

---

〔1〕马戎:《民族社会学——社会学的族群关系研究》,北京大学出版社2004年版,第615页。
〔2〕马戎:《民族社会学——社会学的族群关系研究》,第615页。

起,所有中国公民都拥有一个特定的从属于国家公民身份之下的族群身份——"民族成分",这个身份由国家以行政手段对每一个社会成员个体给予正式承认。这种识别政策有时就可能造成一种"人为"的族群社会分野。西方学者 Stevan Harrell 在其《怎样在中国西南做少数民族》一书中分析说,中国的一些少数民族并不具有很强的原生型特点,却被民族政策建构出来或者强化了自己的民族认同。很多国家都对公民的族群身份进行某种形式的认定,当然不同的国家采取的做法不同。有的国家通过"民族识别"式的办法硬性认定社会成员的民族成分,像前苏联、中国;也有的国家笼统地将族群区分成一些亚文化群体,如美国,将国民分成"非洲裔美国人"、"亚洲裔美国人",似乎在故意模糊少数民族的群属;还有像法国,在正式制度上根本不承认"少数民族",只承认法国公民的公民身份。[1]

在多族群社会,与国家公民认同最容易产生直接冲突的是族群认同,二者的关系是"此消彼长"。国家几乎就是在和族群"争夺"认同归属。当然,在这场"争夺"中,族群的优势是"先天"的资源,而国家的优势则是"后天"资源。国家是由公民组成的,塑造公民意识是国家完善自身构建的主要手段之一。如果社会成员公民意识的强度较低,而族群意识的强度较高,那么多族群国家的合法性和社会稳定都将受到影响。国家凭借具有感召力的意识形态、制度化的教育、和谐的社会秩序和公平的法律制度树立社会成员的公民认同,同时相信经济发展的力量,希望凭借经济发展所带来的诸多影响来使社会成员认同国家。在这一点上,世界多数国家都是采取这一战略思路的。在一个存在主体民族的多民族国家中,通常国家意识与主体民族的民族意识一致性较高,因而主体民族对公民身份的认同也相对明确,但在一定情况下,少数民族则可能在公民身份与族群身份之间有不同程度的摇摆。国家认同、公民身份和族群意识之间是一种动态的三角形关系,如图 15 - 1:

---

〔1〕关凯:《族群政治》,中央民族大学出版社 2007 年版,第 48 - 50 页。

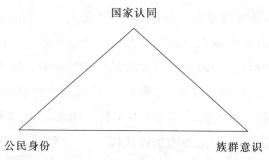

国家认同

公民身份　　　　　　　　　　　族群意识

图 15 – 1　国家认同、公民身份和族群意识之间关系

当"族群意识"接近于"公民身份",甚至二者重合时,国家内部就不存在民族问题了。当"族群意识"与"公民身份"渐行渐远,它就有可能演变成族群民族主义,其最大的张力是颠覆国家主权的合法性并排斥公民身份,从而引起民族冲突和族群民族主义运动。[1]

我们过去在民族理论政策和实践上一方面有利于政府有目标地帮助各个少数民族群体实现平等权利和经济发展,但另一方面,强调族群特点和意识无形中淡化了公民认同或国民意识。当人们作为个体竞争时,族群界线倾向于弱化;而当他们作为族群竞争时,族群界线则被强化。当我们用或隐或显的"汉族"来对应"少数民族"的时候,无论有意无意,都起到了强化汉族与少数民族之间界限的作用。[2]

亨廷顿指出:"国民身份的重要性,在不同的文化中高低有所不同。在穆斯林世界,身份的认同呈现出一个 U 字形:最强烈的认同感,一头是家族、氏族和部落,另一头是伊斯兰教以及自己所属的教派,而对国家的忠心通常较弱,只有很少的人例外。在西方世界,则是把 U 字倒过来,对国家的认同最高,而比国家狭窄的或广泛的认同感较低。可是这种情况现在可能正在起变化,超国家的和国民层次以下的各种身份的地位逐渐上升,欧美人的认同感不再是两头低中间高,而是趋于拉平,向穆斯林的模式接近。国家特性、国民身份和国家利益的概念在失去份量。"[3]

〔1〕关凯:《族群政治》,第 83 – 85 页。

〔2〕张海洋:《中国的多元文化与中国人的认同》,第 40 – 42 页。

〔3〕〔美〕塞缪尔·亨廷顿:《我们是谁:美国国家特性面临的挑战》,第 15 页。

·欧·亚·历·史·文·化·文·库·

哈贝马斯曾强调指出,只有当国民转变成为一个由公民组成的民族,并把政治命运掌握在自己的手里的时候,才会有一种民主的自决权。但是,对"臣民"的政治动员要求混杂在一起的人民在文化上实现一体化。这一点是必不可少的,有了它,民族观念也就付诸了实现;而借助于民族观念,国家成员超越了对于村落和家庭、地域和王朝的天生的忠诚,建立起了一个新兴的集体认同。[1] 也就是说,在民族国家层面上,同样需要建立起某种"文化的一体化",否则就很难在民族—国家层面上建立这种新的"集体认同"。一个民族国家非常需要从历史的发展和文化的传统中提供一个各族共享的"共同文化"。这样,一国内部的文化至少具有"国家"和"族群"两个主要层面。在国家层面上,至少需要一种(或几种)"族际共同语"作为各族群共享和一致认同的文化交流工具,需要各族群在基本价值观念上的彼此认同,以及对于各族群在"族群"层面上所保持的特殊"文化"持有一种"承认、平等相待甚至欣赏"的态度。在"族群"层面上,各个族群保持的特殊文化应具有平等的法律和社会地位,每个组群对于其他族群的不同文化应采取宽容的态度并相互承认,和谐共存。这两个层面之间存在着彼此依存的关系。如果没有国家层面上的共同文化与观念,在族群层面上的不同文化就难免会彼此冲突,无法和谐相处。在国家层面单靠政治制度和行政约束是不够的,还必须建立某种统一的文化认同。这个以"民族—国家"为单元的共同文化是什么呢? 很可能是一种包含了多元成分的"复合文化"或多种认同的综合体。首先,它不是简单地与意识形态挂钩的"政治文化",因为具有现代政治性的意识形态的历史一般比较短暂;其次,它也不是简单地以政治实体的地理边界为基础的"国家认同",因为在历史进程中,政治实体的地理边界往往发生多次变化,是不稳定的、容易引起争议的;第三,它也不完全是以语言或宗教这样的文化传统为基础的"文化认同",因为一个"民族—国家"内的各族群

---

〔1〕〔德〕尤尔根·哈贝马斯:《后民族结构》,上海人民出版社2002年版,第76页。

很可能使用不同的语言、信仰不同的宗教。[1] 按照张海洋先生的看法,今日中国既然有 56 个民族,那么它就有 56 + 1 = 57 个民族文化。这里的"1"是指中华各民族共同的历史文化大传统,是中国各民族必须认同的共同文化;"56"是指各民族自身的文化传统。[2]

建构主义的核心命题是:

(1)国家是国际政治的首要分析单位;

(2)国家体系中的主要结构是主体间性的(intersub jective)而非实体性的(material);

(3)国家认同和利益在很大程度上是由这些社会结构建构而成的,而非由人性或国内政治从外部赋予该体系的。具体讲,就是:[3]

①国家中心主义。温特认为,控制暴力是一个国家对社会生活秩序的最根本问题之一,国家仍然处于国际体系的中心。[4]

②国际体系的观念结构。温特认为,国际体系结构不是物质力量的分配,而是观念(共有知识或文化)的分配,是社会性建构,共有知识建构行为者的身份和利益。

③国家认同和利益的建构。国家利益主要是由国家身份这一包括物质结构在内的观念结构直接塑造的。塞缪尔·亨廷顿指出,"国家利益来源于国家身份(认同),我们必须先知道我们是谁,然后才能知道我们的利益是什么。"[5]也就是说,国家认同构成国家利益的基础。

人们的共同体意识的强弱取决于他们对自己的共同利益的关注程度,取决于他们共同需求的强度以及与环境的关系。从某种意义上说,南斯拉夫联邦共和国的解体与其说是民族主义推动的结果,还不如说由于经济发展在地域间的严重失衡,从而引发以地区聚落为单位的民

〔1〕马戎:《民族社会学——社会学的族群关系研究》,第 614 – 616 页。

〔2〕张海洋:《中国的多元文化与中国人的认同》,民族出版社 2006 年版,第 13 页。

〔3〕郭艳:《全球化语境下的国家认同》,中央党校国家政治专业博士论文,2005 年,第 27 – 29 页。

〔4〕〔美〕亚历山大·温特:《国际政治的社会理论》,秦亚青译,上海人民出版社 2000 年版,第 9 – 11 页。

〔5〕王立信:《美国国家认同的形成及其对美国外交的影响》,载《历史研究》2003 年第 4 期,第 125 页。

族意识强化所带来的结果。民族主义绝非这场闹剧的肇事者,而是其中的受惠者。二战结束时,南斯拉夫国内各地域间的经济差距并不十分明显。但到 1990 年南斯拉夫解体前夕,与奥地利、意大利接壤的斯洛文尼亚的人均收入是与阿尔巴尼亚接壤的科索沃地区的 8 倍。在科索沃地区的居民看来,该地区的落后是联邦政府的歧视政策造就的,地域间的不等价交换实际上是富裕地区对贫困地区变相的资源掠夺,这就造成了该地区对较富裕地区以及联邦政府的不满和敌意。而对斯洛文尼亚地区的居民来说,地区差距越大,则意味着本地区要贡献更多的收入援助落后地区,都对共同体的维继失去兴趣和信心。[1] 这是值得我们深思的,难道,我国边疆民族问题的突显与经济发展没有直接关系?一些国家或地区的部分成员因全球化的冲击而成为弱势或边缘群体,他们开始对国家政府失去信心,不再依靠"空洞"的公民权来获得应有的权利,而把希望寄托在可能提供更多安全和保障的小单位,国家自身的保护性和代表性角色逐渐丧失了合法性。最后的结果是这些少数族群以一种自我依赖的非政府结构在社区的团体中找寻避风港。因此,全球化或许会消解国家的权威,或许会改变主权和民族性的含义,但它同时还强化着认同意识的重要性。对许多尚未完成民族国家建构任务的发展中国家来说,如果无法履行基本职能,使公民确立起对国家牢固的想象,一些人或国家所宣扬的"民族基质",就会为"去中心化"提供土壤。所谓"去中心化",就是国内子群体对国家的疏离意识及由此产生的地方复兴想象,"中心"即国家,去中心化的主体是宗教、种族、区域等次国家组织。[2]

认同的本质,就是在有"他者"存在的情况下确立其自我的边界。在多民族国家,建构国家认同或国家意识对于确保社会和谐和公民利益是至关重要的。国家认同既是一种集体认同,同时又是一种国际社会的政治建构。从本质上说,现代国家认同的形成与合法性紧密相关,

〔1〕王绍光:《分权的底线》,中国计划出版社 1997 年版,第 74 - 75 页。

〔2〕郭艳:《全球化语境下的国家认同》,中央党校国家政治专业博士论文,2005 年,第 62 页。

在国内,国家通过提供安全、秩序、正义而赢得民众的认同,即获得内部的合法性;在国际社会中,通过国家主权地位的被承认而获得外部的合法性。国家认同决定国家利益,国家利益决定国家行为。

16 以文化认同为目标提升文化综合实力

16.1 民族意识与多民族国家的文化认同

民族意识是一个民族在繁衍、发展过程中产生的自我意识及政治文化归属意识,它曾以强大的动员性和感召力在近代民族国家的缔造中发挥了不可替代的作用。在当今世界,有关民族意识和认同的话题依然是多民族国家政治生活的聚焦点,因为随着经济全球化和文化多样化时代的到来,民族意识的日渐勃兴已是不争的事实。如何构建民族意识与国家认同之间的和谐共生关系、保持多元化的民族利益诉求与民族共同体利益的一致性,是多民族国家的国内治理中无法回避的严峻问题;同时,如何解决民族自我意识与国家认同间的张力、保持国家的稳定与各民族和谐共生,也成为多民族国家不得不面对的棘手问题。虽然在多民族国家内部,共同的政治价值、文化准则和经济生活已将各民族的利益、福祉紧紧地联系在一起,但由于语言和文化的差异性,国族意识不可能取代、消解民族意识,后者的存在既是"多元一体"的本质特征,又显现了"一体"与"多元"间的矛盾纠葛。从多民族国家整合的角度看,民族意识的兴起有其两面性,它在展现民族个性和民族聚合力的同时,也提出了多民族国家内不同民族、不同文化之间如何和谐相处的问题,增加了多民族国家国内治理的难度。由于民族意识的发生大多与民族群体的利益诉求相关,通过怎样的利益调适机制,在"多元一体"的框架内最大限度地关切少数民族群体的利益需求,力求达到民族意识与国族观念的有机统一,这既是对我国中央政权处理民族问题的政治智慧的考验,又关涉到民族意识诉求指向的演变。

民族意识无论是作为一个民族自我认同的心理活动抑或是作为民族存续的情感符号,都有其存在的合理性。在现代文明的世界体系内,民族意识的存在,不仅保存和弘扬了各民族群体久远而独具特色的文化传统,造就了多元文化共生共荣的新景观,而且民族自强意识和民族发展意识的增强更是为各民族群体最大限度地融入现代化发展进程提供了重要的精神动力,使他们能够更为充分地利用现代社会提供的教育、技术、学识和大众传媒来实现自我发展的追求。

从历史的角度来看,中国目前尚处在建构一个民族国家的过程中,这一过程尚未完成。国家会运用日益强势的政府机器来灌输国民应有的国家意识,特别是会通过小学教育来传播民族的意象与传统,要求人民认同国家、国旗,并将一切奉献给国家、国旗,更经常靠着"发明传统"乃至"发明民族"以便达成国家整合的目的。而文化则具有鲜明的民族性与地域性,因而使民族与地区打上了自己个性的生动标志。但是,文化并不排斥异质的优秀文化,相反它会把那些富于活力、反映时代风貌的进步文化兼容并包地吸收过来。随着时间的推移,文化出现了多质文化不断走向融合的趋势,其融合的大致进程是强势的、富有生命力的文化逐步渗入弱势的、缺乏生命力的文化中,并最终消解落后的文化。

一种文化理念只有在深入民众生活之中时,才会被广大民众所接受,并且融化在日常生活中,成为每一个人待人、做事、报效国家的自然而然的行动。也只有在这时,文化才会爆发出比原子弹、氢弹还要大的力量,凝聚全民族的智慧,引领亿万民众建设繁荣、富强、民主、幸福、和谐的大同社会。文化是把无形的双刃剑,既可成为一个国家民族永恒前进的精神驱动力,又可以遏阻一个国家、民族的进步。我们必须认清其两面性,弘扬先进文化,摒弃落后文化,始终掌握国家、民族的发展命脉。

我们知道,民族主义的主要特征是民族认同,民族认同天生就有排他倾向,一旦有了敌人甚至是假想敌人,民族主义就会表现出暴戾的攻击性。在和平与发展成为时代主题的今天,极端民族主义者仍然在不断寻找假想敌人,而网络这一虚拟空间的兴起,则让键盘与网线成为他们刺杀这些假想敌人的道德长矛。乌鲁木齐市"7·5"事件就是一起在境外"世维会"等"三股势力"通过网络和其他手段组织直接煽动、策划下实施的有组织、有预谋的打砸抢烧严重暴力恐怖犯罪事件,在新疆历史上也是少有的,是"三股势力"反动凶残本性的必然体现。一个健康的民族,根本的支柱在于每一个成员都以公民的角色理性地参与到政治事务之中,而不是虚幻的道德宣泄和情绪宣泄。极端民族主义情绪最可怕的地方,便在于这是一股毫无理性的道德激情。总之,在民族群体利益的调适与整合的过程中,要特别注意各民族共同的心理状态和精神生活,充分挖掘爱国主义的精神资源,熔铸中华民族意识,才能够最终达到文化的认同。

16.2 文化认同与中华民族的凝聚力

文化是人类不同于其他物的存在的本质特征,是人类智慧的显现。文化一旦被创造出来并被国家或族群广泛认同,就会成为团结、凝聚这个国家或民族不断发展的推动力量。在文化的分类中,对核心文化与非核心文化的区分具有重要的实践价值。所谓核心文化,就是在一定历史时期、一定制度里,能够获得统治阶级认可、提倡、宣传,甚至是强制推行并对社会起着主导作用的文化,有时也称主流文化。今天,在建设有中国特色社会主义的我国,它的核心文化就是社会主义核心价值体系,就是改革开放、以人为本、爱国富裕、科学发展、政治民主、公平正义、人与自然和谐共处的思想内容。所谓非核心文化,就是我国传统的文化中以及现有的文化现象里,不占主导地位而受核心文化制约的文化。非核心文化虽然对核心文化有促进作用,但却不能决定核心文化的发展。在我国的文化中,"和合"文化具有重要的价值,它渗透在家庭、地区、民族、国家生活的各个领域及意识形态之中,当我们努力将"和合"文化推广到生活的方方面面之后,那么,它就可能成为我们构建和谐社会的精神动力。

世界上每一个成熟的民族都有属于自己的特有文化形态和文化个性。而这种特有的文化就成为民族亲和力和凝聚力的重要源泉,渊源于中华五千年的文明,植根于当代伟大实践的中国特色的社会主义文化,是中华民族身份的象征,提升文化理念,就应做到"国家为上,以和为主,以人为本,诚信为先"的文化理念。这些凝聚了中华民族精神的文化理念是广泛团结全国人民乃至每个阶层,社会群体的旗帜,是激励各族人民建设伟大祖国,实现民族复兴的宏大精神支柱。社会阶层和社会群体只有形成文化理念的共识,才会自觉地投身于文化建设中去,为国家振兴增强使命感、责任感。

在我国,文化冲突与适应问题常常在新疆少数民族成员或弱势群体成员身上表现更为突出。对少数民族成员而言,面对强大的主流文化,他们既想融入主流社会,又担心失去自己的母体文化。文化差异本身会给个体造成一种心理压力,文化适应的考验往往会加剧这种压力,使他们可能产生心理与社会上的不适应。大部分研究者都认为文化适应应当包括两个不同方面:社会适应与心理适应。这两方面是紧密相连的。社会适应是指在新的文化背景下成功地建立与主流文化社会群体的相互关系;心理适应是指以情感反应为基础的有关幸福感、满意度和自强自尊的良好状况。

少数民族成员在文化适应过程中,不仅要适应到主流文化中去,同时还要认同本民族文化适应的目标。个体的心理适应与本民族的团体文化认同态度可能有着密切的关联。学习主流社会的文化准则及参加一些共同的活动是很重要的,这将可能会促进同主流成员建立紧密的关系,使自身更好地融入到主流社会中去。整合态度反映了一种保留自己传统文化认同和接受新的文化价值观的平衡,是跨文化适应中最佳的一种文化认同态度,有利于少数民族的文化适应。

当不同民族的文化能够延伸到其他民族生活中去,并被广泛接受和实施时,那就意味着这些民族找到了相互联系和友好往来的纽带,这些民族就会在情感上自然而然的接近。只是需要注意的是,这个过程的发生,应当是自然而然完成的,而不是被强力所迫的。文化认同的力量是巨大的,但是如何才能实现文化认同,特别是思想理念上的文化认同呢? 要真正让新疆广大人民与我们党和国家同心同德,不是在压力下的消极的认同,而是发自肺腑的自觉的文化认同,那就要从多方面进行艰苦细致的工作。

第一,从现实的层面来看,我们应当将新疆各族民众有关生产、生活、婚丧嫁娶以及大众娱乐中的好传统,加以弘扬与强化。

第二,我们应把两千多年来祖先留下的弥足珍贵的观念文化中至今依然熠熠生辉的精品承续下来。

第三,把近代以来在我国已深入人心或民众期盼的文化理念加以强化。通过宣传、教育、文学、艺术等种种手段,加大对"以人为本"等核心文化理念传播的力度,使从每一个小孩到每一个大人都知荣辱、明礼仪,表里如一、身体力行,从而提升国家、民族的亲和力与凝聚力。

第四,执政党的全体党员必须在重新构建核心文化理念中起垂范作用,成为新的核心文化理念的积极宣传者、实践者和示范者。

第五,把核心文化理念自觉地落实到日常的生产生活中来,贯穿到婚丧嫁娶、游戏娱乐等各种活动和节日中去。

文化认同的内涵包含着价值的选择和社会意识的认可,在民族共同体中表现为对自己传统的遵从和群体的归属感,是民族凝聚力形成的内在机制。新疆各民族在长期的历史发展中创造的民族文化是我们共同的财富,其认同与传承对现代社会发展中出现的各种裂痕具有修复与整合的功能,是社会主义精神文明建设的有机组成部分。

中华民族是一个复合型民族,它是由众多单一民族在长期历史发展过程中逐渐融合而成的民族集合体,是一个文化统一体。因此,应把中华民族视为一个文化民族。在这一共识下,弘扬中华优秀传统文化,必将极大地增强中华民族的凝聚力。因为这种凝聚力主要表现为文化上的同化力和情感上的维系力。中国古代的文化认同,从民族和社会政治角度来说,是少数民族进入中原建立的封建王朝不断地抬高孔子的权威地位,积极重建以儒家纲常名教为核心的价值信仰体系和社会行为规范。这些单一民族对以儒家文化为主体的中华文化的自觉认同,确立了其为中华民族一员的文化属性。

新疆地处亚欧中心,周边与 8 个国家接壤,有 7 个少数民族属于跨境民族。由于历史、地理的原因,这些跨境民族与邻国的民族在历史文化背景、族源族别、血缘、语言、宗教信仰、文化习俗、经济和社会等方面保持着一种天然的联系。然而现实社会中又存在着国家政治、经济制度的差别问题。在经济全球化日益加速的时代,区域合作成为历史趋势,如上海合作组织。在这种背景下,新疆各民族与邻国的交往日益频繁。在这个跨国界的文化交流过程中,我们应清醒地看到,相应的国际化问题也随之而来,如毒品走私问题、民族分裂主义问题、恐怖主义问题、跨国人口拐卖问题等等。我们更应该清醒地认识到,产生这些问题的深层次原因与文化认同密切相关。如果没有处理好相关的问题,没有和谐的民族关系,新疆社会经济文化的发展长期落后于内地,就会带来民族问题,甚至导致民族认同的非正常状态,最终为民族分裂主义分子所利用。如果新疆少数民族的成员能对身为中华民族大家庭的一员感到自豪,他就会主动把本民族的优秀传统文化纳入到中华民族主流意识文化之中,使之成为本民族社会变革和经济发展的能动要素。相应地,中华民族的蓬勃发展和博大精深的传统文化也会对每个民族成员产生鼓舞,有利于形成团结社会成员、凝聚人心和面向未来的社会主义价值体系和意识形态,有利于形成一个开放的、充满活力的社会。新疆的发展只有与祖国的发展同步,少数民族才会信心百倍地参与小康社会的建设,从而有效抵御一些别有用心的分裂分子利用所谓的民族宗教问题、人权问题等进行破坏祖国统一的行为。

16.3 文化认同与社会和谐

改革开放以来,随着经济的发展和综合国力的提升,中国在国际舞台上扮演着愈来愈重要的角色,中华民族的文化认同也愈来愈强烈。但是也应该看到,随着资本的全球扩张和现代信息技术的发展,西方生活方式和西方文化随着资本的强势劲头汹涌而来,民族文化认同在新时期面临着新的挑战。一些邪教组织、国际恐怖组织、极端宗教组织乘虚而入，四处捣乱，对经济建设的良好环境构成了巨大冲击。尤其在一些经济文化落后的农村，宗教迷信之风开始盛行，极端民族主义开始抬头，对党和政府正在进行的社会主义新农村建设构成了严峻的挑战。因此，对于正在进行现代化建设的中国政府而言，文化认同就不仅仅是一种文化价值取向，它还牵涉到人心的向背、政权的稳定和对民族国家的信念。今天的中国正处于一个伟大的历史转型时期，要实现有中国特色的现代化，自立于世界民族之林，就必须有自己的文化依托，必须有自己的文化认同，否则，我们就失去了自己赖以生存的根，也就失去了自尊和自信。

我们所说的和谐社会是稳定的、有秩序的社会，也是民族关系良好、各民族和睦相处的社会。在人们基本的文化认同之上还应该有一个认同，即"我是中华民族的一员，我应该为祖国的安定团结、繁荣发展做贡献"，这也是一种爱国主义情操，是文化建设的重要内容，是全面建设小康社会、弘扬爱国主义精神的具体体现，对维护新疆稳定和祖国统一有巨大作用。

和谐社会的建设是一项复杂的系统工程，牵涉到社会生活的方方面面，而文化建设无疑是其核心和基础。文化是民族的灵魂，是维系民族团结，形成民族亲和力和凝聚力、向心力的思想基础，是保持社会和谐、推动社会进步的精神力量。社会要和谐，首先必须使社会成员有一个和谐的精神状态，从而为政治的稳定、经济的发展、文化的繁荣和社会的全面进步提供有力的思想保证。

人民群众是文化认同的主体和先进文化的创造者，构建社会主义和谐社会，必须激发人民群众的历史责任感，调动他们的创造积极性。要大力弘扬科学精神，传播科学知识，开展健康向上、各具特色的文化活动，以提高广大干部群众拒腐防变的能力。大力实施公民道德建设工程、弘扬中华民族传统美德，在全社会形成团结友爱、融洽和谐的人际关系。消除封建主义残余思想和资本主义腐朽文化的影响。加强对文化市场的管理，为和谐社会的建设提供良好的社会环境。

保障边疆少数民族群体的利益是构建和谐社会的一项长远的战略举措,应通过制度化的形式加以确认。作为中国基本政治制度之一,民族区域自治是指"在少数民族聚居地区实行区域自治,建立自治机关,行使自治权"。"民族区域自治"概念的提出和制度的确立,显示了中央政府在回应国内的民族利益诉求、保证国内各民族群体的政治参与和经济文化利益时的战略理性。实行"民族区域自治"的首要前提是保障所有公民的权利平等和国家法律、政令得以畅行,同时它还意味着中央政府承认各民族不同的利益诉求和发展水平的差异,尊重各民族合理的权益要求,通过"政治参与当地化"的方式,赋予各少数民族群体以最广泛的参与政治生活和社会文化生活的权利,将少数民族群体参与地方事务管理的权利、民族语言的官方地位、民族文化遗产的保护与传承等权益纳入规范化的政治议程,从而获得法律的保护。

在民族宗教情势复杂的新疆地区,维护祖国统一、社会稳定和构建和谐社会,需要高超的政治智慧、几代人的不懈努力,并不断及时总结建设和谐社会的经验。进入 20 世纪 90 年代,在国际风云变幻和境外"三股势力"的推动下,境内外民族分裂主义日益嚣张,在此期间,新疆全面贯彻中共中央关于维护新疆稳定的一系列战略部署,在意识形态领域反分裂斗争中为建设"和谐社会"不断探索,突出的有 4 件标志性工作:一是三个"离不开"的思想教育活动,主要致力于杂居一地的不同族群感情上的融洽;二是"五观"教育,目的是引导各族人民大团结的理性认识;三是"高度认同"思想工程,将最终导入最深层次即心理上的认同;四是全面推进和落实"四项重点工作",反恐严打斗争是前提,社会矛盾化解是基础,社会管理创新是动力,公正廉洁执法是根本。这 4 件工作体现着以文化整合促进新疆的"社会和谐"和维护国家的统一。

在新疆,要重视发挥社会主义先进文化的引领作用,把蕴含在先进文化中的精神力量渗透并贯穿到经济社会发展的各个方面、渗透并贯穿到人们的日常生活工作中,增强各族人民对伟大祖国的认同、对中华民族的认同、对中华文化的认同、对中国特色社会主义道路的认同,将其内化为社会群体意识,外化为人们的自觉行动。这样就能够把各族人民的力量和积极性都调动起来,各个民族都能够齐心协力地建设家乡,繁荣家乡的经济,让全疆能够跟上全国的步伐,采用跨越式发展这一方式和全国一起步入小康社会。

16.4　文化认同与文化自觉

上世纪90年代中期以后,费孝通先生开始在许多场合讨论文化间相互理解、容忍的问题。他多次援用"君子和而不同"的古训,主张将之作为一种人们在全球化语境下的相处之道。"文化自觉"理念的提出,则与此相辅相成。意思是生活在一定文化中的人,要对自己的文化有"自知之明",也就是说,要对自己文化的源头、发展过程、特征、发展趋势有一个全盘的了解。只有有了这种文化自觉,在今天的多元文化并存的形势下,才能掌握文化取舍的主动权。同时,承认不同才能明白自我,这是传统中国文化中求同存异的君子之道,也是建立对"他者"的理解和容忍态度的基石。人与人之间哪怕再不相同,文化观念差异再大,也是可以达到相互理解的。

在多民族共同体中,文化从来都是"你中有我,我中有你"的,是在不停地相互吸收的。在物质层面,这种吸收常常是自发的,汉族人学会了做维吾尔族人的抓饭,维吾尔族人学会了汉族人的烹调,这都是自发的;但在观念领域,这种自发性就不容易产生,这就需要引导、启蒙,甚至还要批判,这是各民族精英的神圣职责。开放,不仅仅是经济领域的事情,也是文化领域、观念领域的事情。有开放才有吸收,一个善于吸收的民族,就是善于进步的民族,开放就意味着吸收,不开放就意味着封闭。在今天这个时代,实行自我文化封闭是非常有害的,封闭就切断了吸收之路,一个人的智慧是有限的,一个民族的智慧也是有限的,光靠单个民族是创造不出绚丽多彩的文化的,只有吸收他人的智慧,用他人的智慧弥补自己的不足,用他人的文化优势填补自己的文化劣势,这样才能跟上时代的发展步伐。

每一个民族都是一个独特的"我",但并非任何民族都有一个清醒的"自我"。在全球化的浪潮中,有的民族文化沦落为西方文化的附庸,很重要的一点就是在精神上丧失了自我。一种文化丧失了个性就等于丧失了生命力,一个民族若在精神上丧失了"自我",结果必然是不知不觉地跟着西方文化随波逐流,最后一步步走向文化殖民。因而,文化的个性与独立,是一个民族、一个国家的立身之本;消泯了一种文化的特性与形态,就丧失了这个文化在人类社会中的存在地位与价值。

　　中国自实行市场经济以来,汉族和其他少数民族都在进步,但进步的差距却在拉大,很大一个原因是汉族人用文字传播的信息量远远大于少数民族文字负载的量,少数民族从本民族文字中得到的信息要比从汉文字中得到的少,这个差异就会形成民族文化差异,这种差异自然会造成人的素质差别。许多人囿于狭隘民族主义,只强调本民族语言,排斥其他信息量大的语言现象,这是很不明智的。中亚一些新独立的国家出现一股排斥俄语的逆流,这对一个民族的发展很不利,殊不知从俄语中得到的信息远远大于这些国家的民族语言,这是一种倒退的行为,学习俄语应是这些民族的一大进步。欧洲人发展速度快,就因为他们不仅掌握一种语言,对欧洲知识分子来说,掌握两三门语言是普通的事,如此,操英语的国家在获取信息方面就占了优势。

　　在当前全球化的背景下,世界各国、各民族的文化交流达到前所未有的规模和深度。但同时也要看到,西方生活方式的渗透和理论上的话语霸权,有可能使我们的主流文化价值体系失去在社会生活中的主导地位。如果失去了这种共同的、稳定的基本价值观念,或者是分裂为许多不同的相互冲突的价值观念,或者是遭到外来文化的入侵,在短时间内失去了自己的主导地位,那么社会中具有不同基本价值需要、运用完全不同的话语体系的各利益集团,就必然会沿着不同价值观念的边界进一步发生深刻的,乃至不可弥合的分裂,并进而引发整个社会的大分裂、大动荡。失去文化价值的支撑而必然产生的"合法性危机"将导致国家意志、价值观念、国民心理上的全面崩溃,整个社会将陷入一种严重的无序化状态。与此同时,个体日常生活中的价值基础被动摇,引发诸多社会、心理问题。

面对西方文化铺天盖地地席卷域内和西方宗教的无孔不入的渗透,我们一定要有文化自觉与文化安全意识。中国文化虽然仍处于相对弱势和边缘地位,但已经呈现出明显的复兴势头。通过广泛开展文化教育交流,在海外设立中国文化中心和孔子学院,举办各种中国文化节活动等,中国文化的魅力和国家形象得到了较大提升。中国在世界各国人民心目中受欢迎的程度明显呈现增长态势。中国不仅成功树立起了负责任、建设性、可预期的良好国际形象,而且给世界带来了新的发展模式和新的价值观念。新时代的全球化的挑战,启示我们要有自己的民族认同和伦理共识。如果没有民族认同,中国这样一个多民族的国家就会在现代化的过程中散掉。如果没有伦理共识,也不能形成一个健康的法制社会,因为法治的背后要有信念、信仰和伦理共识的支撑。

真正的文化自觉,不能孤立地进行,不能在封闭状态下进行,不能仅仅按照自己的标准测定,这种自觉是不彻底的,不全面的,甚至是不科学的。在多元文化并存的形势下,还要将自己的文化与他人的文化作对照。每个民族的文化都有优劣之分,这个优劣靠自己是分辨不了的,因为文化就是在人的生活当中,伴着人生存的,它和人有着千丝万缕的感情联系,没有比照,人在感情上就很难下决心说自己的文化中哪一部分是糟粕,这是人在感情上不容易割舍的。只有在和他人的文化对照下,才能看出它的落后性,看出它对本民族文化进步的梗阻和障碍,才有可能下决心把落后的、有害的文化挖掉。

认同民族价值观,就必须强化"危机意识"。一个民族如果失去了对民族文化的认同也就失去了民族之根,而全球化条件下的文化互动,给发展中国家带来的最大危机可能是文化的"认同危机"。亨廷顿曾用"文化上的精神分裂症"来形容那些文化上无所依归的民族的精神状态。从文化上的精神分裂走向民族心理上的分裂,将是一个国家、一个民族发展的最大悲哀。要走出这种困境,必须从自我反省开始。若在文化上不能自觉发现问题,盲目沉浸在表层化的发展上,就不会有真正的危机意识,也就不会有所改进;没有改进,就不会由被动变为主动。

在多元文化相互交融的新疆地区,摒除相互间的猜忌是通向理解的第一步,有了理解便能欣赏他人,如果人们都能建立起这样的态度,那么新疆局部地区的紧张气氛也就能够缓和。"文化自觉"理念所具有的文化之间相互欣赏的态度,正是我们这个日益多元的世界所必需的。

16.5　加强文化建设,提高国家的文化综合实力

文化软实力是指一个国家维护和实现国家利益的决策和行动的能力,其力量源泉是基于该国在国际社会的文化认同感而产生的亲和力、吸引力、影响力和凝聚力。软实力通常依靠"吸引"得到他国认同,是间接的、历时的、弥散的、隐性的。

与一些西方国家不同,中国构建"软实力"的目的,并非谋求控制世界的霸权,对国内而言在于满足人民群众日益增长的文化需要,解决社会主义初级阶段的基本矛盾;对于国际而言在于寻求更多的国际认同和尊重,更好地促进世界和平与发展。

在全球多元文化交织的格局下,少数民族常被主流社会视为弱势群体,他们的民族文化也被归属为主流文化背景下的一种弱势文化,从而使得许多少数民族成员的民族认同产生分化:一种是部分少数民族成员为摆脱社会经济地位低、教育程度低及就业率低的阴影,努力把自己造就成为主流文化下强势群体中的一员,从而表现出强烈学习主流文化的动机,这个群体的成员有可能会对自己的母体文化产生偏见,也有可能仍然要求自己保留本民族一些文化;一种是无法面对现实,常常以逃避、消极、悲观的态度对待文化适应问题,不仅表现出对本民族的消极认同,在社会适应方面也显示出较强的自卑情绪,这个群体的成员大多因自尊的需要对本民族及主流文化的民族产生偏见,以维护自己的"文化观念立场";还有一种是强烈的认同其母体文化而排斥其他民族的文化,这个群体的成员一般情况下都生活在文化交流及与域外团

体接触较少的地区,或者生活在宗教意识、宗教氛围浓厚的地区,在对自己民族文化的强烈认同下,常常对外团体民族带有偏见。

加强文化建设,提升我国文化软实力,有利于增强中华民族的凝聚力和创造力,把亿万人民紧紧团结在中国特色社会主义文化的伟大旗帜下,为实现中华民族的伟大复兴而不懈奋斗;有利于在世界文化的交流与合作中,不断增强中华文化的国际竞争力、吸引力,推动中华文化走向世界,真正把我国建设成为文化强国。

首先,应加强中国自身文化建设。中国文化要消除现有的局限性和脆弱性,就必须整合其内在的不同元素,形成既具有独特个性又具有普遍推广价值的文化内核。为此,中国必须深入发掘中国传统儒家文化的精髓,确立当代中国文化的基本内核,推进马克思主义的中国化,特别是文化意义上的中国化,将马克思主义意识形态融入民族文化。整合传统儒家文化和马克思主义意识形态,最重要的就是要通过理论创新,提炼普世性的核心价值观念。中国现在积极倡导的"和谐社会"、"和谐世界"即属此类价值观念。

提升社会阶层公民的文化素质是文化和谐的核心价值。坚持以人为本,加快文化建设,不断满足人民群众日益增长的多层次的精神文化需求,推动人的全面发展,已成为我国现代化建设的一项重大而紧迫的任务。我们建设中国特色社会主义,既要着眼于满足人们的物质生活需要,又要着眼于满足人们精神文化生活的需要和人的素质的提高,实现人的全面发展。提高人的文化素质,实现人的现代化的目标是构建和谐文化的重要任务。当前建立公民教育体制,抓好九年义务教育,抓好适应经济发展的各类职业教育,实现大众化高等教育,抓好中西部发展的贫困群体的扶贫教育,创建学习型社会,是提高公民教育素质的重要途径,也是坚持以人为本,实现人的全面发展的客观要求。

其次,内部的文化整合必须与外部的文化吸纳结合起来。中国文化要提升自身的实力和地位,必须海纳百川、博采众长,学习世界其他文化的一切优秀成果。中国文化在借鉴其他文化时,必须坚持"拿来主义"与"本位主义"相结合,避免要么全盘照搬、要么彻底摒弃两个极端倾向。中国文化要走向世界，成为全球多元文化中的一强，还必须大力发展文化产业，把发展文化产业提升到战略高度，以此作为消除文化"逆差"、抵御外来文化冲击、全面提升中国文化影响力和竞争力的战略选择。

第三，培育和谐文化，加强社会主义文化建设，是牢固树立和落实科学发展观的战略任务。引导人们实现社会和谐，用正确的立场、观点、方法观察社会，是使社会文化建设上升为新层次的有效途径。建立文化和谐的长效机制，培育和谐文化氛围，应做到：一是建立与市场经济配套的调节收入分配的国家法律体系，消除社会分配不公的弊端，解决文化教育中存在的不公平问题；二是建立起重视人才、以人为本的育人机制，全面提高人的综合素质，消除因道德文化认同差异而产生的认识误区；三是强化对执政团队的监督行政管理机制，以健全的法制、完善的社会管理体制制度作保证，实现社会的公正与诚信；四是建立社会道德文化认同机制，全社会阶层和社会群体要通过相互了解、沟通、交流对共同的价值目标和行为规范达成共识，并要求社会成员共同去维护和遵守；五是建立起市场经济运作的诚信机制，全社会形成以营造诚信为基本操守的氛围，使社会文化在转型期为社会进步作出新贡献。

当前，中央推进新疆跨越式发展和长治久安工作的主要政策是：一，集中力量优先保障和改善民生，使新疆各族群众生活更加富裕幸福；二，加强宣传思想文化工作，巩固新疆各族干部群众共同团结奋斗的思想基础；三，坚持党的民族政策和宗教政策，促进新疆不同民族、不同宗教信仰群众和谐相处，巩固和发展新疆社会和谐稳定的局面；四，坚持中央关心支持、东中部地区支援和新疆各族干部群众自力更生、艰苦奋斗相结合的方针，认真做好对口支援新疆工作；五，加强党对新疆工作的领导，增强各级党组织的凝聚力、战斗力、创造力，为新疆实现跨越式发展和长治久安提供坚强有力的政治和组织保证。

今天，我们在中国语境下讨论提升国家"文化软实力"，既要看到中国传统和谐文化对世界统一性与多样性结合的未来文化走向的有益影响，充分挖掘传统文化的精髓，增强民族身份认同；又要在实践的基础上有机地整合外来文化精华,学习硅谷创新文化精神,从内容到形式进行全面创新。这样才能把马克思主义的基本要义和实质与中国传统文化融为一体,构建符合中国国情的社会主义核心价值体系,这样建设的文化体系才能增加国人的认同,增强民族的凝聚力,避免在西方资本主义工业化、现代化过程中导致的文化价值的分裂,让人民共享文化发展的成果,增强中国文化的吸引力,提升中国文化的软实力,从而达到各民族的文化认同。

17 以文化执法为保障加快文化健康发展

17.1 文化执法的概念和基本原则

17.1.1 文化执法的概念

文化执法是指各级政府文化(包括广电、新闻出版、版权以及文物)行政部门或者经法律法规授权的其他执法机构,依照国家有关法律、法规和规章的规定,对公民、法人或者其他组织的文化经营活动进行监督检查,并对违法行为进行处理的具体行政行为。经岗位培训和考试合格并取得文化市场行政执法证件,依法履行文化市场行政执法法定职责,行使行政处罚、行政强制和文化市场日常监督检查等职能的工作人员即称为文化市场行政执法人员(简称"文化执法人员")。

文化执法的性质从总体上说,属于人民内部矛盾的范畴,而人民内部矛盾是根本利益一致的非对抗性矛盾。虽然在文化市场经营活动中,违法行为时有发生,但它与犯罪行为有着本质的区别。文化市场执法从总体上说属于人民内部矛盾的这一特点,决定了对文化市场监管可以实现和谐执法,即多用经济的方法、民主的方法、教育疏导的方法来解决违法的问题。

文化执法的范围是:

(1)营业性演出活动;

(2)音像制品的进口、批发、零售、出租和放映;

(3)娱乐场所经营活动;

(4)艺术品经营活动;

(5)电影发行、放映经营活动;

·欧·亚·历·史·文·化·文·库·

（6）互联网上网服务营业场所和互联网文化经营活动；

（7）文化行政部门管理的其他文化经营活动。

17.1.2 文化执法的基本原则

文化执法的法律依据是行政法律和政府的文化市场管理方面的规范。法律的实质是保护公民的权利，这是由一切权力属于公民的原则决定的。文化法也不例外，是以保护公民的文化权利为宗旨的，是为满足人民群众不断增长的文化生活需要服务的。可是，在文化执法时，往往主要考虑的是如何"管得住"的问题，而不是如何实现公民文化权利的问题。就是在编纂法律、法规时，也是把文化法归到行政管理中，叫做文化行政管理法，这显然是片面的。的确，在现代社会中，行政管理是完全必要的，对文化事业与对其他事业一样，也必须进行行政管理，否则，社会就会混乱不堪。但是，我们应当明白行政管理不是目的，而是保证社会事业不断前进、保证人们有秩序的生活、实现公民各项权利的手段。文化行政管理法只是文化法的一个组成部分，对文化事业进行行政管理同样是为了保证公民文化权利的实现，而不是限制公民的文化权利。随着文化市场的繁荣和发展，政府文化执法也将提上法制化进程。文化执法的合理性必将成为政府执法的重要内容。

17.1.2.1 文化执法依据

按照我国现行宪法的规定，我国的法律层阶分为宪法、法律（包括基本法律）、行政法规、地方性法规和政府规章等层级。按照这种划分，我国现在的文化法制建设状况可以概括为两头强，中间弱，或者说，两头比较健全，中间环节薄弱。首先，我国现行宪法对文化法制建设的基本原则（包括教育、科学、卫生、体育、文学、艺术、新闻、出版、广播、电视、图书馆、博物馆、文化馆、文物、语言文字、宗教等方面）做了全面的规定。其次，省级人大及其常委会和国务院文化主管部委及省级人民政府发布了比较多的地方性文化法规和文化行政管理规章。再次，相比之下，文化法律和文化行政法规就十分薄弱。除教育、科技、体育、卫生领域外，至今还没有制定一部其他文化领域的基本法律，仅颁布了《文物保护法》和《著作权法》两部文化法律。大量的调整文化关系的法律,如新闻法、出版法、广播电视法、电影法、演出法、图书馆法、博物馆法、文化馆法、文化娱乐法、文化合同法等等还未制定。国务院发布的文化行政法规也比较少。因此,建立和完善文化法律体系,当务之急就是加紧制定文化方面的基本法律和法规。

与文化执法相关的法律:

(1)《中华人民共和国文物保护法》(2002 年 10 月 28 日第九届全国人民代表大会常务委员会第三十次会议通过);

(2)《中华人民共和国体育法》(1995 年 8 月 29 日第八届全国人民代表大会常务委员会第十五次会议通过)。

与文化执法相关的行政法规:

(1)《娱乐场所管理条例》(国务院施行时间:2006 年 3 月 1 日);

(2)《互联网上网服务营业场所管理条例》(国务院执行时间:2002 年 11 月 15 日);

(3)《营业性演出管理条例》(国务院执行时间:2005 年 9 月 1 日);

(4)《广播电视管理条例》(国务院执行时间:1997 年 9 月 1 日);

(5)《广播电视设施保护条例》(国务院执行时间:2000 年 11 月 5 日);

(6)《卫星电视广播地面接收设施管理规定》(国务院执行时间:1993 年 10 月 5 日);

(7)《电影管理条例》(国务院执行时间:2002 年 2 月 1 日);

(8)《音像制品管理条例》(国务院执行时间:2001 年 12 月 25 日);

(9)《出版管理条例》(国务院令第 343 号);

(10)《中华人民共和国地图编制出版管理条例》(国务院执行时间:1995 年 10 月 1 日);

(11)《印刷业管理条例》(国务院执行时间:2001 年 8 月 2 日);

(12)《中华人民共和国文物保护法实施条例》(国务院执行时间:2003 年 7 月 1 日);

(13)《中华人民共和国水下文物保护管理条例》(国务院执行时间:1989年10月20日);

(14)《公共文化体育设施条例》(国务院执行时间:2003年8月1日);

(15)《旅行社管理条例》(1996年10月15日中华人民共和国国务院令第205号发布,根据2001年12月11日《国务院关于修改〈旅行社管理条例〉的决定》修订);

(16)《导游人员管理条例》(国务院执行时间:1999年10月1日);

(17)《中国公民出国旅游管理办法》(国务院执行时间:2002年7月1日);

(18)《行政执法机关移送涉嫌犯罪案件的规定》(国务院执行时间:2001年7月4日);

(19)《无照经营查处取缔办法》(国务院执行时间:2003年3月1日);

(20)《反兴奋剂条例》(国务院执行时间:2004年3月1日);

(21)《娱乐场所管理条例》(国务院执行时间:2006年3月1日);

(22)《音像制品管理条例》(国务院施行时间:2002年2月1日)。

与文化执法相关的部门规章:

(1)《营业性歌舞娱乐场所管理办法》(1993年10月14日文化部令第6号颁布施行);

(2)《美术品经营管理办法》(文化部执行时间:2004年7月1日);

(3)《社会艺术水平考级管理办法》(文化部执行时间:2004年7月1日);

(4)《营业性演出管理条例实施细则》(文化部执行时间:2005年9月1日);

(5)《音像制品批发、零售、出租管理办法》(文化部执行时间:2002年4月10日);

（6）《互联网文化管理暂行规定》（文化部执行时间：2003 年 7 月 1 日）。

17.1.2.2 执法主体

文化执法的主体主要是行政机关的文化（管理、执法）部门。文化部依照职责分工指导全国文化市场行政执法工作，制定了文化市场行政执法的规章制度和文化市场行政执法人员的培训规划，指导、协调地方执法机构查处大案要案，监督地方执法机构的行政执法。县级以上地方各级执法机构依照职责分工负责本行政区域内的文化市场行政执法工作。

我国现行法律、法规中对文化执法主体的界定：

（1）《娱乐场所管理条例》第三条：县级以上人民政府文化主管部门负责对娱乐场所日常经营活动的监督管理；县级以上公安部门负责对娱乐场所消防、治安状况的监督管理。

（2）《电影管理条例》第四条第二款：县级以上地方人民政府管理电影的行政部门（以下简称电影行政部门），依照本条例的规定负责本行政区域内的电影管理工作。

（3）《营业性演出管理条例》第五条第二款：县级以上地方人民政府文化主管部门负责本行政区域内营业性演出的监督管理工作。县级以上地方人民政府公安部门、工商行政管理部门在各自职责范围内，负责本行政区域内营业性演出的监督管理工作。

（4）《音像制品管理条例》第四条第二款：县级以上地方人民政府负责出版管理的行政部门（以下简称出版行政部门）负责本行政区域内音像制品的出版、制作和复制的监督管理工作；县级以上地方人民政府文化行政部门负责本行政区域内音像制品的进口、批发、零售和出租的监督管理工作；县级以上地方人民政府其他有关行政部门在各自的职责范围内负责有关的音像制品经营活动的监督管理工作。

（5）《音像制品批发、零售、出租管理办法》第五条第二款：县级以上地方人民政府文化行政部门负责本行政区域内音像制品批发、零售、出租的监督管理工作。

（6）《互联网上网服务营业场所管理条例》第四条：县级以上人民政府文化行政部门负责互联网上网服务营业场所经营单位的设立审批，并负责对依法设立的互联网上网服务营业场所经营单位经营活动的监督管理；公安机关负责对互联网上网服务营业场所经营单位的信息网络安全、治安及消防安全的监督管理；工商行政管理部门负责对互联网上网服务营业场所经营单位登记注册和营业执照的管理，并依法查处无照经营活动；电信管理等其他有关部门在各自职责范围内，依照本条例和有关法律、行政法规的规定，对互联网上网服务营业场所经营单位分别实施有关监督管理。

（7）《中华人民共和国文物保护法》第八条第二款：地方各级人民政府负责本行政区域内的文物保护工作。县级以上地方人民政府承担文物保护工作的部门对本行政区域内的文物保护实施监督管理。

（8）《文物行政处罚程序暂行规定》第二条：国务院文物行政部门以及县级以上地方各级文物行政部门，对违反文物保护法律、法规的行为实施行政处罚的，适用本规定。法律、法规另有规定的，从其规定。

（9）《博物馆管理办法》第六条第二款：县级以上地方文物行政部门对本行政区域内的博物馆实施监督和管理。

（10）《中华人民共和国著作权法》第七条：国务院著作权行政管理部门主管全国的著作权管理工作；各省、自治区、直辖市人民政府的著作权行政管理部门主管本行政区域的著作权管理工作。

（11）《中华人民共和国著作权法实施条例》第三十七条第一款：有著作权法第四十七条所列侵权行为，同时损害社会公共利益的，由地方人民政府著作权行政管理部门负责查处。

（12）《印刷业管理条例》第四条：国务院出版行政部门主管全国的印刷业监督管理工作。县级以上地方各级人民政府负责出版管理的行政部门（以下简称出版行政部门）负责本行政区域内的印刷业监督管理工作。

县级以上各级人民政府公安部门、工商行政管理部门及其他有关部门在各自的职责范围内，负责有关的印刷业监督管理工作。

（13）《计算机软件保护条例》第二十四条：除《中华人民共和国著作权法》、本条例或者其他法律、行政法规另有规定外，未经软件著作权人许可，有下列侵权行为的，应当根据情况，承担停止侵害、消除影响、赔礼道歉、赔偿损失等民事责任；同时损害社会公共利益的，由著作权行政管理部门责令停止侵权行为，没收违法所得，没收、销毁侵权复制品，可以并处罚款；情节严重的，著作权行政管理部门并可以没收主要用于制作侵权复制品的材料、工具、设备等；触犯刑律的，依照刑法关于侵犯著作权罪、销售侵权复制品罪的规定，依法追究刑事责任：

（一）复制或者部分复制著作权人的软件的；

（二）向公众发行、出租、通过信息网络传播著作权人的软件的；

（三）故意避开或者破坏著作权人为保护其软件著作权而采取的技术措施的；

（四）故意删除或者改变软件权利管理电子信息的；

（五）转让或者许可他人行使著作权人的软件著作权的。

有前款第（一）项或者第（二）项行为的，可以并处每件100元或者货值金额5倍以下的罚款；有前款第（三）项、第（四）项或者第（五）项行为的，可以并处5万元以下的罚款。

（14）《出版管理条例》第六条第二款：县级以上地方各级人民政府负责出版管理的行政部门（以下简称出版行政部门）负责本行政区域内出版活动的监督管理工作。县级以上地方各级人民政府其他有关部门在各自的职责范围内，负责有关的出版活动的监督管理工作。

（15）《出版物市场管理规定》第四条第三款：省级以下各级人民政府新闻出版行政部门负责本行政区域内出版物发行活动的监督管理。

（16）《著作权法行政处罚实施办法》第二条：（执法主体）国家版权局以及地方人民政府享有著作权行政执法权的有关部门（以下称"地方著作权行政管理部门"），在法定职权范围内就本办法列举的违法行为实施行政处罚。法律、法规另有规定的，从其规定。

（17）《互联网著作权行政保护办法》第三条：各级著作权行政管理部门依照法律、行政法规和本办法对互联网信息服务活动中的信息网

·欧·亚·历·史·文·化·文·库·

络传播权实施行政保护。国务院信息产业主管部门和各省、自治区、直辖市电信管理机构依法配合相关工作。

（18）《报纸出版管理规定》第四条第二款：地方各级新闻出版行政部门负责本行政区域内的报纸出版活动的监督管理工作。

（19）《期刊管理规定》第五条第二款：地方各级新闻出版行政部门负责本行政区域内的期刊出版活动的监督管理工作。

（20）《社会艺术水平考级管理办法》第五条：县级以上地方人民政府文化行政部门负责在本行政区域内贯彻执行国家关于艺术考级的政策、法规，监督检查艺术考级活动。

省、自治区、直辖市人民政府文化行政部门负责审批在本行政区域内开办艺术考级活动的艺术考级机构。

（21）《美术品经营管理办法》第三条第二款：县级以上地方人民政府文化行政部门负责本行政区域内美术品经营活动的日常监督管理工作。

17.1.2.3　执法行为

执法行为是指执法人员实施法律规范的职务行为，是法律行为的一种，也是法制系统的要素之一。

执法机构的职责：

（一）宣传、贯彻文化市场管理的政策和法律、法规；

（二）依法对本行政区域内公民、法人或者其他组织的文化经营活动进行监督、检查，对其违法行为进行处罚；

（三）组织执法人员的培训、考核；

（四）监督、指导下级执法机构的工作；

（五）向立法机关和行政机关提出有关完善文化市场管理法律、法规和规章的建议。

在我国法制建设中，严格执法是一项至关重要的内容，可以说，严格执法是依法治国的关键和核心。由于历史的原因，我国在相当长一段时间内，法制建设的落后环节是立法，表现为无法可依。但是，经过几十年的努力，目前我国法制建设的落后环节已经从立法转为执法，影响我国法制建设的主要因素已不是无法可依,而是有法不依,执法不严,这恰恰是阻碍我国进入法治社会的"拦路虎",是当前要解决的问题之一。

17.1.2.4 处罚原则

（一）公正、公开地行使法律、法规赋予的行政职权；

（二）必须以法律、法规、规章为依据；

（三）坚持处罚与教育相结合；

（四）事实清楚,证据充分,查处及时,程序合法；

（五）依法独立行使职权；

（六）文明执法,秉公办事。

17.2 新疆文化执法队伍的发展

在新疆文化市场迅速发展,逐步繁荣的情况下,新疆文化执法队伍工作坚持一手抓繁荣,一手抓管理的方针,紧紧围绕建立文化经营项目门类齐全,结构布局合理,运作规范有序的文化市场发展目标,各级文化行政管理部门依法管理,廉洁行政,求实创新,开拓进取,推进新疆文化市场建设迈上一个新台阶。[1]

17.2.1 文化执法部门

文化执法部门是规范和维护文化市场经营秩序的主要职能部门,代表党和政府在履行国家的法律法规,在保护国家政治文化安全、保护知识产权、保护未成年人的工作中起着至关重要的作用。新疆地处祖国西部边陲,民族众多,地域广阔,有丰富的文化资源和浓郁的民族特色,伴随着经济建设和科学技术的快速发展,新疆文化市场也有了很大的发展。为了适应文化市场发展新形势需要,不断拓展文化市场管理工作新思想、新举措;针对新疆文化行业种类多、数量大、经营特点各异,经营者素质参差不齐,监管难度大,还有无证经营行为,如酒吧、水

---

〔1〕文化市场管理工作总结和今后的工作思路与措施,2007 年 5 月 25 日,http://www.xjwh-sc.com

吧、书报摊、盗版软件、游戏、非法演出等不断出现的情况,新疆加大了文化执法部门和队伍建设,为促进社会经济建设和精神文明建设的发展起到了积极的推动作用。

自治区文化厅不定期举办文化市场管理人员南北疆交叉培训和市场检查,邀请文化部等有关人员授课,转变和提高文化管理人员对文化市场建设和管理的认识及业务水平。在全疆推广实施文化市场量化管理和考评办法,建立了科学规范、统一有效的文化市场管理模式,管理部门自身建设、管理队伍工作作风和文化市场的规范管理有了很大的改善。文化厅制定了《市场处、稽查总队岗位规范和工作规则》、《市场处、稽查总队工作职责细则》和《廉政建设规定》,细化了管理考评、考勤奖惩和廉政建设等各项规章制度,增强了管理工作的透明度。虽然,新疆文化执法队伍有了一定的发展,但是,毋庸讳言,当前文化市场行政执法工作也面临着一些困难和问题。其中,文化市场执法队伍建设显得尤为迫切。

17.2.2 文化执法标准化、规范化

一支好的执法队伍,一定具有很强的战斗力和执行力,这样才能使文化执法更标准化、规范化。自治区文化部门首先要求文化执法者准确理解国家政策对文化市场的总体要求,明确肩负的职责,要求执法者必须具备高度的政治敏锐性,从政治的高度,充分认识执法的重大意义,以确保执行方向的正确;第二要求准确掌握文化市场管理的相关法规,这是执法者手中的法律武器,体现的是一支执法队伍的业务素质。法律法规是文化市场行政执法的生命线,熟知法律法规是从事这一职业的必然要求;第三要求准确判断文化市场的形势,动态管理文化市场,体现执法队伍驾驭文化市场的能力。文化市场的问题天天都在发生,执法不仅要处理日常出现的问题,还要善于在错综复杂的问题中抓主要矛盾,解决重点、难点和突出问题,以确保执行目标的正确;第四要求多渠道了解、掌握文化市场信息。如:坚持市场天天查,掌握文化市场动态;充分利用好电视、网络、报纸等媒体信息量大的优势,从宏观的层面来观察文化市场,增强预见性和前瞻性,做到问题早发现,办法早

思考,方案早制定。出现问题,要迅速出击、果断处置,建立快速反应机制,制定应急方案,及时处理、解决问题。

17.2.3 当前文化市场行政执法队伍存在的主要问题

17.2.3.1 队伍整体建设仍然局限于部门行为

虽然新疆文化市场行政执法队伍建设已经被提上了议事日程,但这仍是一个部门行为,没有上升到政府行为,致使各级执法机构,尤其是基层机构编制、经费等问题无法从根本上解决。

一是编制问题。目前一些地、县(市)文化市场执法队伍编制问题依然没有得到解决,执法队伍还存在自收自支的情况,这不利于依法行政。相当数量的县级文化部门,执法机构编制问题始终提不上政府议事日程,专职文化市场执法机构单设仍然无望。已正式列编成立机构的市县,执法机构编制也不多,且性质不一,编制人员仍然停留在建制初期数量。正是由于执法人员力量的薄弱,导致执法力度达不到要求,有些消极现象不能及时杜绝在萌芽状态,影响了文化市场的健康有序运转。

二是经费问题。没有编制,或虽有编制但无经费,是基层文化执法队伍面临的又一瓶颈。"税改费"后,相当一部分县级文化市场执法队伍执法经费不足,有些地方仅有人头经费而没有执法经费,有些地方需要通过自收自支或罚没款项返还等形式获取执法经费,个别地区甚至不得不通过创收来维护队伍日常经费开支及人员工资,造成执法工作与经济利益挂钩,不仅严重影响了执法工作的正常运作,也不利于保障执法工作的公正、廉洁。没有办案经费,执法必需的设施设备甚至执法车辆便无从谈起。在查处违法经营活动中,许多案件因为不能及时有效地取证,以致不能给违法经营者应有的处罚。

17.2.3.2 执法队伍本身存在的突出问题

文化市场执法队伍建设明显滞后,执法队伍本身也暴露出一些不容忽视的急需解决的问题。新疆地处祖国西部,文化市场存在的问题也有其特殊性,这些问题如果得不到高度重视,及时加以解决,必将在队伍建设的进程出现多种问题。

·欧·亚·历·史·文·化·文库·

一是没有建立统一的建制标准,文化市场执法机构性质、名称、级别设定不一。由国家统一建制模式标准,建立统一、规范的执法机构,对省、市、县执法机构的职能、人员配备、经费保障、人员结构调整做出具体要求,统一执法机构名称、执法标志是一项很重要的基础性工作。

二是队伍成员知识结构单一,综合素质不高。众所周知,文化市场执法人员大多数是从内部调剂的。一些地方建队伊始或在机构改革中调入或抽调人员时,没有充分考虑执法工作的特殊性而严把进人关。人员素质高低不一,能力有大有小,有的人工作积极负责,敢于管理;有的则有勇无谋,把握不住"度";部分人甚至存有畏惧心理,得过且过的思想严重;更有甚者,非但不能很好地胜任工作,还缺乏组织纪律性和独立办案能力,有的甚至私放收缴物品,充当违法经营者的保护伞,关键时刻为违法者"通风报信"。一些地方在开展突击查处活动时,常因有人走漏风声而扑空,查处行动无功而返,给执法工作造成被动以致影响了工作的正常开展。这些人占据了仅有的少量编制,执法队伍很难在提高素质上有所突破。

三是培训机制不健全。基层执法人员缺乏系统的专业培训,基层一线执法人员得不到较高层次的培训是长期摆在队伍建设中最为突出的问题之一。近年来各级文化系统为加强执法队伍建设,提高执法人员的素质,积极开展了多种形式的培训教育活动,但仍存在参学率低、覆盖面窄等问题。同时,受个人素质影响,对培训消化吸收能力不强,也影响了培训效果。为此,应根据实际对象调整培训层次、培训内容,创新培训的方式和方法,从而建立一套科学完整的培训体系,以实现执法人员素质的快速提高。

17.3 提高文化执法人员管理素质, 保障文化健康发展

新疆是一个多民族的地区,文化的多元,使得文化执法工作显得尤为重要。文化执法工作是整顿和规范文化市场秩序,保护民族文化创

新,先进文化建设,维护国家文化安全,构建社会主义和谐文化的重点。新疆政府部门高度重视文化执法工作,在许多方面做了有益的尝试,取得一定进展,执法队伍状况发生了变化。但是,在整体上,文化执法工作还是比较弱的。为了保障新疆的文化执法工作更好地进行,就要提高文化执法人员管理素质,保障文化健康发展。

17.3.1 高度重视文化执法

多民族地区,文化繁荣和文化发展以及民族文化的多元性需要文化执法工作来保证其健康有效地前进。只有有了良好的文化秩序,文化市场才能良好运作。

新疆是文化、民族多元的地区,这就使高度重视文化执法工作成为重大的任务。要想完成此项长远的目标,第一,要尽最大努力做好文化执法工作。这就必须清楚"怎么管"和"管什么"的问题。怎么管,就是要认真学习与文化执法工作有关的法规条例、政策和专业知识;还要高度重视文化执法,推进其在文化大发展大繁荣中的特殊地位和作用;再次要不断完善文化执法工作目标责任制管理。管什么,一是要管方向,必须与党的路线方针保持一致;二是要管班子,通过负责人管班子,通过班子管队伍,通过队伍抓工作;三是要管大事,重大活动要参加,重大关系要协调,重大事项要推进。

第二,新疆的文化执法工作一定要认清当前形势,坚持"一手抓繁荣、一手抓管理"的方针,坚持依法行政、执法为民、认真履行工作职责,坚持依法执法、严格执法、和谐执法,不断规范行政执法行为,严肃查处文化市场违法违规经营行为,不断创新和完善文化市场行政执法机制,在破解文化执法难题上要闯出新路子。新疆文化市场还不够繁荣、发展还不够平衡、文化产业占全疆经济比例偏低、市场监管任务繁重、无证照文化经营活动屡禁不止、执法人员的执法能力和执法水平有待进一步提高。

第三,要下大力气繁荣文化市场。要围绕文化大发展大繁荣,大力培育文化市场,加快发展文化产业,整合文化资源,缩小城乡差距,依法保障人民群众的文化权益,形成人人能够充分享有文化生活的良好局面。

第四,要时刻关注新疆文化市场的动向,高度重视文化市场监管工作。围绕新疆文化市场意识形态属性,从维护国家文化安全和社会政治稳定的高度进一步提高新疆执法人员对文化市场监管工作重要性的认识,促进全区经济、政治、文化、社会"四位一体"又好又快地发展。

第五,要加强宣传教育。以规范新疆文化市场良好秩序为中心,加大对文化经营单位和从业人员的教育培训力度;不断提高文化经营单位自觉守法经营的意识。要充分发挥行业协会的自律作用。同时要加强对本区的普法宣传教育,提高各族人民群众对文化市场行政执法工作的关注度。

第六,要强化新疆文化市场监管。要围绕强化行政执法,加大对违章文化经营活动的查处力度,要明确监管重点,消除执法盲点,不断净化新疆文化负责人市场,确保国家法律、法规、规章得到正确实施。

第七,要加强新疆文化执法队伍建设。要围绕提高执法队伍战斗力,全面增强执法人员素质,不断规范执法行为,确保执法有力、有方、有效,保障全区文化市场的繁荣有序,满足人民群众多层次的文化消费需求。

17.3.2　文化执法管理

做好新疆的文化执法管理工作,首先要从人抓起。执法人员是具体工作的实施者,因此,执法人员及其执法权威是执法管理的重点。

17.3.2.1　执法权威

权威,即位而有为,为而有威,主要是指执法者的威信和整个文化机构执法的威严。

执法形象与执法权威一脉相承,形象生威严,威严出形象,威严与形象二者之间,互为表里,相生相容。文化机构作为政府部门的精神维护的核心,应该正确认识自身的责任,正确理解执法形象与执法权威的内在涵义及相互关系,把握好分寸,掌握好度,牢固树立法律意识、公正意识、责任意识、形象意识,维护社会文化稳定,发挥好文化机构的职能作用,对法律负责,服务社会,服务人民,不负时代重任,不辱使命。

一方面,形象就是生命。新疆的文化执法者应注重执法形象,执法形象好与坏是关系到执法者在人们心目中公正如何,威严如何,威信如何的关键,因为文化执法人员不仅代表着个人,更重要的是代表着国家和政府的精神和威严。文化执法是文化工作的重点,也是人民群众关注的热点,还是文化队伍建设的焦点;文化工作力度大小、效率高低,成效优劣,人民群众满意不满意,形象好与坏,关键看文化执法权威。另一方面,执法本身具有公正性、权威性、科学性、稳定性、规范性、统一性、严肃性,文化执法是国家意识形态上的法制管理,担负着维护民族稳定,国家安全,保护人民,服务社会的重要职责,并且具有刑事、行政双重执法的重要责任。我国实行改革开放政策,国门向世人敞开,处于既有内又有外,既有新又有旧的多元文化历史时期,加上我国正在实现民族振兴、国家富强和人民幸福的目标,一种进步、文明、民主的观念在人们思想中日益深入。这就要求新疆这个多民族地区坚持"以执法为生命线,以执法为灵魂"的现代文化工作原则。对此,新疆的文化部门要特别注重树立文化执法权威。

一要加强新疆文化法制宣传,提高全社会的法制观念。宣传教育是执法工作尤为重要的手段。执法过程本身就是宣传法律的过程,要使执法活动取得当事人的理解和支持,首先必须提高管理相对人的法律素质。这就需要文化执法部门通过多种途径,广泛宣传文化管理的法律,使法制观念深入人心。只有这样,才能确保文化执法工作得到全社会的认同和配合,也有利于从源头上减少违法行为的发生。

二要明确新疆文化部门职责,加强考核监督。一是要明确市、县、乡三级文化执法人员的职责,确保职责到位、到人,执法权力归位。二是完善制度,建立执法责任制、责任追究制等一系列规章制度,以制度来规范人和事。三是逐级进行考核,对履行职责情况、执法实际效果等全方位考核,既要对工作突出的进行奖励,又要对工作失误、不到位的,从行政、经济、纪律角度追究相关责任。

三要抓好新疆文化战线的预防和整体联动工作。一是进一步贯彻"预防为主、防查结合"的方针,深化文化执法动态巡查工作,建立一套简便有效的考核体系,辅之以一套必要的现代方法和手段,形成一套上下联动的工作机制,确保巡查时间到位、区域到位、责任到位,及时发现和制止文化执法违法行为,将违法行为消灭在萌芽状态。二是要搞好与相关部门的配合和联系,发挥联合执法效应,利用相关部门的监管作用,有效地丰富文化执法监察功能,共同改善文化执法环境、维护文化执法权威。

四要规范新疆文化部门和个人的自身行为,严格依法办事。管理者本身的管理方式和水平,也对执法工作起着极大的作用。如因管理者本身的工作疏忽和失误,而造成违法事件的发生,将大大削弱执法的权威和威信。因此,文化执法人员与部门要根据文化管理法律法规的规定,正确履行法定职责,规范自身各项管理行为,严格依法行政,坚决防止因本部门工作不当而造成执法上被动的局面,以共同改善文化执法环境、维护文化执法权威。

只有理直气壮地执法,才会久而生威,威而有严,这样才能保障执法工作的顺利进行。

17.3.2.2 文化执法人员

执法过程中执法人员是关键。执法人员是代表国家、行政机关为维护公共利益,行使行政管理职权的公职人员。执法人员形象代表一个行政机关形象,高素质执法人员不仅应具备一流的业务技能,还应具备较好的思想政治素质、职业道德品质。因此提高执法队伍的整体素质,造就一支政治坚定、业务精通、作风优良、纪律严明、公正廉洁的执法队伍,是推进依法行政,维护国家法律尊严、执法为民的根本保证。因此,只有提高执法人员的整体素质和职业道德修养,才能正确而充分地发挥执法机关的职能和作用,保证执法公正,保持执法队伍的纯洁性;只有提高执法人员的整体素质和职业道德修养,才能充分运用法律武器,做到有法必依、执法必严、违法必究;只有提高执法人员的整体素质和职业道德修养,才能做到执法为民,树立党和政府在人民群众中的形象,树立执法部门的信誉,使我国的行政执法真正做到公正、公平。

首先要提升执法人员的素质。建设一支"政治强、业务精、纪律严、作风正、形象好"的文化执法队伍,是文化大发展大繁荣的重要内容和题中之义,是推动文化市场健康繁荣和谐发展,维护人民群众基本文化权益的重要保障。执法人员是形象的门户,人员的素质更是门户的门户。应从以下几方面提升执法人员的素质:

(1)政治素质

政治素质是执法人员素质的核心。社会主义法制要求执法人员要有坚定的政治立场、坚定的共产主义信念,要深刻理解党和国家的大政方针、基本路线,并把这些贯穿到实际工作中去。作为多民族的新疆的文化执法人员,更要树立正确的世界观、人生观、价值观,树立全心全意为人民服务的观念,具备良好的政治素质,才会在处理多民族文化事务和社会关系中,模范地遵守社会公认的道德规范,赢得公众的尊敬,树立良好的形象。

(2)业务素质

执法人员的业务素质包括从事执法工作所需要的经济知识,业务知识,管理知识,公文写作以及计算机、电子政务等知识,也就是说,作为执法人员必须是业务上的行家,管理上的行手,不仅要有高超的岗位专业能力,还要有分析综合能力、应变决断能力、语言表达能力、突破创新能力等。新疆的文化执法人员必须在业务上是专家的专家,才能胜任新疆较复杂的文化执法工作,适应新疆日益多元化的社会环境。

(3)法律素质

法律素质是执法人员依法履行职责、行使职权所应具备的法律意识、法律知识和执法技能的综合体现。新疆文化执法人员更应意识到自己执掌的公权,是人民依法赋予的,必须不断提高自身的法律素质,秉公执法,而不能仅以普通群众的标准要求自己,滥用职权。

(4)文化素质

文化素质是指通过知识传递、环境熏陶,把优秀的文化成果内化为执法人员的气质、人格和修养,成为执法人员相对稳定的内在品格。新疆的文化执法人员要有扎实的多民族文化基础和广博的知识面,与时俱进,树立终身学习的理念。

（5）心理素质

执法人员的心理素质如何，直接影响执法队伍的发展。健康的心理素质，引导执法人员的身心向健康的道路上发展，也很大程度上影响到是否能高质量地完成工作任务。作为一名新疆的文化执法人员，在心理上首先要有坚定的自信心，要对事业和未来的发展充满信心，要有战胜困难和挫折的勇气和决心，要有完成党和上级部门交给的各项任务的勇气和信心。其次，要有进取创新精神，在工作中经常会遇到许多前所未有的新情况、新问题，这些问题没有新的经验可以遵循，没有现成的模式可以套用。执法人员只有创新，及时抓住机遇、闯出新路，才能取得工作主动权。第三，必须有自知之明的修养。第四，要具有宽广的胸怀和合作的气度，只有宽容豁达，才能正确地对待批评和建议。第五，要有稳定的情感和顽强的意志，能够抵御错误干扰和各种诱惑，能慎独与自我净化。

（6）身体素质

身体素质指执法人员具备的健康的体格，全面发展的身体耐力并对执法特定职务活动的适应性。强健的体能，是做好执法人员的本钱和物质基础。如果没有好的身体，所有素质都发挥不了应有的作用。作为新疆的文化执法人员，无论在执法的第一线还是从事其他工作，都经常会遇到紧急情况，随时危及自身安全。没有强健的体能，充沛的精力，清醒的头脑，良好的记忆力，敏捷的反应能力，是难以胜任工作的，因此要经常注意锻炼身体，保持身体强壮。

在提升执法人员素质的同时，还应强化执法人员的职业道德教育。执法人员良好的职业道德素质，是提高执法人员素质的基石。执法人员没有良好的职业道德素质，就会在执法的过程中迷失或偏离方向。

（1）树立全心全意为人民服务的公仆意识

执法人员的权力是人民通过法律赋予的，因此执法人员要把保障人民的权利和让人民满意作为执法工作的出发点和立足点，想人民之所想，帮人民之所急，解人民之所忧，自觉维护行政相对人的合法权益，切实实现好、发展好和维护好人民的利益。特别是在新疆，执法人员必须具有强烈的责任心和使命感,为人民掌好权、用好权,牢固树立公仆意识,坚持执法为民。

(2)树立严格依法办事的意识

执法人员的职业,要求执法人员必须依法公正,这是法律赋予的神圣职责,严格依法办事,维护法律的尊严,并自觉地把自己的行为置于国家法律的监督之下。依法公正的理念应当成为执法人员必须具备的基本道德素质,应当成为其生命和灵魂中的一部分。执法权威离不开执法公正与高尚的人格魅力。执法人员的忠诚、奉公、无私、刚正、廉洁、律己等高尚品质,是执法人员基本素质内容而应有的外在表现。正确合理地使用职权,自觉维护法律威严,公正执法。因此,新疆执法工作人员必须具备优良的素质品行和高尚的道德情操,才能保证执法的结果最大限度地符合法律的本意,从而维护法律公正公平,保障社会正义。

(3)树立文明执法的意识

仪表端正、谨言慎行、文明执法,这是对执法人员外在表现的规范要求。

首先,执法要文明,执法人员在对待行政相对人时不能冷漠、生硬、蛮横、推诿。其次,举止要文明,执法人员举手投足、精神风貌直接影响行政相对人和社会公众对执法公正公平的感知评判。因此,新疆的执法人员一定要保持既庄重又不失情趣,既严肃又不失和蔼的举止,能够使群众产生信任感,增强对追寻公平与正义的信心。再次,语言要文明,执法人员在执法中要做到有理有据,要以理服人,不能有高人一等的思想,更不能言语粗俗。

(4)树立无私奉献的意识

一是要甘于奉献。执法人员必须经受住金钱的诱惑,耐得住清贫,切实放下"官架子",增强服务意识,为人民掌好权,执好法。

二是要铁面无私。新疆的文化执法人员必须清醒地认识到权力是人民给的,用权要自重、自省、自警、自励,执法办案只能是认法不认人,讲公正不讲人情,讲原则不讲关系。不应该接受的宴请、礼物不能受,不应该拿的报酬不能拿,不应该去的场合不能去。

三是要刚正不阿。在思想上、行动上,执法人员要有一条约束自己的"警戒线"。在工作时间以外,离开单位监督和无人知晓的情况下,自觉规范自己的言行,该干什么、不该干什么,一定要泾渭分明。要处处把"代表最广大人民的根本利益"放在首位,要"办实事,务实效",踏踏实实地做好本职工作。

目前,从大的社会环境看,新疆的执法人员执法办案的环境有待于进一步改善,目前来自各方面对执法办案的干预和影响还不少,在这种情况下,更要求执法机关的执法人员要有舍身护法的精神,以执行法律为天职,做到秉公执法,甘于寂寞不求声名,始终保持高尚的情操。

新疆是多民族多元文化的地区,如何提高文化执法人员管理素质,保障文化健康发展就成为新疆文化大发展大繁荣的题中之义,文化执法工作更应时刻保持高度的警惕性和敏感性,把一切不利于新疆文化发展的因素扼杀在萌芽状态,使新疆文化健康地发展。

第六部分 新疆文化实践论

18　以文化立法为保障提升新疆文化竞争力

"文化立法",顾名思义,是关于文化领域的立法。在文化领域,随着我国文化事业和文化产业的蓬勃发展,有关文化发展建设与文化市场管理的法律法规也相应出台,但我国文化立法的步伐显然落后于现代文化发展的需要,急需加快文化立法,提升文化立法水平。

18.1　文化立法的概念与内涵

一般来讲,"文化立法"是指制定保护和促进我国文化事业健康发展,使它充分发挥其社会功能的法规;是制定调整文化活动中一定范围内的财产关系和人身关系的法规;是制定有关文化事(企)业机构的组织法规和管理条例。对于文化立法,最显性的成果便是文化法规的制定。所谓的文化法规就是国家制定的、具有一定形式的、具体规定人们在文化产业活动中相关法律权利、法律义务并承担相应法律责任的行为规范。这一概念表明,文化法规是国家制定的,具体规范文化领域的文化产品与文化服务的生产、流通和消费的行为运作及管理活动中的相关法律权利、法律义务并承担相应法律责任的行为规范的统称。此处的文化法规不是狭义地仅指行政法规,而是一个广义的概念,是调节文化事业、文化产业行为规范的法律、法令、条例、规则、章程等的总称。"文化法规总的来说大致可以分为三类:第一类为公共文化事物法,其目的是确定国家在发展公共文化事业方面的责任,并为社会提供参与公共文化事物所需要的条件和环境,包括各种优惠政策和法律保障等。第二类为文化管理法,其目的是确定政府行使文化管理职能的权利和责任,规范文化行政行为,如登记、审查、处罚等行为。第三类为行为

·欧·亚·历·史·文·化·文·库·

法,其目的是确定文化生产和消费的基本经济关系,为社会提供公平竞争的环境。"[1]总之,随着市场经济的开展与深入,应对我国加入 WTO 后的文化发展与建设的新形势,我们应加强文化立法,制定健全完备的文化法律法规体系,更好地规范文化市场,提升文化产品与文化服务的民族竞争力与市场竞争力。

对于地处祖国西北边陲的多民族地区新疆来说,我们认为,文化立法的开展既要注重公共文化事业的健康有序地发展,也应有利于文化产业和文化市场的快速发展。还应着眼于少数民族文化遗产的传承保护与开发方面的文化法规的制定;对于其他的文化产业、文化事业,诸如新闻产业、电影业等,结合区情,参照全国及其他地区的立法制定适合新疆的法律法规。

18.2　文化立法的现状及存在的问题

据不完全统计,中华人民共和国成立至今,国家已经制定了有关文化的法律、法规、规章和规范性文件 900 余件。到目前为止,已经出台的有关文化建设的法律有《文物保护法》、《著作权法》;国务院行政法规有《音像制品管理条例》、《出版管理条例》、《电影管理条例》、《营业性演出管理条例》、《娱乐场所管理条例》、《互联网上网服务营业场所管理条例》、《广播电视管理条例》、《印刷业管理条例》等 60 件;在国务院部门规章及规范性文件中,有文物管理、文化娱乐类法规 228 件,新闻出版类法规 449 件,影视类法规 181 件。此外,各地方的权力机关和政府根据各地的实际情况,制定了大量的执行国家法律、行政法规的地方性法规和行政规章。[2] 可以说,在调整人们的社会文化关系、发展文化事业、管理文化市场、促进文化产业发展等一些重要领域,基本建立起以行政法规为骨干,以行政规章和地方性法规为补充的法规体系,在管理方式上,基本实现了主要依靠政策向法规为主、政策为辅的转

---

〔1〕蔡尚伟:《文化产业导论》,上海复旦大学出版社 2006 年版,第 230 页。

〔2〕谢鲁:《加强文化立法推动文化大发展大繁荣》,载《三江论坛》2008 年第 6 期,第 28 页。

变,初步做到了"有法可依"、"有章可循"。

但总体来说,我国的文化立法还处于初级阶段,文化法律法规也尚未形成一个完整的科学体系,现有文化法规的数量、层次与依法治国,建设社会主义法治国家的目标相比还有不小的差距,还不能更好地满足我国文化建设快速发展的需要。具体说来,我国当前的文化立法存在的问题主要有以下几个方面。

18.2.1　法律法规不健全,立法盲点较多

法律法规是对客观社会活动和社会关系的调整和规范。长期以来,我国的文化立法工作明显滞后,文化法律法规的创制大大落后于文化社会活动和文化社会关系的实际,落后于文化事业和文化产业蓬勃发展的要求,不能完全适应我国加入 WTO 后文化发展的新形势。健全的文化法律体系应是由公共文化事务法、文化管理法和文化行为法等 3 类法律组成,而就我国现存文化方面的法律法规而言,不仅总体数量偏少,而且又以文化管理方面的法律法规居多,公共文化事务和规范文化行为方面的法律法规十分欠缺,存在许多立法盲点。由于文化立法的欠缺,致使某些领域甚至还存在着"无法可依"的情况,如在新闻报道方面,因缺少《新闻法》,对采访权、报道权与拒绝采访权、拒绝报道权、采访范围和隐私范围等等都没有明确的法律规定。还有一些由高科技孕育产生的如手机短信、网络视听点播等等新兴领域也亟须通过制定相关的法律法规来进行制约和规范。

18.2.2　法律法规的层次偏低

就全国性的法律而言,除宪法外,立法可以分为四个层次:一是全国人大制定的基本法律;二是全国人大常委会制定的除基本法律之外的其他法律;三是国务院制定的行政法规;四是国务院各部委制定的部门性规章。相对来说,我国现有的文化法律法规的立法层次较低。目前还没有制定和颁布一部真正意义上的文化法典,一些文化的基本法律如《电影法》、《广播电视法》、《演出法》等仍停留在行政法规或部门规章等较低的立法层次上,一些行之有效的政策和管理规范还未以法律法规的形式加以确定。不但如此,许多与文化建设与发展密切相关

的、必不可少的重要法律,如《新闻法》、《出版法》、《网络法》、《文化事业法》、《文化产业法》、《文化市场管理法》等等在我国都尚属空白。这些都直接影响了管理的规范性和权威性,阻碍着我国文化建设的健康、有序、快速、高效发展。

18.2.3 诸多法律法规缺少必要的系统性

在有些具有法律效力的现行的文化法律法规之间也存在着相互抵触、相互冲突的混乱现象。根本大法与具体法律之间、中央法规与地方法规之间缺乏内在统一性,一些具体的文化法律法规的规定与作为根本大法的宪法相矛盾,一些由地方制定的文化法律法规与中央的文化法律法规相冲突。各个部门之间的立法权限也不够清晰,在制定法规时往往从本部门的自身利益出发,为本部门设定各种审批权、管理权、处罚权,缺乏全局的认识和与其他相关部门充分的沟通协调,这不仅造成了政出多门,也使各部门的行政规章之间缺少总体的系统性。由于法律法规之间存在着一定的冲突和缺乏科学的系统性,这就导致了法律法规在实施中的相互矛盾、推诿扯皮,以及多头审批、多头执法和交叉处罚等等不良现象,严重损害了法律应有的严肃性和有效性。

18.2.4 许多法律法规实际操作性不强

由于我国的文化立法工作还处在初级阶段,许多制定出来的法律法规也缺乏应有的严密性。一些文化法律法规的概念、术语的界定不明确,表述不清晰,一些文化法律法规的条文、条款的规定不具体、含糊不清、模棱两可。在实际操作过程中,很难认定一些行为的性质,对其究竟是合法还是违法难以做出令人信服的回答,这就给文化法律法规的执行留下了可钻的漏洞。还有一些文化法律法规已明显地与我国现在的文化建设实际相脱节,不能更好地适应当前文化建设的快速发展和加入 WTO 后我国文化建设所面临的新形势新任务,但却没有及时清理、废止和修订,给执法部门造成执行很难、不执行也难的尴尬局面。

18.3　新疆文化立法的发展历程与现状

18.3.1　新疆文化立法发展历程

纵观全国文化立法的发展,自 1949 年新中国成立后至今,与全国及其他地区文化立法相对应,新疆文化立法也经历了如下几个阶段。新中国成立后至改革开放初,新疆地区文化立法作为很少,文化立法在新疆是一项很陌生的工程。改革开放后至党的十四大期间,与国家文化立法进程相适应,新疆在这个阶段的文化立法工作开始起步并得到迅速发展,但主要集中于文物保护、非物质文化遗产传承与保护方面,内容涉及相对狭窄,对文化领域的一些重要方面没有做到有效的管理和规制。尽管如此,除了结合新疆的地方特色与民族特色制定的文化领域的地方性法规和行政规章外,这个时期正是新疆将国家文化法律法规具体细化为地方性法规和政府规章的重要阶段。党的十四大后至今,文化立法的步伐大大加快,对于新疆,这一时期的文化立法成果颇丰,如 1999 年制定了《新疆维吾尔自治区克孜尔千佛洞历史文化遗址保护管理办法》;2002 年通过了《新疆维吾尔自治区历史文化名城街区建筑保护条例》;2005 年下发了《新疆维吾尔自治区非物质文化遗产保护工程管理办法》和《新疆维吾尔自治区级非物质文化遗产代表作申报评定暂行办法》;2008 年 4 月 1 日起实施《新疆维吾尔自治区非物质文化遗产保护条例》;2010 年 10 月 1 日起实施《新疆维吾尔自治区维吾尔木卡姆艺术保护条例》。

上述法规在新疆的文化保护遗产领域已起到了一定的积极作用,但我们也看到这些立法大多是单项的、局部的,目前还缺少能够总揽全局的地区文化立法。

18.3.2　新疆文化立法现状

20 世纪 80 年代以来,文化遗产的保护得到政府与社会日益广泛的重视与关注,国家立法与地方立法在文化遗产保护领域进行了积极的探索与实践,文化遗产保护进入了一个新的时期。

当前,新疆少数民族文化遗产保护制度的构成体系主要是以地方性法规、单行条例和规章为主。规范性文件在文化遗产制度主要体系中也是不容忽视的。截止到 2010 年,新疆关于文化遗产的地方性法规有 13 项,地方政府规章有 3 项,规范性文件有 10 个。具体内容主要包括:

地方性法规:

(1)《新疆维吾尔自治区宗教事务管理条例》(1994 年 7 月 16 日);

(2)《新疆维吾尔自治区自然保护区管理条例》(1997 年 1 月 22 日);

(3)《新疆维吾尔自治区文化市场管理条例》(1997 年 12 月 11 日);

(4)《新疆维吾尔自治区文物保护管理若干规定》(1997 年 12 月 11 日);

(5)《新疆维吾尔自治区历史文化名城街区建筑保护条例》(2002 年 5 月 31 日);

(6)《乌鲁木齐市旅游景区管理条例》(2003 年 8 月 1 日);

(7)《新疆维吾尔自治区旅游管理条例》(2004 年 3 月 26 日);

(8)《新疆维吾尔自治区吐鲁番交河故城遗址保护管理条例》(2004 年 11 月 26 日);

(9)《新疆维吾尔自治区实施〈中华人民共和国城市规划法〉办法》(2004 年 11 月 26 日);

(10)《新疆维吾尔自治区地质环境保护条例》(2004 年 12 月 26 日);

(11)《新疆维吾尔自治区体育发展条例》(2005 年 9 月 22 日);

(12)《新疆维吾尔自治区非物质文化遗产保护条例》(2008 年 4 月 1 日起实施)[1];

---

[1]中华人民共和国民族事务委员会主管、民族文化宫主办、中国民族年鉴社编辑:《中国民族年鉴 2009》,中国民族年鉴社 2009 版,第 593 页。

（13）《新疆维吾尔自治区维吾尔木卡姆艺术保护条例》（2010 年 10 月 1 日起实施）[1]。

地方政府规章：

（1）《新疆维吾尔自治区克孜尔千佛洞历史文化遗址保护管理办法》（1999 年 6 月 9 日）；

（2）《乌鲁木齐市文化市场管理办法》（2005 年 10 月 27 日）。

规范性文件：

（1）《关于在大中型项目建设中加强文物保护的通知》，新政发〔1995〕40 号；

（2）《鄯善县政府关于加强东巴扎清真寺保护工作的通知》，鄯政法〔1995〕96 号；

（3）《关于实施文物保护工作"五纳入"的通知》，新政发〔1998〕68 号；

（4）《转发国务院办公厅关于西部大开发中加强文物保护和管理工作的通知》，新政发〔2000〕140 号；

（5）《巴里坤县政府关于兰州湾子古遗址群保护管理实施意见》，巴政办〔2002〕166 号；

（6）《巴里坤哈萨克自治县境内文物保护管理暂行办法》，2002 年 8 号县长令；

（7）《吐鲁番市文物保护管理办法》，吐市人大字〔2004〕12 号；

（8）《吐鲁番市交河故城保护管理办法》，吐市人大字〔2004〕13 号；

（9）《关于认真贯彻国务院〈公共文化体育设施条例〉加强公共文化体育设施建设与管理的意见》（2005 年 12 月 9 日）；

（10）《批转新疆维吾尔自治区文物事业发展"九五"计划和 2010

---

〔1〕《新疆维吾尔自治区维吾尔木卡姆艺术保护条例》，2010 年 8 月 5 日 ，http：//www．law-star．com/cacnew/201008/400062177．htm

年规划的通知》[1]。

总而言之,新疆文化立法总体上呈现滞后性、单一性的特点,缺乏有关文化传承与保护方面整体上、全局性的大法,且一些文化法律法规与规范性文件的可操作性不强。

18.4　文化立法对发展新疆文化的重要意义

加快文化立法,运用文化法律、法规对文化事业进行调控,规范文化市场主体行为和行政行为,减少法律空隙,巩固改革成果,让文化产业在经济建设中作出更大的贡献。具体来说,主要体现在以下几个方面。

18.4.1　文化立法是引导新疆地区新一轮文化发展的迫切需要

在多元一体的中国文化形成与发展过程中,新疆各民族文化都作出了杰出的贡献。在新疆地区收集到的我国著名三大史诗《玛纳斯》、《江格尔》、《格斯尔》的民间口传文本,便是民族民间文艺集成志书编纂工作的重大成果之一。在新的时期,如何通过法制建设引导新疆新一轮文化的发展,正确处理各民族文化之间的关系,使各民族文化能够和谐发展,这是一个我们不得不重视的课题。在这其中,文化立法势必先行。因为当前新疆文化方面出现了许多令人担忧的问题:许多传统技能和民间艺术后继乏人,面临着年久失传的危险,例如,新疆古老的图瓦乐器"楚尔"已经成为了人间绝唱;[2]一些独特的民族语言文字和民族风俗正经历着市场的考验,民族民间文化资源流失严重。根据文化发展的规律和当前文化发展面临的诸多问题,科学地制定相应的文化法律、法规,建立严密的法律保护机制,充分发挥其引导、调节、调整社会活动和社会关系的功能,有利于形成良好的人文环境和文化遗产

---

〔1〕《批转新疆维吾尔自治区文物事业发展"九五"计划和 2010 年规划的通知》,2010 年 12 月 10 日,http://www.cpon.cn/rdgz/rdgz1/266373.shtml

〔2〕张晶晶:《加强地方文化立法　促进新疆和谐发展》,载《新疆财经学院报》2007 年第 2 期,第 74 页。

保护的法律秩序。

18.4.2　加快立法的步伐,有助于促进少数民族文艺的发展

当前需要改变不适应新形势的原计划经济体制下制定的管理办法,在文化的创作、出版和发行方面不仅要引入竞争机制,而且要加快制定如《新疆公共文化设施管理条例》、《新疆民族民间文化开发及保护条例》等文化立法,以创造有利于文化事业发展的法治环境,使各种所有制真正实现公平竞争,严格制度,规范办事程序,净化文化阵地的目标,从而进一步繁荣和发展新疆民族文化事业,增强民族文化的生命力和竞争力,促进新疆民族文化事业更健康地发展。

新疆是一个多民族聚居地区,少数民族的文化艺术具有强烈的民族特色,少数民族人民在长期的发展过程中大多都形成了本民族的语言及文字,发展了本民族的优秀语言文学。在音乐舞蹈方面,少数民族人民更是做出了杰出的成就。各种民族舞蹈、民族乐曲及歌谣丰富了中华民族的文艺视野。我们通过立法,以法律法规的形式保护少数民族文艺及文艺团体,促进民族文艺健康快速发展,丰富新疆的文艺舞台,为广大的群众提供一个了解各民族的窗口。以文化立法促进民族文艺发展,对于维护中华民族的统一性,增强各族人民对中华大家庭的认同具有重大意义。

18.4.3　文化立法有助于维护地区文化安全和促进国际文化交流

21世纪以来,文化交流活动日趋频繁,交流形式也日趋多样化。健全的法律法规将保证文化交流的科学性和有序性,增强新疆各民族文化在世界范围内的影响力,使新疆文化既能保持鲜明的中国气派,又能不断吸收国外文化的有益成果,在国际交往中发挥独特作用,从而更好地为党和国家的外交大局服务。同时新疆作为我国西北边陲重地,具有十分重要的特殊的多元文化地位,面临着多重文化因素的影响,这势必成为西方敌对势力对我国进行文化渗透与分化的主要突破口。因此在文化立法的过程中一定要坚持国家主流文化价值意识形态,加大对国家认同和爱国主义文化情感的培养,同时也要面向世界,积极应对其他西方文化的渗透和挑战。

18.4.4 文化立法对新疆多元文化资源可以实行有效保护

文化立法可以保护各少数民族具有特色的文化资源,提升地方文化资源的价值。地方文化是特定区域、民族在长期社会实践中创造的精神财富和物质财富,反映了人们所依存的自然环境、宗教信仰、历史渊源、生产生活等等现象,具有鲜明的地域特色和浓郁的民族风情。如新疆地区的兵团文化、伊斯兰风格的穆斯林文化、绿洲文化等。因此,新疆地区加快出台关于地方文化资源的法律法规就是保护中华民族赖以生存、发展和铸造新辉煌的文化根基,保护凝聚民族精神的纽带,保障国家民族文化的传承、变革和创新。

18.5 新疆文化立法取得的成绩与存在的问题

18.5.1 新疆文化立法保护民族文化遗产取得的成绩

(1)法律"撑腰",新疆非物质文化遗产保护事业开始步入法制化轨道。

2004 年,当中国正式加入联合国《保护非物质文化遗产公约》时,远在西北的新疆已经意识到了保护非物质文化遗产的紧迫。2005 年,随着"新疆维吾尔木卡姆艺术"申遗成功,全疆各地州掀起了从未有过的文化遗产热。2008 年,新疆率先出台了《新疆维吾尔自治区非物质文化遗产保护条例》,从此结束了新疆民族文化领域无法可依的历史,新疆非物质文化遗产保护事业开始步入法制化轨道。2010 年 7 月,《新疆维吾尔自治区维吾尔木卡姆艺术保护条例》在新疆十一届人大常委会第十九次会议上一审全票通过,成为新疆改革开放以来,新疆厅局级立法中第 4 个一审通过的地方性法规,也是新疆继《新疆维吾尔自治区非物质文化遗产保护条例》出台后的第 2 部非物质文化遗产地方性法规,以及中国专就保护"人类非物质文化遗产代表作"进行省级地方单项立法的首例,体现了新疆党委、人大、政府对保护新疆非物质文化遗产的高度重视和积极支持。有法律"撑腰",新疆各民族文化的保护事业驶入了快车道。2008—2009 年间,新疆投入万余人进行了规模空前的"非遗"普查,真实、全面地记录了全疆的文化遗产资源状况,为进一步保护打下了基础。保护条例的实施,调动了各级政府申报"非遗"的积极性,目前全疆13个世居民族都有"非遗"项目进入国家级和自治区非物质文化遗产名录,确保了新疆民族文化的多样性与和谐发展。现在,新疆已形成了世界级、国家级、自治区级、地(州、市)级和县(市)级5级"非遗"名录体系。目前,新疆已拥有世界级非物质文化遗产2项、国家级52项、自治区级185项、地(州、市)级535项、县(市)级2480项。全疆已有国家级"非遗"名录项目代表性传承人47位,自治区级代表性传承人352位,各县登记各民族传承人17483位。自治区级传承人每年补助3600元,一些地、县政府从当地实际出发,采取不同措施扶持代表性传承人。此举不仅提高了各民族优秀民间艺人的社会地位,更调动了他们传承的积极性。一支庞大的民间传承队伍形成一股巨大的文化保护力量。2010年5月的"文化遗产日"系列活动中,一场名为"天工开物"的新疆非物质文化遗产传统技艺大展首次在乌鲁木齐举办,200多位来自全疆的各民族代表性传承人现场演示了50多个国家级和自治区级"非遗"项目,一项项巧夺天工的传统技艺和民间绝活让人叹为观止,流连忘返。[1]

(2)自治区历史文化名城街区建筑及名镇、名村的申报工作有序开展,历史文化遗产保护内容进一步丰富。

2002年以前,自治区仅有喀什市一家国家级历史文化名城。《条例》施行后,各级政府切实加强了历史文化名城、街区和建筑的保护工作,积极开展历史文化名城、街区和建筑申报工作。自治区先后命名了一批历史文化名城,2003年命名吐鲁番市和特克斯县为自治区历史文化名城,2006年命名巴里坤县为自治区历史文化名城,2007年命名库车县为自治区历史文化名城,2009年命名伊宁市为自治区历史文化名城。历史文化街区保护工作得到加强,伊宁市、库车县人民政府根据本

〔1〕张亚庆:《花儿为什么这样美 新疆立法保护民族文化遗产纪实》,2010年9月14日,http://www.tianshannet.com.cn/news/content/2010-09/14/content_5237123_3.htm

地实际,在老城区内划定了历史文化保护街区;哈密市将回城回王府地段划定为历史文化街区;温宿县将卡坡民居区划定为高台民居历史文化街区。一批历史文化建筑得到有效保护,乌鲁木齐解放路大银行和人民剧场、伊宁市的伊犁哈萨克自治州宾馆等建筑被确定为历史文化建筑,结合城市规划划定了保护范围,提出了保护要求;乌什县人民政府批准公布了钟鼓楼等4座历史文化建筑。

近年来,国家级历史文化名城、历史文化名镇和名村的申报工作取得突出成效,吐鲁番市和特克斯县于2007年被国务院命名为国家级历史文化名城,库车县和伊宁市目前正在申报国家历史文化名城;2005年,经建设部和国家文物局批准,鄯善县鲁克沁镇、吐峪沟乡麻扎村被命名为第2批国家历史文化名镇、名村;2007年,霍城县惠远镇被命名为第3批国家历史文化名镇;2008年,哈密市回城乡阿勒屯村被命名为第4批国家历史文化名村;2009年,国家将和静县巴伦台镇巴伦台村、昭苏县洪纳海乡乌鲁昆盖村、察布查尔县孙扎齐牛录乡孙扎齐牛录村、哈密市五堡乡博斯坦村、特克斯县琼库什台村列入第5批历史文化名村。全区纳入保护范围的历史文化遗产数量明显增多,历史文化名城、名镇、名村街区、建筑保护工作迈上新台阶。[1]

18.5.2 新疆非物质文化遗产立法存在的问题

非物质文化遗产保护是一项庞大的社会系统工程,涉及多部门、多行业、多领域(建设、规划、宗教、旅游、园林、林业、资源环境、文物等),需要综合运用多种手段,立法保护是其中重要的一种。新疆文化遗产立法基本境况所反映出的问题:

首先,从法规的内容和数量上看,大多数是与文化遗产保护相关的法规,如《新疆维吾尔自治区旅游管理条例》、《新疆维吾尔自治区宗教事务管理条例》等,关于文化遗产的专门立法数量较少,有关少数民族文化遗产的法规数量或内容更少。这与新疆丰富的少数民族文化遗产

---

〔1〕新疆维吾尔自治区人民政府主办、新疆维吾尔自治区人民政府法制办承办、新疆维吾尔自治区政府电子政务办公室管理:[新 ICP 备 05001680 号]《〈新疆维吾尔自治区历史文化名城街区建筑保护条例〉立法后评估报告》,2010 年 3 月 5 日。

资源亟待保护的现实不相一致,表现出立法上的相对滞后。

其次,现行的新疆地方性文化遗产立法体现出物质文化遗产与非物质文化遗产保护的不平衡性,大多是关于物质文化遗产的法律保护,非物质文化遗产只是近年才开始纳入法律保护范围。值得一提的是,我国部分省区的立法机关就非物质文化遗产的保护已经进行了先行立法,如《云南省民族民间传统文化保护条例》(2000 年)、《云南省丽江纳西族自治县东巴文化保护条例》(2001 年)、《贵州省民族传统文化保护条例》(2002 年)、《福建省民族民间文化保护条例》(2004 年)、《广西壮族自治区民族民间传统文化保护条例》(2005 年)等。这些地方的先行立法为国家层面的非物质文化遗产的立法以及其他省区(包括新疆)的非物质文化立法提供了现实的借鉴和经验的积累。比较云南、贵州、广西等民族地区的文化遗产立法实践的开展情况,拥有丰富的少数民族非物质文化遗产资源的新疆少数民族文化遗产立法是相对滞后的。[1]

第三,现行立法的性质就本质而言,基本上都是行政法,规范与调整的是政府在文化遗产保护方面的职责或行为,比如对保护工作提供财政、行政以及技术等保障,而作为规范和调整文化遗产所有权人的民事权利和行为的民事法律却未得到体现。从而使得广大民族群众的文化遗产法律保护意识薄弱,具体保护环节的工作不到位。少数民族文化遗产尤其是少数民族非物质文化遗产的立法保护必须在完善行政立法的同时加强民事保护。

第四,区域发展的特点以及民族文化自身的迥异对民族文化遗产保护研究统一范式之下的区域性保护框架的建构提出了要求。新疆少数民族文化遗产保护面临一些特殊问题,比如跨国民族地缘政治格局与少数民族文化遗产保护的关系、文化遗产保护与少数民族文化权利的关系、少数民族地区文化遗产保护的制度安排问题、少数民族地区文

---

〔1〕常洁琨:《西北少数民族文化遗产保护地方立法研究——以新疆自治区为例》,载《法学评论》2008 年第 3 期。

化遗产资源开发的利益协调机制与新疆社会稳定的问题、少数民族宗教文化遗产的相关研究、特有生态地理环境下的少数民族文化遗产保护模式以及文物保护修复技术的研究,等等。这些问题的解决需要创制性立法予以解决,而现行文化遗产立法并未充分体现新疆少数民族文化遗产保护的特殊性。

总之,文化立法主要就是为了民族文化更好地传承与发展,结合文化产业发展的时代背景,抓住国家西部大开发的良好契机,大力发展民族文化,使得民族文化在传承发展与弘扬的前提下,创造巨大的社会效益与经济效益,造福当地的各族人民。当然,文化产业这一朝阳产业的发展以及具体民族文化的产业化发展,这一系列的新型定位,需要文化立法全方位的指引以及具有前瞻性的引导。而现实情况是拥有丰富民族文化资源的新疆,在民族化传承保护与发展及具体文化法律法规的制定等方面的主动性不够且缺乏前瞻性。

18.6 加快新疆文化立法的对策建议

当前,在全国重视文化立法的大背景下,新疆加快文化立法的步伐已具备了一定的条件。针对本章第一节所述当前新疆文化立法的现状,提出以下几点建议。

18.6.1 全面规划新疆文化立法工作

2005年1月文化部下达的《文化立法纲要》给新疆的文化立法规划提供了方向。新疆也应本着"凡条件成熟的就立法,成熟一个立一个"的原则;当然这并不排斥在一定的时期,制定和运用一些暂行条例、政策、办法等来调节某些文化活动中的矛盾。要制订一套系统、完整的适合新疆区情的文化法规,首先需要注意的是如何正确认识理解"体现地方特色"这一原则。

另外,由于缺乏全国性的文化产业领域的基本大法,如广播电视管理法、网络法等,新疆的文化产业立法也受到限制,文化产业立法的边际不清,增加了立法的难度。在这种情况下,新疆地方可以参照《立法法》的要求,先行制定出地方性规章制度、条例,为制定全国性的文化产业法规提供具体范例和有益的尝试。因为国家是支持和鼓励在文化产业立法条件比较成熟的地方,先出台地方性法规和政府规章的。

地方文化立法无疑要区别于国家的文化立法,在坚持国家规定的立法基本原则的同时,更要体现出本区域的文化特性,也就是突出地方文化特色。坚持文化的民族多样性,继承和发扬各民族的优秀文化传统,是维护国家文化主权和文化安全的需要。不同民族的文化应该相互学习,每个民族的文化传统作为其独特的精神财富,都是产生文化创造力的重要源泉,不同民族的文化应相互借鉴,共同繁荣。在长期的历史演进中,新疆各族人民为创造辉煌灿烂的中华文化作出了重要贡献,同时也形成了承古启今、各具风姿、积淀深厚的民族民间传统文化。如何统筹协调好这种种文化关系是新疆文化立法的纲目。同时,这也必然要求新疆文化立法工作者充分了解新疆各种文化对立法调整的需求,通过文化法规针对性地解决新疆各民族文化的特殊问题,坚持实事求是的原则,整体规划,合理布局,加强调查研究,切实地运用立法这一工具,来解决新疆各族群众对发展本民族民间文化的需要。

18.6.2 制定完备的文化法律法规体系,填补法律空白

18.6.2.1 建议制定"新疆民族民间传统文化保护条例"

目前,新疆文化立法主要集中在非物质文化方面。新疆在 2005 年 9 月 20 日颁布的《新疆维吾尔自治区非物质文化遗产保护工程管理办法》也将其保护的范围界定在非物质文化领域。纵观国外许多国家比如韩国和日本关于传统文化方面的立法,通常会包括非物质文化与物质文化两个部分,而不是将其割裂开来。因此当前的传统文化立法体系实质上就将不可分隔的物质文化与非物质文化人为地分开,这对于我们的文化保护工作是极为不利的。因为二者是互为表里,互相依托的。当前,滥用民族民间传统文化的现象比较突出。那些流传了几千年的新疆歌舞、歌谣、服饰、风俗礼仪等等民族民间传统文化,不仅在岁月的冲刷中渐渐消失,而且面临着一个更为现实的危害——被人滥用。一些出版商未经允许就到民间收集民歌制作成光盘销售;一些研究机

构在民间收集、拍摄资料,在形成自己的研究成果后就公开否定原民间文化的主体;更有一些国外研究机构和学者通过旅游、经商、考察等名义在新疆乡村大量采集、收购珍贵的民族民间文化遗产,这些现象加速了民族民间文化资源的流失。因此,立法保护新疆的民族民间传统文化迫在眉睫。云南、广西等文化资源比较丰富的省份已相继出台《民族民间传统文化保护条例》,这对本省的文化资源的保护,文化产业的发展起到了极大的保障作用。新疆维吾尔自治区也需要立足本区实际,参照兄弟省市已出台的民族民间传统文化条例,尽快制定出《新疆民族民间传统文化保护条例》,对新疆各种民族民间传统文化进行抢救性保护。

18.6.2.2 建议制定"新疆维吾尔自治区公共文化场所管理办法"

一个地区的公共文化场所状况在一定程度上反映了这个地区的政治、经济、文化发展水平和当地民众的文化素质。我们认为公共文化场所应主要包括博物馆、文化馆、图书馆、电影院、艺术剧院等。公共文化场所的建设对新疆各族群众的科学文化教育更是起着举足轻重的作用。新疆的文化设施发展相对落后,公共文化事业发展更是面临着很大困难。主要有建设经费严重不足,管理人员素质差、待遇低,公共文化事业发展地位低等问题。尤其是广大边远农牧区和基层少数民族群众更面临着"文化荒"的状况。另外,改革开放以来,广大农村思想文化建设的环境、任务、内容、对象和方式都发生了很大的变化。加之南疆地区由于地广人稀、农民居住地呈现点多线长的特点,乡(镇)思想文化中心对村、组农民辐射功能相对较弱,逐步富裕起来的农民群众对文化生活的需求却越来越强烈,并且呈现出多层次、多形式、多样化的特点,一些公共文化场所提供给农牧民群众的文化产品和文化服务点少面窄、内容单调、形式单一,文化产品远离消费市场,不论数量还是质量都远不能满足农牧民群众需要的状况。[1] 这必将影响着新疆整个

---

[1]中共阿克苏地委、阿克苏地区行署:《高扬先进文化旗帜 实施文化兴边 建设文化强区——自治区文化建设经验交流现场会交流材料》,2008 年 6 月 21 日。

文化事业的发展。因此,制定出一部符合新时代发展要求的"新疆维吾尔自治区公共文化场所管理办法",明确公共文化事业在新疆文化建设中的法律地位,解决公共文化事业建设发展面临的各种问题,是非常必要的。

18.6.2.3 建议尽快制定出"新疆传统工艺美术保护条例"

新疆是多民族地区,地域文化特色浓郁,各民族的工艺美术品类繁多,现已查明的就有九大类、50 个种类、4000 个品种。传统手工技艺散发出迷人的光彩,新疆传统工艺美术手工技艺已列入国家传统工艺美术保护项目,17 项被列入国家级非物质文化遗产保护名录,26 项被列入自治区级非物质文化遗产保护名录。那些活跃于全疆的民间艺人不仅传承了优秀的民间文化,更带动了就业,为地区经济发展发挥着重要作用。目前,全疆工艺美术产业为 21 万人提供了工作岗位。年销售额高达 36 亿元。[1] 自治区应加快《新疆传统工艺美术保护条例》立法工作进度,提高全社会保护传统工艺美术资源、品种、技艺和人才的意识,给予工艺美术产业积极的政策扶持。

18.6.2.4 建议尽快出台"新疆维吾尔自治区文化产业促进条例"

传统文化的保护离不开文化产业的发展,新疆具有丰富的文化资源,这对于新疆文化事业的发展是一个非常好的先天条件。但在日益壮大的文化市场和文化产业的发展进程中,更少不了法律的规范和保障。因此,新疆地方立法应尽快出台"新疆维吾尔自治区文化产业促进条例"。

18.6.3 建设一套完备的能促进新疆文化产业快速发展的机制

新疆非物质文化遗产保护工作任重道远,不是短时间、通过一两项工程就可以完成的,需要有长期作战的准备,需要作出长期不懈的努力,探索建设各种机制。

---

[1]和田玉:《新疆新晋 47 位工艺美术大师,共拥有 66 位工艺美术大师》,2010 年 12 月 14日,http://www.hty.cc/hetianyu - 98. shtml

18.6.3.1　法律机制

加强文化保护、文化发展的能力建设,提高依法执政、科学执政的水平,需要建立健全相关的法规体系。非物质文化遗产保护作为一项在社会主义市场经济新形势、新环境下的全新工作,要确保其顺利实施、良性发展,加强其法规建设就显得特别重要和紧迫。应该发挥中央和地方两个积极性,加快"保护工程"的立法进程,争取尽快实现有法可依,有规可循。鉴于新疆文物保护工作的经验和教训,以及人大代表的呼吁,新疆维吾尔自治区人大常委会已主动提出要将民族民间文化保护立法工作列入计划,这使我们深受鼓舞。文化部门应抓住机遇,努力工作,争取实现这方面立法工作的突破。同时,经过认真调研和论证发现,制定保护工作规范和相关技术标准也是十分紧迫的任务,直接关系到"保护工程"能否少走或不走弯路,避免不必要的损失。

18.6.3.2　工作机制

从新疆编纂民族民间文艺集成志书的经验来看,除建立健全必要的工作机构、工作队伍以外,形成三结合的工作机制十分必要。即按照区、地、县分级保护、分工合作的原则,在普查、规划、研究、保护、展示、利用等各个环节,实行自治区保护机构、研究机构与各地、县和中央的保护机构、研究机构相结合,政府机构的基础性工作与专家的最新科研成果相结合,发挥本民族专业人员的主导作用与争取其他民族专业人员积极参与相结合。调动一切积极因素,挖掘各方面的工作潜力,确保"保护工程"的工作质量,多、快、好、省地做好保护工作。

18.6.3.3　资金保障机制

在现阶段,在全体人民还没有形成保护非物质文化遗产的高度统一的民族自觉的时候,"保护工程"的顺利实施离不开政府财政渠道的资金支持和保障。因此,需要通过建立专项资金等办法,根据需要和可能,将"保护工程"的专项资金列入各级政府的财政预算,以确保在有人办事的同时,也有钱办事,为非物质文化遗产保护工作的长期开展、健康运行提供必要的保障。同时,要针对新形势、新情况和新要求,研究制定严格的"保护工程"专项资金管理办法,确保把有限的资金用在迫切需要的地方,把好事办实,把实事办好。此外,还需要积极探索争取社会资金投入、建立保护与利用相结合的良性循环的路子,努力形成符合时代要求的"保护工程"资金保障机制。

18.6.4　加强文化法制队伍的建设,注重人才培养

随着文化在新疆地位的提升和内涵的扩展,管理的日趋透明,对文化法制人才的培养已是迫在眉睫了。文化工作者作为文化的使者,应架起新疆与外界联系的桥梁,而加强文化法制队伍的建设关键在于抓住机遇,培养高素质的人才。新疆文化法制队伍的建设,一是培训人才,特别是少数民族文化法律人才的培养。有计划地选派一些懂文艺的管理人员送到有关院校进行短期培训,组织他们学习相关的文化法律、法规,学习世贸组织关于知识产权方面的相关法律,进行文化法制培训,以解燃眉之急。二是选拔和引进人才。在全国范围内集中公开招聘一批对文化艺术感兴趣的法律人才,充实新疆文化法律队伍,组织他们学习党的文艺方针、政策,了解文化法律的现状,进行文化方面的知识培训,让他们把所掌握的法律知识与文化领域的实际结合起来。三是注重本土人才的培养。新疆文化部门应把培养文化法制人才纳入本地区、本系统专业人才的培养战略中去统一安排和考虑,从而增强新疆文化领域的竞争力。

18.6.5　完善文化行政执法体系,提高执法效能

一是确立文化执法的独立法律地位,增强文化执法机构的权威,进一步确认文化执法部门的行政处罚权、行政强制措施权和行政强制执行权,实行综合执法。

二是进一步完善文化执法程序,按法律规定的操作规则办事,保证文化执法的公正性和严肃性。要建立法规执行情况的监督检查制度,保证有关国家机关和人民群众对文化执法工作的监督,建立相应的检查、证据、听证、复议、应诉以及重大案件的备案等制度。

三是建立文化执法责任制,用机制来约束和监督执法行为,促使执法机关和执法人员严格执法。公安、文化、工商行政管理等部门,要切实依法行政,从严管理。如因管理不力,导致管辖区域内社会丑恶现象

和违法违规经营活动形成气候、规模,社会影响恶劣的,要坚决追究有关领导的责任。

四是运用现代科技手段管理文化市场。具有高科技特性的文化市场,必须要求政府管理手段现代化、信息化,要用高科技的手段来应对高科技的犯罪。要在文化市场监管领域推进电子政务,建立文化市场动态信息网络,提高政府的行政效率和管理水平,以管理信息化带动决策科学化和管理、执法规范化。

总之,新疆必须要加快地方文化立法进程,尽快实现有法可依,有章可循,才能进一步开创地区文化建设的新局面,为促进地区经济发展和社会全面进步发挥更大的作用。

19 新疆城乡一体化文化建设面临的问题与出路

中国共产党第十七届三中全会提出了要加快我国城乡一体化建设步伐的思路和要求。认真贯彻落实这一思路和要求,让全体农牧民共享文化发展成果,是深入贯彻落实科学发展观、促进经济社会又好又快发展的必然要求,也是推动社会主义文化大发展大繁荣的重要任务。

丰富新疆农牧民文化生活,是贯彻落实科学发展观、促进"三农"问题的必然要求。围绕加强新疆农村基层文化建设、构建公共文化服务体系、让全疆农牧民共享文化发展成果主题,本课题组于 2008 年 4 月至 10 月组成专题调研组,先后深入到自治区文化厅、两个地州、7 个县市和 9 个乡(镇)、10 个村社进行调查,主要涉及阿克苏地区、昌吉回族自治州,阿克苏市、温宿县、乌什县、昌吉市、阜康市、木垒哈萨克自治县和吉木萨尔县等;阿克苏市的拜什吐格曼乡、温宿县的托乎拉乡和佳木镇、乌什县的乌什镇依麻木乡和英阿瓦提乡、昌吉市的二六宫镇、木垒县的西吉尔镇和东城镇等;此外,还实地考察了县乡村的 10 多个文化馆、文化站(室)。

调研发现,新疆维吾尔自治区党委和人民政府高度重视农村文化建设,农村基层文化设施大为改善,公共文化服务体系正在逐步建立,各地州市县都把农村文化事业建设提上了重要议事日程,特别是一些经济欠发达县的农村文化建设成效显著,如温宿县、乌什县和木垒哈萨克自治县等。

19.1 农村文化建设取得的成绩

改革开放以来特别是党的十六大以来,我区文化建设取得举世瞩目的成就。从总体上看,全区人民的精神文化生活更加丰富,全社会的文明程度不断提高。

19.1.1　基层农村文化阵地建设取得较快进展

2005 年国家发改委、文化部在新疆维吾尔自治区成立 50 周年之际,在我区安排了 400 个乡镇文化站建设项目,共投资 1.64 亿元,分两年资助建设,平均每个乡镇文化站补助 41 万元,建筑面积400m^2。由于我区各级领导对乡镇文化站建设的重视,2007 年 400 个高标准的乡镇综合文化站新建项目全部竣工并投入使用。截止到 2008 年,全区 1482 个乡镇(场、街道)已有文化站 1004 个,从业人员 1781 人,建站率达到 76.4%;全区 8868 个村委会已有村文化室 6886 个,建室率达到 77.6%。[1] 文化站、文化室作为基层文化阵地,在开展群众文体活动、农村适用技能培训、法律法规宣传教育等方面发挥了重要作用,受到了群众的称赞。

19.1.2　政府组织的系列农村文化活动取得了良好效果

积极开展"百日广场文化活动竞赛"活动。自 2002 年启动以来,已连续举办 6 届,全区 80% 的县(市、区)组织开展了这一活动。目前初步形成了以市(县、区)为中心,向乡镇辐射的广场文化新格局,有效地拓展了基层文化阵地的空间。经过 6 年的实践,"百日广场文化活动竞赛"活动已成为我区群众满意、社会称赞、党委认可的一个品牌文化活动。

积极开展"送演出下乡"活动和流动舞台车工程。近 3 年全区各级专业艺术表演团体平均每年到农村演出 4500 场。同时中央财政先后投入 710 万元,自治区财政配套 39 万元,为全疆配备了 23 辆送演出下乡的流动舞台车,其中绝大多数的流动舞台车配备到了南疆三地州及各边境县,这些流动舞台车为活跃新疆各民族群众文化生活发挥了重要的作用。

积极开展"2131"工程和"送书下乡"工程。仅 2006 年全区农村共

---

〔1〕资料来源:我们于 2008 年 8 月 4 日在自治区文化厅调研时文化厅提供的材料。

放映电影 8.9 万场,观众 2872 万人次。[1] 2003—2008 年,文化部和财政部共向我区贫困边远地区的图书馆和文化站送去各种新书 50 余万册,总价值约 1000 万元。[2] 以上这些文化活动得到了农牧民的拥护和积极参与。

19.1.3 农民自办文化活动取得一定成果

新疆是著名的民族歌舞之乡,各族群众素有喜好文化艺术活动的传统。近年来,我区农牧民群众自发开展了一些群众喜闻乐见而又易于接受的文化活动,主要有两种形式:一是农村文化户形式。目前"农村文化户"已经在我区发展到了 5213 户,其中有一些是率先致富的农户自发组织的文化户;一些是在当地党政部门的引导下,规范发展起来的文化户;还有一些是专业文化户,这类文化专业户大多具有文艺专长,基本上是本地群众认可的民间艺人或文艺能人,他们主要为当地群众的婚丧嫁娶提供需要的有偿文化服务,能够获得一定的经济收入,除开展有偿服务外,也经常聚在一起自娱自乐。二是农牧民群众自发开展了一些文化体育活动,取得不错的效果。如:麦西来甫、刀郎舞、阿肯弹唱、敖包节、打篮球、射箭、斗羊、赛马、叼羊、民间放映等等。通过开展以上一系列的文化体育活动,大大丰富了农牧民的业余文化生活,达到了自娱自乐的目的。

19.1.4 民间优秀文化艺术得到发展

非物质文化遗产的传承与保护取得了一定的成果,自治区现有 52 个国家级"非物质文化遗产项目",108 个项目被遴选为自治区级非物质文化遗产项目。有 11 位民族文化传承人被列为国家级非物质文化遗产项目代表性传承人。

19.2 农村文化建设中存在的问题

改革开放 30 年来,新疆文化产业得到了较大发展,尤其是近年来

---

〔1〕新疆维吾尔自治区人民政府:《新疆年鉴:2007 年》,新疆年鉴社 2007 年版,第 354 页。
〔2〕资料来源:我们于 2008 年 8 月 4 日在自治区文化厅调研时文化厅提供的材料。

新疆的文化产业发展态势良好,文化产业已经成为新疆经济、社会发展的重要支撑点。但是与全国文化产业迅猛发展之势相比,新疆文化产业的发展还存在着很多问题,更由于长期以来城乡二元结构的体制原因,农村的文化事业明显落后于城市。概括起来讲,自治区农村文化事业存在"四个矛盾"和"一个表现"。"四个矛盾"即农牧民对公共文化服务的需求与现有文化服务能力、手段不足的矛盾;现有文化资源丰富与开发利用不够的矛盾;现有农村文化投入机制与文化快速发展需求不适应的矛盾;文化发展与经济大发展不够协调的矛盾等。"一个表现"为农村的公共文化设施、公共文化产品、公共文化服务和群众文化活动明显落后于城市。

19.2.1　农村文化事业建设载体不全

农村文化具有性质上的社会性,形式上的开放性、组织上的网络性,这就决定了必须加大投入,以阵地建设为龙头。尽管近几年来,我区部分乡村建立了一批高标准的文化站及活动中心,但仍有部分乡村还没有建立文化站。在已建成的文化站中,50%以上的乡镇文化站由于面积狭小、年久失修、设施陈旧落后、活动器材尤其是健身器材奇缺,[1]部分乡村文化站呈现"空壳状",难以形成对农民巨大的吸引力,使得公共文化服务功能难以发挥。

19.2.2　农村文化事业队伍缺乏稳定性

截止到目前,很多乡村文化站仍不能达到"一站一编"的最低编制标准,乡镇干部挤占文化站编制的情况近年来也多有发生。在部分地区农忙时期,文化站干部经常被派往村里抓生产,文化站干部难以做到专职专用,严重影响了农村文化活动开展的经常化;另外,其他文化单位从业人员素质普遍偏低,县乡文化事业单位的专业人员不足40%,大部分人员学历在中专以下,村级文化室面积狭小陈旧,缺少文体设施,管理人员大多由年龄偏大、文化程度偏低的农民担当。[2] 特别是

---

〔1〕资料来源:我们于 2008 年 8 月 4 日在自治区文化厅调研时文化厅提供的材料。
〔2〕资料来源:我们于 2008 年 8 月 4 日在自治区文化厅调研时文化厅提供的材料。

在一些边境贫困的农牧区,人才难以引进,现有人才因工作条件、待遇等问题流失严重。

19.2.3　农村文化事业业务经费比较紧张

目前,新疆虽已建立了县、乡公共文化机构财政经费保障机制,基本保障了县乡两级文化机构的人员经费和机构运转经费,但不能保障专项业务活动经费。村级公共文化机构财政经费保障机制尚未建立。这也就导致了目前我区大部分县级以下文化单位业务经费紧张,大量文化活动的经费不能得到保证,造成了很多业务不能正常开展;同时,由于资金短缺,投入不足,我区农村尤其是边远农牧区的广播电视的发展受到了严重制约。作为传播文化的重要媒介,广播电视是"重设备,高消耗,高投入"的行业,设备更新快。我区大部分农牧区资金缺乏,不可能有较多资金投入到广播电视中,农村广播电视网络覆盖面有限,特别是处于边境地区的农牧区,成了盲点地区。

19.3　城乡文化一体化的建设

为了缓解经济发展与文化投入相对不足之间的矛盾,以创新精神探索新时期农村基层文化建设的新途径,本课题组提出如下对策建议。

19.3.1　注重城乡一体规划,加快基层文化建设

加强基层文化建设,不仅是提高人民文化素质、满足群众日益增长的精神需要的客观要求,也是搞好基层思想政治工作、维护社会稳定的重要手段。各级党委、政府要把基层文化工作列入重要议事日程,切实加强对基层文化建设工作的研究,注重农村经济、文化发展现状和趋势、农村文化资源的调查,特别要注重对农牧民文化需求和农村文化市场、文化消费、文化活动状况及文化效益等方面的研究。要在坚持解放思想、转变观念,树立新的文化发展观的基础上,按照城乡一盘棋的思路,调整、整合基层文化资源配置,加强农村文化基础设施建设,构建农村公共文化服务体系,保障农牧民群众的基本文化权益,确保农村文化基本载体(设施)、基本队伍、基本活动内容和基本活动方式"四到位",

·欧·亚·历·史·文·化·文·库·

努力使全区基层公共文化服务体系建设迈上一个新台阶。

19.3.2　加大对农村文化事业投入,完善基层文化站设施建设

建立基层文化机构运转经费保障机制。各级政府应像重视教育、卫生事业一样,建立一种刚性的财政支出机制,以确保农村文化机构运转经费的长效机制。把农村文体活动事业工作纳入各级党委和政府的议事日程,纳入财政支出预算,纳入扶贫攻坚计划,纳入干部晋升考核指标,切实做到领导到位、人员到位、经费到位、活动到位。

同时,各级政府可以拓宽资金来源渠道,要打破垄断,鼓励竞争,支持社会力量投资文化项目,鼓励和扶持各种所有制组织和个人兴办文化经济实体,实现文化投资主体多元化。要加大体育设施经费投入力度,健全和完善农村运动场、体育健身设施等公共体育设施。提倡经济条件较好、人口较多的地区在尊重农牧民意愿的前提下,增加面积、器材和设施,形成文化体育广场,不断满足广大农牧民群众多层次多方面的精神文化需求。

19.3.3　整合资源,理顺体制,充分发挥基层文化机构的功能

针对现有很多乡村的文化站的功能难以发挥,成为一种"空壳"的状态,成立和完善乡镇公益性宣传文化服务中心,合并乡镇文化站和广播电视站,提倡"一站(室)多用"、"一人多能"的文化机制。即人员由社会公开招聘,服务合同由县文体局与乡镇文化站签订,落实情况由乡镇政府与县文体局联合考核,经费由县财政或乡财政预算列支直达,把乡村文化站(室)建设成为农村文化工作的主阵地。

建立健全竞争、激励、约束机制和岗位目标责任制,全面实行聘用制和劳动合同制,以乡镇文化站为载体,多层次、多渠道开展健康向上和各族群众喜闻乐见的文化活动。

应充分利用现有文化站的硬件设施,开展一些紧贴农民生产、生活实际的文化活动;鼓励农民自办文化大院、文化中心户、文化室等,支持农民群众兴办农民书社、电影放映队,切实让农牧民感受到文化的魅力,不断丰富农民的精神文化生活;突出特色,深入开展一些丰富多彩的文化活动,可以把乡村党校、农牧民学校发展成综合性的文化载体,

使之成为农民群众致富的示范基地,还可以利用重大节假日,在人口集中的地方,深入开展科技、文化下乡、乡村文化集市和文艺演出等活动,通过内容健康、特色鲜明的文化活动,寓教于乐,使先进文化进村进户,深入人心。

19.3.4　加强农村基层文化队伍建设,注重农牧区文化人才培养和使用

文化队伍建设是农村文化工作的关键,文化工作者是推动文化事业发展的重要力量,逐步稳定和壮大农区文化体育干部队伍,充分发挥他们在农村文化活动中的积极性和影响力。政府应逐步落实基层文化工作人员的编制问题,只有编制问题解决了才能保证文化队伍的稳定性;对现有的基层文化工作人员要进一步提高理论和业务能力,采取自学、专业培训等多种渠道、多种办法,努力提高其管理水平和业务技能,培养一批熟悉农牧区基层文化工作、懂经营、善管理的复合型人才,着力造就视野宽广、知识丰富、本领过硬、愿意服务基层的文化队伍,切实做到文化站(室)的工作人员专人专职;积极培育农村文化带头人,农村文化带头人是开展基层文化工作的中坚力量,是农村文化建设不可或缺的重要环节。我们要充分发挥文化站的指导和辅导作用,把农牧民中热爱群众文化,具有组织才能、文化体育特长或热爱宣传工作的骨干组织起来,让他们在各种文化活动中发挥桥梁纽带的作用,团结、带动更多的农牧民参与文化活动。

19.3.5　立足边境线贫困乡村的实际,加快无线电视工程建设

由于边境县乡村的特殊地理位置,安装有线电视受到很大的限制,政府可以引进无线电视设备,满足农牧民看电视的实际要求。同时,应结合民族地区尤其是边远地区民族群众不懂汉语,以及民族宗教氛围比较浓厚的实际情况进行针对性的宣传,提高民语频道的质量。

总之,我们要用先进文化、现代文化吸引群众,有效地抵制"三股势力"的渗透破坏活动,维护新疆的稳定大局。坚持"一手抓繁荣,一手抓管理"的原则,培育和建设健康的农村文化市场,加大民族民间文化艺术资源的挖掘、整理、提纯、保护和优化整合力度,建立健全科学有

效的民族民间文化遗产传承机制,着力打造具有民族特色的文化品牌,逐步形成"一县一节一品"或"一乡一品一色"、"一村一品一色"的基层文化发展格局。创新自治区农村文化发展长效机制,统筹经济社会文化协调发展,真正让全疆农牧民共享文化发展成果。

调研附记:

新疆新农村文化建设对策研究课题先后得到自治区党委统战部、自治区党委政策研究室、自治区人民政府发展研究中心政策调查研究处的协助和论证,在调研过程中,得到自治区文化厅、新闻出版局的大力支持。中共阿克苏地委非常周到地接待了调研组一行。阿克苏市、温宿县、乌什县,昌吉回族自治州、昌吉市、阜康市、木垒哈萨克自治县和吉木萨尔县等地党委政府部门为调研组作了全面协调和情况介绍,提供了内容翔实、全面的书面材料,在此表示诚挚感谢。本课题由牛汝极主持并确定调研提纲,成员有王茜教授、周亚成教授、杨成栋先生、张鑫女士等,初稿由王茜教授执笔,牛汝极、杨成栋修改定稿。

20　新疆民语广播电视对外宣传
策略研究

20.1　新疆对外宣传的区域特点

新疆有着特殊的地理位置,有 5000 多公里的边境线,与 8 个国家为邻,13 个少数民族中有 6 个跨国民族,战略地位十分重要。

由于历史原因,一些民族跨境而居,邻国又有相当数量的人与新疆境内的民族使用同一种语言。新疆周边 8 个国家的宗教信仰、民族风情、文化传统各有差异,伊斯兰教、佛教、基督教、天主教、东正教等宗教在这些国家都有广泛的教徒。冷战结束后,中亚地区的民族和宗教问题有了新发展,突出的特点是民族问题宗教化、宗教问题民族化,并有极端化和国际化的趋势,还伴随着与国际恐怖主义结合起来的危险,中亚地区作为伊斯兰复兴的新区域,民族关系又十分复杂,很容易受国际上这类问题的影响。

由于这些地区民族关系错综复杂,文化和意识形态也呈现交错的态势。近几年来,伊斯兰极端主义、民族分裂主义和恐怖主义在中亚地区合流,活动猖獗,对各国政局的稳定均构成了严重威胁,对中国西北边境,特别是新疆地区的安全、经济发展和社会稳定构成重大隐患。

自 20 世纪 90 年代前苏联解体以来,西方国家大众传媒利用中亚 5 国经济衰退时机,全面进驻中亚地区,在中国新疆周边形成舆论传播包围态势。

据 1999 年新疆广播电影电视局调查显示,当时针对我区进行宣传渗透的外国广播电台主要有"自由亚洲之声"、"美国之音"、"东突之声"、"解放电台"、"沙特吉达电台"、"塔什干国际广播电台"、"英国

BBC"、"伊朗伊斯兰电台"等。播出的语言有维、汉、哈、柯、乌等语种，传输方式以短波为主，仅在新疆喀什地区就可以收听到四五十个频率。境外电台一般发射功率强大，频率经常变换，宣传内容反动，煽动性极大。其主要内容是鼓吹民族分裂，煽动民族仇恨，仇视社会主义中国，妄图把新疆从中国分裂出去。

面对这种严峻的现实形势，为加强西藏、新疆等 7 省区广播电视工作，加大广播电视覆盖面，2000 年 9 月 16 日，"西新工程"在国家广电总局、财政部、国家发改委等部门和相关省区积极配合下启动。新疆民语广播电视对外宣传的历史掀开了新的一页。

20.2　新疆民语广播电视对外宣传的现状

对于处于中国与中亚的桥头堡特殊地理位置的新疆来说，对外宣传的政治意义更为突出。面对西方国际广播强势压境的严峻现实，如何让中国的声音传播出去，有效应对"西强我弱"的舆论影响，是中央、地方政府和新疆广播电视领域必须解决的课题。2004 年年初，中共中央政治局常委李长春同志在视察新疆广电工作时指出，新疆的广播电视工作不仅要做好对内宣传，而且要做好对外宣传。

20.2.1　广播领域对外宣传总体状况

中亚是多民族聚居区，维吾尔语、哈萨克语、柯尔克孜语等是这个地区的主要语种。2000 年"西新工程"实施以来，新疆广播电视发射总功率提高 3 倍，新疆人民广播电台维、汉、哈、蒙、柯 5 种语言广播由过去每天播出 46 小时增加到 129 小时。

2004 年 12 月 1 日，中国国际广播电台"国际在线"网站与新疆人民广播电台"新疆新闻在线"网站联手，共同推出维吾尔语、哈萨克语、柯尔克孜语和蒙古语等 4 种语言网站。4 种语言网站的推出不仅为新疆维吾尔自治区少数民族群众开辟了一个了解世界的新窗口，同时，也为中亚国家和地区的民众搭起一座了解新疆维吾尔自治区、了解中国的友谊之桥。这是中国国际广播电台和新疆人民广播电台互联网发展史上的一件盛事。

国际在线网站由中国国际广播电台主办,是依托中国国际广播电台广播资源和27个驻外记者站以及驻香港、澳门特别行政区和31个省、市、自治区记者站信息资源的多语种、多媒体信息集群网站。与新疆新闻在线联手共建维、哈、柯、蒙语网站后,国际在线上网语种数由原来的39种跃升为42种。

新疆人民广播电台"新疆新闻在线"是2000年4月18日新疆维吾尔自治区建立的第一个具有广播特色的多媒体综合网站,成立4年多来,刊发了大量宣传、介绍新疆的稿件,成为内地和世界了解新疆的重要窗口和最便捷的网上通道。

2004年6月10日起,新疆人民广播电台通过卫星传输方式,在吉尔吉斯斯坦国家广播电台每天提供两个小时的柯尔克孜语广播节目。7月20日起,通过卫星传输方式,每天向乌兹别克斯坦国家广播公司提供30分钟的维吾尔语广播节目。

新疆对外广播节目以《中国之声》总冠名,内设《中国消息》、《中国印象》、《中国风情》、《友谊桥》、《致富路上》、《中国音乐风》6个栏目。其中,《中国消息》为新闻类栏目,《中国印象》、《中国风情》、《致富路上》等为专题类栏目。

20.2.2 新疆电视领域对外宣传现状

自2000年"西新工程"实施以来,新疆电视台维、汉、哈、英、柯5种语言电视节目由过去每天播出43小时增加到209小时30分钟。

为推进新疆广播电视"走出去工程",在充分考察和洽谈的基础上,新疆广电局与乌兹别克斯坦和吉尔吉斯斯坦签署了广播电视节目合作协议。2004年6月新疆电视台抽调精兵强将正式成立对外宣传节目中心,筹备对外电视节目《走进中国》。

节目中心成员20多人,边学习、边培训、边工作,新疆第一支对外宣传的电视队伍迅速成长起来,尤其是柯语节目,改变了新疆台柯语电视节目空白的局面。

根据与两国达成的有关协议,从2004年8月15日和10月15日起,新疆电视台分别实现了维、柯语《走进中国》栏目对乌兹别克斯坦和吉尔吉斯斯坦每天总计 75 分钟的电视节目传送。

对吉尔吉斯电视节目以《今日中国》为总栏目,开设《新闻简报》、《走遍中国》、《商桥》、《影视剧场》、《请您欣赏》等栏目,在吉尔吉斯斯坦 KTP 国家电视频道比什凯克时间每天 16:00—17:00 播出。对乌兹别克斯坦电视节目以《走进中国》总冠名,开设《新闻简报》、《走遍中国》、《中国文艺》3 个栏目,在乌兹别克斯坦电视台一套塔什干时间 6:00—6:15 整播,二套青年频道重播。

新疆电视台对外宣传节目中心现共有正式人员 20 多人,分汉语编辑组、维语编辑组、柯语编辑组、技术组;为更好地保证节目质量,新疆电视台还聘请了 30 多位专家、学者为节目翻译、审校、把关。这是一支由维、汉、柯、哈等多民族组成的团结的集体。

经过 3 年多的摸索、实践,这支外宣队伍的素质和节目的质量都有了很大提高。

20.3　新疆民语广播电视对外宣传的传播策略

1999 年,江泽民在全国外宣工作会议上指出,要站在更高的视角上,发展同我们国家地位和国际上的影响相适应的舆论力量。新疆民语广播电视对外宣传不只是简单的区域对外传播,它还是中国对外传播的有机组成部分,也是中国外交策略的重要组成部分。

20.3.1　对外宣传目标对象定位

在传播过程中,目标对象的准确定位是对外宣传是否取得效果的又一关键因素。

目前,新疆对外宣传的对象国主要是接邻的哈萨克斯坦、吉尔吉斯斯坦、乌兹别克斯坦、塔吉克斯坦、阿塞拜疆共和国和蒙古国。由于落地成本和节目长度、播出时段等限制,新疆广播电视对外传播的目标受众主要是对象国的精英阶层,即有一定社会地位、有过良好教育背景,收入较高的阶层。他们不仅是本国的政治、经济、文化活动中的中坚力量,也是对外传播交流比较活跃的群体。新疆广播电视对外宣传的对象包括:新疆境内的外国人,周边国家的受众和生活在国外的华人。

20.3.2　新疆民语广播电视对外宣传的创新思路

2003年年初,中共中央政治局常委李长春同志在考察中央新闻单位时,明确提出要不断改革创新,使我们的工作体现时代性,把握规律性,富于创造性。新疆民语广播电视对外宣传的创新思路有:

(1)增加专题节目内容,增加重播率。由于新疆民语广播电视对外宣传采取的是"走出去"的形式,受条件限制,节目的时段都不太好。除增强时效性外,丰富专题节目内容,适当增加节目重播率也可以在某种程度上提高传播效果。

(2)增强节目的文化多样性。要注意克服忽视民族特色、民族差异和人为地强化或淡化民族意识的现象,把对外传播搞得丰富多彩,有声有色。中国有56个民族,新疆就有13个少数民族,各民族都创造了丰富、独特的历史、文化,这些对于国外受众也是很有吸引力的特色。通过反映中国各民族的现代生活方式、生活观念等的变化,让更多国外受众了解今天的中国,了解今天的新疆。

(3)传播内容适应跨文化特点。在国际传播日益激烈的现状下,新疆民语广播电视对外宣传也要在节目内容、风格、形态等方面有新的突破。尤其是要在传播内容上下工夫。

在对外传播实践中,由于存在跨文化的屏障,多元文化的冲突是必然的。推行节目"本土化"策略已经是西方主要对外传播媒体的新策略。

因此,新疆广播电视对外宣传节目要充分考虑对象国受众的特点和需求,强化节目的针对性和贴近性。新闻节目要加大信息含量、知识含量和服务含量;专题节目要注重针对性和接近性;文艺节目要充分体现时代精神和创新精神。

(4)讲究节目包装。对外宣传面对的是不同政治、文化背景下的受众,在新闻报道的表现形式或手法上除了要丰富多彩外,更要入乡随俗,不断创新。表现形式的优劣体现了传播者的业务水准和艺术气质。

节目内容和形式应当是一个统一体。内容是核心,形式是为内容服务,增强其传播效果的。

为达到最佳传播效果,新疆民语广播电视对外宣传节目必须进行包装。在跨文化的传播中,节目包装的趋势是注重"本土化"的文化包装。不只是对传播内容进行包装,还包括节目制作方法、栏目头、标志音乐、主持人等等一系列的包装。这种包装不只是为了取悦,包装的目的是从文化风格、接受习惯等方面着眼,最大限度地实现受传者的"文化期待",避免选择性行为对传播的干扰,最低限度地降低受传者的心理不和谐程度。

新疆民语广播电视对外节目要进行统一策划、统一制作,整合节目资源,改变节目风格,更新节目形态,播报与主持相结合。

20.4 新疆民语广播电视对外宣传的政策建议

对外宣传是塑造国家形象、维护国家利益的重要手段,是主权国家对外交往的重要组成部分。中央和地方政府应当站在政治的高度认识到:利用好广播电视的对外传播优势,在中亚地区树立中国和平崛起的新形象,对于 21 世纪中国的发展是一个重要的外交策略。尽管"西强我弱"的对外传播态势在短期内还难以改变,但中国的对外传播正在迎头直追。

中央和地方政府必须高度认识新疆广播电视对外传播的重要的政治意义,应当树立对外大传播观念,不能仅仅把它当做区域传播,甚至出现连正式编制都没有解决的尴尬局面。目前新疆广播电视对外传播工作中存在的问题是很突出的,如果不及时解决这些问题,坚守中亚舆论阵地的任务将更加艰巨。

在科技迅猛发展的当代社会,对外宣传的手段更加丰富,特别是随着中国经济社会文化的不断发展,国际地位的进一步提高,我国对外宣传领域也呈现出多元化、多渠道、全方位、宽领域的格局。新疆民语广播电视开展对外传播的前景更加值得期待,也有许多工作亟待开展。

20.4.1 树立对外大传播观念,实现资源共享

20.4.1.1 中央、地方媒体资源共享

西部大开发,不仅是新疆发展的需要,也是中国和谐发展的战略需要。新疆对外传播肩负的更是树立国家形象,维护地区安定的重任。尽管中央国际广播电台开办有对外广播,但新疆广播电视对外传播具有区域优势和便利条件。

中国国际广播电台"国际在线"网站已经与新疆人民广播电台"新疆新闻在线"网站联手,共同推出维吾尔语、哈萨克语、柯尔克孜语和蒙古语等4种语言网站。

新疆广播电视对外传播可以继续借助中国国际广播电台的强大平台,根据国家对外传播总体战略,服从服务于国家的外交、外贸方针,采取分层次发展的方式,突出重点语种网站,实现多语种网站全面发展。这样既共享了资源,达到较好的传播效果,又可以节约人力、经费。

因此,在技术上,中央广播电视机构应当给予新疆广播电视对外传播节目扶持和帮助。比如,可以通过人员知识更新培训、设备援助等方式实施。

中国应当搭建以中央广播电视对外机构为龙头,包括广播、电视、网络、新媒体等多种传播媒介在内的传播大平台,统一调配资源,形成优势互补,增强传播实力,带动新疆等其他省级广播电视对外传播媒介的整体发展。

20.4.1.2 中央、地方新闻资源共享

传播内容在对外传播中居于核心地位。广播电视总局应当做好协调工作,允许新疆对外广播电视节目与中央人民广播电台、中央电视台、新华社、人民日报等媒体和全国其他省级媒体实现新闻资源共享,并使其合法化、制度化。这样可以形成媒体联动,不仅可以有效利用新闻资源,极大丰富节目内容,提高节目质量,有利于形成舆论合力,还可以缓解目前人员少、经费严重不足的矛盾。

20.4.2 新疆对外传播人才培养

人才紧缺仍然是新疆广播电视对外传播活动中存在的突出问题。

因此,打破界限,创新培养复合型对外传播人才是新疆广播电视对外传播的当务之急。

20.4.2.1 中央、地方媒体形成培训机制

中央电视台9套、4套,中国国际广播电台作为中国最具实力和权威的对外传播媒体,已经积累了极其丰富、宝贵的实践经验。因为是国家级媒体,无论是人员素质、节目制作方式方法、节目质量,还是经费投入上都代表了国内最高水平。

20.4.2.2 中央、地方高校合作培养办学

目前,中国开始有国际传播专业的高等院校很少,只有中国传媒大学、清华大学等屈指可数的几家,而尤以中国传媒大学在广播电视方向最有优势,国际传播专业毕业生也就更加稀缺,而且内地的毕业生来新疆工作的就更少了。针对这一现实情况,当务之急是在新疆的高等院校中培养专门人才。

20.4.3 以文化交流活动为纽带推动中外媒体的互动合作

除了积极争取落地外,与国外主流媒体合作,优势互补,各取所需也是对外宣传的有效途径。与对象国主流媒体进行合作,我们可以获得"说话"的机会,利用这个机会,及时发出我们的声音,扩大对外传播舆论阵地。

新疆民语广播电视对外宣传媒介可以与对象国开展不定期的合作,合作的形式包括以下几个方面。

20.4.3.1 活动策划

策划大型采访报道活动,中外记者共同采访,分别制作、播出。这种活动可以一年搞两次,一次来中国,一次去对象国。这种交流互动可以产生直接的传播效果,而且双方媒体通过这种交流也可以相互学习,取长补短。可以充分利用各种资源,策划广播电视节目营销活动,通过不同形式的媒介组合来实现新疆广播电视对外节目的品牌推广,实现传播效果最大化。

20.4.3.2 节目交换

不仅可以使我们的节目在他们国家落地,也可选择对象国的一些

专题性节目在我们的频道交换播出,从而达到相互了解、增进交流的目的。

20.4.3.3　项目合作

中亚、新疆都有着非常丰富的人类文化遗产和地理资源,这些都是广播电视节目宝贵的可取之材。通过"请进来,走出去"方式,汇集两国优秀广播电视人才,每年制作一到两部专题片或纪录片,节目制作完成后,不仅在双方媒体播出,还可以公开发行。

20.4.4　建立跨文化对外传播研究机构

由于中外文化的差异,对外传播中必然存在思维方式和价值观、人生观、世界观的碰撞和冲突。这是对外宣传活动中最难解决的课题。新疆在培养对外传播人才的同时,应当抓紧组建成立起一个跨文化对外传播研究机构。该机构主要研究跨文化视野下新疆对外传播的一些基础理论,并开展受众调查、媒介传播研究、传播效果研究等。新疆有得天独厚的跨文化研究的区域特征,这个机构可以借助新疆高校现有的和未来的研究力量,建立新疆民语对外传播研究的平台,推动新疆对外宣传向前发展。

21 新疆传统地毯文化传承保护与创新研究

新疆被誉为"我国地毯的故乡"。新疆传统地毯在国外泛称"东方艺术毯"或"东方高级手工地毯"。它是新疆独特的民族民间人文资源中重要的传统工艺品,也是我国优秀文化遗产的重要组成部分。

21.1 新疆传统地毯发展的历史轨迹

在历史的长河中,新疆传统地毯经历了漫长的发展历程,可归纳如下。

21.1.1 汉文古迹文献中的记载

《逸周书》和《禹贡》、《汉书》、汉代《三辅黄图》、三国时期《异物志》、唐代《一切经音义》、《大唐西域记》、宋代《广韵》、《元史》、明代《正韵》等书对两千多年前新疆传统地毯发展的历史沿革作了记载。据东汉时期文献记载,新疆地区的少数民族织出与地毯组织相类似的毛织毯,这种织物在少数民族中被称为罽、褐、氍毹(音 qú shū)、毛席、毛褥等,这些可能就是聚居在塔里木盆地的各民族称谓地毯的词语或方音。到了元代、清代,地毯业进入全盛时期,新疆传统地毯已开始向欧洲出口。

21.1.2 文物考古发现

在新疆罗布泊地区的古楼兰遗址中出土的几件栽绒地毯残片(被斯坦因掠走,现藏英国伦敦维多利亚和阿拉伯特博物馆),是目前世界上最古老的真正的栽绒地毯实物;在罗布泊地区,沿孔雀河南岸三角洲一带的墓葬中,发现了彩色栽绒毯;1959 年,新疆考古工作者在民丰县北的古尼雅遗址西北约 3 公里的地方,发现了东汉夫妻合葬棺一具,[1]其中有手工羊毛打结地毯的残片,新疆东汉地毯,是目前我国发现的较早的手工打结地毯的实物标本;在巴楚县脱库孜沙来遗址又出土了北朝时期几何形图案栽绒地毯。[2]

21.1.3　民间传说

在遥远的古代,新疆南部昆仑山下,流传着织毯始祖那克西万·巴吾敦等人不畏强暴勇于斗争的传说故事,[3]其中叙述的那克西万如何创造地毯并反复实验织毯工艺的过程,在一定程度上也反映了新疆地毯产生和发展的过程。

自古以来,新疆和田地区就是新疆地毯的编织中心。和田地区的洛浦尤以地毯的质地之佳、图案色彩之美而著称,洛浦的塔玛沟历来就是传统地毯生产的中心,其生产的地毯是和田地毯的佼佼者。除此之外,喀什、库车、楼兰、疏勒、莎车等地都是新疆织毯业的主要产地,南疆的和田、喀什、库车以及乌鲁木齐等地生产的地毯通称为和田地毯。

新疆传统地毯(是指新疆栽绒地毯)的起源,虽没有直接的文字记载可以考证,但从汉文古籍文献的间接记载和考古发现的文物、流行的口头民间传说中可以分析研究,世界各国专家关于地毯起源的推断一致认为:地毯起源于原始社会游牧民的部落;随着毛织物的出现,早在原始社会母系氏族公社时期,新疆传统地毯的萌芽就开始出现。[4] 关于栽绒地毯的发现,阿尔泰山北麓的巴泽雷克出土的地毯实物,算是最早的栽绒地毯实物(见图 21－1)。

20.1.4　新疆传统地毯在我国地毯源流中的重要影响

我国传统手工地毯起源于新疆并以新疆为中心向内地流传。早在先秦时期,新疆传统地毯及技艺开始东传,被中原人民视为最高级的铺垫毛席;在盛唐时期就已向西南传到西藏、四川、安徽,向东南传到甘

〔1〕王根仑:《中国手工地毯》,中国对外经济贸易出版社 1996 年版,第 3 页。
〔2〕贾应逸、张亨德:《新疆地毯史略》,轻工业出版社 1984 年版,第 27 页。
〔3〕贾应逸、张亨德:《新疆地毯史略》,第 12 页。
〔4〕贾应逸、张亨德:《新疆地毯史略》,第 7 页。

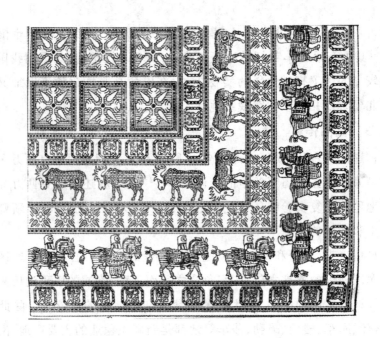

图 21 - 1　巴泽雷克出土的栽绒地毯纹样

（引自贾应逸、张亨德编著《新疆地毯史略》,轻工业出版社,1984 年 4 月）

肃、青海、宁夏、陕西、内蒙古、山西等。我国国内地毯根据风格特征划分为新疆地毯、北京地毯、蒙古地毯以及西藏地毯等四大主要流派,形成了宗教、民间、宫廷地毯的不同艺术特色。[1] 新疆传统地毯在我国地毯来源的地位:其一,西域地毯是流传中原和内地许多地区的源头;其二,受西域地毯的影响在中国形成了几大流派;其三,是由它开创了宗教与民间不同的艺术风格。综上所述,大量史实说明:新疆传统地毯是我国地毯的发祥地。

　　历史悠久的新疆传统地毯在千年发展中,已成为具有完整的工艺流程,精湛的技艺,独具地方民族特色的艺术品。地毯把民族艺术中的绘画、雕刻、编织、刺绣、印染等各种艺术中的优秀技艺融为一体,形成一种综合性的艺术,是我国优秀的文化遗产。

---

〔1〕王根仓:《中国手工地毯》,第 7 页。

21.2　新疆传统地毯的文化艺术价值与经济价值

　　民族民间文化保护是一项长期的工作任务,目前在我国刚刚起步。其理论研究和学科建设都比较薄弱,探讨新疆传统地毯作为民族民间文化所深含的人文价值、经济价值及发展创新等问题,正是民族民间文化保护传承与发展创新的迫切需要,也是开拓新疆民族民间工艺理论研究领域、促进新疆民族文化建设和地区经济发展的迫切需要。

21.2.1　地域文化

　　以自然环境、社会环境、人文环境的视角,分析新疆传统地毯工艺的流传对其生存发展的土壤和环境进行梳理,可以使我们更清晰地认识到新疆传统地毯的文化价值。作为新疆传统地毯的主要发源地与产地的和田地区,位于新疆最南部的昆仑山麓下,昆仑山在华夏文化中一直被视为炎黄子孙之祖脉所系;由于千百年来人迹罕至,昆仑山传诸于世的,是神话传说,是至高之境,神居之所,被视为先祖皇帝居住的"圣山";在文人墨客那里,昆仑山是一座想象之山。巍巍昆仑,滔滔和田河,遍野绿树与山花;千里牧场牛羊、骏马成群,这里的羊毛是编织地毯的最理想原料。远古时期,生活在这里的原始游牧部落,他们使用众多的兽皮、羊毛和羊毛纺织品,这些织品就成为新疆地毯的最早雏形。到了农耕时代,生活在这里的少数民族先民们辛勤耕耘,结出了丰硕果实;万顷绿洲,谷物果蔬飘香,各族农民不仅具有自然人的品格,也有了文化人的气质。绿洲农业文化从原始采集文化演变而来,农业生产使人类的生存方式发生了根本的转变,它使千万年人的动态生活变为静态生活,定居不游动,于是便使人们去创造新的生存方式;著名学者孟驰北指出:"评价农业文化不能因为它失去了动势就贬低它,这种静态对人类历史的发展起着重要的作用","中国的农业文化是世界上最优秀的。欧洲大陆,许多国家都有过农业社会,但并未建树起像中国这样精美的农业文化"。[1] 绿洲农业文化的核心是静态文化,只有静态才能加深对社会和对自然的认识;只有静态才能有助于积累生存经验,使文化塑造功能不至于发生断裂;只有静态才能在技艺的传承经验上,结成特殊的师徒关系。

静态文化为新疆传统地毯及其工艺的产生、发展提供了重要的条件。静态文化的创造力孕育出不少艺术佳品,和田地毯、和田玉石使地毯文化与美玉文化交相辉映,闪烁出动人的艺术之光。人们在观赏地毯时最喜欢的是它的装饰形式丰富多样,寓意深刻,色泽浓艳;和观赏美玉一样,人们对地毯所揭示出的和谐美和意境美更是情有独钟。

新疆绿洲文化的静态文化效应,在农耕时代是发展的主流,由于牧业草原文化的存在,有时也有活性(动态文化)的影响。

显然,某地域的艺术生成与发展则同其自然的、人文的因素密切相关,地域文化之养必然促使民族民间工艺(新疆传统地毯)在流传中演变,在演变中流传,逐步臻于完善。

21.2.2　审美文化

新疆传统地毯的审美文化主要体现在审美情趣的惯性作用上,每个民族的审美情趣都是经过长期历史积淀、嬗变而成的。作为一个民族整体,因相同的地理环境,相同的社会经济状况,相同的文化传统,相同的历史渊源,相同的风俗习惯,在个体的差异中又表现出共同的情趣。这种共同情趣的存在,是形成一个民族文化特色的基础。从审美的角度来分析,没有历史的积淀,各民族就不会形成今天这种审美意识,也不可能有今天这样的审美能力。正由于审美文化的内涵不是一种纯粹的静态,而是在发展变化状态中逐步形成的,民族艺术的生生不息,传承发展,必然是在本民族的土壤和根系的基础上,吸收其他民族文化艺术精华发展而来的。各民族群众对新疆传统地毯的审美趋向主要体现在追求地毯装饰的和谐、统一、均衡、宁静。地毯图案的几何纹、植物纹等在布局、节奏和色调等艺术元素的组合关系上,彰显出高度和

---

[1]孟驰北:《草原文化与人类历史》,国际文化出版公司1999年版。

谐统一的韵律美。对地毯装饰呈现出花枝满眼的浓密布局比较偏爱,其原因是对荒芜地貌的心理补偿和宗教影响。对地毯装饰中的线条运用尤为喜欢,其原因是弯曲柔韧的线条贯穿于整个画面,体现出的丰富性和运动性给人以愉悦;另一原因是线条主要负载着宗教含义,体现出附庸于宗教情绪的美学观念。新疆传统地毯纹样的每个图案都寓有一定的含义,多为表达当地人们对吉祥的美好期盼,这些图案受到各族人民的喜爱,并世代相传下来,如石榴花式地毯纹样(见图 21 - 2),开勒昆式地毯纹样等(见图 21 - 3)。

图 21 - 2 石榴花式地毯纹样   图 21 - 3 开勒昆式地毯纹样

(图 21 - 2、图 21 - 3 引自中国美术家协会新疆分会编《维吾尔民间图案集》,

新疆美术摄影出版社出版,1992 年 9 月)

21.2.3 多元文化艺术

新疆传统地毯的艺术风格及其工艺蕴含着多元文化的特征,古老的印度文化位于古代西域(这里指今新疆)之南;希伯来、巴比伦、埃及、希腊、阿拉伯文化位于其西;古老的中原文明位于其东;阿尔泰语系绿色草原文化雄踞其北;丝绸之路的开通,不仅扩大了民间交流,更重要的则是加强了东西方文化和思想的交流。新疆传统地毯无论从图案类型,还是织造工艺上看都具有波斯风格。如尼雅遗址出土的东汉时期最古老的栽绒地毯残块证实,新疆织毯工艺已经达到了很高水平,其结扣为"土耳其式"。从古楼兰、民丰、巴楚等地遗址中出土的几件栽绒地毯中,可以看到一个特点,新疆古代传统地毯的图案纹样在汉唐壁画佛龛及藻井布局中,类似这样的纹样都屡见不鲜。如新疆传统地毯来自印度佛教画的莲花纹样,夏米努斯卡、伊朗努斯卡和拜垫毯的有些图案纹样,原来都流行于伊朗、阿拉伯一带,随着伊斯兰教的传人,它也被新疆人民所学习;这些图案也融入东亚图案大小相形、虚实相生的风格,并经过创新而发展起来,形成了自己独特的样式。[1] 新疆作为四大文明交汇地,由于历史和地理的客观原因,新疆传统地毯具有东西方"水乳交融"的文化特征,使其成为波斯风、印度风、中原风和新疆本地风等多种风格的新疆地毯文化,令世人瞩目。

20.2.4　经济价值

新疆传统地毯受到国内和国外人民的喜爱,是人们生活中的必需品,也是欣赏品;人们几乎都把地毯作为家居的实用物品,其实用性正是基于对生存方式和文化品位需求的缘故。新疆传统地毯的出口加强了国家间的对外交往及商业贸易,是我国与世界文化经济交流的珍贵物品,其长期形成具有鲜明风格的传统工艺,具有很大的经济价值,在经济社会发展中发挥着重要作用。随着古丝绸之路的畅通和国际贸易的兴盛,新疆地毯进入国际市场,成为我国对外贸易的重要商品。盛唐时,当时丝绸、地毯等不少物品通过国际贸易曾使新疆的许多地区,如焉耆、于田、龟兹、楼兰等地的经济得到了进一步的发展,并成为国际贸易的集散地。元代时,撒马尔罕(在乌兹别克斯坦共和国境内)是新疆传统地毯在中亚的集散地。明清时,新疆丝绸之路沿线的不少城市商业经济十分繁荣,新疆传统地毯很多被运往中亚、西亚和远销欧洲。在近代的对俄贸易中,新疆地毯以其质地结实、永不退色、价格便宜而负

---

〔1〕李安宁:《新疆民族民间美术》,新疆人民出版社 2006 年版,第 40－41 页。

盛名。国际市场的需要,促使新疆传统地毯业愈来愈兴旺。建国后,新疆传统地毯业得到快速发展,成立了和田地毯厂,1956年后,新疆传统地毯进入了大规模的生产加工阶段,恢复了外销出口,经前苏联远销东、西欧和北欧等诸国。80年代初开始,新疆传统地毯源源不断地远销国际市场,如与9个国家和地区签订出口新疆地毯合同,新疆传统地毯已成为新疆地区出口物资中的骨干商品。

21.3　新疆传统地毯文化保护的重要性与必要性

在国内外久负盛名的新疆传统地毯,其发展现状令人担忧,原生态的民间工艺(新疆传统地毯)被边缘化、异化。目前,新疆传统地毯的制作工艺与现代市场供求正处于急剧缩小的态势,据和田地区洛浦县玉龙喀什镇的塔玛沟买勒村(地毯村)织毯老工匠阿不拉·居来提介绍说,现在巴扎(市场)上看到的地毯大都抛弃了传统的工艺,掌握传统织毯工艺的传人和地毯图案设计师愈来愈少。随着市场经济的深入发展,新疆传统地毯的市场占有份额在减少,其经济价值被弱化,加之新材料、新工艺的挑战,使新疆传统地毯的发展举步维艰。新疆传统地毯生存与发展遇到的困境说明,民族民间文化发生了深刻变化。我们正处于改革开放的大变革时代,经济全球化、科技标准化的大背景对民族民间文化的影响力之大是前所未有的。

新疆传统地毯及其工艺衰落的主要原因:一是现代工业化进程中,科学技术的一体化与物质生产、消费领域的标准化,对文化艺术领域的影响已经显现,不同地域、不同民族、不同风格的艺术超出地域限制遍及世界,为更多的人所感受、体验,已成为当今的现实。全球化所带来的新的文化挑战,导致了当代受众逐渐产生审美取向的时尚化和趋同化,这就必然冲淡了群体对包括新疆传统地毯在内的民族民间工艺个性化美学特征的认同。二是随着全球化、传媒大众化的到来,民族民间文化曾有的相对封闭、互相隔离的状态逐步被打破,文化形态的多元化与文明形态的多样化已成为人类文明全面发展的大趋势,实现文化艺术风采共呈、多元并存,正是当代人群所期盼、所追求的。正由于此,文化市场几乎被占领,受众几乎被占有,因而民族民间工艺(传统地毯)受到极大冲击。三是民族民间文化一经形成,便以极大的潜在惯性对人们的文化审美心理起着共塑作用,具有相对的稳定性与自足性,这种相对的自足和自重,存在于各民族的文化心理结构中。民族民间文化(传统地毯)作为典型的地域文化形式,它是本民族人们精神世界与生存状态的生动写照,往往根系及深,世代相传。由于其自身形态的特殊性,民族民间文化自然会在传播与交流方面出现障碍。四是在民族民间工艺的保护传承和发展上,创新不够。

如上所述,面对新疆传统地毯工艺濒临衰落的状况,研究其保护传承与发展问题显得非常重要,具有很强的现实意义。应正确认识保护传承与发展创新的关系,文化保护是前提,传承是基础,传承是民族民间文化艺术得以存在、延续与发展的必要机制,发展是目的;在保护中传承,在传承中发展创新。

21.3.1 新疆传统地毯作为民族民间文化,保护、传承与发展的重要性

(1)民族民间文化是国家文化历史传统和民族特征的重要体现。

深入分析民族民间文化及其文化信息和意义底蕴,以不断强化对本民族文化的认同,铸造新时代的民族精神,实施民族民间文化保护,是国家在现代化进程中弘扬民族精神,进行可持续发展的必然文化诉求。

(2)丰富的民族民间文化是构建国家软实力的重要载体。

民族民间文化是国家软实力的重要载体。只有加强文化保护,加快对丰富的民族民间文化资源的开发,才能使国家软实力储备成为现实。

(3)民族民间文化是新时期文化建设的基础。

保护与发展民族民间文化的过程就是深入宣传和发扬民族民间文化的过程,也是增强人民群众文化底蕴,提高道德修养的过程,有利于构建现代社会发展的价值基础。

（4）民族民间文化是其他造型艺术的基石。

民族民间文化以其生活的原发性、艺术的纯真性、审美的广泛性成为其他造型艺术的基石,被称为母体艺术。它是劳动人民的审美意识的体现,而无须借助其他材料,完全是自然的再造与心性的显现,更多地保持了艺术的本源,更富生命活力。从文化生态的角度论来看,民间文化艺术与专业创作共同构成了视觉艺术的整体架构,民间文化艺术从未脱离"主流"艺术;保护和传承民族民间文化有利于我们找到民族艺术发展的主流以及主流与支流的关系,真正把握民族文化的历史根基和现实土壤,进一步丰富、发展民族民间优秀文化。

（5）当前加快民族民间文化保护传承具有紧迫性。

在社会现代化进程加速前进的过程中,发展中国家的社会转型使民族民间文化受到猛烈冲击,有的甚至正面临消亡。随着经济全球化的加快,经济增长成为衡量一切的标准,文化地位急剧退缩,文化生态发生巨大变化。民族民间传统文化具有唯一性、不可替代性的特点,一旦消失,就无法再复原。因此,加强民族民间文化保护传承已经到了刻不容缓的时刻。

21.3.2 新疆传统地毯作为民族民间文化,保护、传承与发展的必要性

（1）民族民间文化具有唯一性、不可替代性的特征。

民族民间传统文化是人类活动的客观记载,在长期的历史文化积淀中,形成了不可替代、不可再生的特殊资源。民族民间文化还具有脆弱性,特别是在现代工业化社会,极容易被破坏,一旦被破坏,很难恢复。所以,民族民间文化必须得到有效保护。

（2）民族民间文化所含的内在价值具有公共属性。

民族民间文化从本质上讲是属于国家、属于全民族的。即使某些民族民间文化的物质表现形式在产权上归私人或部门所占有,其所含的内在价值也是不可能被占为己有的,民族民间文化是一种公共文化资源。

（3）民族民间文化具有很高的社会收益性。

民族民间文化在时间上是跨越式的，其收益惠及子孙后代。因此，保护民族民间文化的社会收益是非常高的。

新疆民族民间文化（传统地毯）究竟保护传承什么？怎样保护传承？这是当务之急。2003 年起，国内启动了为期 10 年的中国民间文化遗产抢救工程，新疆作为民族民间文化的大省（区），"申遗"工作正在积极实施。尽管我国非物质文化遗产保护体系初步形成，非遗保护已经取得了初步的成绩，我区非遗保护工作也初见成效，但这是一项长期的、艰巨的任务，目前全国的非物质文化遗产保护仍处于起步阶段。

国务院发布的《传统工艺美术保护条例》第二条对传统工艺美术做了明确规定："本条例所称传统工艺美术，是指百年以上，历史悠久，技艺精湛，世代相传，有完整的工艺流程，采用天然原材料制作，具有鲜明民族风格和地方特色，在国内外享有盛誉的手工艺品种和技艺。"新疆传统地毯及其工艺完全符合国家对传统工艺的保护范围。

对民族民间文化（传统地毯）的保护传承应采取积极措施，逐步实施。其一，在普查全国非物质遗产的基础上，我区应不断推进对新疆民族民间文化资源的分布、种类和特征进行深入普查，以此尽早建立新疆地区自治区、地（州）、县（市）各级民族民间文化保护名录，制定民族民间文化保护名录的标准体系，以解决保护传承什么的问题。其二，推进我区民族民间文化保护工作的队伍建设。新疆民族民间资源丰富，分布广、地区间跨度大、任务量重，没有一支专业队伍很难做好这项工作，应积极组织一批熟悉民族民间文化保护业务的人员，作为专职队伍，以利于保护工作的顺利进行；更要充实一批大专院校、科研院所、社会团体等方面的专家，作为兼职队伍。应采用课堂教授、函授、远程教育等多种形式进行人员培训，逐步使民族民间文化人才教育培训工作专业化、规范化。其三，加大对民族民间文化保护工作的理论研究和宣传力度。民族民间文化保护是一项长期任务，应组织专门课题的理论研究，加强经验总结，积极探索民族民间文化保护的工作规律，努力提高民族民间文化保护工作的文化和科学含量。大力加强民族民间文化保护的宣传工作,增强全社会对民族民间文化的保护意识。积极宣传介绍我区优秀民族民间文化,通过举办民族民间文化保护成果展览、民族民间文化艺术展演、民间工艺品博览会等各种活动,发挥媒体的宣传优势,加大传播力度,培养全社会成员保护民族民间文化的观念和意识,宣传、弘扬优秀民族民间文化。其四,创造条件,积极推动我区民族民间文化保护立法工作。民族民间文化保护工作要得到长期有效的开展,必须有法律作为保障。应争取在自治区地方法规中列入新疆民族民间文化保护的立法议题,结合本区民族民间文化保护的工作实际,明确规定民族民间文化保护工作的目标、任务和各项保障措施,规范本地区民族民间文化的保护工作。其五,领导重视文化保护工作是关键。一是应加强我区各级政府主管部门对民族民间文化保护传承工作的领导,贯彻"政府主导、社会参与;长远规划、分步实施;明确职责、形成合力"的原则,推进民族民间文化保护工程的实施;二是加大对民族民间文化保护工作的经费投入,民族民间文化保护必须有可靠的资金支持做保障。

21.4　新疆传统地毯的产业化发展

新疆传统地毯要摆脱目前生存发展的困境,只有走文化产业化之路,要从民间工艺文化资源优势向文化产业优势转变,坚持文化资源与文化产业对接。这是因为:其一,现在从大背景到小环境都在发生着很大变化,民族民间文化(传统地毯)很难再以传统的"自然状态"生存发展,人们对文化的需求呈现出新的发展趋势,即实现自身全面发展的意识更加自觉,更加关注文化生活的丰富,文化需求不断增长,文化与市场的结合更加紧密,多样化、多层次文化需求的实现更加依赖于文化市场。其二,发展文化产业与文化事业都是国家文化事业的重要组成部分,文化产业是社会生产力发展的必然产物,是适应经济全球化,参与国际竞争,促进文化交流,协调文化发展,增强民族文化的凝聚力、创造力、竞争力的迫切需要。其三,通过民族民间工艺产业化的发展,使传统地毯形成新的规模,拓展新的传播领域。在民族地域营造出适于民族文化艺术生存发展的、具有新的意义的地毯工艺,以吸引世人的广泛关注;充分利用现代媒介的优势,成体系、成规模地将其传播到世界各地。其四,民族民间文化艺术从其生成及原生态看,原本就是与本民族政治、经济、文化密切相关的,这种自然而然的结合,对于文化艺术的交流与提升,对于商贸体系的形成等,都产生过积极作用。这说明,民族民间文化与产业结合是有其基础的。其五,在当代意义上的文化产业,属于创意产业,它高度依赖文化的创新意识,因此,民族民间文化艺术为文化产业所关注与开掘,有益于其不断产生新意,但又始终保持并突出着民族文化精神的鲜活性。

21.4.1 文化产业发展现状与特点

新疆独特多样的地形地貌,丰富多彩的自然、人文资源及文物、旅游资源,为文化产业发展提供了较好的市场平台,特别是新疆多姿多彩、独特的民族民间文化、民族风情,这种极具排他性的文化资源成为我区发展文化产业的基础。但是,我区城市化程度较低、经济基础薄弱、交通信息等基础条件较差、市场发育程度低、建设资金匮乏、农牧业人口比重大、低收入人群多、整体文化消费水平较低,这些因素都极大地制约着文化产业的发展。当然,我区文化产业虽然起步晚,但经过近年来的发展也取得了一些进步,从总体上看,我区文化市场资源丰富,文化产业的发展还远远跟不上需要,文化产业的滞后,必然会制约我区文化事业的发展和社会进步。我区文化产业(传统地毯产业)普遍存在着"小、散、弱、差"的现象,还处于起步和探索阶段,各地文化产业的发展也极不平衡。

针对上述问题,我们应该用创新思维发展文化产业。首先,在区分文化事业与文化产业的基础上,加强两者互动。文化体制改革的主要收获,是传统的文化建设形成了公益性文化事业与经营性文化产业两大分支,并且由此明确了政府在推进两者发展上的不同职能和不同方式。第二,应在加快"走出去"步伐的同时,注重开发本地市场,也就是"向外"也"向内"。第三,应扩大文化产业的企业规模,组建大集团。

我区具有实力的文化产业大企业尚未形成,有大有小,是文化产业发展的常态。第四,积极开拓文化消费市场,一是本土文化消费群体,一是外来旅游者消费群体。新疆传统地毯的产业化发展与全区文化产业发展的现状一样,发展缓慢,文化产业的企业布局较为分散,文化市场很幼弱。

21.4.2　新疆传统地毯文化产业发展对策

21.4.2.1　优化环境是新疆地毯文化产业发展的前提

文化生态环境,是指文化艺术诸多形式之间与文化及其发展密切相关的多种因素或层面之间协调共处、和谐统一的一种客观生存现实,既包括自然因素,也包括社会因素。创建良好的文化生态环境是源于满足"社会团结、文化延续和社区生存"[1]的需要,如喀什地区在文化事业建设中,创建以政府为主导、与文化产业结合的良好文化生态环境的一些做法,值得借鉴。他们以政府的主导作用为核心,不断发展良好文化生态环境得以形成的经济基础和物质前提,着力打造以各族群众为主体的文化设施建设及文化服务体系,不断拓展以文化产业作为潜在生长点。他们认识到,本地区文化产业发展水平还很低(除文化旅游有一定规模外),发展文化产业是构建文化生态环境建设的新领域。他们制定了发展文化产业规划,做好基础的准备工作,对文化资源全面调研普查,包括传统地毯工艺,并纳入正规化管理范围。命名了"民间艺术之乡"、"民间艺术大师",加大了土陶、民族乐器制作工艺的申遗工作等。

21.4.2.2　资源整合是新疆传统地毯文化产业的重要特征

新疆传统地毯的主要产地分布在和田、喀什、库车、莎车以及和田的洛浦、于阗、民丰、土沙拉乡、塔玛沟等地,地毯文化资源相对分散,种类繁多。因此,整合性的文化产业就成为传统地毯产业发展的重点。应在资源整合中,制定合作规划,打破地区和县乡界限,实现社会效益与经济效益的"双效益"共赢,如新疆地毯总厂与和田地区地毯厂已签

---

〔1〕〔英〕马凌诺斯基:《文化论》,费孝通译,中国民间文艺出版社 1987 年版,第 105 页。

订合作协议,在和田地区洛浦县举办"首届新疆手工羊毛地毯博览会",成立了和田地毯博物馆及新疆和田地毯研发中心,深入地毯生产企业开展产业调研,对本地区地毯乡、地毯村的传统地毯文化资源进行了大量的整合工作,并已初见成效。在资源整合中,应重视发展旅游产业。

21.4.2.3　打造传统地毯品牌,提高市场竞争力

新疆传统地毯一直是新疆民间工艺的著名品牌,誉满世界。改革开放后由于内地大量机织、化纤地毯进入新疆市场,传统手工地毯被冷落,专业力量薄弱,传统地毯的优质原料(和田半粗异质羊毛)严重缺乏,假冒"新疆传统地毯"产品充斥市场等原因,使新疆传统地毯的品牌效应受到严重损害。为此,我们在打造品牌方面也做了一些工作,如邀请国家地毯专家举办地毯产业发展论坛和地毯评奖活动,进一步提升新疆地毯品牌的知名度。在地毯产业发展中,应不断探索创新,做大做强新疆传统地毯品牌,使其重放光彩。

21.4.2.4　运用高新技术,吸收新材料新工艺,培植新兴地毯产业

推进高新技术成果与地毯产业的结合,提高地毯产品生产和文化服务手段的科技含量。地毯文化产业应用高新技术,会提升地毯工艺整体技术水平、竞争实力。现代科技可以使地毯文化的影响发挥到前所未有的程度,可以使地毯文化的审美效果得到充分表达与强化。地毯文化工艺的技术化,是地毯文化产业发展的重要内容之一。

21.4.2.5　加大新疆传统地毯产业化人才培养

人才战略是加快地毯产业化发展的重要措施。近年来,新疆传统地毯各类人才流失严重,如已经培养多年的大批图案设计师、专业织毯技工和管理人员等人才断档,短时期难以培养,造成现有地毯生产企业图案设计能力和手工织毯力量十分薄弱,整体水平下降。为此,加大人才培养势在必行。应培养和引进文化产业管理人才、文化经纪人、科技创新人才以及传统地毯传承人才等地毯产业急需的各类人才。为了从基础抓起,提高实际操作能力,莎车县职业高中地毯专业在乌鲁木齐成立了实习基地等。应根据本行业的需要制定短期、中期和长期的人才

培养规划,使人才培养工作制度化、规范化、常态化,为地毯文化产业可持续发展提供人才保障。

21.4.2.6　加大政府对传统地毯产业的投入和扶持力度

政府各级领导重视地毯文化产业的发展,是做好工作的基本保证。特别是加大资金投入是至关重要的。要发挥政府和社会资本两个积极性,拓宽地毯文化产业融资渠道,形成多渠道投入机制。努力探索建立地毯产业发展的有效投资体制,如乌鲁木齐市地毯总厂、喀什市新艺工艺美术集团公司等企业申请国家民族特需用品定点生产企业专项资金已获批准。在财力支持上,既要发挥国家的积极性,又要发挥地方和社会的积极性,从而形成合力,加大扶持力度。

21.4.2.7　切实加强知识产权保护工作

传统地毯文化产业要增强知识产权保护意识和法规观念,积极制定地毯产业参与市场竞争的知识产权战略,要实行研究、创作、开发、生产、销售全过程的知识产权保护。支持地毯文化创新,鼓励专业工作者创造和拥有更多的知识产权。如有些地方的企业,在创新产品的宣传中,侵害了传承人原创的知识产权,造成了负面影响,挫伤了传承人创新的积极性。要特别重视民族民间文化传承人知识产权的保护,这是做好传统地毯产业发展的重要一环。

参考文献

Adam Smith, The Theory of Moral Sentiments［M］. Indianapolis：Liberty Press，1981.

Grenet F，Sims-Williame N，De La Vaissiere E. The Sogdian Ancient Letter V［G］//Bulletin of the Asia Institute，XII，1998.

艾民.加强文化安全建设促进企业和谐发展［J］.现代商贸工业，2008(8).

安黎,聂晓亮.少数民族传统文化立法刍议［J］.法制与社会,2009(1).

白洁,刘云.婚姻家庭问题研究［M］.乌鲁木齐:新疆大学出版社,2002.

白京兰,张建江.新疆少数民族文化遗产地方立法基本情况的分析与探讨［J］.新疆大学学报,2006(9).

白京兰.西部大开发与少数民族文化遗产保护的法律思考－以新疆少数民族文化遗产保护为中心的分析［J］.辽宁大学学报,2007(5).

北京大学考古文博学院,青海省文物考古研究所.都兰吐蕃墓［M］.北京:科学出版社,2005.

北京师范大学价值与文化研究中心.价值与文华:第1、2辑［M］.北京:北京师范大学出版社,2002,2004.

博伦.经由埃及东部沙漠和红海而建立起来的罗马帝国与东方诸国的商贸联系［G］//魏邀宇,吴曼,译.法国汉学:第11辑.北京:中华书局,2006.

蔡尚伟,温洪泉.文化产业导论［M］.上海:复旦大学出版社,2006(8).

蔡尚伟.文化产业导论［M］.上海:复旦大学出版社,2006.

蔡拓,孙祺.建构主义视角下的文化全球化——兼论中国传统文化的作用[J].南开学报,2009(6):80-81.

常洁琨.西北少数民族文化遗产保护地方立法研究——以新疆自治区为例[J].法学评论,2008(3).

常洁琨.新疆少数民族非物质文化遗产保护的法律思考[J].视点,2008(9).

常任侠.丝绸之路与西域文化艺术[M].上海:上海文艺出版社,1981.

陈壁生.民族主义与民族国家建构[J].社会科学论坛,2006(9).

陈宏伟.西新工程助推我区少数民族语言广播电视译制事业快速发展[EB/OL].[2010-09-21]http://www.xjbtedu.cn/ReadNews_1.asp? id=5668.html.

陈赟.现时代的精神生活[M].北京:新星出版社,2008.

陈泽环.道德结构与伦理学[M].上海:上海人民出版社,2009.

传统工艺美术保护条例(1997年5月20日中华人民共和国国务院令第217号发布,自发布之日起施行).

〔德〕克林凯特.丝绸古道上的文化[M].赵崇民,译,贾应逸,审校.乌鲁木齐:新疆美术摄影出版社,1994.

邓先超.中国文化发展战略研究[M].南昌:江西人民出版社,2009.

邓永芳.文化现代性引论[D].北京:中共中央党校,2007.

杜佑.通典[M].王文锦等,点校.北京:中华书局,1988.

段成式.酉阳杂俎[M].北京:中华书局,1981.

敦煌文物研究所.中国石窟·敦煌莫高窟(二)[M].北京:文物出版社,1984.

敦煌文物研究所·中国石窟·敦煌莫高窟(三)[M].北京:文物出版社,1987.

〔俄〕维·维·巴尔托里德.中亚简史(外一种)[M].耿世民,译.北京:中华书局,2005.

〔法〕E. 于格. 海市属楼中的帝国——丝绸之路上的人、神与神话 〔M〕. 耿昇,译. 喀什:喀什维吾尔文出版社,2004.

〔法〕伯希和,列维. 吐火罗语考〔M〕. 冯承钧,译. 北京:中华书局, 2004:54－56.

〔法〕布尔努瓦. 丝绸之路〔M〕. 耿昇,译. 济南:山东画报出版社, 2001.

法显. 法显传〔M〕//大正新修大藏经:第 51 册.

范可. 全球语境下的文化认同与文化自觉〔J〕. 世界民族,2008 (2).

方家良. 文化市场管理学〔M〕. 上海:上海交通大学出版社,1991.

费孝通. 文化的生与死〔M〕. 上海:上海人民出版社,2009.

符文茂. 论文化软实力建设〔J〕. 现代商贸工业,2008(1).

高方. 文化"走出去"尽显新疆魅力——自治区民生建设纪实 〔N〕. 新疆日报(汉),2008－10－14(1).

高轩. 非物质文化遗产保护立法的宪政考量〔J〕. 法商研究,2009 (1).

耿世民. 试论塔里木盆地民族之融合和近代维吾尔族的形成〔A〕. 新疆历史论文续集〔C〕. 乌鲁木齐:新疆人民出版社,1982.

公共文化体育设施条例(中华人民共和国国务院令第 382 号).

国家"十一五"时期文化发展规划纲要,中办发〔2006〕24 号.

国家"十一五"时期文化发展规划纲要〔EB/OL〕. 〔2006－09－ 13〕. 中央政府门户网站 http://www. gov. cn/jrzg/2006－09/13/content _388046_11. htm.

国家文物局古文献研究室,新疆维吾尔自治区博物馆,武汉大学历 史系. 吐鲁番出土文书:第 3 册〔M〕. 北京:文物出版社,1981.

国家文物局古文献研究室,新疆维吾尔自治区博物馆,武汉大学历 史系. 吐鲁番出土文书:第 6 册〔M〕. 北京:文物出版社,1985.

国家文物局古文献研究室,新疆维吾尔自治区博物馆,武汉大学历 史系. 吐鲁番出土文书:第 7 册〔M〕. 北京:文物出版社,1986.

国务院办公厅关于印发文化体制改革试点中支持文化产业发展和经营性文化事业单位转制为企业的两个规定的通知,国发〔2003〕105号.

韩宝华,秦裕华.当代中国语境下的文化软实力解读[J].实事求是,2008(2).

贺聿勇.围绕执法形象谈树立执法权威[EB/OL].[2012 - 06 - 22].http://bbs.rednet.cn/forum.php? mod = viewthread&tid = 9461076 &page = 9

侯迎欣.提升中国文化软实力的一些思考[J].理论与当代,2010(4).

〔后魏〕贾思勰.齐民要术[M].北京:团结出版社,1996.

胡海文.提高我国文化软实力的必要性与策略[J].山东省农业管理干部学院学报,2010(2).

胡惠林,陈昕.中国文化产业评论:第九卷、第十卷[M].上海:上海人民出版社,2009.

胡惠林.论文化体制改革[J].开发研究,2005,(4).

胡能灿.改善执法环境树立执法权威[EB/OL].[2008 - 07 - 09]. http://www.mlr.gov.cn/zt/rd/jyxc/yjjy/200805/t20080505 _ 102469. htm.

荒川正晴.唐帝国和粟特人的交易活动[J].陈海涛,译.杨富学,校.敦煌研究,2002(3):73 - 91.

黄慧珍.信仰与觉醒[M].北京:人民出版社,2007.

季羡林.佛教与中印文化交流[M].南昌:江西人民出版社,1990.

季羡林.商人与佛教[G]//季羡林学术著作自选集.北京:北京师范大学出版社,1991.

加强全区乡镇(街道)文化站的建设和管理(新疆维吾尔自治区乡、镇(街道)文化站编制标准).

贾应逸,张亨德.新疆地毯史略[M].北京:轻工业出版社,1984.

江蓝生,谢绳武.2005 中国文化产业发展报告[M].北京:社会科学文献出版社,2005.

姜伯勤.唐安菩墓所出三彩骆驼所见"盛于皮袋"的祆神[G]//荣新江.唐研究:第7卷.北京:北京大学出版社,2001.

焦艳丽,奚海燕.当代中国的文化安全问题研究[J].兰州学刊,2004(6).

捷盟咨询安全文化课题组.安全盾文化体系的构建[J].中外企业文化,2008(2).

金观涛.探索现代社会的起源[M].北京:社会科学文献出版社,2010.

孔祥振.事业单位改革研究[D].北京:中央党校研究生院,2006.

赖昌南.以社会主义和谐文化增强国家软实力[J].重庆科技学院学报,2010(10).

赖美琴.文化认同与中华民族凝聚力[J].燕山大学学报,2006(3).

郎香萍.文化产业发展与文化体制改革的思考[N].中国文化报,2001-05-24.

郎毅怀.论中国主流文化的时代转型[J].社会科学战线.2005(2):6-12.

乐黛云.跨文化对话:第24辑[M].南京:江苏人民出版社,2009.

黎红雷.人类管理之道[M].北京:商务印书馆,2000.

李安宁.新疆民族民间美术[M].乌鲁木齐:新疆人民出版社,2006.

李彬.传播学引论[M].北京:新华出版社,1998.

李明伟.丝绸之路贸易史[M].兰州:甘肃人民出版社,1997.

李娜,石红霞.新疆特色文化产业发展思考[J].安康学院学报,2009(4).

李向民.王晨.文化产业:变革中的文化[M].北京:经济科学出版社,2005.

李晓霞.民族传统文化与新疆文化产业的发展[J].新疆社会科

学,2006(3).

李延寿.北史[M].北京:中华书局,1974.

李遇春.新疆乌恰发现金条和大批波斯银币[J].考古,1959(9):483.

李月明.对外文化传播与我国文化软实力的构建[J].攀登.2009(1):124-128.

李志江.良序社会的政治学[M].北京:人民出版社,2009.

李忠,石文典.文化同化与冲突下的民族认同与民族偏见[J].社会心理科学,2007(5).

李宗伟.谈文化体制改革[N].中国文化报,2003-02-18.

〔梁〕慧皎.高僧传[M].汤用彤,校注.北京:中华书局,1992.

林进平.马克思的"正义"解读[M].北京:社会科学文献出版社,2009.

林明.文化认同与社会和谐[J].南京社会科学,2008(2).

刘爱民,杨吉安.马克思主义与国家文化软实力的提升[J].中央社会主义学院学报,2010(4).

刘奔.经济全球化背景下的文化问题——兼驳"文化全球化"论[J].探索与争鸣,2006(9).

刘大先.新疆:文化差异与国家认同[J].粤海风,200(5):8.

刘红,杨新财.新疆文化现代化过程中大众传媒存在的主要问题与对策[J].新疆财经大学学报,2009(2):55-58.

刘红.大众传媒对新疆现代文化的作用[J].当代传播,2006(3):34-37.

刘明.新疆多元文化特征探析[J].江西教育学院学报:社会科学,2009(2).

罗尔斯.正义论[M].北京:中国社会科学出版社,2010.

罗艳,肖燕怜.大众传媒对新疆现代文化的创新与扩散作用[J].新疆财经大学学报,2008(1).

罗争玉.文化事业的改革与发展[M].北京:人民出版社,2006.

洛阳文物工作队. 洛阳龙门唐安菩夫妇墓[J]. 中原文物,1982(3):22-23.

骆春明,李学明. 巴里坤诗文集[M]. 乌鲁木齐:新疆大学出版社,2004.

骆郁廷. 精神动力论[M]. 武汉:武汉大学出版社,2003.

麻赫默德·喀什噶里. 突厥语大词典[M]. 汉文版. 北京:民族出版社,2002.

马克思. 1884年经济学哲学手稿[Z]. 中央编译局,译. 北京:人民出版社,2000.

[美]E. M. 罗杰斯. 传播学史:一种传记式的方法[M]. 殷晓蓉,译. 上海:上海译文出版社,2005.

[美]W. 施拉姆等. 传播学概论[M]. 北京:新华出版社,1984.

[美]安妮特·L. 朱丽安娜,朱迪思·A. 莱莉. 古粟特文信札(Ⅱ号)[J]. 苏银梅,译. 考古与文物,2003(5):76-77.

[美]丹尼尔·A,雷恩. 管理思想的演变[M]. 北京:中国社会科学院出版社,2000.

[美]塞缪尔·亨廷顿. 文明的冲突与世界秩序的重建[M]. 周琪,刘绯,张立平,王园,译. 北京:新华出版社,2002.

[美]约瑟夫·奈. 美国霸权的困惑[M]. 北京:世界知识出版社,2002.

[美]詹姆斯·W. 凯瑞. 作为文化的传播:"媒介与社会"论文集[C]. 丁未,译. 北京:华夏出版社,2005.

苗普生. 新疆自古以来就是多民族聚居地区[C]//第四期自治区哲学社会科学骨干研修班讲稿. 乌鲁木齐:自治区哲学社会科学骨干研修班. 2010.

民族文字人均消费是1. 12元 大大低于全国平均消费水平[EB/OL]. [2009-07-29]. http://www. tianshannet. com. cm/news/content/2009-07/29/content-4364134. htm.

宁德业,尚久. 当前我国文化软实力发展面临的挑战及其应对

［J］.江西社会科学,2010(4).

牛汝极.充分挖掘丝路文化资源 加快发展新疆文化产业［J］.新疆社会科学,2009(1).

牛汝极.充分挖掘丝路文化资源　加快发展新疆文化产业［J］.新疆社会科学,2009(1):87－90.

牛汝极.跨文化视角:龟兹历史与人类文明［J］.西域研究,2009(3):103－107.

牛汝极.跨文化视角:龟兹历史与人类文明［J］.西域研究,2009(3):103－107.

牛汝极.认同视域下的国家文化安全［J］.新疆师范大学学报,2009(1):21－27.

牛汝极.认同视域下的国家文化安全［J］.新疆师范大学学报,2009(1):21－27.

牛汝极.文化的绿洲［M］.乌鲁木齐:新疆人民出版社,2006.

牛汝极.中国西北边疆:第1辑［M］.北京:科学出版社,2009.

牛汝极.中和共建与认同重构［J］.西北民族研究,2008(4):83－90.

欧阳康.民族精神［M］.哈尔滨:黑龙江教育出版社,2010.

潘志平."新疆经验":建设"和谐社会"的初步实践［J］.新疆社会科学,2006(4).

潘忠崎,黄仁伟.中国的地缘文化战略［J］.现代国际关系,2008(1).

祁述裕.文化体制改革的战略选择［J］.人民论坛,2005,(5).

祁述裕.中国文化产业国际竞争力报告［M］.北京:社会文献出版社,2004.

齐勇锋.关于加快文化体制改革的几点思考［N］.光明日报,2003－01－15.

乔清举.文化探索与体制创新［M］.北京:中国传媒大学出版社,2005.

丘远尧.新疆五十年[M].北京:中国统计出版社,2005.

任映红.中国共产党的社会公正观研究[M].北京:人民出版社,2009.

〔日〕吉田丰,森安孝夫.阿斯塔那135号墓《麹氏高昌国时代粟特文买卖女奴隶文书》[J].柳洪亮,译.新获吐鲁番出土文物,1993(4):110-111.

〔日〕上原和.记常书鸿先生重访日本[J].敦煌研究,2004(3):52.

〔日〕羽田亨.西域文明史概论(外一种)[M].耿世民,译.北京:中华书局,2005.

荣新江.Miho美术馆粟特石棺屏风的图像及其组合[G]//艺术史研究:第4辑.广州:中山大学出版社,2002.

荣新江.中古中国与外来文明[M].北京:三联书店,2001:109-110.

沙飞.经济全球化与中国的文化安全[J].改革论坛,2007(11).

山西省考古研究所,太原市文物考古研究所,太原市晋源区文物旅游局.太原隋虞弘墓[M].北京:文物出版社,2005.

山西省考古研究所.太原市北齐娄睿墓发掘简报[J].文物,1983(10):17.

陕西省考古研究所.西安北周安伽墓[M].北京:文物出版社,2003.

石培玲.民族意识与多民族国家的社会和谐[J].贵州民族研究,2008(1).

史炳军,马朝琦.危机与回应:和谐社会的文化认同[J].社会科学家,2006(5).

宋丹娜.深化文化体制改革的思考[N].湖北日报,2004-01-15.

宋念申.冲突的是权力,建设的是文化——中美博弈中的"文化冲突"[J].外交评论,2010(2):48-56.

宋生贵.当代民族艺术之路——传承与超越[M].北京:人民出版社,2007.

〔苏〕Б.Г.加富罗夫.中亚塔吉克史:上古—十九世纪上半叶[M].肖之兴,译.北京:中国社会科学出版社,1985.

孙家正.为什么要大力发展我国文化产业[N].经济日报,2005-02-05.

孙萍.文化管理学[M].北京:中国人民大学出版社,2006.

〔唐〕慧超.往五天竺国传笺释[M].张毅,笺注.北京:中华书局,1994.

〔唐〕慧立,彦棕.大慈恩寺三藏法师传[M].孙毓棠,谢方,点校.北京:中华书局,2000.

唐耕藕,陆宏基.敦煌社会经济文献真迹释录:第1辑[M].北京:书目文献出版社,1986.

唐任伍,赵莉.文化产业——21世纪的潜能产业[M].1版.贵阳:贵州人民出版社,2004.

陶彦霓.文化体制改革与文化创新[J].云南社会科学,2004,(4).

田海航,邹卫.社会主义核心价值观论纲[M].北京:人民出版社,2010.

王炳华.吐鲁番的古代文明[M].乌鲁木齐:新疆人民出版社,1989.

王博,祁小山.丝绸之路草原石人研究[M].乌鲁木齐:新疆人民出版社,1995.

王传满.深化文化体制改革加快文化产业发展[J].南京航空航天大学学报,2004,(2).

王根仓.中国手工地毯[M].北京:中国对外经济贸易出版社,1996.

王继雨.新时期新疆稳定问题实证研究[J].科学社会主义,2006(4).

王利华.中古华北饮食文化的变迁[M].北京:中国社会科学出版社,2000.

王嵘.西域文化的回声[M].乌鲁木齐:新疆青少年出版社,2000.

王嵘.西域艺术史[M].昆明:云南人民出版社,2006.

王永章."文化产业"与"创意产业"辨析[N].中国教育报,2007 - 05 - 01.

王岳川.后现代主义与中国当代文化[J].-中国社会科学,1996 (3):175 - 185.

王佐书.中国文化战略与安全研究[M].北京:人民出版社,2007.

温朝霞.对我国文化体制改革的若干思考[J].中共石家庄市委党校学报,2004(7).

文化产业发展第十个五年计划纲要,文政法〔2001〕44 号.

文化市场管理工作总结和今后的工作思路与措施[EB/OL]. [2007 - 05 - 25].http://www.xjwhsc.com.

吴蔼宸.历代西域诗钞[M].乌鲁木齐:新疆人民出版社,1995.

西安市文物保护考古所.西安北周凉州萨保史君墓发掘简报[J]. 文物,2005(3):11.

夏国兴.从文化认同视角探析化解社会矛盾[J].广东农工商职业技术学院学报,2007(4).

夏文蓉.浅谈大众传媒导向作用的发挥[J].新闻前哨,1999(4).

向勇.文化产业发展与文化软实力提升[N].中国文化报,2009 - 02 - 23.

谢鲁.加强文化立法推动文化大发展大繁荣.三江论坛[J].2008 (6).

新疆年鉴编委会.新疆年鉴[Z].乌鲁木齐:新疆年鉴社,2007.

新疆社会科学院考古研究所.新疆考古三十年[M].乌鲁木齐:新疆人民出版社,1983.

新疆社会科学院宗教研究所.新疆宗教[M].乌鲁木齐:新疆人民出版社,1989.

新疆维吾尔自治区 2007 年国民经济和社会发展统计公报[N].新疆日报(汉),2008 - 04 - 18.

新疆维吾尔自治区地方志编纂委员会.新疆年鉴[Z].乌鲁木齐:

新疆年鉴社,2008.

新疆维吾尔自治区非物质文化遗产保护工程管理办法.新疆维吾尔自治区人民政府办公厅新政办发〔2005〕162号文,二〇〇五年九月二十日.

新疆维吾尔自治区统计局.新疆统计年鉴:2006年.北京:中国统计出版社,2006.

新疆维吾尔自治区文化厅关于实施《互联网文化管理暂行规定》有关问题的通知更新[EB/OL].[2007-05-25].http://www.xjwxsc.com.

许嘉璐.语言与文化[J].新华文摘,2001(1).

薛宗正.中国新疆古代社会生活史[M].乌鲁木齐:新疆人民出版社,1997.

杨峰,张凤艳.地缘视角下新疆稳定发展的多元因素分析[J].石河子大学学报:哲学社会科学版,2008(2).

杨桂青.略论主流文化的实践性与利益旨归[J].哲学研究,2006(3):101-108.

姚文遐.新疆文化建设现状与发展对策[J].伊犁师范学院学报,2009(3):67-73.

衣俊卿.文化哲学[M].昆明:云南人民出版社,2001.

以新疆文化"四性"为着力点 狠抓"六个"关键点 稳步推进新疆文化事业和谐繁荣发展[EB/OL].[2009-05-25].http://www.cent.gov.cn/xxfb/xwzx/dfdt/200905/t20090525_69483.html.

〔英〕乔治·拉伦.意识形态与文化身份:现代性和第三世界的在场[M].上海:上海教育出版社,2005.

〔英〕特伦斯·霍克斯.结构主义和符号学[M].上海:上海译文出版社,1987.

〔英〕裕尔.东域纪程录丛[M].考迪埃,修订.张绪山,译.昆明:云南人民出版社,2002.

〔英〕约翰·汤姆林森.全球化与文化[M].南京:南京大学出版

社,2002.

袁贵仁.价值观的理论与实践[M].北京:北京师范大学出版社,2009.

张驰,阿斯买.跨文化传播对新疆少数民族文化的影响[J].新闻世界,2009(1).

张峰.树立和践行社会主义核心价值体系[M].北京:华文出版社,2010.

张付新,谢贵平.试论新疆的文化多样性[J].西北民族大学学报,2010(1).

张亨德,韩莲芬.新疆民间美术丛书系列:民间毡毯[M].乌鲁木齐:新疆美术摄影出版社,2006.

张京玲,张庆林.少数民族文化认同态度模式与文化适应的关系[J].中国组织工程研究与临床康复,2007(6).

张晶晶.加强地方文化立法 促进新疆和谐发展[J].新疆财经学院学报,2007(2).

张亚庆.中央支持新疆的文化项目资金呈逐年快速增长态势[EB/OL].[2010-07-06].http://www.tianshannet.com.

张洋,西林.丝绸之路上的新疆维吾尔族与日本饮食比较[J].吉林教育学院学报,2003(2).

张洋.塔塔尔族饮食文化透视[J].新疆艺术,1998(2):25-28.

张洋.维吾尔族妇女人名的美学特征[J].新疆艺术,2000(1).

赵丽莉,赵俐.论新疆多元民族地区和谐建设中民族文化产业的发展.新疆师范大学学报:哲学社会科学版,2008(3).

赵丽莉.对加强新疆非物质文化遗产法律保护的思考[J].新疆财经学院学报,2008(2).

赵秋梧.民族意识与文化自觉[J].理论月刊,2007(2).

赵世林,陈为智.文化认同与边疆民族地区和谐社会的构建[J].民族研究,2006(6).

赵月枝.文化产业、市场逻辑和文化多样性:可持续发展的公共文化传播理论与实践(上)[J].新闻大学,2006(4):1-7.

郑保卫,李洋,郭平.试论当前我国媒体格局变化的现状及特点[J].国际新闻界,2008(3):57-62.

智怀.中国人的信仰[M].北京:团结出版社,2010.

中共中央国务院关于文化体制改革的若干意见,中办发〔2005〕14号.

中国共产党第十七次全国代表大会文件汇编[G].北京:人民出版社,2007.

中国广播电视年鉴编辑委员会.中国广播电视年鉴[Z].北京:中国广播电视年鉴社,2008.

中国科学院中国现代化研究中心.中国文化现代化的新探索[M].北京:科学出版社,2010.

中国社会科学院人口与劳动经济研究所.中国人口年鉴[Z].北京:中国人口年鉴杂志社出版,2008.

中国文物研究所,新疆维吾尔自治区博物馆,武汉大学历史系.吐鲁番出土文书(叁)[M].北京:文物出版社,1996.

中国文物研究所,新疆维吾尔自治区博物馆,武汉大学历史系.吐鲁番出土文书(壹)[M].北京:文物出版社,1992.

中央宣传部、文化部、国家广电总局、新闻出版总署关于文化体制改革试点工作的意见,中办发〔2003〕21号.

周泓.新疆文化的多元性与地域性[J].喀什师范学院学报,1998(1).

周书[M].北京:中华书局,1971.

朱雷.麴氏高昌王国的"称价钱"——麴朝税制零拾[M]//敦煌吐鲁番文书论丛,兰州:甘肃人民出版社,2000.

庄晓东.文化传播:历史、理论与现实[M].北京:人民出版社,2003.

庄晓东.文化传播研究在当代中国的意义[J].天津社会科学,2004(2).

邹广文,徐庆文.全球化与中国文化产业的发展[M].中央编译出版社,2006.

后　记

　　本书是本人牵头主持的教育部人文社科重点研究基地重大项目《新疆文化发展与安全战略研究》的最终成果。感谢我们团队成员在个人教学科研工作繁忙的情况下所给予的大力支持和积极配合,正因如此,才使得这项工作可以暂时画上一个句号。这个课题从最初论证到定稿,其大纲结构和具体内容都变化过多次,虽然现在还有许多方面不太满意,但因为学识和时间的关系,不能久拖,只能暂时搁笔。

　　下面是本书章目及其撰稿人分工情况:

　　绪言、第一、二、三、四、七、十五章均由牛汝极完成,第六、十九章由牛汝极牵头完成;

　　第五章由张洋完成;

　　第八章由王菲完成;

　　第九章由阿布利克木·雅森完成;

　　第十章由王敏完成;

　　第十一章由赵平完成;

　　第十二章、第十七章由周亚成完成;

　　第十三章、第十八章由王茜等完成;

　　第十四章由金玉萍完成;

　　第十六章由杨洪建完成;

　　第二十章由朱丽萍完成;

　　第二十一章由董馥伊完成。

　　有关新疆文化发展与安全战略的研究成果还不多,即使有一些成果但深度还不够,所以我们能借鉴的地方就十分有限。目前,中国共产党第十七届六中全会提出了文化大发展大繁荣的任务和目标,新疆维吾尔自治区党委提出了现代文化引领战略和高扬新疆精神的旗帜,这必将进一步推进文化建设和研究的热潮,为此,本课题愿意在文化发展和研究中做一粒铺路石和垫脚砖。真诚期望广大读者能对本书内容批评指正。

感谢教育部社科司对本课题的资助和支持！也感谢兰州大学出版社对本书的出版支持及编辑施援平女士和责任编辑许景女士对书稿的认真策划和细心编校！

牛汝极

2011 年 12 月

索　引

A

阿凡提　156,191,201,209

阿克苏
56,93,96,114,116,185,224,
318,323,330

阿曼尼莎汗　106

阿瓦提　116,185,323

爱国
3,4,7,8,13,25,54,80,106,
173,231,268,272,311

B

巴音郭楞自治州　191

巴扎　114,141 – 149,309,347

百日广场文化活动
156,201,324

包容
3 – 5,10,11,20,33,34,48,192,
193

暴力
24,45,46,49,80,199,263,268

北山羊　37,38

变通　34,36

波斯
71,72,75,100,105,106,109,
127 – 129,131,140,141,144,
221,224,346,361

C

曹衣出水　90

草原
5,61,104,115,131,199,224,
343 – 345,365

察合台　105,106,109

昌吉回族自治州　323,330

诚信　16,21,22,269,279

冲突
15,20,43,45,47,48,59,119,
192,215,217 – 219,237,242,
246,248,251,252,254,260 – 262,
269,275,306,335,339,361,
362,364

出版
9,12,14 – 16,19,28,30,33,44,
48 – 50,55 – 58,93,110,111,
125,141,142,159,175,176,
179,189,194,196,204,212,

213，217 － 219，222，224，226，
227，231，237，239 － 241，245，246，
251 － 254，258 － 260，262 － 264，
281 － 283，285 － 288，304，306，
311，317，330，340，341，343，
345，346，353，356 － 370，372

传统性　　10，11

D

达斡尔　　75，223

大藏经　　103，358

刀郎　　121，206，209，325

道教　　61，133，136，219，223

地毯

19，117，340 － 355，359，365

E

俄罗斯

65，66，154，204，205，220，223

F

法治

3 － 5，8，21，22，163，164，276，
288，289，305，311

反分裂

46，51 － 53，57，76 － 78，80，83，
84，182，238，273

反思

1，4，5，32，34 － 37，45，249

非物质文化遗产

54，62，91，112，116 － 119，121，
122，125，156，157，164，165，
179，199，200，203，204，239，
307，308，312 － 315，317，319，
320，325，350，357，358，367，368

佛教

59，61，101 － 103，109，121 － 123，
133，219，223 － 225，331，346，
359

福乐智慧　　72，104，105，204

富强

3，13，18，19，21，179，267，295

G

感恩　　4，34，35，112，116

高昌回鹘王国　　61，71，103

高昌杂字　　142

公正

21，22，28，31，163，186，187，
240，273，279，289，291，294 － 296，
299，321，364

共同体

15 － 18，21，25，36，44，47，48，
229，230，252 － 255，263，264，
266，270，274

广播电视

175，176，179，196，199，219，
226 － 228，231 － 233，235，239，

283，304，305，316，327，328，
331 - 339，357，369

H

哈密
59，60，106，108，116，117，184，
191，200，224，314

哈萨克
61，62，66，74，76，138，154，183，
191，200 - 202，219，220，223，
226，227，230，231，234，235，
258，309，314，323，330，332，
334，337

汉族
59，60，62，65，69，74 - 76，131，
140，141，164，201，223，225，
258，261，274，275

和田
49，55，56，114，117，122，124，
136，204，224，319，341，343，
344，347，353，354

和谐
3 - 5，7，8，10，13，16，18 - 24，
26，31，38，39，46，52，79，80，94，
98，116，122，137 - 140，154，
155，164 - 166，168，171 - 173，
181，201，205，218，220，226，
231，236，241，255，256，260，
262，264，266 - 268，271 - 273，

278，279，281，293，297，310，
313，336，337，344，353，356，
360，361，363，364，367，368

核心价值观
2，3，11 - 13，18，193，236，278，
365

核心价值体系
7，8，12，13，16，80，139，268，
280，368

亨廷顿
218，249，257，258，261，263，
276，362

胡商　127，128，132

互联网
49，55，81，84，176，183，186，
213，226，228，230，231，235，
238，282，283，285 - 287，304，
332，367

互助　4，5，25，26，171，177

回族　61，65，66，75，76，191，330

婚育观　32，33

J

基督教
34，59，218，219，223，225，331

吉木萨尔　108，323，330

江格尔　62，191，310

疆魂　37

·欧·亚·历·史·文·化·文·库·

交流

　5,28,30 - 34,53,54,59,77,
89,92,101,102,105,121,122,
127 - 129,131,133 - 138,140,
144,157,158,164,166,167,
178,184,185,188,200,205,
211 - 217,221,222,224,225,
233,235,237,240,241,262,
271,275 - 279,311,318,335,
338,339,345,346,348,351,
352,359

交融

　4,5,20,30,31,59,70,104,134,
139,172,181,224,235,277,346

交往观　　31

进取　　4,25,27,289,298

景教　　101,133,223

K

喀喇汗朝　　101,104 - 106,133

喀什

　56,59,108,109,111,114,116,
117,121,122,138,145,200,
202,203,205,224,313,332,
341,347,353,355,358,369

开放

　3,4,7,15,25,27,30,31,33,36,
82,93,97,100,102,103,121,
134,137,153,164,171,173,

185,186,201,203,216,220,
221,226,231,234 - 236,240,
248,255,268,271,274,295,
307,312,318,323,325,326,
347,354

柯尔克孜

　62,66,76,154,156,191,201,
202,219,220,223,226,227,
234,332,333,337

科学

　3,8,10,11,13,16,19,21,23,
24,28 - 30,32,33,35,38,44,
46,54,71,72,75,77,82,83,
89 - 91,93,96,97,101,105,
111,117,119,124,142,143,
155,163,164,175,178,179,
186,189 - 192,194,198,208,
209,214,217,226,228,232,
236,246,248,268,272,276,
279,282,289,290,292,295,
305,306,310,311,318,320,
322,323,329,347,350,356,
357,359 - 369

克孜尔

　62,90,109,191,200,307,309

克孜尔尕哈　　90,109

孔子　　270,276

恐怖

　45,46,49,80,139,199,268,

271,272,331

库车
89－95,108,109,117,119,122,
185,203,224,313,314,341,353

库尔勒　117

库木吐喇　90,109

奎屯　183

昆仑玉　37,38

L

理性
3,9,10,20,21,23,25,31,33,
62,63,102,104,168,245,248,
250,251,267,268,273,282

绿洲
5,93,99－104,107,109,112－
115,117－119,121,122,124,
125,132,133,137－140,142,
143,199,312,343,344,363

论语　34,133

罗马
128,130,135,140,145,221,356

M

麻赫默德·喀什噶里
71,114,115,134,362

玛纳斯　156,191,202,310

蒙古
38,61,62,65,66,76,100,103,

105, 129, 135, 154, 191, 200,
201, 219, 223, 224, 226, 227,
230,231,234,332,334,337,342

民间
47,50,55,59,60,62,89,91,92,
99,100,102,106,107,112－114,
116－119,121,159,160,162,164,
167,174,184,185,191,192,199,
200, 205, 210, 310, 311, 313,
315, 317－320, 325, 329, 330,
340－355,360,368

民俗
59, 60, 63, 70, 82, 89, 90, 93,
112, 116, 117, 124, 148, 191,
192,199,203,204

民族
1, 4, 5, 7, 8, 11－13, 16, 22,
25－27,29－32,34－36,38,39,
43－50,54－57,59－63,65－67,
69－85, 89－94, 96－101,
103－107,109,111－119,121

民族分裂
45,48－50,55,56,77,78,80,
84,139,199,230,231,271,273,
331,332

民族团结
43,46,49,50,52－54,78,79,
94,98,164,165,173,187,205,
220,239,255,272

摩尼教　　101,223

木垒　　323,330

穆斯林
　　47,74,75,97,111,256,261,312

N

纳瓦依　　105,106,110,111

Q

勤俭　　25,26

龟兹
　　34,89－96,107,109,133,136,
　　143,223,224,346,363

曲铁盘丝　　90

R

人文
　　21,23,24,35,38,44,66,93,94,
　　100,104,120,121,136,144,
　　153,154,191,234,235,310,
　　340,343,344,352,371

仁爱　　10,13,18,21,39,63

认同
　　4,6,9,10,15－18,21,27,37,
　　43－48,81,120,139,173,215,
　　217－222,229,230,236,242,
　　245－273,276－280,295,311,
　　347,348,361,363

柔然　　135,219,223

月氏　　129,135,223

软实力
　　4,26,96,132,153－155,158,
　　162,164－167,171,194,207－
　　211,238,277－280,348,358－
　　362,366

S

萨满教
　　102,112,113,135,219,223,224

三个离不开　　78－80,140

三股势力
　　45,46,48－51,53,55－57,80,
　　83,139,154,220,231,268,273,
　　329

森木赛姆　　90

莎车　　108,117,341,353,354

鄯善
　　109,116,136,224,309,314

少数民族
　　50,53－58,64,71,78,84,85,
　　99,104,110,111,118,121,122,
　　132－134,137－140,154－156,
　　164,177,178,191,192,200,
　　206,225,227,231－235,238,
　　239,255,257－261,266,269－
　　271,273,275,277,304,308,
　　311,314－316,318,321,331,
　　332,335,340,343,356,357,368

身份

  26，47，148，168，170，214，217，

  230，236，246，247，257，258，

  260，261，263，269，279，367

十二木卡姆

  62，90，106，122，184，191

石河子　119，204，367

是非观　31

丝绸之路

  5，73，89，93，101，119，121，

  127－132，134－138，140－143，

  156，199，200，203，215，216，

  221，222，345，346，357，358，

  360，365，368

丝路

  89，96－98，101，107，127，128，

  131，134，137，143，145，204，363

四个认同　43，76－85，155

四素　104，105

送书下乡　53，155，324

苏巴什　90，108

苏祇婆　90

粟特

  100，103，109，127，128，135，

  136，224，359，362，364

T

塔尔巴哈台　132

塔吉克

  62，66，138，154，223，334，365

塔里木河　90

塔里木盆地

  71，72，107，133，136，340，358

天山

  37，38，61，90，115，129，202，

  227，228

天山松　37，38

突厥语

  47，71，97，101，105，133，141

突厥语大词典

  71，72，114，115，134，362

吐蕃　109，135，223，356

吐火罗　100，103，135，358

吐鲁番

  71，73，101，103，108－110，113，

  116，117，122，126，136，156，

  201，203，224，308，309，313，

  314，358，364，365，369

团结

  4，5，12，20，25，26，38，46，53，

  71，78，84，94，98，154，155，171，

  177，235，268，269，271－273，

  278，279，329，334，353，359，369

W

危机

  15，34，43－45，47，83，118，168，

193,216,218,245 - 250,252 - 256,
275 - 277,364

维吾尔

1,33,54,61 - 64,66 - 68,71 -
76,90,99 - 107,109 - 119,123,
124,126,134,142 - 145,154,
156,157,164,169,191,200 -
206,209,219,220,223 - 227,
231,232,234,235,239,258,
274,307 - 309,312,314,317 -
320,323,324,332,333,337,
345,358,359,366 - 369,371

畏兀儿   103,104

文化安全

5,6,43,47 - 50,52 - 54,56,
139,154,158,198,199,208,
209,212,215 - 217,220,230,
235,237,243,245,251,253,
276,289,293,294,311,317,
356,360,363,364

文化产业

6,28,30,55,89 - 98,119,120,
125,126,157,158,160 - 167,
170,171,179,182,186 - 189,
194 - 199,201 - 211,238,241,
279,293,303 - 306,310,316 -
319,325,326,351 - 356,359,
360,363,365,366,368,370

文化传播

6,29,92,137,144,212 - 217,
219 - 223,225 - 229,231 - 242,
361,368,369

文化观念

28,29,100,102,105,112,124,
230,238,239,274,277

文化立法

6,164,179,185,186,202,208,
303 - 307,310 - 312,315 - 317,
322,356,366,368

文化认同

43,44,46 - 48,220 - 222,242,
248,249,253 - 256,262,266,
268 - 272,274,277,279,280,
358,360,361,364,366,368

文化生活

6,28 - 30,50,51,53,54,156,
169,177,181,183,187,195,
201,273,278,282,293,318,
323 - 325,328,351

文化市场

49,50,52,54,58,92,94,95,97,
98,157,162,164,165,169,170,
176 - 178,182,183,185,186,
188,198,202,210,211,222,
231,237,272,281,282,285,
288 - 294,297,303,304,306,
308 - 310,319,322,327,329,

348,351－353,358,366

文化事业

6,50,51,92,106,157－162,
167,173,176－184,186,187,
190－192,195,199,208,231,
238,282,303－306,310,311,
318,319,323,326－329,351－
353,359,361,367

文化现代化

1,6,28－30,34,36,37,227,
361,369

文化执法

6,186,281－285,289－300,321

文化制度　　12,28

文化资源

5,32,52,87,89－94,96－103,
107,112,116－126,159,160,
162,165－167,182,186,188,
198,199,201,202,206,209－
211,213,214,216,224,289,
293,310－312,316,318,319,
326,327,348－354,363

文化自觉

1,15,35,118,138,274,276,
277,358,368

文明

3,8,9,11,13,18,20,21,25－27,
33,34,59,64,89,100－103,
107,116,121,122,127,128,
131,132,134,135,138－140,
165,166,177－179,183,187,
191,212,218－220,224,236,
267,269,270,289,290,295,
299,324,345－347,362－365

稳定

7,8,16,21－23,32,43－54,
77－80,83,85,94,98,99,106,
109,127,139,146,148,154,
155,164,177,181,187,208,
220,221,225,231,246,253,
255－257,260,262,266,272,
273,275,279,294,295,297,
298,316,326,327,329,331,
348,365,367

乌鲁木齐

49,50,59,132,141,142,146,
147,183,201,205,227,241,
268,308,309,313,314,341,
354－358,360,362,363,365－
368

乌什　　185,314,323,330

乌孙　　135,219,223

乌孜别克　　154,223

五部长诗集　　105

五旦七调　　90

五阶梯　　34

X

西夏　　101,103,109,135

西新工程
53,232,233,332,333,357
西域
34,38,71 - 73,89,92,96,100 -
103, 106, 107, 109, 115, 116,
121, 122, 129, 130, 132 - 139,
142 - 144,183,209,216,340,
342,345,357,363 - 366
希腊
59, 71, 72, 75, 100, 104, 122,
124, 133, 135, 136, 140, 145,
221,345
锡伯
61,66,75,191,200,201,223,
224,226
祆教　　102,133,219,223,224
鲜卑　　135,219,223
现代化
1 - 10, 12, 15, 20, 21, 23, 26,
28 - 30,33,35,43,76,82,90,
93,149,153,161,166,173,179,
184, 191, 197, 231, 236, 240,
249, 267, 272, 276, 278, 280,
322,348,349,369
现代价值
9,15 - 18,21,25,27,30,36
现代精神
9,14 - 18,24,25,27,37,173
现代认同　　254

现代文化
1 - 5,7 - 19,27 - 30,34,36,37,
109, 118, 217, 222, 235, 295,
303,329,361,371
现代性
2,9 - 11, 14, 15, 33, 45, 147,
149,217,245,247,248,357,367
新疆
1,3 - 8,25,29,32,33,37,41,
43 - 49,51 - 64,66 - 78,80,
82 - 85,87,89,91,92,94,95,
97 - 103,105 - 112,114 - 124,
126, 129, 137 - 147, 149, 151,
153 - 161,164 - 172,180 - 193,
198 - 209
新闻
48,55 - 58,141,144,145,176,
196, 200, 219, 227, 228, 232,
234,241,281 - 283,287,288,
304 - 306,330,332 - 335,337,
366,368,369
信念
8,15,24,38,164,229,231,272,
276,297
信仰
1,4,9, 10, 12, 15 - 19,25,27,
31, 33, 34, 36, 37, 101 - 104,
112, 114, 135, 139, 212, 214,
219, 220, 222, 223, 233, 234,

241，248，249，256，262，270，
271，276，279，312，331，359，369

学习

4，13，27，31，32，34－36，38，43，
78，81－85，104，122，127，169，
199，225，237，240，252，269，
275，277，278，280，293，297，
317，321，333，338，346

Y

叶儿羌　　106

伊犁

56，73，123，132，191，200，203，
233，314，367

伊斯兰教

33，34，59，65，67，102，133，139，
219，223，224，256，261，331，346

意识形态

5，7，8，12，25，33，45，49－53，
55，57，81，109，139，153，154，
163，214，217，218，230，237－
239，248，259，260，262，268，
271，273，278，294，295，311，
331，367

音像制品

49，55，56，58，175，176，179，
182，183，239，281，283－285，
304

印度

33，59，71，100，101，104，121，
122，129，135，136，140，221，
224，230，234，345，346

于阗　　109，143，224，353

语言观　　32

玉素甫・哈斯・哈吉甫　　104

Z

张骞

38，129，130，132，134，143

正义

3，4，13，16，18－21，31，265，
268，299，361

中和　　48，363

中华民族

130，132，138，139，172，179，
181，231，235，255，256，258，
259，268－273，278，311，312，
360

中华文化

13，27，28，30，43，72，138，139，
154，166，180，218，270，273，
278，317

中亚

97，100，101，103－106，127，
129，132，133，136，138，139，
142，204，215，220，221，223，
275，331，332，336，339，346，

357,365

中原

59,60,73,100,101,103,128,
129,131 - 133,136,138,139,
143,221,270,341,342,345,

346,362

终极观　　33

自主

4,5,13,18 - 21,28,32,33,79,
85,160,163,169,207,210,217

欧亚历史文化文库

已经出版

林悟殊著:《中古夷教华化丛考》　　　　　　定价:66.00 元

赵俪生著:《弇兹集》　　　　　　　　　　　定价:69.00 元

华喆著:《阴山鸣镝——匈奴在北方草原上的兴衰》　定价:48.00 元

杨军编著:《走向陌生的地方——内陆欧亚移民史话》　定价:38.00 元

贺菊莲著:《天山家宴——西域饮食文化纵横谈》　定价:64.00 元

陈鹏著:《路途漫漫丝貂情——明清东北亚丝绸之路研究》

　　　　　　　　　　　　　　　　　　　　定价:62.00 元

王颋著:《内陆亚洲史地求索》　　　　　　　定价:83.00 元

〔日〕堀敏一著,韩昇、刘建英编译:《隋唐帝国与东亚》　定价:38.00 元

〔印度〕艾哈默得·辛哈著,周翔翼译,徐百永校:《入藏四年》

　　　　　　　　　　　　　　　　　　　　定价:35.00 元

〔意〕伯戴克著,张云译:《中部西藏与蒙古人

　　——元代西藏历史》(增订本)　　　　定价:38.00 元

陈高华著:《元朝史事新证》　　　　　　　　定价:74.00 元

王永兴著:《唐代经营西北研究》　　　　　　定价:94.00 元

王炳华著:《西域考古文存》　　　　　　　　定价:108.00 元

李健才著:《东北亚史地论集》　　　　　　　定价:73.00 元

孟凡人著:《新疆考古论集》　　　　　　　　定价:98.00 元

周伟洲著:《藏史论考》　　　　　　　　　　定价:55.00 元

刘文锁著:《丝绸之路——内陆欧亚考古与历史》　定价:88.00 元

张博泉著:《甫白文存》　　　　　　　　　　定价:62.00 元

孙玉良著:《史林遗痕》　　　　　　　　　　定价:85.00 元

马健著:《匈奴葬仪的考古学探索》　　　　　定价:76.00 元

〔俄〕柯兹洛夫著,王希隆、丁淑琴译:

　　《蒙古、安多和死城哈喇浩特》(完整版)　定价:82.00 元

乌云高娃著:《元朝与高丽关系研究》　　　　定价:67.00 元

杨军著:《夫余史研究》　　　　　　　　　　定价:40.00 元

梁俊艳著:《英国与中国西藏(1774—1904)》　　　　定价:88.00 元

〔乌兹别克斯坦〕艾哈迈多夫著,陈远光译:

　　《16—18 世纪中亚历史地理文献》(修订版)　　定价:85.00 元

成一农著:《空间与形态——三至七世纪中国历史城市地理研究》

　　　　　　　　　　　　　　　　　　　　　　定价:76.00 元

杨铭著:《唐代吐蕃与西北民族关系史研究》　　　　定价:86.00 元

殷小平著:《元代也里可温考述》　　　　　　　　　定价:50.00 元

耿世民著:《西域文史论稿》　　　　　　　　　　　定价:100.00 元

殷晴著:《丝绸之路经济史研究》　　　　定价:135.00 元(上、下册)

余大钧译:《北方民族史与蒙古史译文集》　定价:160.00 元(上、下册)

韩儒林著:《蒙元史与内陆亚洲史研究》　　　　　　定价:58.00 元

〔美〕查尔斯·林霍尔姆著,张士东、杨军译:

　　《伊斯兰中东——传统与变迁》　　　　　　　　定价:88.00 元

〔美〕J. G. 马勒著,王欣译:《唐代塑像中的西域人》　定价:58.00 元

顾世宝著:《蒙元时代的蒙古族文学家》　　　　　　定价:42.00 元

杨铭编:《国外敦煌学、藏学研究——翻译与评述》　定价:78.00 元

牛汝极等著:《新疆文化的现代化转向》　　　　　　定价:76.00 元

敬请期待

周伟洲著:《西域史地论集》

〔俄〕Т. Б. 巴尔采娃著,张良仁、李明华译:

　　《斯基泰时期的有色金属加工业——第聂伯河左岸森林草原带》

李鸣飞著:《玄风庆会——蒙古国早期的宗教变迁》

马小鹤著:《光明的史者》

许全胜著:《黑鞑事略汇校集注》

张文德著:《朝贡与入附——明代西域人来华研究》

尚永琪著:《胡僧东来——汉唐时期的佛经翻译家和传播人》

筱原典生著:《西天伽蓝记》

桂宝丽著:《可萨突厥》

张小贵著:《祆教史考论与述评》

贾丛江著:《汉代西域汉人和汉文化》

王冀青著:《斯坦因的中亚考察》

王冀青著:《斯坦因研究论集》

王永兴著:《敦煌吐鲁番出土唐代军事文书考释》

薛宗正著:《汉唐西域史汇考》

李映洲著:《敦煌艺术论》

蓝琪著:《16—19世纪中亚各国与俄国关系论述》

许序雅著:《唐朝与中亚九姓胡关系史研究》

叶德荣著:《汉晋胡汉佛教论集》

〔俄〕波塔宁著,〔俄〕奥布鲁切夫编,吴吉康译:《蒙古纪行》

王颋著:《内陆亚洲史地求索》(续)

〔德〕施林洛甫著,刘震译校:《叙事和图画
   ——欧洲和印度艺术中的情节展现》

王冀青著:《斯坦因档案研究指南》

刘雪飞著:《上古欧洲斯基泰文化巡礼》

汪受宽著:《骊轩梦断——古罗马军团东归伪史辨识》

〔前苏联〕巴托尔德著,张丽译:《中亚历史》

徐文堪编:《梅维恒内陆欧亚研究文选》

〔前苏联〕K．A．阿奇舍夫、Г．A．库沙耶夫著,孙危译:
   《伊犁河流域塞人和乌孙的古代文明》

徐文堪著:《古代内陆欧亚的语言和有关研究》

刘迎胜著:《小儿锦文字释读与研究》

李锦绣编:《20世纪内陆欧亚历史文化研究论文选粹》

周晶著:《纷扰的雪山》

李锦绣、余太山编:《古代内陆欧亚史纲》

郑炳林著:《敦煌占卜文献叙录》

陈明著:《出土文献与早期佛经词汇研究》

李锦绣著:《裴矩〈西域图记〉辑考》

王冀青著:《犍陀罗佛教艺术》

王冀青著:《敦煌西域研究论集》

李艳玲著:《公元前2世纪至公元7世纪前期西域绿洲农业研究》

许全胜、刘震编:《内陆欧亚历史语言论集——徐文堪先生古稀纪念》

张小贵编:《三夷教论集——林悟殊先生古稀纪念》

·欧·亚·历·史·文·化·文·库·

李鸣飞著:《横跨欧亚——马可波罗的足迹》

杨林坤著:《西风万里交河道——明代西域丝路上的使者与商旅》

杜斗诚著:《杜撰集》

林悟殊著:《华化摩尼教补说》

王媛媛著:《摩尼教艺术及其华化考述》

〔日〕渡边哲信著,尹红丹、王冀青译:《西域旅行日记》

李花子著:《长白山踏查记》

王冀青著:《佛光西照——欧美佛教研究史》

王冀青著:《霍恩勒与鲍威尔写本》

王冀青著:《清朝政府与斯坦因第二次中国考古》

芮传明著:《摩尼教东方文书校注与译释》

马小鹤著:《摩尼教东方文书研究》

段海蓉著:《萨都剌传》

〔德〕梅塔著,刘震译:《从弃绝到解脱》

郭物著:《欧亚游牧社会的重器——镀》

王邦维著:《玄奘》

冯天亮著:《词从外来——唐代外来语研究》

芮传明著:《内陆欧亚中古风云录》

王冀青著:《伯希和敦煌考古档案研究》

王冀青著:《伯希和中亚考察研究》

李锦绣著:《北阿富汗的巴克特里亚文献》

〔日〕荒川正晴著,冯培红译:《欧亚的交通贸易与唐帝国》

孙昊著:《辽代女真社会研究》

赵现海著:《明长城的兴起
　　——"长城社会史"视野下明中期榆林长城修筑研究》

华喆著:《帝国的背影——公元 14 世纪以后的蒙古》

〔前苏联〕伊·亚·兹拉特金著,马曼丽译:《准葛尔汗国史》(修订版)

杨建新著:《民族边疆论集》

〔美〕白卖克著,马娟译:《大蒙古国的畏吾儿人》

余太山著:《内陆欧亚史研究自选论集》